ひと目でわかる SharePoint Server 2016

オフィスアイ株式会社
平野 愛 著

日経BP社

前書き

 昨今のビジネス環境はめまぐるしく変化し、"いかに効率よく情報を伝達していくか"ということが企業組織における生産性向上のための重要課題となっています。Microsoft SharePoint Server 2016（以降、SharePoint Server 2016）はこうした状況を支えるべく、現場のビジネスユーザーに主軸を置き情報共有やコミュニケーションを円滑に行うためのプラットフォーム製品です。

 本書ではSharePoint Server 2016が備えている標準機能をできる限り網羅的に説明していますが、少しずつ順を追って読み進めていただくことで、利活用のためのきちんとした足場作りができるような構成にしています。可能な限り利用者の目線に立ち、まず何が理解できている必要があり、次に何を作り、さらにどんな設定をすればよいかといった流れになるように組み立てています。このような構成にすることで製品への理解を深め、本書をベースに独自にアレンジできる力も身に付けてほしいという思いがあります。さらに、これまで筆者が現場で培ってきたナレッジも「ヒント」や「コラム」、「ポイント」という形で随所に記載しています。隅々までじっくりと目を通していただくことで様々な疑問もかなり解消できるのではないでしょうか。

 さて、本書の文中でも説明していますが、SharePoint Server 2016はOffice 365上のSharePoint Onlineのノウハウをベースとした初めてのオンプレミス（社内設置型）製品となっています。SharePoint OnlineとSharePoint Server 2016は見た目だけでなく多くの機能が同等であるため、Office 365を利用している方にとっても業務に役立てていただけるでしょう。ただSharePoint Onlineは現在次々と最新機能が展開されており、本書ではすべての新機能を網羅できているわけではありません。とはいえ基本機能の多くは変わらないため、部分的にうまく読み替えて読み進めていただければ幸いです。なお、私の個人ブログである「SharePoint Technical Notes（http://shanqiai.weblogs.jp/）」でもSharePointやOffice 365関連情報を公開しており、こちらも時折補完的に参照してみていただくとよいと思います。

 本書はタイトルに「ひと目でわかる」と冠しており図解もなるべく多く記載していますが、それでもページボリュームが多いため初心者の方は本書を読破するだけでもかなりの労力が必要であろうと思います。しかし、実際に操作できる環境を用意し、本書を手元に置きながら繰り返し読み返していただくことで十分な知識とスキルが身に付くはずです。本書が少しでも皆様の業務に役立つことを願ってやみません。

 また最後になりますが、本書の執筆の機会を与えてくださり度重なる遅筆にも辛抱強くお付き合いいただいた日経BP社の柳沢さん、また執筆活動を陰ながら支えてくれた家族に感謝の意を表します。

2016年11月
平野 愛

はじめに

「ひと目でわかるシリーズ」は、"知りたい機能がすばやく探せるビジュアルリファレンス"というコンセプトのもとに、SharePoint Server 2016の優れた機能を体系的にまとめあげ、設定および操作の方法をわかりやすく解説しました。

本書の表記

本書では、次のように表記しています。

- リボン、ウィンドウ、アイコン、メニュー、コマンド、ツールバー、ダイアログボックスの名称やボタン上の表示、各種ボックス内の選択項目の表示を、原則として［　］で囲んで表記しています。
- 画面上の ˅ 、 ˄ 、 ▾ 、 ▴ のボタンは、すべて▲、▼と表記しています。
- 本書でのボタン名の表記は、画面上にボタン名が表示される場合はそのボタン名を、表示されない場合はポップアップヒントに表示される名前を使用しています。
- 手順説明の中で、「［〇〇］メニューの［××］をクリックする」とある場合は、［〇〇］をクリックしてコマンド一覧を表示し、［××］をクリックしてコマンドを実行します。
- 手順説明の中で、「［〇〇］タブの［△△］の［××］をクリックする」とある場合は、［〇〇］をクリックしてタブを表示し、［△△］グループの［××］をクリックしてコマンドを実行します。

Webサイトによる情報提供

本書に掲載されているWebサイトについて

本書に掲載されているWebサイトに関する情報は、本書の編集時点で確認済みのものです。Webサイトは、内容やアドレスの変更が頻繁に行われるため、本書の発行後、内容の変更、追加、削除やアドレスの移動、閉鎖などが行われる場合があります。あらかじめご了承ください。

訂正情報の掲載について

本書の内容については細心の注意を払っておりますが、発行後に判明した訂正情報については日経BP社のWebサイトに掲載いたします。URLについては、本書巻末の奥付をご覧ください。

はじめに　(3)

第1部　SharePoint Server 2016の利用を始める前に

第1章　SharePoint Server 2016の概要を把握しよう　3

1. SharePoint Server 2016を使って何ができるかを知ろう　4
2. エディションの種類と利用できるWebブラウザーを知ろう　15
   - コラム　SharePoint Foundation 2013の後継バージョンの行方　16
3. Office 365とSharePoint Server 2016の関係性を知ろう　17
4. SharePoint Server 2016の運用体制を把握しよう　19
5. 本書の構成と対象者　20

第2章　SharePointサイトに関する基礎知識を身に付けよう　21

1. SharePointサイトとは何かを説明できるようになろう　22
2. リスト、ライブラリ、SharePointアドインの概要をつかもう　25
   - コラム　SharePointアプリとSharePointアドイン　26
3. SharePointサイト構築の大まかな流れを把握しよう　27
4. サイトテンプレートの種類を把握しよう　29

第2部　基本的な使い方をマスターしよう

第3章　チームサイトを使って基本的な機能を把握しよう　33

1. SharePointサイトにアクセスする前のWebブラウザーの設定を確認しよう　34
2. 自分がサイトに対して持っている役割を確認しよう　35
3. 画面構成を把握しよう　39
4. チームサイトの構造を把握しよう　50

5	トップページを編集しよう	53
6	他のメンバーを追加しよう	57
7	ファイルを共有しよう	60
8	画像を共有しよう	76
9	サイトのニュースフィードを使おう	80
10	お知らせを利用しよう	86
11	ディスカッション掲示板を使おう	93
	コラム 消えたスレッド表示	100
12	作業を分担しよう（タスク管理）	101
13	シンプルなリンク集を作ろう	110
14	見栄えのするリンク集（注目リンク）を作ろう	113
15	予定表を使ってスケジュールを共有しよう	117
16	アンケート（Survey）を作成しよう	122
	コラム 昔からあるアンケート機能はもう進化しない？	131
17	連絡先を管理しよう	132
18	不要になったリストやライブラリを削除しよう	135
19	サイドリンクバーを調整しよう	136

第4章　リストの基本的なしくみを把握しよう　137

1	リストの基本的な考え方を把握しよう	138
2	カスタムリストを作成しよう	150

第5章　ライブラリの基本的な使い方を把握しよう　163

1	1リストとライブラリの相違点を把握しよう	164
2	ライブラリの基本を把握しよう	166
3	ライブラリの種類を把握しよう	172
4	ドキュメントライブラリを新規に追加しよう	173

5	Wikiページライブラリ内にさまざまなWikiページを作成しよう	177
6	メディアライブラリを使って動画を共有しよう	195
7	OneDrive for Businessを使おう	197
	コラム **OneDrive for Business同期ツールにまつわる四方山話**	200
8	OneNoteを使ってみよう	201

第6章 Webパーツを配置しよう　203

1	Webパーツについて概要を把握しよう	204

第7章 ナビゲーションを変えよう　213

1	ナビゲーション設定を確認しよう	214
2	トップリンクバーとサイドリンクバーをそれぞれ変更しよう	216
3	ナビゲーションメニューからトップリンクバーとサイドリンクバーを変更しよう	221

第8章 サイトの見た目（外観）を変えてみよう　227

1	サイトの見た目（外観）をカスタマイズしよう	228

第9章 便利な機能を使ってみよう　233

1	Excelワークシートからカスタムリストを作成しよう	234
2	Excelにデータをエクスポートしよう	236
3	通知機能を使おう	238
4	RSSフィードを使おう	243
5	「いいね！」を配置しよう	245

第3部　応用的な使い方をマスターしよう

第10章　列をもっと使いこなそう　249
1. 一意な列を追加しよう　250
2. 参照（Lookup）列を追加しよう　253
3. 検証機能を利用しよう　258
4. 集計値列を使ってみよう　259
5. 特定の列をアイテム編集時に非表示にしよう　262

第11章　効率よくファイルを管理しよう　265
1. フォルダーとメタデータ（ファイルの付加情報）をうまく使おう　266
2. ファイルを同時編集（共同編集）しよう　275
3. バージョン管理しよう　280

第12章　ソーシャルネットワーク機能を活用しよう　289
1. 社内でソーシャルネットワーク機能を活用する方法を考えよう　290
2. 自分のプロファイルを変更しよう　293
3. 他のユーザーのプロファイルを閲覧しよう　298
4. マイクロブログ機能を使ってすばやく情報共有しよう　300

第13章　検索機能を活用しよう　303
1. 検索機能の概要を把握しよう　304
    - コラム　罫線好きの日本人とExcel　306
2. サイト内のコンテンツを検索しよう　307
3. リストやライブラリ内を絞り込み検索しよう　308
4. エンタープライズ検索センターサイトを使って広範囲から検索しよう　309

| | 5 絞り込み検索のコツを把握しよう | 312 |

第14章 ブログを使おう　317

1	ブログ機能の概要を把握しよう	318
2	ブログを作ろう	319
3	ブログを使おう	325
4	コメント機能を使って対話しよう	336

第15章 コミュニティサイトを使おう　339

1	コミュニティサイトの概要を把握しよう	340
2	コミュニティサイトの事前準備を行おう	343
3	コミュニティに参加しメンバーとして活動しよう	350
4	コミュニティ貢献者にバッジを進呈しよう	355
5	コミュニティポータルの説明を変更しよう	356

第16章 Office 365とSharePoint Onlineの最新動向　357

1	Office 365 (SharePoint Online) の最新動向を把握しよう	358
2	Office Delveを知ろう	360
3	新しいUI (リスト、ライブラリ) について把握しよう	363
4	Office 365グループとSharePointについて把握しよう	365
5	仕事管理とPlannerについて把握しよう	367
6	カスタマイズや開発について把握しよう	369

第4部 SharePointサイトの運用管理を行おう

第17章 サイトの運用管理の全体像を把握しよう　373

1 運用を考えたサイト設計をしよう　374
2 サイトの管理者の主な管理タスクを把握しよう　377

第18章 サイトの基本設定を行おう　379

1 ［サイトの設定］ページにアクセスしよう　380
2 地域の設定を行おう　381
3 多言語UIを設定しよう　383
　コラム SharePoint Server 2016の多言語対応機能について　386

第19章 コンテンツを共有しよう（アクセス権限管理）　387

1 コンテンツ共有の基礎知識を身に付けよう　388
2 サイトの権限継承の状況を確認しよう　397
3 固有の権限が付与されているサイトのアクセス権限を管理しよう　398
4 継承を止め固有の権限を付与しよう　401
5 SharePointグループを新規に作って権限を付与しよう　403
6 アクセス許可レベルをカスタマイズしよう　408
7 アクセス要求の設定を構成しよう　413
8 リストやライブラリの権限を管理しよう　416

第20章 メタデータを応用的に使おう　421

1 「管理されたメタデータ」を把握しよう　422
2 用語ストアと用語セットを理解しよう　423
3 用語セットを作成しよう　426

4 コンテンツタイプを利用しよう　　432

第21章 リストおよびライブラリを管理しよう　　441

1 リストまたはライブラリの名前や説明を変更しよう　　442
2 リストアイテムの公開承認を設定しよう　　443
3 リストやライブラリをテンプレート化して再利用しよう　　445
4 大きなリストまたはライブラリの管理に注意しよう　　449
5 リストでフォルダーを作成できるようにしよう　　451
6 リストアイテムまたはファイルを移動しよう　　452
7 列のインデックスを作成してビューの表示速度を向上させよう　　454
8 特定の列をアイテムの新規作成や編集時に非表示にしよう　　458

第22章 高度なドキュメント管理を使おう　　461

1 ドキュメントに一意なIDを自動生成しよう　　462
2 ドキュメントを自動仕分けしよう　　465
3 複数のドキュメントをまとめて管理しよう　　473

第23章 サイトコレクションの管理タスクを把握しよう　　481

1 ごみ箱を管理しよう　　482
2 サイトコレクション内のコンテンツ容量を確認しよう　　485
3 サイトの自動削除スケジュールを設定しよう（サイトポリシー）　　486
4 SharePoint Designer 設定を確認しよう　　491
5 埋め込みコードで利用できるドメインを管理しよう　　492

第24章 利用状況を把握しよう　　493

1 サイトの利用状況と検索レポートを確認しよう　　494
2 ライブラリ内のコンテンツの人気傾向を確認しよう　　498

第25章 保持期限、監査、コンプライアンス対応機能を把握しよう　501

1. コンテンツの保持期限を管理しよう　502
2. 監査を設定しよう　513
3. コンプライアンス対応の新機能を把握しよう　517

第26章 フィーチャーを管理しよう　529

1. フィーチャー（機能）の概要を把握しよう　530
2. サイトコレクションの管理者として最低限把握しておこう　533
3. サイトの管理者として最低限把握しておこう　534
4. フィーチャーのアクティブ化と非アクティブ化の手順を把握しよう　535

第27章 サブサイトを作成しよう　537

1. サブサイトを作成しよう　538
2. サイトを削除しよう　540
3. サイトをテンプレート化しよう　542

第5部 SharePointサーバーの基本的な管理を行おう

第28章 サーバー構築に必要な基本事項を確認しよう　547

1. サーバートポロジーを把握しよう　548
   - コラム Office Online Server 2016の変遷　554
2. システム要件を確認しよう　555
3. サーバーセットアップの流れを確認しよう　557
4. セットアップ後の主な管理タスクを把握しよう　563
5. アップグレードと移行について把握しよう　564

第29章 管理ツールを把握しよう　567

1 サーバーの全体管理サイトの概要を把握しよう　568
2 Windows PowerShellによる管理方法の概要を把握しよう　571
　コラム もう1つの管理ツール"STSADM.exe"について　572

第30章 ファームの基本情報を確認しよう　573

1 ファーム内の基本構成を把握しよう　574
2 ファーム内のサーバー情報を確認しよう　577
3 サーバーの役割を変更しよう　580

第31章 サービスアプリケーションとサーバーサービスを管理しよう　581

1 サービスアプリケーションの概念を把握しよう　582
2 SharePointで利用するサービス用のアカウントを確認しよう　585
3 ファーム構成ウィザードを使おう　586
4 サーバーサービスを確認しよう　588
5 ユーザープロファイルサービスを管理しよう　593
6 検索サービスを管理しよう　602
7 Managed Metadata Serviceを管理しよう　607
8 SharePointのワークフロー機能について概要を把握しよう　611

第32章 メール送信を構成しよう　613

1 送信メール設定を構成しよう　614

第33章 Webアプリケーションを管理しよう　617

1 Webアプリケーションを新規に作成しよう　618
2 Webアプリケーションの全般設定を確認しよう　620
3 ブロックするファイルの種類を確認しよう　624
4 コンテンツデータベースを管理しよう　625
5 Webアプリケーションを削除しよう　628

第34章 サイトコレクションを管理しよう　629

1 サイトコレクションを新規に作成しよう　630
2 サイトコレクションを削除しよう　637
3 サイトコレクションのクォータを管理しよう　638

第35章 サーバーの監視機能を把握しよう　641

1 タイマージョブを確認しよう　642
2 Health Analyzer機能を把握しよう　644
3 診断ログを確認しよう　647
4 開発者ダッシュボード機能を把握しよう　650

第36章 バックアップと復元方法の基本を把握しよう　651

1 バックアップと復元の概要を把握しよう　652
2 ファーム全体をバックアップしよう　654
3 段階的なバックアップを行おう　657
4 ファーム全体バックアップから復元しよう　659
5 段階的なバックアップから復元しよう　660

第37章 更新プログラムの適用方法を確認しよう　661

1 更新プログラムの概要を確認しよう　662
2 製品および更新プログラムのインストール状態を確認しよう　664

第38章 Office 365とのハイブリッド構成の概要を把握しよう　665

1 Office 365とのハイブリッド構成の概要を把握しよう　666

索引　671

第1部
SharePoint Server 2016の利用を始める前に

第1章　SharePoint Server 2016の概要を把握しよう
第2章　SharePointサイトに関する基礎知識を身に付けよう

本書は5部構成になっており、SharePoint利用者の立場によってピンポイントに必要な情報を得られるように工夫しています。第1部はすべてのSharePoint利用者に知っておいていただきたい基礎知識を説明していますので、まずはここから読み進めていただき、その後は各立場に応じてそれぞれ対応する部を読み進めてください。

SharePoint Server 2016の概要を把握しよう

第 1 章

1. SharePoint Server 2016を使って何ができるかを知ろう
2. エディションの種類と利用できるWebブラウザーを知ろう
3. Office 365とSharePoint Server 2016の関係性を知ろう
4. SharePoint Server 2016の運用体制を把握しよう
5. 本書の構成と対象者

この章ではSharePoint Server 2016の全体像を掴んでいきます。初めてSharePoint製品に携わる方にとっては、SharePointとはどういう製品であり、どういう使い方をしていくものなのか大雑把に捉えられるはずです。

またSharePointの利活用を進めていくには、SharePoint利用者として何ができるかという視点だけでなく、どのように運用していくのが良いのかを考えることが大切です。そもそもSharePointを管理する担当者はビジネスリーダー、IT部門などさまざまです。この章では、各立場でどういった管理タスクが必要になってくるかについても説明します。

1 SharePoint Server 2016を使って何ができるかを知ろう

　私たちが日常業務を行う際には、実に多くの情報が行き交います。SharePoint Server 2016は、企業組織向けに情報共有を円滑に進めていくための基盤（情報共有の場）を提供するシステムです。専用のクライアントソフトウェアはなく、基本的にはWebブラウザーを使ってさまざまな情報を共有できます。マルチデバイス対応となっているため、モバイル端末からもアクセスできます。

組織内でやり取りされる情報にはどんな性質があるか把握しよう

　そもそも一般的に企業組織でやり取りされる情報にはどういったものがあるでしょうか？まずはこの点を整理してみましょう。営利目的の企業を題材に掲げてみます。情報が行き交う経路を主軸にしてみると、次の3つの系統が考えられます。

①企業組織として全社員に伝えるべき情報の伝達経路（意思決定を含む）
②職能ごとに水平分業作業を行ううえで必要な情報の伝達経路（協働作業における情報共有）
③非公式な社内での人とのつながりにおける情報の伝達経路

　では次のような一般的な企業組織の構造を参考にしながら、詳細を説明していきましょう。

一般的な企業組織構成

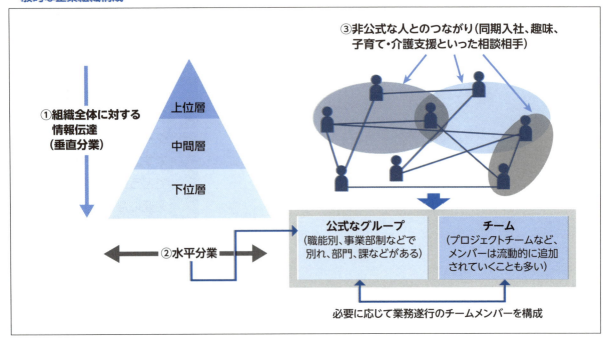

①は、企業組織を軸に考えた情報伝達経路です。組織は一般的に上位層、中間層、下位層に分かれていますが、これによって組織としての意思決定を伝達し、責任の範囲を委任しながら業務を遂行できるよう体制を作ります。経営の観点からすれば、企業としての意思決定を上意下達（トップダウン）でいかに現場レベルに伝え行動できるかが重要です。伝達する情報としては売上目標、経営方針をはじめ、経営理念や行動規範などのコンプライアンスの徹底、労働意欲向上のための取り組みなども含まれます（この考え方は欧米的であり、日本の場合にはミドルトップダウンとなっているケースもあります）。

②は部門や業務、プロジェクト単位での情報伝達です。企業組織では多くが職能ごとに手分け（分業）して、さまざまな仕事をこなします。場合によっては事業部制をとっているケースもあるでしょう。経営層の意思決定の伝達や遂行は垂直方向で進められますが、業務レベルでは基本的に互いに対等に仕事を遂行していく水平方向での分業です。しかし、実際には、こうした分業体制だけでは不十分であることもあり、時には組織を超えたメンバー構成が必要です。こうした集団は一般的に"**チーム**"と呼ばれます。たとえば、特定のプロジェクトに関わるチームを構成する場合、複数の組織から選抜してメンバーを構成します。状況に応じて「〇〇さんは、このことに詳しいからメンバーとして入ってもらったほうがいいね」とか「あの部門との調整には〇〇さんが適任だから入ってもらおう」という具合に、流動的にメンバーが追加されていったりもします。

③は、組織や業務とは別にある「他人とのつながり」が軸になる情報伝達経路です。たとえば、新入社員どうし、入社時期が一緒のメンバー、ゴルフやフットサル、軽音楽などの共通の趣味を持つ仲間、以前の組織体系で親しくなったメンバーなどなどさまざまな人脈があります。場合によっては子育て、介護の相談の場があるかもしれません。こうした他人とのつながりが、個人の仕事上のモチベーションを裏でしっかりと支えていることも少なくありません。これらも含めて、企業組織として情報共有の場をきちんと考慮する必要があり、SharePointはその情報共有の場をシステム的に提供できるのです。

SharePointでは、公式なグループ、チーム、非公式な人とのつながりといった観点でWebサイトを作成して情報共有できます。ただし、「公式なグループ」はたいていの場合、部署ごとにWebサイトを作成しようとしますが、特に総務などの管理部門が発信する情報は必ずしも部門単位でWebサイトを分けないようにしましょう。たとえば、申請書や手順書などをユーザーが利用する際にそのファイルの「主管部門」をすぐに思い出せるかが問題になります。全社員がよく利用するファイル共有は、業務での用途別や目的別でサイトを作成した方が効率的な場合もあります。

SharePointを使ってどのような情報共有ができるのか把握しよう

　SharePointでは、SharePointサイトと呼ばれるWebサイトを情報共有の場として利用します。利用できる基本機能は次の3つです。

- さまざまなファイルを共有できる（Word、Excel、PowerPoint、PDFなどさまざまなファイルを共有可能）。
- Webベースの簡易的なデータベースが作成できる（SharePointではリストと呼ぶ）。
- Webページが手軽に作成できる（インターネット上の情報やファイルへのリンクなどを掲載することでさまざまな情報へユーザーを誘導できる）。

上記に加え、次のような機能も備えています。

- SharePointサイト内のファイル、リスト、Webページなどを検索できる（独自の検索エンジンを持っている）。
- ソーシャル機能を持っているため、非公式な情報共有の場も作成できる（インターネット上で利用されているSNSのサービスであるFacebookやTwitterと似たような機能もある）。

・ワークフローを組み込める（単純に特定の条件でメールを自動配信するワークフローや比較的複雑な稟議承認ワークフローなども利用できる。簡易的なものであれば、無償のツールであるMicrosoft SharePoint Designer 2013を使って開発できるが、複雑な処理には向かない。そのため、SharePoint用のワークフローを作成するサードパーティ製品も数多く存在する）。

次の図はSharePoint全体の利用イメージを表しています。

SharePointの利用イメージ

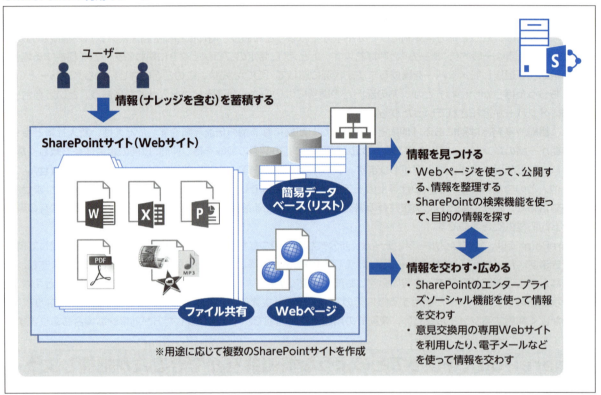

　SharePointサイトを土台に、ファイルを共有したり、簡易データベースやWebページなどを作成し、情報を蓄積していきます。蓄積するだけではなく、そうした情報を簡単に見つけ出して情報を再利用したり、新たな知見を得たりできます。またエンタープライズソーシャル機能を使うことで、公開された情報に"いいね！"と反応したり、返信したりすることなどもできます。このように情報を包括的に共有できるしくみをもたらしてくれるのがSharePoint Server 2016です。

具体的な使い方を見てみよう

SharePoint サイトは用途別に構築します。この時、着目するのは次のポイントです。

・情報を公開する対象者
・情報の種類と関連性
・情報量（全体的なボリュームと更新頻度なども考慮）

こうした観点から共有すべき情報を整理し仕分け、SharePoint サイトを複数作成していくことになります。
ここで SharePoint サイトの構築例を挙げてみましょう。

よくあるサイトの種類	説明
全社向けポータル	全社員向けに情報発信するための Web サイト。全社向けのイベント情報、製品のラウンチ情報、コーポレート広報の情報、通達・伝達事項などがある
部門ポータル	部門や部署ごとに構築するサイト。組織単位で共有すべき情報は比較的少なく、情報を蓄積する場というよりは一時的に公開する場として使う傾向にある。そのため組織改編が頻繁な場合は、作り直す必要が出てくることが多い。管理部門は多くの場合、組織改編があっても業務は変わらないことが多いため、業務ポータルに組み入れて考えることもある
業務ポータル	業務は組織が変わっても基本的に変わらないことが多いため、組織改編に振りまわされないよう単独サイトにする。ファイル共有の場として使われることも多い
申請ポータル	申請関係は、申請書と申請手続きとが分かれているケースも多く情報が散らばるため、単独サイトにして管理しやすいようにする
プロジェクトポータル	社内外含め、特定のプロジェクトに関するさまざまな情報を共有する。ファイル共有はもちろん、予定表共有、タスク管理や Q&A なども行う。
コミュニティ活動ポータル	ゴルフコンペの情報や慈善活動、育児や介護の相談、有志で立ち上げた非公式のタスクチームなどの情報共有のための Web サイト。エンタープライズソーシャル機能などを活用
文書管理専用ポータル	社内規定集やマニュアルなど、全社員が利用する文書ファイルを共有する専用サイト
ブログ	個人ブログや部門のブログなどが作成できる。社長の考えを伝達する場として社長ブログを公開しているところもある

では、実際のSharePointサイトの画面イメージを使ってどのようなことができるか、具体的に4つの例をご紹介しましょう。

1. 契約書の管理（業務ポータルの一例）
2. 全社向けポータル
3. ブログ
4. プロジェクト内での情報共有

最初は**契約書の管理**を行う専用サイトの例です。この例でつかんでほしい趣旨は、"ファイル共有を行う"という大きな目的を持つ中で、これに関連する情報を1か所のWebサイトにまとめることでユーザーが情報を得やすくなり、ひいては業務効率を向上させることを狙っていることです。

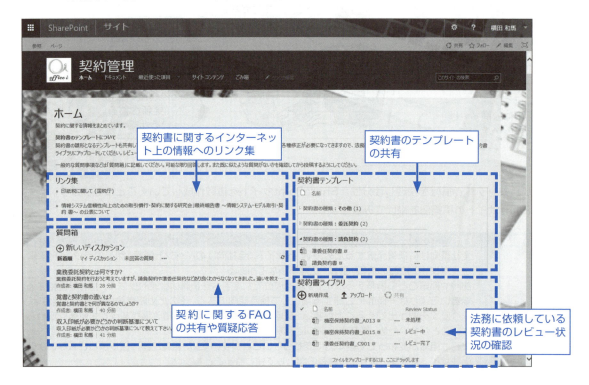

このサイトでは、次のことが可能です。

・ユーザーは、契約書の社内標準テンプレートファイルを入手できる。
・ユーザーは、作成中の契約書を「契約書ライブラリ」にアップロードする。法務担当者はレビューを開始し、契約書のレビュー状況を管理する。
・ユーザーは契約に関する一般的な質問事項を「質問箱」で確認する。法務担当者は、契約に関してユーザーとやり取りした質疑対応をナレッジとして蓄積できるため、似たような質問に毎回対応する負荷を低減できる。
・法務担当者は、参考になるインターネット上のWebサイトへのリンク集を作成できる。ユーザーはこうしたリンク集から有用な情報を得られる。

たとえば、ファイルサーバー上の共有フォルダーに似た使い方ができる「契約書ライブラリ」というページで各種契約書を管理しています。ただし、ファイルサーバーにはないような独自のプロパティ（ファイルの属性とも言います）設定やバージョン管理などが可能です。フォルダー別に仕分けるだけでなく、このプロパティ値を仮想フォルダーとして見立てることで、物理的なファイルの格納場所に依存せず論理的な切り口でさまざまにフィルタリングできます。つまり、フォルダー構造を無視して、このプロパティを持つファイルだけを複数フォルダーから横断的に取得することも可能です。ファイルサーバーを使ってファイル共有している場合によく困るのが、「フォルダー構造が複雑すぎて、結局どこにしまってあるかわからない」とか「こちらのカテゴリでも、あちらのカテゴリでもあるなぁ。両方のフォルダーにコピーしたファイルをおいておくか」などですが、SharePointではこうした機能をうまく利用することで目的のファイルが見つけやすくなります。

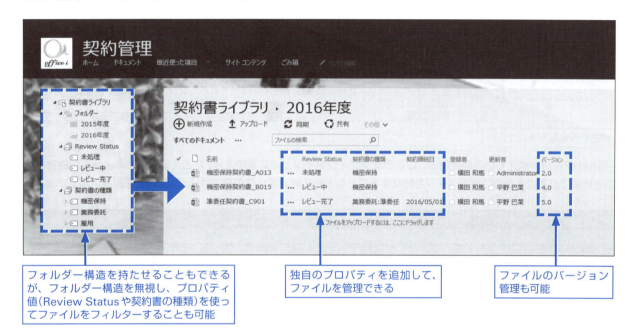

　また、前述したとおり、SharePointは独自の検索エンジンを持っているため、次の図のように契約書をキーワード検索できます。図では単に"受託"というキーワードを含む以外に"filetype:docx"を指定していますが、これは"受託"という文字を含むファイルのうち、ファイルの拡張子が"docx"となっているものを対象としていることを意味します。ちなみに、ファイルの本文も検索対象です（※ Word、Excel、PowerPoint、PDF、テキストなど一般的なファイルのみ。本文までは検索できないファイルの種類もあります）。

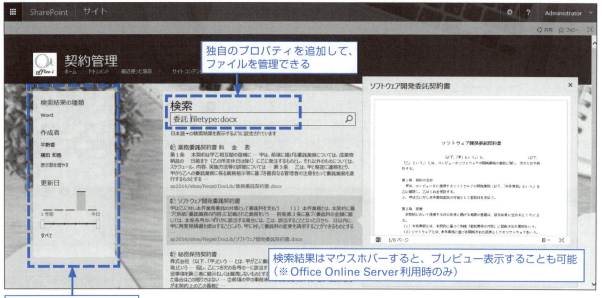

　SharePointが備えている開発用のプログラミングインターフェイスを使えば、たとえば次の図のように契約書を絞込み検索できるよう独自の検索ページを開発することなども可能です。この例ではJavaScriptを組み込んでいます。

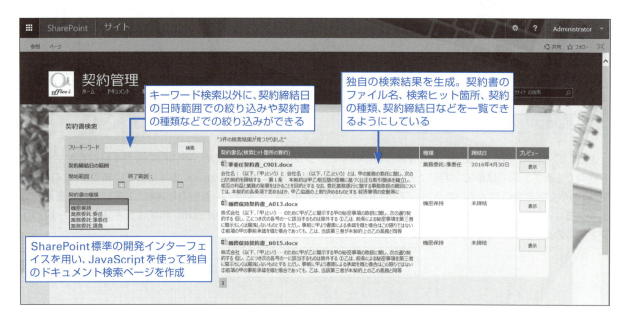

　他にもファイルを見つけやすくするために、たとえば次のような設定も可能です。

・ファイル一覧表示設定を変更し、ログインしたユーザーが作成したファイルもしくは担当しているファイルだけを自動的にフィルターして表示する。
・最近更新されたファイルのみをサイトのトップページに掲載する（フォルダーで仕分けていると最新ファイルがどこにあるかわかりにくいため）。

次の例は全社向けに情報発信するポータルサイトの例です。

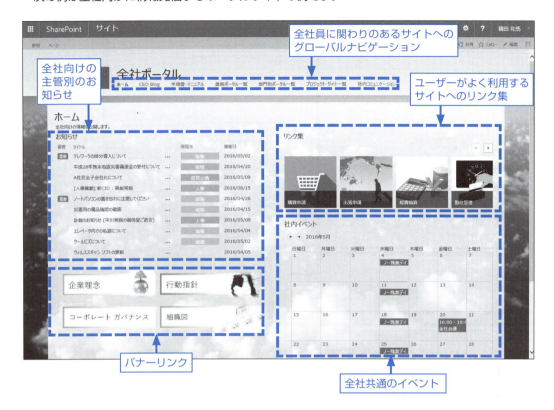

このサイトでは、次のような情報発信を行います。全社ポータルでは多くの場合、"お知らせ"の掲示を中心に構築します。

・全社員に向けた伝達、連絡、報告などを掲示できる。
・ユーザーがよく使うサイト（なんらかの申請を行うサイトなど）へのイメージ画像付きリンク集を掲載できる。
・企業理念や行動指針等のページへの誘導をバナーリンクを使って行う。
・社内イベントをカレンダー形式で表示する。
・あまり頻繁には利用しないサイトについては、画面上部のグローバルナビゲーションエリアにリンクを掲載する。

次はチームで利用しているブログの例です。ブログは個人ブログを作成することも可能ですが、部署やチームごとにブログを持ち、複数人で持ち回りで記事を投稿するというような運用も可能です。ブログは、広範囲にまとまった情報をすばやく公開することで、認知度を高めたり、コミュニケーションの活性化をする目的で利用します。

　SharePointのブログサイトは、インターネット上で利用されているものと同様に、投稿者が記事を書いて公開し、これに対して読者から反応（フィードバック）を得られるようになっています。投稿記事は好きなカテゴリに分類することもできます。標準機能ではカテゴリをさらに階層化して本の目次のようにすることまではできませんが、単純な仕分けであれば十分使えるものです。ブログの代表的な使い方は次のとおりです。

- 社長ブログなど、経営層からの情報発信
- 業務ナレッジの蓄積
- 製品プロモーション、店舗の販促等イベントの開催状況報告（写真付きで公開）
- 慈善活動などの報告
- 部署やチーム内のメンバーのコミュニケーション促進のために持ち回りで作成する日記
- 業務日報
  など

　最後の例は、プロジェクト内での情報共有サイトの例です。

第1章 SharePoint Server 2016の概要を把握しよう

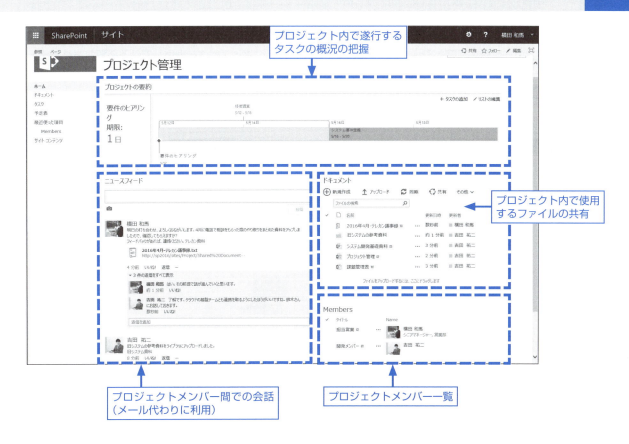

　このサイトでは、プロジェクトに関わるメンバー間での情報共有を速やかに行うことを目的としています。次のことが可能です。

- 全体的なタスクの進捗を「プロジェクトの要約」で確認する。
- プロジェクトメンバーを一覧する。メンバーの顔写真をクリックするとSkype for Businessと連携してプレゼンス確認やIM（インスタントメッセージ送信）などもできるため、必要があればリアルタイムのコミュニケーションがいつでも取れる。
- メールではなく、サイトの「ニュースフィード」を使ってメンバー間での情報交換をする。メールを使うとどうしても他のメールに埋もれてしまうし、途中参加するメンバーにこれまでの経緯が見えにくくなるため、こうしたエンタープライズソーシャル機能を利用する。
- 資料や成果物となるドキュメントは「ドキュメント」に格納して共有する。

　ここまでご紹介したものはほんの一例です。SharePointサイトではさまざまな機能が用意されていますが、業務ごとに必要な機能をビジネスユーザーが複数組み合わせて利用するようになっています。たとえば、ファイル共有と関連するFAQ情報などを1か所にまとめられるわけです。どのような機能をどう組み合わせていくか考えて工夫することで、業種業態を問わない柔軟性のある情報共有環境が持てるのです。感覚的には、ちょうど組み立てブロックの玩具を使っていろいろなものを作り上げるのに似ています。

　ちなみに、SharePointは全社向けのポータルサイトだけでなく、インターネットに公開するWebサイトを構築するのにも利用できます。そうなると当然ながら社内社外での利用に関わらず、見栄えにこだわったWebサイトを構築したいというニーズも出てきます。こういったケースでは、SharePointが標準で用意しているWebデザインとは大

幅に異なるデザインを開発することも可能です。次図はその例です。ただし、このようなカスタマイズを実施するには、Webデザインの一般的な知識とSharePoint独自のデザインカスタマイズ手法を把握している必要があります。

基本的な利用方針や運用ルールを決めよう

　さて、ここまでどのようなことができるかの概要を説明してきました。「SharePointは、工夫しだいで、結構、何でもできそうだなぁ」と感じた方も多いでしょう。だからといって、漠然とした過大評価にならないように気を付けてください。残念ながらSharePointは魔法の箱ではなく、万能ではありません。不得手な部分もあります。そのため、本書を通じて標準機能を使ってどのようなことができるのかをしっかりと把握しておくことが重要です。また、運用ルールをきちんと定めることも大切です。「SharePointをとりあえず導入してみた。情報共有なんて、基幹システムじゃあるまいし、なんとでもなるだろう」と気安く考えてしまう方も多いようですが、みんなで使うものだからこそ運用ルールをしっかり決めておかないとうまく利活用できません。業務効率を上げることが目的であれば、業務プロセスそのものの見直しをしつつ、SharePointの標準機能群とを照らし合わせて運用方法を試行錯誤する必要があります。つまりは、どのように情報共有するとよいかという目的意識を持つことが必要になります。そして、大まかでよいので必ずSharePointサイトの設計方針・運用方針を決めておきましょう。方針を決めるために、どのような点に気を付ければよいかについては本書内で適宜、補足説明します。

2 エディションの種類と利用できる Webブラウザーを知ろう

　SharePoint Server 2016を使っていくうえで最初に把握しておきたいのが、エディションの種類と利用できるWebブラウザーです。

エディションの違いを把握しよう

SharePoint Server 2016には次の2つのエディションがあり、エディションによって利用できる機能が異なります。

・SharePoint Server 2016 Standard Edition
・SharePoint Server 2016 Enterprise Edition

　上記のうちEnterprise Editionが最上位エディションです。いずれのエディションも基本機能については共通ですが、Enterprise Editionの方が便利に利用できる機能が多くなっています。たとえば、BI機能はEnterprise Editionでないと多くが利用できません。そのため、利用しているエディションによっては利用できない機能があることを知っておく必要があるのです。とはいえ、Enterprise Editionでのみ利用できる機能は高機能なものが多いため、製品の学習を進めていくうえではStandard EditionとEnterprise Editionの両方で共通して使える機能をきちんと押さえておけば十分です。Enterprise Editionでしか提供されていない機能については、後から差分的に把握していくとよいでしょう。

　本書では、両方のエディションで利用できる基本機能を中心に取り上げていきます。Enterprise Editionが必要な機能については明記しますので、本書を読み進めるうえではあまり違いを意識する必要はありません。

　とはいえ、システム管理者やシステム開発者の方は、より詳細な機能差を把握しておく必要があるかもしれません。その場合は、TechNetサイトの記事を参照してください。ただ、この記事では非常に細かい機能単位で簡易説明が記載されているため、SharePointの機能に精通していないとすべてを理解するのは困難であると思われますので注意してください。

「SharePoint feature availability across on-premises solutions」
https://technet.microsoft.com/en-us/library/jj819267.aspx#bkmk_FeaturesOnPremise

利用できるWebブラウザーを把握しよう

　SharePointサイトは基本的にWebブラウザーを使ってアクセスします。モバイル端末からもアクセスできます。マイクロソフトがサポートしているWebブラウザーは次のとおりです。

ブラウザー	サポート
Microsoft Edge	○
Internet Explorer 11	○
Internet Explorer 10	○
Internet Explorer 9	×
Internet Explorer 8	×
Internet Explorer 7	×

ブラウザー	サポート
Internet Explorer 6	×
Google Chrome（最新リリースバージョン）	○
Mozilla Firefox（最新リリースバージョンおよびその直前のバージョン）	○
Apple Safari（最新リリースバージョン）	○

EdgeはActiveXをサポートしていません。SharePointにはActiveXを使った便利機能もいくつかありますが、こうした機能が使えないため、まずひととおりの機能を試してみるのであれば、Internet Explorerを利用することをお勧めします。

> **ヒント　本書で使用するWebブラウザー**
> 本書に登場する画面は、特に記載がない限り、Internet Explorer 11を使っています。

　また、モバイル端末に搭載されているWebブラウザーもサポートされます。

- Internet ExplorerおよびEdge（Windows Phone 8.1以降）
- 最新バージョンのChrome（Android 4.4以降）
- 最新バージョンのSafariおよびChrome（iOS 8以降）

> **ポイント　Webブラウザーのサポート状況の最新情報について**
> 　Webブラウザーのサポート状況の最新状況および詳細については、次のTechNetサイトの記事を参照してください。
>
> 「SharePoint Server 2016でのブラウザーサポートの計画」
> https://technet.microsoft.com/ja-jp/library/cc263526(v=office.16).aspx

SharePoint Foundation 2013の後継バージョンの行方

　SharePoint Server 2016の1つ前のバージョンはSharePoint Server 2013です。SharePoint 2013製品群にSharePoint Foundation 2013という製品がありました。これはWindowsサーバーライセンスさえあれば無償で利用できるものです。機能制約はあるものの、ファイル共有などの基本的な機能を備えるSharePointサイトを構築できたため、執筆時点でもこれを導入している組織も少なくありません。しかし、SharePoint Foundation 2013が最後のバージョンとなり後継バージョンは出荷されないことが決定されました。今後、お試し利用したいような場合は、Office 365をトライアル利用し、これに付随するSharePoint Onlineを利用することなどを検討する必要がありそうです。

3 Office 365とSharePoint Server 2016の関係性を知ろう

　SharePoint Server 2016はオンプレミス（社内設置）型の製品です。一方で、クラウド上のサービスとしても利用できるSharePoint Onlineと呼ばれるサービスも提供されています。SharePoint Onlineを利用すれば、社内に専用サーバーを構築しなくてもインターネット接続環境さえあれば、いつでもSharePointサイトを利用できるようになるわけです。SharePoint Onlineを利用するにはOffice 365の契約が必要です。Office 365は、マイクロソフトが提供するクラウド上の情報共有のためのサービスです。メールや個人用のファイルストレージ、SharePoint OnlineやOfficeデスクトップクライアントのサブスクリプション提供などが含まれます。Office 365にはさまざまな契約プランがあり、プランによって利用できる機能が異なってきます。

　ところで、マイクロソフトは現在、クラウドファーストの方針をとっています。クラウド上のサービスを優先的にアップデートして新機能を追加したり、機能を改善するということであり、Office 365は先行して進化して機能がアップデートされています。SharePoint Server 2016は、SharePoint Onlineサービスで培われたノウハウを活かし、ある時点でのSharePoint Onlineの機能群をオンプレミス版の製品として提供する初めての製品です（次図）。以前のバージョンのSharePoint Server 2013と比較すると、細かな機能改善があちこちに見られます。また、内部的なしくみも各所でチューニングされており、操作面での体感速度は少し上がっているようです。しかし、別の観点から見ると、SharePoint Server 2013と比較すると新機能が数多く追加されているように見えますが、SharePoint Onlineで既に実装されている機能がオンプレミスで使えるようになってきたとも言えます。社内ポリシーとして、SharePoint Onlineなどのクラウドサービスには機密データを置くことができないという社内ルールがある場合や高度なカスタマイズや機能拡張が必要になるケースでは依然としてオンプレミス版のSharePoint環境が必要です。SharePoint Onlineはクラウドサービスであるがゆえに機能更新頻度が非常に高く、ある日、突然操作性が変わるということもあります。もちろん、ほとんどは事前通知されますが、更新頻度が高いためすべてを把握できないまま更新されることも多いようです。オンプレミス環境であれば、こうした変化は非常に緩やかです。

　なお、Office 365で先行的に更新されている新機能の一部は、オンプレミス環境でも更新プログラムの1つであるパブリックアップデートのタイミングで提供されるようになっています。これはFeature Packと呼ばれます。最初のFeature Packが2016年11月に提供されました。この後も継続して提供される予定です。

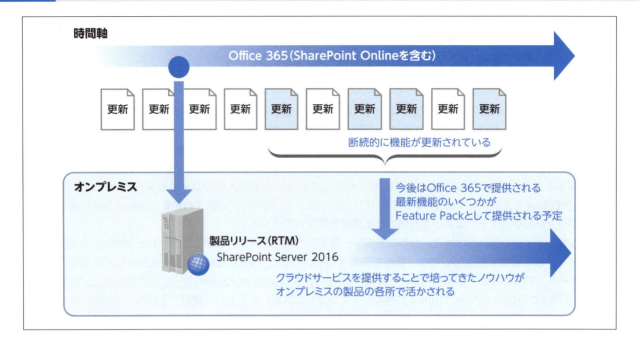

ポイント　SharePoint Server 2013から大きく変わった点は？

SharePoint Server 2013からSharePoint Server 2016にかけて大きく変わった点は、次の4点です。

・SharePoint Onlineをベースに使い勝手が向上している
・Office 365で培ってきたノウハウを活かし、SharePoint Server 2013よりもシステムの信頼性が向上している
・Office 365とのハイブリッド構成シナリオが強化されている
・コンプライアンス機能が強化されている

ハイブリッド環境での利用を検討しよう

　SharePoint Server 2016では、Office 365と連携させたハイブリット環境を構成できるようになっています。ユーザーがオンプレミスやクラウドを意識することなくシームレスに使えるようにするのが、ハイブリッド構成の醍醐味です。

　ハイブリッド環境が利用できることで、柔軟なコンテンツ管理が可能になります。たとえば、社内の情報共有はオンプレミス上で行い、社外とのやり取りはクラウド環境を使うといった使い分けができます。また、Office 365でしか提供されない機能をオンプレミス環境から利用したり、逆にOffice 365からオンプレミスの環境を利用したりすることもできます。たとえば、通常はOffice 365から社内のファイルサーバーを検索することはできませんが、オンプレミスのSharePoint Serverであればこれが可能です。エンタープライズ検索機能をハイブリッド構成にすることで、Office 365からオンプレミスのSharePoint Serverを経由して社内のファイルサーバー内のファイルを検索できます。また、ナビゲーションを統合することで、オンプレミスとSharePoint Onlineの環境の違いをユーザーに意識させることなく、さまざまなSharePointサイト内のコンテンツを利用させることができます。

4 SharePoint Server 2016の運用体制を把握しよう

SharePointを導入する場合はどのような運用管理体制になるのかを確認しましょう。一般的に、関係者は次のように大別できます。

- ユーザー
- サイト管理者・運用者
- ヘルプデスク・サポート
- 開発者
- SharePointサーバーファーム管理者

関係者の関わりを次の図に示します。

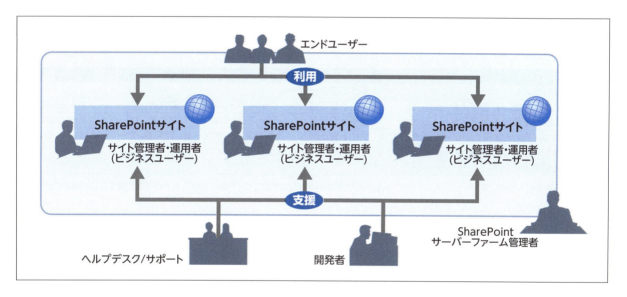

複数のSharePointサイトにエンドユーザーがアクセスして利用するわけですが、一般的には各サイトに運用者（管理者）を設けます。この運用者はビジネスユーザーです。SharePointサイトは、標準で簡易的なカスタマイズができるようになっているため、業務がよくわかっているビジネスユーザーが現場ごとに工夫しながら利用した方がスピーディに情報共有が進むためです。ただし細かい使い方や設定方法などがわからなくなった場合にはITに精通したエンジニアの支援が必要となるため、ヘルプデスクやサポート要員を設けます。ちなみにサイト管理者の一般的な仕事は、ナビゲーション設定を変えたり、サイトにアクセスできるユーザーを制御したり（アクセス権限管理）、ファイルなどの一覧表示設定を変えてカテゴリ別にグループ化表示したりといったコンテンツ管理などです。

ユーザー自身では対応が難しいカスタマイズや開発は、開発者が対応します。開発者と言っても、設定レベルで対応する場合もあれば、JavaScriptやC#などのコーディングを行う高度な開発者もいます。そして、全体的な基盤を支えて管理するのがSharePointサーバーファーム管理者です。これは通常IT部門が対応します。ただし、基盤管理者の業務はサーバー全体に関わる設定やメンテナンスなどが中心です。ユーザーコンテンツの細かい管理までは対応しないのが一般的です。とはいえ、SharePointサーバー管理者がSharePointサイト管理者レベルの知識がなくても良いという意味ではありません。ヘルプデスクやサポート要員の方だけでなく、開発者の方やファーム管理者も基本的な機能や使い方としてサイト管理者レベルの知識は必要です。

本書の構成と対象者

本書は5部構成になっており、次の役割の方が対象になっています。

・すべてのユーザー
・サイト管理者
・ヘルプデスク・サポート
・開発者
・サーバーファーム管理者（基盤管理者）

最初から読み進めていくことで、ごく基本的な機能から応用的な使い方や運用方法までを網羅的に学習できるよう構成しています（ただし、本書ではコーディングが必要となるような開発者向けの内容は含んでいませんが、開発者の方も基本機能の知識は必要です）。

部	内容	対象者
第1部	はじめに	すべてのユーザー
第2部	基本的な使い方をマスターしよう	サイト管理者、ヘルプデスク・サポート、開発者、サーバーファーム管理者
第3部	応用的な使い方をマスターしよう	サイト管理者、ヘルプデスク・サポート、開発者、サーバーファーム管理者
第4部	SharePointサイトの運用管理を行おう	サイト管理者[※]、ヘルプデスク・サポート、開発者、サーバーファーム管理者
第5部	SharePointサーバーの基本的な管理を行おう	サーバーファーム管理者

※注　サイト管理者も対象ですが、ビジネスユーザーにとっては高度な内容も含まれてくるため、必ずしもすべてを把握する必要はありません

SharePointサイトに関する基礎知識を身に付けよう

第2章

1 SharePointサイトとは何かを説明できるようになろう
2 リスト、ライブラリ、SharePointアドインの概要をつかもう
3 SharePointサイト構築の大まかな流れを把握しよう
4 サイトテンプレートの種類を把握しよう

SharePointサイトを有効に活用するには、細かい機能を覚える前に、そもそもサイトとは何か？どのように作っていくのか？といった基本的な事項を押さえておくことが大切です。この章では、こうした基礎知識と共に、SharePointサイトを使っていくうえで必要となる基本的な用語等も説明します。

1 SharePointサイトとは何かを説明できるようになろう

　SharePointサイトは基本的に、インターネット上で使われているWebサイトと変わりません。ところで、急に他人に「Webサイトとは何か、端的に説明して欲しい」と言われたら、咄嗟には答えられない方も多いのではないでしょうか？日頃からインターネット上の情報にアクセスしている人が相手であれば、次のように回答できるでしょう。
　"WebサイトはWebページの集まりです。Webページとは、Webブラウザー上に表示される画面1ページ1ページのことです。個人や組織などがそれぞれにWebサイトを持ち、そこでWebページを管理しています。"

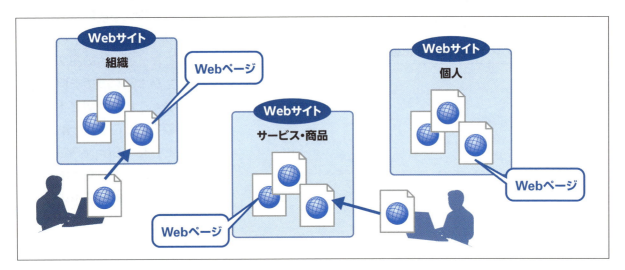

　インターネットの世界では、Webページに様々な情報を記載することで、Webブラウザーを通じてあらゆる場所から閲覧できます。インターネットにアクセスできれば、世界中はもとより極端な話では宇宙からだって情報が見られるわけです（事実、国際宇宙ステーション（ISS）も2010年からクルー支援のLANの使用が可能になり、ISSクルーはインターネットが自由に使えるようになっているそうです。［出典］http://fanfun.jaxa.jp/faq/detail/213.html）。
　前述のとおり、WebページはWebサイトという単位で管理します。イメージとしては、WebサイトはWebページの入れ物です。この入れ物の管理者がサイト管理者です。この管理者は、どんなコンテンツを公開するか、どのように公開するかなどを決めたりします。インターネット上ではWebサイトは、企業組織、公共機関、商品、サービス、個人といった単位でサイトが作成され、管理されています。
　ではこれをSharePointサイトに置き換えてみましょう。SharePointサイトもWebページの集まりです。SharePointサイトを要件ごとに複数作成し、情報（ファイルなどのコンテンツ）を格納します（次図）。インターネットとは異なり組織内で使用するため、業務単位やプロジェクト単位などで複数のサイトに情報を分けて管理します。サイトを分ける理由の1つは、1つのSharePointサイトにあまりに多くの種類の情報が雑多に格納されると、かえって情報が探しにくくなってしまうためです。情報の管轄を明らかにする意味合いもあります。つまり、主管する組織や人単位で分割する必要があるケースもあります。

第2章　SharePointサイトに関する基礎知識を身に付けよう

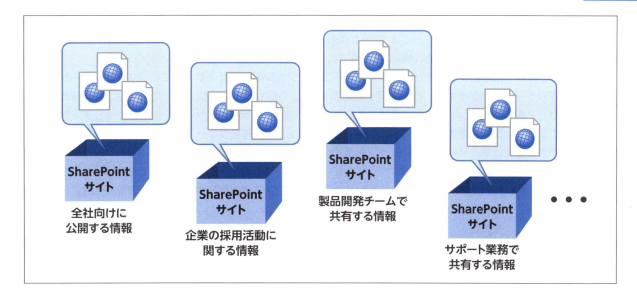

ポイント　壁新聞のようなWebページを作らないために

　情報を発信する側は、沢山の情報をWebページに掲載したがる傾向にあるようです。昔の学校の壁新聞のように、紙の余白を残さないように目一杯情報を詰め込みがちです。しかし、閲覧する側からすればよく使う情報は案外限られていて、1つのページに掲載される情報が多すぎると目的の情報が見つけづらくなります。結果的に「このWebページは使いにくい」という印象を持ちます。筆者が見てきた多くの企業の社内ポータルサイトはこうした傾向にあるようです。しかし、これも掲載する情報の種類をぐっと絞り込むだけでもかなり使いやすくなります。見やすいWebサイトは、目安として1ページあたりに掲載する情報の種類は多くても4、5種類までです。SharePointでは複数のWebサイトを手軽に構築できますし、検索機能を活用すれば横断的に複数のサイトから情報を得ることもできます。複数ページもしくは複数のサイトを利用することを前提に情報を仕分けし、ユーザーの動線を考えてこれらを構成していくと使いやすさは向上します。どのような方針でSharePointサイトを複数構築していくか、既存の業務に照らし合わせて検討してみてください。

　もう1つのSharePointサイトの側面は、セキュリティ管理の単位であるということです。そもそもインターネット上の一般的なWebサイトは誰もが閲覧できるようにしてありますが、組織内の情報は社外秘となっているものが多く、同じようにはいきません。誰が閲覧できて、誰が書き込めるかといった、より細かなセキュリティ管理が必要です。SharePointでの基本的なセキュリティ管理は、それぞれのSharePointサイト単位でサイト管理者が行います。

SharePointサイトとサイトコレクションを理解しよう

　ここまでは、単純に複数のSharePointサイトが作成できるという説明だけをしてきました。しかし、作ることばかり考えるのではなく、複数サイトをまとめて管理するしくみも必要です。SharePointでは複数のサイトを取りまとめて管理するために、上位の概念として"サイトコレクション"という管理単位が用意されています。これはSharePoint特有の考え方です。複数サイトをまとめて管理するさらに大きな入れ物があるとイメージするとよいでしょう。サイトコレクションの利点の1つは、この概念があることでビジネスユーザーが自分の裁量で複数のサイトを運用していけることにあります。サイトコレクションはビジネスユーザーに渡すための入れものであり、これを受け取ったビジネスユーザーはこの箱の中に自由に複数のサイトを作成できます。その他にも、サイトコレクションを

分けられることで、SharePointのカスタマイズや機能拡張、設定変更などを個別に行えます。たとえば、Aというサイトコレクション内のすべてのサイトでは、業務で使用する○○という独自機能が使えるが、他のサイトコレクションではそうした機能は不要であるため、機能を追加しない、といった運用ができます。

　サイトコレクションには必ず管理者がいます。**サイトコレクションの管理者**は基本的にビジネスユーザーが担当します（ITリテラシーに不安があれば、IT部門等も対応します）。このサイトコレクションの管理者は、自身が担当するすべてのサイト内のコンテンツに対して全権を持ちます。本来はSharePointサイト単位でセキュリティ管理しますがサイトコレクションの管理者は別格です。サイトコレクションの管理者グループメンバーになれば、サイト内のアクセス権限設定を問わず、サイトコレクション内のすべてのコンテンツを閲覧できます。

　ちなみに、サイトコレクション内ではトップレベルサイトを中心にその配下に必要に応じてサブサイトを複数作成し、入れ子の階層構造で管理します（次図）。階層化することでアクセス権限管理や見栄えの管理を一元的に行えるようになるのですが、これらについては第2部以降で説明していきます。

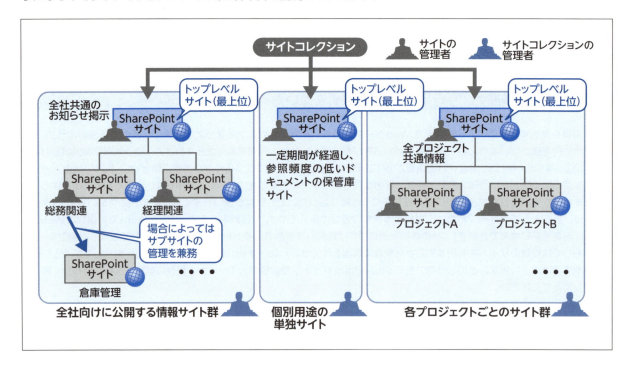

　ビジネスユーザーがサイトコレクションの管理者となれば、仕事の状況に応じて情報共有の場としてサイトを手軽に用意できるわけです。業務効率を上げるために自由裁量で情報共有の場を次々に作っていけるというのがSharePointの利点でもあります。とはいえ、もちろん管理業務を抱え込んでしまうと本末転倒なってしまいますから、適宜権限を委任するためにサイトごとにサイトの管理者を指定して運用したりもします。

　ただし、これはあくまでも理想としての考え方であり、企業組織ではユーザーのITリテラシーの高さに不安がある場合や、あるいは情報システムに関わることはIT部門がすべて担当するルールになっている組織などでは、サイトコレクションの管理者をIT部門が兼任することもあります。逆に、サイトコレクションの管理者やサイト管理者となるユーザーにきちんと社内教育を行ってからサイトを渡して、ユーザー裁量で利用してもらうケースもあります。いずれにしても、自分の組織に合うように、サイトコレクションやサイトの管理者は誰にして、どういったタスクをこなしてもらうかなどの運用ルールを決めることが大切です。

2 リスト、ライブラリ、SharePoint アドインの概要をつかもう

SharePointサイトを利用するには、次の3つの用語に慣れる必要があります。

・リスト
・ライブラリ
・その他のアプリ（SharePointアドイン）

　最初に把握すべきはリストとライブラリであり、本書の第2部、第3部で細かい機能や使い方を学習します。ここでは概要を説明します。
　SharePointは、特定の業種・業態を問わず情報共有に利用できるよう考えられています。情報共有システムを開発する側の立場で想像してみてください。そうすると、最大公約数的に必要な情報共有のしくみとはなんだろうという話になります。まず定型的な情報を格納でき、一覧しやすいようグリッド表示できるしくみが欲しいでしょう。また、ファイルサーバー上の共有フォルダーと似たような雑多にファイルを格納できる場所があれば、基本的な情報共有はできるのではないか？ここで登場するのが、リストとライブラリの2つの基本機能です。
　リストは前者のように定型的なデータを扱うのに適しており、簡易データベース的に利用できます。Excelのスプレッドシートと似たような機能を持つWebページというイメージで捉えると理解しやすいでしょう。もう1つのライブラリは、共有フォルダーに似た使い方ができます。リストやライブラリは、データのストレージ（入れ物）です。
　一方、その他のアプリはSharePointアドインとも呼ばれます。これは、SharePointサイトに対してリストやライブラリ以外の機能を追加するものですが、基本的にはMicrosoft Visual Studioと呼ばれる開発ツールを使って独自に開発したり、インターネット上にあるSharePointストアからマイクロソフト製あるいはサードパーティ製のアドインを追加購入したりして入手することになります。

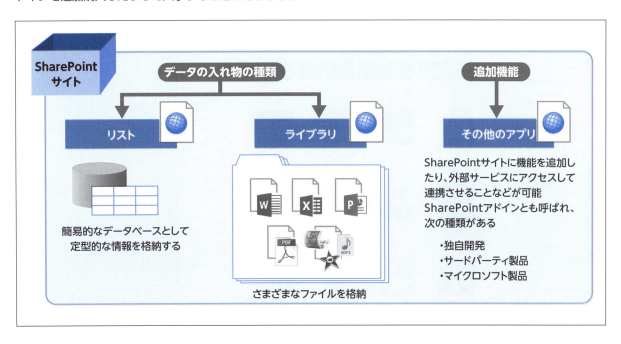

SharePointアプリとSharePointアドイン

　SharePoint Server 2010までは**SharePointアプリ**という概念はなく、サイトの管理者が追加できるのは、リストとライブラリが中心でした。そのため、以前のバージョンを使っていた方には馴染みのない用語です。SharePointアプリはVisual Studioを使って独自に開発できます。ちなみに、このカスタム開発したアプリは当初はSharePointアプリと呼ばれていましたが、その後、**SharePointアドイン**という呼び名に変わりました。資料によっては呼称が古いままのケースもあります。開発者の方は、技術資料を読む際に"SharePointアプリ"も"SharePointアドイン"も基本的には同義語として捉えるとよいでしょう。

　サードパーティが提供するSharePointアドインは、インターネット上に公開されている**SharePointストア**から入手できます。多くが有償ですが、一部無償で提供されているものもあります。SharePointストアでは、株価チャート、地図連携、スキャナー連携などがあります（残念ながら日本語をサポートするアドインは全体的に少ない印象です）。日本語がサポートされているアドインは、次のWebページ上で確認できます。

「SharePoint用アドイン」
https://store.office.com/ja-jp/appshome.aspx?productgroup=SharePoint&ui=ja-JP&rs=ja-JP&ad=JP

　なお、ユーザーがSharePointストアからアドインを利用できるようにするには、基盤管理者（サーバーの管理者）が事前設定しておく必要があるということを覚えておきましょう。

3 SharePointサイト構築の大まかな流れを把握しよう

　SharePointサイトを効果的に利用するには、サイトコレクションをどういった観点で分けるもしくは分けないのか、また各サイトはどのように分けるのか、階層化はどのような基本方針にするのかなど、全体的なサイト構成を俯瞰して考えておくことが大切です。

　SharePointサイトの構築ではトップダウン形式に基本的な計画を立てたうえで作成し、ボトムアップ形式でサイト単位で現場の業務に必要な機能を盛り込んでいくという2段階のアプローチで構築する方が運用はスムーズです。

　ここで一般的なSharePointサイト構築の流れを整理しておきましょう。標準機能のみを使って構築する場合の大まかな流れは次の図のとおりです。

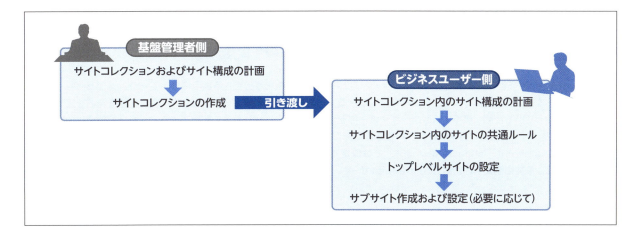

基盤管理者側

　サイトを利用するには最初にサイトコレクションが必要です。そのため、基盤管理者が比較的頻繁に行う作業の1つがサイトコレクションの作成です。

　サイトコレクションはともすると闇雲に増えていってしまい、似たような用途で使われているサイトコレクションが複数できてしまうなど非効率になりがちです。サイトコレクションを作成する前に、代表的なビジネスユーザーを巻き込むなどして、あらかじめサイトコレクション作成の基本方針を立ててくことが重要です。このときに重視するのはユーザーの利便性と管理のしやすさです。

　もちろん、小規模利用が前提で格納する情報量もさほど多くなく、管理者も1人で面倒を見なくてはならないようなケースでは、1つのサイトコレクションのみを使用し必要に応じてサブサイトを追加していくという考え方もあります。しかし大規模利用では、サイトコレクションを複数作成してビジネスユーザーに権限を委任して、基本的にはユーザー自身でメンテナンスを行えるようにしたりします。どのように方針を決定するかは業務によっても異なってくるためケースバイケースです。

サイトコレクションを作成する際に基盤管理者が設定するのは次の6つの項目です。

- ・トップレベルサイトの名前
- ・サイトコレクションのURL
- ・トップレベルサイトの既定の言語
- ・トップレベルサイトで使用するサイトテンプレートの指定
- ・サイトコレクションの管理者（最低1名、最大2名）
- ・クォータ設定

　上記のうち、後から変更できないのは、"トップレベルサイトの既定の言語"と"サイトのテンプレート"です。サイトコレクションの管理者は初期値としては最大2名まで指定できますが、サイトコレクション作成後はサイトコレクションの管理者自身が他のメンバーを必要に応じて追加できます。

　クォータ設定とは利用できるデータ容量の制限のことです。上限なしの指定も可能ですが、上限を設定することも可能です。たとえば、基盤管理者はサイトコレクション全体で10GBまでといった容量制限を指定できます。もちろん、必要に応じてクォータ設定は変更できるため、あとから20GBに増やすなどの対応もできます。基盤管理者向けの詳細情報は第5部を参照してください。

> **ポイント　サイトの既定の言語とは？ SharePointの多言語対応**
>
> 　SharePointは多言語に対応しています。サイトごとに既定の言語を選択できるようになっており、メニューなどの表示がすべてその言語になります。いったん指定した既定の言語は後から変えられませんが、第2言語を複数設定できるようになっているため、設定すればユーザーは一部を他の言語表示に切り替えて利用できます。多言語設定については「第18章　サイトの基本設定を行おう」で詳しく説明します。
>
> 　なお、SharePoint Online（Office 365）では既定で多言語対応になっています。オンプレミス環境で多言語に対応するには、事前に基盤管理者側でSharePointサーバーに対して各国語の言語パックをインストールしておく必要があります。

ビジネスユーザー側

　基盤管理者がサイトコレクションを作成したら、このURLの情報をサイトコレクション管理者にメール等で伝えます。ユーザーはこのURLにアクセスして利用を開始します。

　通常、サイトコレクションはトップレベルサイトのみが作成されている状態です。必要に応じてサブサイトを追加していきます。サブサイトを作成する前に、大まかでもかまわないのでサイト構成をどうするか計画しておきましょう。SharePointは、サイト間でのデータの移動や統合は、場合によっては簡単には行えないためです。たとえば、組織改編は頻繁に行われるものですが、部署などの組織単位でサイトを作成するのもなるべく避けたいところです。もし作成するのであれば、組織改編に左右されないように業務単位やプロジェクト単位で作成しておく方がよいでしょう。また組織単位での情報共有の場がどうしても必要である場合は、将来組織改編が行われた際にデータ移行などに時間をかけないようにサイトを削除する前提で作成し、組織ごとのサイトで本当に共有すべき情報を精査しておきましょう。部署ごとに共有が必要な情報は案外、"お知らせ"程度であることも多く、長期的に保管する必要がないケースも多いものです。

　ある程度の基本方針を立てたら、トップレベルサイトの設定を行ったり、サブサイトの作成や設定を行ったりしていくことになります。

　基本方針は、SharePointの基本的な使い方を把握しておいた方が立てやすいものです。本書の第2部、第3部で基本的な使い方から応用的な使い方まで説明しています。まずはこの部分をきちんと把握しておくようにしてください。

4 サイトテンプレートの種類を把握しよう

　SharePointサイトはサイトテンプレートから作成します。SharePoint Server 2016で利用できるサイトテンプレートは次のとおりです。なお、サイトテンプレートによってはトップレベルサイトでしか利用できないものもあります。また、サイトの設定によっては既定で利用できない場合もあります。まずはどういったものがあるのかを眺めてみましょう。

ビルトインのサイトテンプレート

テンプレート名	説明	Standard	Enterprise	トップレベルサイトのみ
チームサイト	グループで共同作業する場所。最も基本的な機能を備えている	○	○	
ブログ	ブログ。記事を公開したり、記事にコメントしたりできる	○	○	
開発者向けサイト	Office用アプリを構築、テスト、および発行するための開発者向けサイト	○	○	○
プロジェクトサイト	プロジェクトの管理および共同作業のためのサイト。このサイトテンプレートでは、プロジェクトに関連するすべての状態、コミュニケーション、成果物が1か所にまとめられる	○	○	
コミュニティサイト	インターネット上にあるQ&Aのフォーラムサイトと同じような使い方ができるサイト。ディスカッション掲示板機能が主体であり、意見交換や質疑対応などに使われる	○	○	
ドキュメントセンター	ドキュメントの共有のみに特化したサイト。組織全体で共有するファイルを格納したりするのに使用する。またプロジェクトの成果物の保管場所となるような書庫として使うこともある	○	○	
インプレースホールドポリシーセンター	訴訟などに対応するため電子コンテンツを一定期間保存するポリシーを管理するサイト	×	○	○
電子情報開示センター	法的事項や調査のためにコンテンツの保管、検索、エクスポートを管理するサイト	×	○	○
レコードセンター	このテンプレートを使用して、レコード管理用のサイトを作成する。レコードの管理者は、サイトにアップロードされたファイルが自動的に仕分けされるようにルーティングテーブルを構成できる。このサイトでは、レコードのリポジトリ追加後の削除と変更についてのルールを設定することもできる	○	○	
ビジネスインテリジェンスセンター	BIコンテンツをSharePointに表示するサイト。Enterprise Editionでのみ利用できるサイトであり、PerformancePoint ServicesなどのBI機能が利用できる	×	○	
コンプライアンスポリシーセンター	ドキュメント削除ポリシーセンターを使って、一定期間後にドキュメントを自動削除できるポリシーを管理する。これらのポリシーは特定のサイトコレクションまたはサイトコレクションテンプレートに割り当てることができる	×	○	○
エンタープライズ検索センター	サイトコレクションをまたがってコンテンツを検索したり、設定によってはファイルサーバーを検索したり、幅広い範囲の検索を行うために使用する	○	○	
個人用サイトのホスト	個人のプロフィールやOneDrive（個人用のサイトコレクションであり、ファイルのストレージとして利用する）を格納するためのサイト	○	○	○
コミュニティポータル	コミュニティサイトを複数作成している場合に、コミュニティサイトだけを手軽に検索できるよう設定されているサイト	○	○	○

テンプレート名	説明	Standard	Enterprise	トップレベルサイトのみ
基本検索センター	基本的な検索機能の提供に重点を置いたサイト。ただし、カスタマイズなどが困難であるため、実際の運用ではエンタープライズ検索センターを使うことの方が多い	○	○	
Visioプロセスリポジトリ	Enterprise Editionでのみ利用できるテンプレート。Visioプロセス図を表示、共有、および保存するためのサイト。Visioの基本フローチャート、部門連携フローチャートおよびBPMN図のテンプレートを備えている	×	○	
発行ポータル	インターネット用サイトまたは大規模なイントラネットポータルを作る際に使用する。見栄えをカスタマイズしやすいように設定されている	○	○	
エンタープライズWiki	Wikiページを中心に、ユーザーのナレッジ情報や全社で共有したい情報を発行するためのサイト	○	○	
製品カタログ	検索機能を使って高度にサイトをカスタマイズする際に使用するテンプレート。インターネットのショッピングサイトのように商品データなどをこのサイトに格納しておき、これを検索できるようにしたりする。開発者向けの機能でありユーザーが直接利用することはほとんどない	×	○	

　サイトテンプレートの多くはトップページの構成等の初期値が異なるだけで、利用できる機能は基本的に共通です。たとえば、次のサイトテンプレートは利用できる機能は共通です。

・チームサイト
・ブログ
・プロジェクトサイト
・コミュニティサイト
・発行ポータル

　もちろん、一部には、開発者サイトやコンプライアンスポリシーセンターのように特殊な機能を持っているものもありますが、これらは組織内で1サイト作られていれば事足ることがほとんどです。頻繁に作られるサイトではありません。
　とはいえ、たとえばブログテンプレートから作成したサイトを、チームサイトの初期設定と同じように変更しようとすると設定箇所がいくつもあるため、SharePointにかなり精通してからでないと簡単には変更できません。したがって慣れないうちは既定値が利用したい機能のイメージに近いものを選ぶことが肝心です。
　一般的によく利用されるテンプレートは次のとおりです。

・チームサイト
・ブログ
・コミュニティサイト

　迷ったら、「チームサイト」のテンプレートを使いましょう。これが最も標準的なサイトテンプレートです。本書でも特に明記しないかぎり基本的にチームサイトのテンプレートを使ったサイトをベースに説明します。

第2部
基本的な使い方をマスターしよう

第3章　チームサイトを使って基本的な機能を把握しよう
第4章　リストの基本的なしくみを把握しよう
第5章　ライブラリの基本的な使い方を把握しよう
第6章　Webパーツを配置しよう
第7章　ナビゲーションを変えよう
第8章　サイトの見た目（外観）を変えてみよう
第9章　便利な機能を使ってみよう

"SharePointを使って、結局何ができるの？"これは多くの方が最初に抱える疑問です。SharePointではSharePointサイトという入れ物に対して、各業務に合わせてさまざまな機能を自由に追加して作り上げていきます。イメージとしては、ちょうど玩具のブロックのようです。部品の組み合わせによって、できあがるのは車だったり、お城だったり、飛行機だったりとさまざまです。もちろん、SharePointは万能ではなく、何でもできるわけではありません。できることの限界もあります。つまり、機能部品の組み合わせは自由であるため、「全体として何ができるのか」ではなく、「どのように使えそうか」をそれぞれの業務上の立場で考える必要があるのです。これを発想するには、どのような部品があるのかを把握することが大切です。第2部では、SharePointサイト内に組み込むことのできる各種の基本機能を把握します。

チームサイトを使って基本的な機能を把握しよう

第 **3** 章

1 SharePointサイトにアクセスする前のWebブラウザーの設定を確認しよう
2 自分がサイトに対して持っている役割を確認しよう
3 画面構成を把握しよう
4 チームサイトの構造を把握しよう
5 トップページを編集しよう
6 他のメンバーを追加しよう
7 ファイルを共有しよう
8 画像を共有しよう
9 サイトのニュースフィードを使おう
10 お知らせを利用しよう
11 ディスカッション掲示板を使おう
12 作業を分担しよう(タスク管理)
13 シンプルなリンク集を作ろう
14 見栄えのするリンク集(注目リンク)を作ろう
15 予定表を使ってスケジュールを共有しよう
16 アンケート(Survey)を作成しよう
17 連絡先を管理しよう
18 不要になったリストやライブラリを削除しよう
19 サイドリンクバーを調整しよう

この章では、最も一般的に利用されるサイトテンプレートであるチームサイトをベースに作成されているSharePointサイトを使って、基本的な機能を把握していきます。サイトを利用するユーザーには、大きく分けてサイトの管理者と一般ユーザーがいますが、ここではサイトの管理者として各操作を行っていきます。

1 SharePointサイトにアクセスする前のWebブラウザーの設定を確認しよう

　Internet Explorerを使ってSharePointサイトにアクセスするには、SharePointサイトのホスト名を［信頼済みサイト］に登録しておく必要があります。この設定には、ローカルコンピューターの管理者権限が必要となるため、多くの場合は組織の基盤管理者やコンピューターの管理者が行います。どのような手順でどんな設定をするのか、手順を説明しておきましょう。

IEの信頼済みサイトに追加しよう

1 ローカルコンピューターにコンピューターの管理者としてログオンする。

2 Internet Explorerを起動する

3 ［設定］（歯車のアイコン）をクリックし、［インターネットオプション］をクリックする。

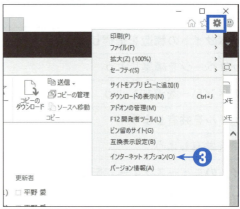

4 ［セキュリティ］タブをクリックする。

5 ［信頼済みサイト］をクリックする。

6 ［サイト］をクリックする。

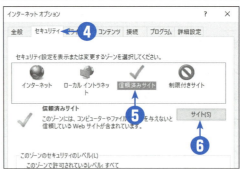

7 ［このWebサイトをゾーンに追加する］フィールドにSharePointサイトのURLを入力する。

8 必要に応じて、［このゾーンのサイトにはすべてサーバーの確認（https）を必要とする］をオフにする。

9 ［追加］をクリックする。

10 ［閉じる］をクリックする。

11 ［OK］をクリックする。

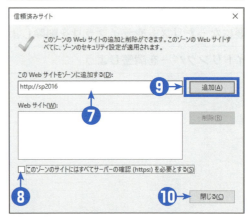

2 自分がサイトに対して持っている役割を確認しよう

　最初に自分がSharePointサイトにどのような役割（ロール）を持っているのかを確認しましょう。役割によってはできない操作があるためです。SharePointでは各役割をアクセス権限で管理し、SharePointサイトごとに「各ユーザーやグループに対してどのような権限を持たせるか」を設定できます。たとえば、閲覧だけできて、ファイルアップロードなどの書き込み操作はできないユーザーを指定できます。

　サイトごとの役割は、大きく分けると次の5つがあります（詳細は第4部で説明します。まずは大まかに把握できればよいでしょう）。

- サイトコレクションの管理者
- サイトの管理者（またはサイトオーナー）
- コンテンツ管理者
- 投稿者
- 閲覧者

　サイトコレクションの管理者は特別な管理者です。この管理者はサイトコレクション内の全部のサイトに対して全権を持ちます。そのため、サイトごとのアクセス権限は持っていなくてもかまいません。この管理者を最初に設定するのは基盤管理者です。基盤管理者がサイトコレクションをユーザーに払い出す際に、最低1名、最大2名まで指定しておきます。サイトコレクションがいったんサイトコレクションの管理者に引き渡されると、その後はサイトコレクションの管理者自身が必要に応じて複数のサイトコレクションの管理者を追加していきます。また、サイトコレクションの管理者は、自身の管理負担を軽減するために各サイトに管理者を設定することもできます。

　サイトの管理者は、通常は**フルコントロール**と呼ばれるアクセス権限（※正確にはアクセス許可レベルと呼びます。以降はアクセス許可レベルと記載します）を持ちます。この権限を持っている場合、当該サイトに対するすべての管理操作ができます。この役割のユーザーは、アクセス権限設定変更やナビゲーション設定変更などさまざまな管理タスクを行います。トップレベルサイトの管理者は、一般的にはサイトコレクションの管理者が設定します。また、サブサイトごとの管理者は、サブサイトを作成する管理者が都度指定することになります（ちなみに、フルコントロールのアクセス許可レベルを持っているユーザーはサブサイトを作成できます）。

　コンテンツ管理者は、通常は**編集**アクセス許可レベルを付与されたユーザーです。サイトコレクションの管理者またはサイトの管理者が、コンテンツ管理者を指定します。この役割のユーザーは、サイト内のリストやライブラリの管理を行います。新規にリストやライブラリを追加し、設定をカスタマイズできます。しかし、サイトの管理者とは異なり、アクセス権限の設定はできません。組織によっては、この役割のユーザーをサイトの管理者と呼んでいるケースもあります。

　投稿者は、通常は**投稿**アクセス許可レベルを付与されたユーザーです。サイトコレクションの管理者またはサイトの管理者が、コンテンツ管理者を指定します。この役割のユーザーは、既存のリストやライブラリ内のコンテンツに対する閲覧、書き込み、変更、削除などの権限を持っています。そのため、ライブラリにファイルをアップロードしたり、削除したりできます。しかし、コンテンツ管理者とは異なり、リストやライブラリそのものは管理できません。利用するだけです。

　閲覧者は、通常は**閲覧**または**閲覧のみ**アクセス許可レベルを付与されたユーザーです。サイトコレクションの管理者またはサイトの管理者が、コンテンツ管理者を指定します。文字どおりサイト内のコンテンツの閲覧だけができま

す。既存ファイルの削除や新規ファイルのアップロードなどはできません。しかし、ファイルのダウンロードはできます。

以降では、**フルコントロール**アクセス許可レベルを持っているユーザーであることを前提にします。とはいえ、実際にはカスタムの権限を作って運用するケースもあります。この場合は、本書に書かれている操作の一部ができないこともあるので注意してください。

サイトコレクションの管理者であるかを確認しよう

サイトコレクションの管理者であれば、利用するサイトコレクション内のすべてのサイトを管理できます。サイトごとに明示的なアクセス権限を付与されている必要はありません。

❶ Webブラウザーを使って、SharePointサイトにアクセスする。

❷ [設定]（歯車のアイコン）をクリックし、[サイトの設定]をクリックする。

❸ サイトコレクションの管理者となっている場合は、[サイトコレクションの管理者]セクションが表示される。サイトコレクションの管理者ではないとき、この設定セクション自体が非表示となる。

トップレベルサイトの場合

サブサイトの場合

上記の手順で確認したとおり、トップレベルサイトにアクセスしているとき、サイトコレクションの管理セクション内にはサイトコレクションの管理者だけが利用できる各種メニューが表示されます。サブサイトにアクセスしている時には、トップレベルサイトへ移動するためのリンクだけが表示されます。トップレベルサイトの［サイトの設定］ページでは、［ユーザーと権限］セクションに、［サイトコレクションの管理者］というメニューが表示され、ここで現在のサイトコレクション管理者一覧を確認できます。また、サイトコレクションの管理者の削除や追加も可能です。

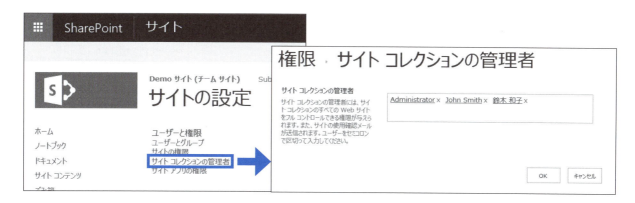

サイトコレクションの管理者以外の役割を確認しよう

サイトコレクションの管理者以外は、サイトの権限設定ページで役割を確認します。

❶ Webブラウザーを使って、SharePointサイトにアクセスする。

❷ ［設定］（歯車のアイコン）をクリックし、［サイトの設定］をクリックする。

❸ ［ユーザーと権限］セクションにある［サイトの権限］をクリックする。

❹ リボンメニューの［権限］タブから［権限の確認］をクリックする。

❺ ［ユーザー/グループ］フィールドに確認したいユーザーのログイン名、メールアドレス、表示名のいずれかを入力し、検索結果から目的のユーザーまたはグループを選択する。たとえば、自身のアカウントについて権限を確認するには、自分のアカウント情報を入力する。
ちなみに最低3文字入力しないと検索されないため注意すること。また日本語の表示名の場合は、姓と名の間にスペースが含まれている場合もあるため、そのときはスペースを入力する必要がある。

❻ ［今すぐ確認する］をクリックする。

❼ ユーザーに割り当てられているアクセス許可レベルを確認できる。
複数のアクセス許可レベルが検出された場合は、原則的に最も権限の多いものが最終的に適用されていることになる。たとえば、閲覧と編集が検出された場合は、編集アクセス許可レベルを持っていると考えるとよい。

この例ではフルコントロールアクセス許可レベルが割り当てられていることがわかる

第3章 チームサイトを使って基本的な機能を把握しよう

3 画面構成を把握しよう

　SharePointサイトを利用するには、画面構成を理解しておく必要があります。SharePoint Server 2016のサイトの見た目は、SharePoint Onlineと非常に似ています（2016年11月現在）。

SharePoint Server 2016（オンプレミス版）

SharePoint Online（Office 365）

　第1章で説明したように、SharePoint Server 2016はOffice 365で培ってきたノウハウを各所に取り込んでいます。企業組織は必要に応じてハイブリッド環境を構築できますが、使い勝手が悪くならないように、できる限りユーザーがOffice 365とオンプレミスのSharePoint Server 2016環境の境目を意識することなく利用できるようにしなくてはいけません。そのため、見た目も基本的には同じような構成にして連携しやすくしていると言えます。
　SharePointには複数のサイトテンプレートがあり、各テンプレートでは初期設定などが異なっていますが、画面構成には規則性があります。どのサイトにアクセスしても共通になっている画面の基本構成を、最初に把握しておきましょう。
　画面構成は次の3つのパートに分けられます。

・本体のレイアウト
・リボンメニュー
・スイートバー

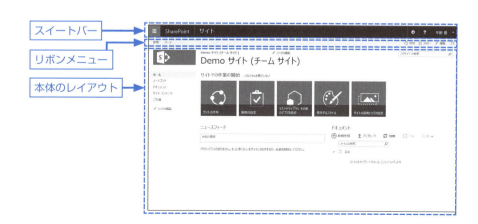

各種操作メニューは、ログインユーザーが持つアクセス権限や利用しているWebブラウザー上の制約などにより、表示（利用可能）・非表示・無効化（グレーアウト）のいずれかになることを覚えておきましょう。

ポイント　SharePoint Server 2013との画面構成の違い

画面構成については、SharePoint Server 2013と比較してもそれほど大きくは変わりません。もちろん、細かいメニューの違いなどはありますが操作に迷うほどの変更ではありません。強いて挙げれば、次の部分は変わっていますが、これも"間違い探し"のレベルです。

・スイートバーがOffice 365と同じような見栄えになった
・リボンメニュー（右側）メニューから［同期］メニューが削除された
・ライブラリやリストの操作メニューが一部変更された

むしろ使い勝手がよくなっている部分が多く、SharePoint Server 2013からSharePoint Server 2016へアップグレードしたとしても、操作性に関するユーザーの混乱はほとんどないと言ってよいでしょう。

本体のレイアウト

本体は、各Webページ内のメインコンテンツを配置する領域です。第2章でも説明したとおり、SharePointサイトは複数のWebページで構成されており、SharePointサイトにアクセスした時に最初に表示されるページをホームページまたはウェルカムページと呼んだりします。ただし、日本では「ホームページ＝WebサイトまたはWebページ」という認識が浸透しているため、区別が付きにくい問題があります。そこで、本書では混乱を避けるために一般的なWebの世界の呼び名である"ホームページ"をあえて**"トップページ"**と呼ぶことにします。

さて、サイト内のWebページは、同一のSharePointサイト内ではどのWebページも共通のレイアウトを持つようになっています。レイアウトのパターンには"Seattle"と"Oslo"の2つがあり、サイトごとに設定できます。それぞれの大枠のイメージは次のとおりです。

● ［レイアウト：Seattleパターン］
チームサイトの既定の設定はSeattleです。トップリンクバーおよびサイドリンクバーの2箇所にナビゲーション領域があり、複数の関連するサイトがある場合に適しています。

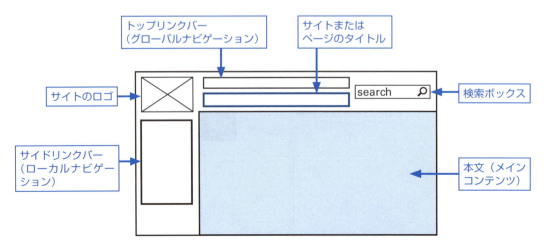

● **[レイアウト：Oslo パターン]**

設定を変更するともう1つのパターンであるOsloに変更できます。ナビゲーション領域はトップリンクバー部分のみとなるため、メイン領域をすっきりと広く利用できます。単一サイトなどでよく利用します。

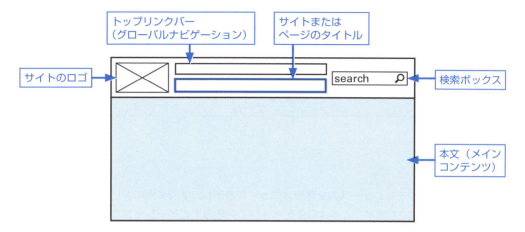

共通部品

既定の2つのレイアウトの全体イメージを見てきましたが、いずれのレイアウトにも次の共通する画面構成要素があることがわかります。

- **サイトのロゴ（画像）**：既定ではSharePointの製品ロゴが表示されていますが、任意の画像に差し替えられます。このロゴ部分にはトップページへのハイパーリンクが設定されています。あちこちWebページをクリックしているうちに、いったいどこをクリックしているのかわからなくなってきたら、サイトのロゴ部分をクリックすれば、トップページに戻るため、自分がどのサイトにいるのか確認できます。
- **サイトまたはページのタイトル**：サイトのトップページを表示するとサイト名が表示され、それ以外のページの場合はページのタイトルが表示されます。
- **検索ボックス**：常に画面の右上に表示されます。リボンメニューが表示されている場合でも、リボンメニューの［参照］タブをクリックすると、検索ボックスが表示されます。検索ボックスでは既定では当該サイト内のすべてのコンテンツをキーワード検索できます。設定によっては、複数のサイトを横断的に検索したり、人の検索をしたりして連絡先などを見つけることもできます。
- **本文**：ページごとにさまざまなコンテンツが表示されます。トップページであれば、サイト内のコンテンツの最新更新情報やお知らせなどを掲載したりします。ライブラリ内のページであれば、共有されているファイルを一覧表示できます。

SharePointのナビゲーションメニューの構成

SeattleとOsloのレイアウトにおける大きな違いは、ナビゲーションメニューの配置です。ここで言うナビゲーションメニューとは、トップリンクバーおよびサイドリンクバーのことです。続いて、一般的なWebサイトと比較しながら、SharePointのナビゲーション構成を見てみましょう。

Seattleレイアウトでは画面上部にナビゲーションメニューがあり、ここをトップリンクバーまたはグローバルナビゲーションと呼びます。一般的なWebの世界ではグローバルナビゲーションという言葉の方が定着しています。左側にはサイドリンクバーがありますが、ここは一般的なWebの世界ではローカルナビゲーションなどと呼ばれることも多いようです。この2つの違いですが、大雑把にとらえれば次のとおりです。

- トップリンクバー（グローバルナビゲーション）：記事の大項目、カテゴリ
- サイドリンクバー（ローカルナビゲーション）：各大項目に関連する小項目、カテゴリ

一般的なニュースサイトなどを総合的に見ると、たとえば次のような分類があります。

大項目	小項目
国内	政治
	社会
海外	政治
	社会
ビジネス	経済
	企業
	株式
テクノロジー	科学
	IT

大項目	小項目
芸能・エンターテイメント	総合
	音楽
	テレビ・ドラマ
	映画
	ゲーム

大項目	小項目
スポーツ	総合
	野球
	サッカー
	ゴルフ
	テニス

　グローバルナビゲーションはいつでもニュースの全体のメニューを表示し、すぐに別のトピックスに移動できるよう、たいていは画面上部などに固定されます。このように各ページで共通のナビゲーションであるため"グローバル"という呼び名が付いています。一方のローカルナビゲーションは、各大項目に付随する小項目です。大項目の関連情報を目的に応じて絞り込んで探せるようになっています。

　さて、これをSharePointサイトに置き換えて考えてみましょう。ちなみに、ナビゲーションメニューは、サイト管理者が後から好きなようにリンクの配置を換えられるため、あくまでも標準的な設定として捉えてください。グローバルナビゲーションはトップリンクバーが該当しますが、ここに配置されるリンクは各サイトのトップページへのリンクです。すなわち「大項目＝SharePointサイト」だと言えます。特にサイトコレクション内に複数のサイトがある場合は、ユーザーがいつでも関連性のある別のSharePointサイトにアクセスできるようトップリンクバーにリンクを配置します。一方のローカルナビゲーションはサイドリンクバーです。先ほどの例では、小項目に当たります。ここは各サイト内でよく利用するWebページへのショートカットを配置します。たとえば、手順書を一元的に格納しているSharePointサイトがある場合に、このサイト内にはPC設定関連、稟議の申請関連、機器の操作マニュアルなどのように、各ドキュメントがライブラリごとに分類されていれば、各ライブラリへのリンクをサイドリンクバーに配置しておきます。したがって、グローバルナビゲーションとは異なり、サイドリンクバーはサイトごとに設定を変更することになるため、アクセスするサイトによってサイドリンクバーに表示される項目は変わってきます。

SharePointのナビゲーションメニューの概念図

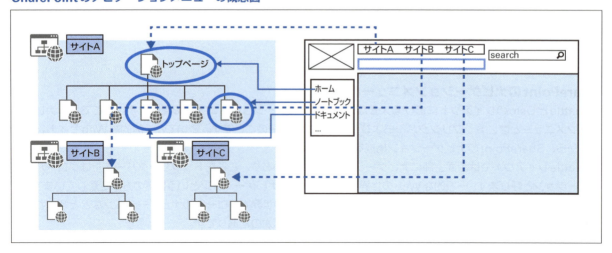

ちなみに、Seattleレイアウトでは、トップリンクバーとサイドリンクバーが表示されますが、Osloレイアウトではサイドリンクバーの項目がトップリンクバー部分に表示され、サイドリンクバーは非表示です。そのため、複数の関連サイトにすばやくアクセスできるようにしておく場合はSeattle、関連するサイトにすばやくアクセスする必要がなく1つのサイトで情報収集が完結するケースではOsloを使う傾向が強いようです。
　本書では、以降は既定値であるSeattleという設定をベースに説明していきます。

ポイント　視線誘導とナビゲーションの規則性について考えよう

　さまざまなナビゲーション構成を考えるうえで**視線誘導**という言葉をご存じでしょうか？これは活字媒体を読む際に「人がどういった目線で文字を追いかけるか」を意識して、そこから規則性を導き出し、どのようにコンテンツを配置すると効果的かという考え方です。もともとは新聞やチラシのデザインなどで取り入れられていたものですが、Webサイトにもナビゲーション構成をするうえでこの考え方が取り入れられています。有名な視線誘導としては次の3つがあります。

- グーテンベルグ・ダイアグラム
- Z型パターン
- F型パターン

　グーテンベルグ・ダイアグラムは、文字量が多いコンテンツに適しているもので、西洋の読み方の慣例（左から右へ、また上から下へと読む）に基づき「均一に配置されている同質の情報を見る時に人間の目は左上から右下方向へ揺れながら移動する」という考え方です。平易に言えば、「どう流し読みするか」ということです。この目線の動きから、一番重要なコンテンツは左上に配置し、重要なコンテンツは中央に配置したりします。たとえば、ロゴ、見出しなどは左上に配置します。そう考えると、SharePointサイトも左上にロゴやサイトやページのタイトルが配置されています。

　Z型パターンは、目線が左上から水平に右側へと移動し、次に斜め左下に移動し、また水平方向に移動します。チラシ作成に取り入れられることも多いようです。Webサイトの場合は、掲載するコンテンツの種類が少ない場合に適しています。

グーテンベルグ・ダイアグラム

Z型パターン

F型パターンは目線を左上から水平方向に移動させながら、端まで来ると再び左に戻り、少し目線を下げてからまた水平方向に移動するという動作を繰り返します。SharePointサイトの場合は、トップリンクバーとサイドリンクバーの構成を考えると目線の動きはF型が近いと言えるでしょう。たとえば、トップリンクバーで全体の情報の大カテゴリを把握し、サイドリンクバーで詳細を確認する。必要に応じてサイドリンクバーをクリックしながら、水平方向へメインコンテンツへと目線を動かすといった具合です。F型の場合は、左上に重要なコンテンツを配置しますが、左側の縁を下に行けば行くほど、コンテンツほど重要視しなくなる傾向にあるため、ナビゲーションへのリンクの配置をする際には注意しましょう。

F型パターン

このような知識があると、Webページにコンテンツを配置する際のヒントが得られます。もちろん視線誘導には他にも多数のテクニックがあり、配色やフォントサイズの強弱などでも動きが変わってきます。

ちなみにナビゲーション構成について言うと、筆者はさまざまな組織で利用されているSharePointサイトを見る機会がありますが、使いにくいサイトの特徴の1つが、ナビゲーション構成に規則性がないことです。たとえば、サイトごとにナビゲーションメニューがまったく異なり、「あるリンクをクリックすると、まったく別のサイト内の任意のページにジャンプした。するといったいどこに来たのかわからなくなり、元のページに戻れなくなる」といったことが起きます。どのサイトでもナビゲーション構成に決まったルールにあれば、現在閲覧しているページの位置が把握しやすくなり、またクリックした場合のジャンプ先も推測しやすくなります。そうすることでユーザーは迷いにくくなるわけです。目線の動きを踏まえ、各サイト共通のルールに従って、ナビゲーション構成を持たせるように配慮しましょう。

リボンメニュー

リボンメニューは、左側と右側の2箇所にメニューが分かれています。

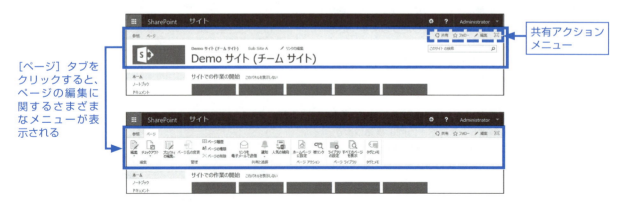

左側のメニューには［参照］タブや［ページ］タブがあります。操作によって表示されるタブは異なります。また［参照］タブ以外のタブをクリックすると、サイトのロゴやタイトルなどが表示されている部分にリボンメニューがずらっと表示されます。表示されるのは、現在表示しているページに関して何らかの設定や操作を行うためにメニュー群です。

右側のメニューにある［共有］と［フォロー］は、現在アクセスしているサイトに対する操作メニューです。［共有］メニューでは、現在アクセスしているサイトに対して、ユーザーやグループが持っているアクセス権限を一覧したり、アクセス権限を付与したりできます。一方、［フォロー］メニューをクリックすると、"サイト"と呼ばれるページにお気に入りサイトとしてリンクが蓄積されていきます。"サイト"ページの使い方は後述します。

　［編集］メニューは、現在表示しているページを表示したい時に使用します。なお、［設定］（歯車のアイコン）から［ページの編集］をクリックするか、もしくはリボンメニューの［ページ］タブにある［編集］をクリックしても、同様に現在のページを編集できます。

　（コンテンツにフォーカスを移動）をクリックすると、メインコンテンツ領域が拡大表示され、トップリンクバーとサイドリンクバー部分が非表示になります。再度クリックすると元の状態に戻せます。

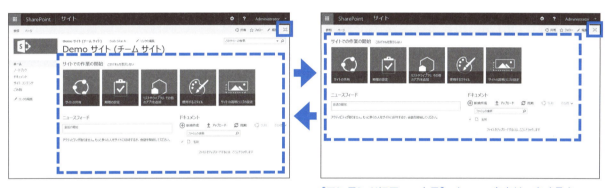

［コンテンツにフォーカス］メニューをクリックすると、メインコンテンツ領域が拡大される

スイートバー（Suite Bar）

画面の最上位部分をスイートバーと呼びます。

各メニューの詳細

①アプリ起動ツール（アプリランチャー/ワッフルメニュー）

　最も左に表示される⊞をアプリ起動ツールと呼びます。英語読みでアプリランチャーと呼ぶこともあります。また、英語圏の方が書いているブログ等の資料では、見た目がワッフルに似ているため、ワッフルメニュー（Waffle Menu）と呼ぶこともあります。
　このメニューをクリックすると既定では次の3つのメニューが表示されます（※後ろのかっこ書きは英語表記）。

・ニュースフィード（Newsfeed）
・OneDrive（OneDrive）
・サイト（Sites）

アプリ起動ツール

ニュースフィード

　ニュースフィードは、SharePointサイト上で利用できるSNS（ソーシャルネットワーク）機能の1つです。TwitterやFacebookのように短いメッセージを公開したり、特定のユーザーと会話したりできます。詳しくは第12章で説明します。

OneDrive

　個人用ファイルの保管場所です。詳しくは第5章で説明します。

サイト（Sites）

　"サイト"は、個人が持てるSharePointサイトのリンク集として使うページです。日本語だとこのページ自体が"サイト"と表示されるので混乱しやすいのですが、英語ではSitesと複数形で記載されます。つまり、複数のサイトが集合しているイメージです。リボンメニューの右側にある［フォロー］をクリックすると、この"サイト"にフォローしたサイトが登録されます。Webブラウザーのお気に入りやブックマークと異なり、どんなデバイスからアクセスしても"サイト"ページにアクセスすれば、よく利用しているサイトが一覧できるため便利です。
　ちなみに、サブサイトを作成すると、そのサイトは自動的に作成者がフォローしたと見なされます。このようにしてフォローするサイトが増えてくると、どうしても目的のサイトを探しにくくなるため、特によく利用するサイトは、ページ上部にピン止めしておきます。逆に言えば、グループ化はできないため、できることといえば上部に持ってくることくらいということです。そのため、使わなくなったサイトはフォローを解除しておきます。
　また、他のユーザーをフォローしていると、フォローしているユーザーがさらにフォローしているサイトの情報などを基に、「お勧めのフォロー対象サイト（Suggested sites to follow）」を提案してくれる機能も備えています。

第3章　チームサイトを使って基本的な機能を把握しよう

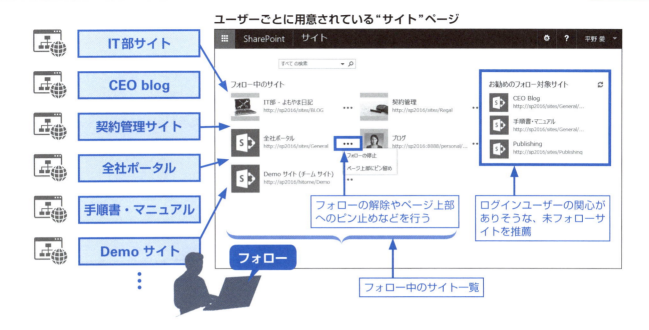

ユーザーごとに用意されている"サイト"ページ

ポイント　Office 365のアプリ起動ツール

アプリ起動ツールはOffice 365で最初に導入されました。現在は利用できるアプリも格段に増えています。SharePoint Server 2016の既定のメニューとは異なり、メール、予定表、Office 365 Video、Microsoft Plannerなど、SharePoint Server 2016単独では持っていないさまざまなアプリにアクセスできるようになっています。

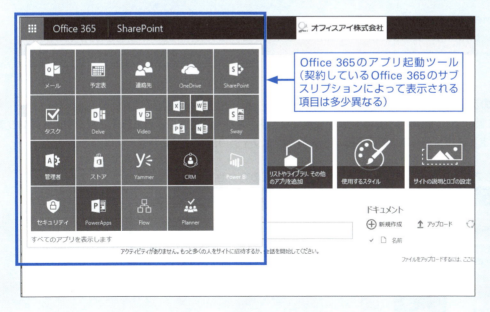

Office 365のアプリ起動ツール（契約しているOffice 365のサブスクリプションによって表示される項目は多少異なる）

②サイト

アプリ起動ツールに表示されているサイトと同じです。

ポイント　スイートバー部分のカスタマイズ

　SharePointサーバーの基盤管理者は、スイートバー表示を一部カスタマイズできます。"SharePoint"部分の表記を変更したり、ロゴ（ハイパーリンクも設定可能）を掲載することもできます。こうしたカスタマイズはポータルに愛称を付けるなど、情報共有基盤の活用促進のためのブランド化を図るためには時には有用です。

基盤管理者（サーバー管理者）は、SharePointのPowerShellコマンドレットを使ってスイートバーをカスタマイズできる

　この設定は、SharePoint Webアプリケーションと呼ばれる単位で行うものであり、サイト単位やサイトコレクション単位では指定できません。細かい説明は省略しますが、基本的には全社レベルでの一括設定だと考えてください。

「SharePoint 2016 How to Change SuitBar's Text PowerShell」
http://social.technet.microsoft.com/wiki/contents/articles/34202.sharepoint-2016-how-to-change-suitbars-text-powershell.aspx

③[設定]（歯車のアイコン）

　ここにはサイトに関する共通の操作メニュー群が表示されます。アクセス権限によって表示される項目は異なります。ちなみに、[設定]メニュー（歯車のアイコン）そのものをサイトの設定などで非表示にはできません。

フルコントロールのアクセス許可レベルを持つユーザー　　　閲覧のアクセス許可レベルを持つユーザー

④ヘルプ

SharePointのヘルプです。ヘルプは既定では用意されていないため、必要に応じて独自のヘルプを用意します。ちなみに、［ヘルプ］メニューそのものをサイトの設定などで非表示にはすることできません。

> **ポイント　SharePointのカスタムヘルプの作成**
>
> カスタムのヘルプは、**ユーザー設定のサイトコレクションヘルプ（Custom Site Collection Help）** と呼びます。構成に必要な手順は、SharePoint 2010から変わっていません。下記のOfficeサポート手順が参考になるでしょう。
>
> 「サイトコレクションにカスタムのヘルプを追加する」
> https://support.office.com/ja-jp/article/サイト-コレクションにカスタムのヘルプを追加する-fa9faf46-9cb1-4804-a890-4f17ec01910f
>
> なお、Office 365のSharePoint Onlineでは、カスタムヘルプの作成機能はサポートされなくなっており、代わりにWikiページなどを使って独自に作成することを推奨しているようです（出典：「MicrosoftSharePoint 2013で廃止、変更された機能」https://support.office.com/ja-jp/article/Microsoft-SharePoint-2013-で廃止、変更された機能-bbbb0815-2538-4f1d-b647-1f7f6d508c93）。実際のところSharePointを利用し始めると、［ヘルプ］メニューをクリックすることはほとんどありません。何かわからないことなどがあれば、インターネット上のBingやGoogle、Yahoo!などの検索サイトで検索して済ませることがほとんどです。また、SharePointの公式なヘルプはOfficeサポートサイトに公開されています。
>
> ところで、SharePointに関する質問があれば、Microsoft TechNetのフォーラムを利用できます。回答者はボランティアで対応していますので、利用する際には、マナーをもって利用するようにしましょう。
>
> 「TechNetフォーラム」
> https://social.technet.microsoft.com/Forums/ja-JP/home?category=sharepoint

⑤サインインユーザー

サインインユーザー名が表示されます。ドロップダウンメニューには［プロファイル］と［サインアウト］の2つがあります。［プロファイル］をクリックすると、サインインユーザーのプロファイルページ（My Site）にリダイレクトされます。

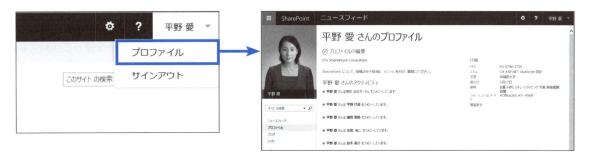

ユーザープロファイルのページでは、自身のプロファイルの確認や変更などができます。ちなみに、ユーザープロファイルページはどのサイトからでもアクセスできるようになっている反面、ユーザーが元々見ていたページに戻るためのメニューは特に用意されていません。そもそもユーザープロファイルのページのある場所は、別サイトになっています。一度ユーザープロファイルページに移動し、元のページに戻るにはブラウザーの［戻る］を使うか、Webブラウザーにリンを指定します。そのほかには、元々アクセスしていたページをWebブラウザーのお気に入りに入れておくとか、サイトをフォローして、"サイト"ページからアクセスできるようにしておきます。

4 チームサイトの構造を把握しよう

　SharePointサイトの中でも最もよく利用するサイトのテンプレートは、チームサイトです。本書の説明の多くがチームサイトをベースとしています。これ以降、SharePointのさまざまな機能を確認していきますが、操作に迷わないように、チームサイトの基本構成を確認しておきましょう。
　トップページのメインコンテンツ領域には、次の3つのWebパーツがあらかじめ配置されています。

・サイトでの作業の開始
・ニュースフィード（サイトフィード）
・ドキュメント

　Webパーツとは、SharePointサイト上で利用できる画面構成パーツです（Webパーツについては第6章で詳しく説明します）。トップページにはこのようにWebパーツが配置されているものの、Webブラウザーを使って手軽に編集できるようになっているため、直接文言を記載していくこともできますし、画像を配置したり、表を挿入したりもできます。
　まずは、各Webパーツの使い道について説明します。
　［サイトでの作業の開始］ Webパーツでは、最初にユーザーが実施するであろう各操作メニューが掲載されています。あくまでも初心者向けのガイダンス機能であり、サイトの基本操作をきちんと覚えてしまえば、この機能は使う必要はありません。また、本書では使いません。運用が始まれば、このWebパーツ自体を削除してしまうことがほとんどです。
　［ニュースフィード］ という表示名が既定で設定してありますが、実際にはサイトフィードという名前のWebパーツです。このWebパーツは、サイト内のユーザーどうしで利用するコミュニケーションツールです。サイトのメンバーは、TwitterやFacebookのように短文を書き込むことができ、それに対して返信したり"いいね"をクリックしたりできます。

[ドキュメント]というWebパーツの実体はライブラリであり、つまりはファイル共有の場所です。このWebパーツはライブラリの簡易表示となっており、実体のライブラリにアクセスするには、Webパーツのタイトル部分またはサイドリンクバーの［ドキュメント］をクリックします。
　続いてはサイドリンクバーについて確認します。既定では、次の5つが用意されています。

・ホーム
・ノートブック
・ドキュメント
・サイトコンテンツ
・ごみ箱

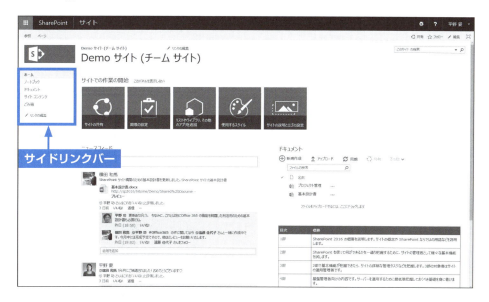

　［ホーム］は、サイトのトップページにアクセスするためのリンクが設定されています。［ノートブック］をクリックすると、OneNoteにアクセスできます。OneNoteはメモ帳アプリケーションであり、たとえば、次の用途があります（OneNoteについては第5章でも説明します）。

・会議の議題共有
・会議の議事録
・議事録から派生したタスクの簡易的な整理
・ブレインストーミングなどでのホワイトボード代わり
・アプリケーションなどの操作手順メモ
　など

　［ドキュメント］は、チームサイトに既定で用意される"ドキュメント"と名付けられたライブラリへのリンクです。ライブラリはファイル共有のための場所です。メインコンテンツ領域に配置されている［ドキュメント］Webパーツは、このドキュメントライブラリを簡易表示しています。チームサイトが作られたらすぐにファイル共有ができるように既定で用意されています。

ところで、SharePointサイトを使って情報共有をする場合に重要なのがリストとライブラリであるということを第2章で説明しました。では、このチームサイトではリストやライブラリは、どこにあるのでしょうか？サイト内で利用できるリストやライブラリの一覧ページ（[サイトコンテンツ] ページ）は、サイドリンクバーの [サイトコンテンツ] からアクセスできます。そもそもサイドリンクバーは、よく利用するサイト内のコンテンツへのショートカットとしてリンクを追加しておくところです。頻繁に使わないリストやライブラリなどはサイドリンクバーに掲載しないようにします。そのため、頻繁には使わないけれど、いつでも必要なコンテンツにアクセスできるように [サイトコンテンツ] ページへのリンクが用意されています。ただし、サイドリンクバーの表示はサイトの管理者がリンクを削除することも可能であるため、必ずどのユーザーも [設定] メニューからも [サイトコンテンツ] ページにアクセスできるようになっています。

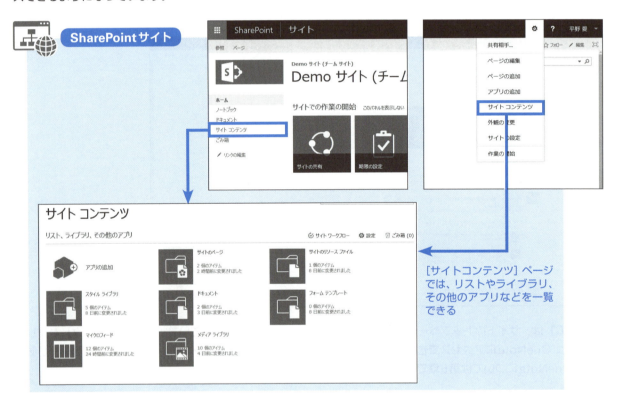

[サイトコンテンツ] ページでは、リストやライブラリ、その他のアプリなどを一覧できる

5 トップページを編集しよう

画面の構成が把握できたら、チームサイトのトップページを編集する基本操作から覚えていきましょう。

ページの編集と保存を行おう

　トップページを編集するには、Webブラウザーを使ってチームサイトのトップページにアクセスし、共有アクションメニューにある［編集］をクリックします。するとページが編集モードに切り替わり、メインコンテンツ領域に薄いグレーの枠が複数表示されます。それぞれ外枠の内部のみ編集できます。次図に示すように直接書き込めます。フォントサイズや色の変更は、Wordアプリケーションと似た使い勝手でリボンメニューから行えます。ただし、既定ではWebパーツと呼ばれるページの構成部品がいくつか配置されており、このWebパーツ内には直接は文字などを記述できないので注意しましょう。

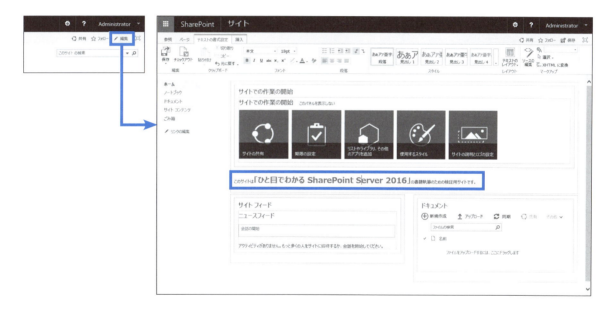

　ページが編集モードになっている間は、リボンメニューの［テキストの書式設定］タブが表示され、フォントやスタイルの変更が可能です。［テキストのレイアウト］からレイアウトも変更できます。

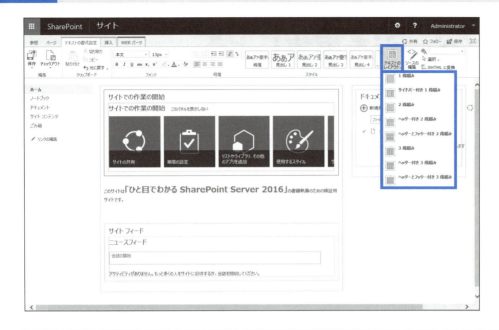

ポイント　Webパーツの移動

　Webパーツの詳細は第6章で説明しますが、ここでは移動方法だけ確認しておきましょう。レイアウトを変更するとWebパーツの配置が変わっていくためです。Webパーツはドラッグアンドドロップで移動できます。ただし、持って行きたい箇所に、先にマウスカーソルを挿入してからドラッグアンドドロップしないとうまく移動できないことがあります。注意しましょう。

　［挿入］タブからは、表、画像、ビデオ/オーディオファイル、Webパーツ/アプリパーツや埋め込みコードを挿入できます。メインコンテンツ領域内の目的の場所にマウスカーソルを挿入してから、各メニューを操作します。

ポイント　画像や表の挿入

　ページ内に手持ちのPC内に保存している画像をドラッグアンドドロップで貼れないかと考えがちですが、残念ながらできません。画像は挿入メニューから挿入する必要があり、いったん任意のライブラリにファイルをアップロードします。保存先のリンクは画面上に自動的に挿入されます。また、画像サイズの変更は、Internet ExplorerおよびFirefoxであれば直接ドラッグ操作で可能ですが、EdgeやChromeを使っている場合は、マウスドラッグがサポートされておらず、リボンメニューからサイズを数値指定して調整する必要があります。

　表の挿入は、Wordに表を挿入するのと同じような感覚で行えますが、列の幅調整などはマウスドラッグが対応していないため、これもリボンメニューの［テーブルレイアウト］タブにある［幅と高さ］で調整する必要があります。また、表の見栄えは［デザイン］タブで［表スタイルのオプション］と［表のスタイル］で調整します。

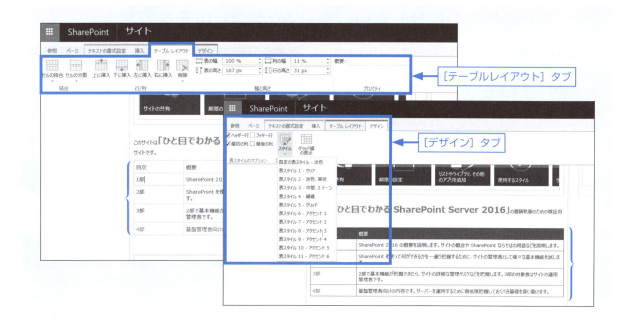

編集が終わったら、リボンメニューの［ページ］タブから［保存］をクリックするか、共有アクションメニューの［保存］をクリックします。これで編集モードが終了します。

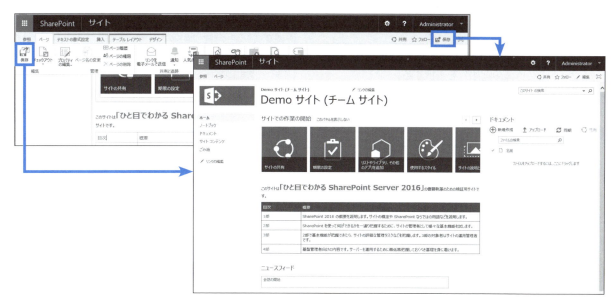

共有アクションの［保存］は保存メニューへのショートカットだと考えるとよいでしょう。［ページ］タブの［保存］メニューはドロップダウン形式になっており、単純な［保存］だけでなく、一時保存に利用できる［保存して編集を続行］も利用できます。

［サイトでの作業の開始］Web パーツの削除と復元を行おう

　チームサイトのトップページには、既定で［サイトでの作業の開始］Web パーツがあります。主な設定メニューへのショートカットを集めたガイダンスとなっています。しかし、本書ではさまざまな機能の使い方を学習していきますので、このガイダンスは特になくてもかまいません。ページを広く使うためにも［このパネルを表示しない］をクリックして削除しておきましょう。

　とはいえ、やはり復活させたいというケースもあります。その場合は次の手順で戻せます。

❶ Web ブラウザーを使ってトップページにアクセスする。

❷ 画面右上の［編集］をクリックする。

❸ Web パーツを復元したい部分にマウスカーソルを挿入する。

❹ ［挿入］タブをクリックする。

❺ ［Web パーツ］→［メディアおよびコンテンツ］→［サイトでの作業の開始］を選択する。

❻ 右側にある［追加］をクリックする。

❼ ［保存］をクリックしてページを保存する。

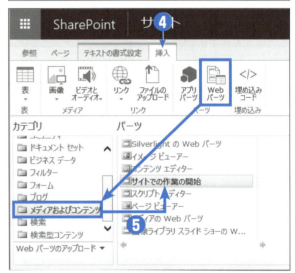

6 他のメンバーを追加しよう

　SharePointサイトで何ができるのかの基本を学ぶうえで、他のユーザーと一緒に使ってみることは大切です。そのためには自分が管理するサイトに他のユーザーを情報共有のメンバーとして招き入れて、複数メンバーで利用できるように準備します。付与するアクセス許可レベルは［編集］です。したがって、メンバーはサイト内のコンテンツを閲覧できるだけでなく、ファイルのアップロードなどの書き込み操作も行えるようになります。SharePointサイトで何ができるのかの基本を学ぶうえで、他のユーザーと一緒に使ってみることは大切です。アクセス権限設定の詳細は「第19章　コンテンツを共有しよう（アクセス権限管理）」に委ねるとして、まずは単純な手続きでユーザーを追加していきましょう。

サイトにメンバーを追加しよう

　次の手順では、SharePointサイト内に他のユーザーをメンバーとして追加します。ちなみに、SharePoint自体にはユーザーアカウントを作成する機能はなく、社内で利用している認証基盤に登録されているユーザーを使います。多くの場合、認証基盤としてActive Directoryドメインが使われますが、これ以外の認証基盤を使っているケースもありますので、不明な点があれば組織の基盤管理者などに確認しましょう。

❶ Webブラウザーを使ってSharePointサイトにアクセスする。

❷ リボンメニューの右側にある［共有］をクリックする。

❸ ［ユーザーの招待］タブから追加したいメンバーを入力する。

❹ ［オプションの表示］をクリックする。

> **ヒント**
>
> **検索のコツ**
>
> 初めて追加するメンバーは、最低3文字以上、名前やアカウント名を入力すると認証システム（多くはActive Directory）から検索されます。特に漢字で検索する際には、姓と名との間にスペースが登録されているケースもあり、スペースも含めて厳密に指定が必要です。そのため、最初はフルネームではなく、姓や名など少ない文字数で検索を試してみるとよいでしょう。

❺ [電子メール招待状を送信する] チェックボックスがオンになっていることがわかる。この後、[共有] をクリックすると、ユーザーに対してサイトのURLが記載された招待メールが送信される。また、[グループまたは権限レベルの選択] では [＜サイト名＞メンバー [編集]] が選択されている。すべて今回は既定値のままとする。

❻ [共有] をクリックする。

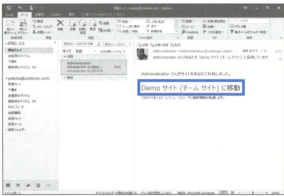

以上で設定が完了し、メンバーには右図のようなメールが送信されます。リンクをクリックすることで目的のサイトにアクセスできます。

登録されているメンバーを確認しよう

サイトに登録されているメンバーを確認する手順は次のとおりです。

❶ Webブラウザーを使ってSharePointサイトにアクセスする。

❷ リボンメニューの右側にある [共有] をクリックする。

❸ [共有相手] をクリックする。ここに一覧が表示される。

❹ 確認が終わったら [閉じる] をクリックする。

第3章　チームサイトを使って基本的な機能を把握しよう

ポイント　Skype for Businessとの連携

　SharePointはSkype for Business（旧Lync）クライアントとの連携機能を持っているため、サイトに登録されているメンバーを確認する際に、ついでに在席状況（プレゼンス）の確認もできます。共有メンバーにマウスカーソルをホバーすると、連絡カードが表示されます。連絡カードからインスタントメッセージの送信やメール送信なども可能です。このようにすばやいコミュニケーションがどこからでも始められるようになっています。

7 ファイルを共有しよう

　SharePointサイト内でファイル共有するにはライブラリが必要です。チームサイトには既定で"ドキュメント"という名前のライブラリが用意されています。サイト内のライブラリは、ちょうどオフィスでいうところの書類キャビネットに近いイメージのものであり、ライブラリ内には直接ドキュメントを格納できるだけでなく、フォルダーを作成してファイルを仕分けていくこともできます。もちろん、必要があれば、ライブラリ自体を複数追加することも可能です。ライブラリにはたくさんのドキュメント管理機能が備わっていますが、それらについてはこの後の章で順を追って説明していきます。

　まずは、既定で用意されている"ドキュメント"という名前のライブラリを使った基本操作を覚えることから始めましょう。

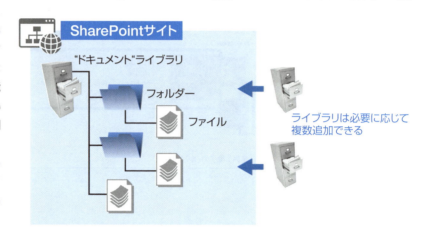

ポイント　ファイルを見つけやすくするための工夫

　多くの組織で最もよく利用されているのは"ライブラリ"です。ファイルサーバーと同じような感覚で利用できるため、ユーザーもすぐに使い始めることでできます。ただし、ファイルサーバーと同じ運用ルールを持ち込んでしまうと、ファイルサーバーが抱えるファイル共有の課題もそのまま引きずってしまい、SharePointを使うメリットが生かしきれません。その1つがフォルダーの利用です。フォルダーは最も手軽なファイルの仕分け方法であり、以前はファイルの超整理術を紹介する書籍などでもいかにしてフォルダーを論理的に階層化するかが説明されていました。しかし、これらはもはや限界です。フォルダーの抱えるデメリットは次のとおりです。

・階層構造が複雑になり、後からファイルが探しにくい
・階層構造を簡単には変更できない
・「こちらのカテゴリでもあるけれど、このカテゴリでもあるなぁ」といったような分類が明確にならないファイルがあるケースでは、ファイルの二重管理もあり得る
・複数のフォルダーに分散されているファイルを横ぐしで収集するのが難しい

　こうした課題は、SharePointでは"メタデータ（付加情報）"を組み合わせて利用することで克服できます。"メタデータ"は、ファイルに対して複数追加できるようになっており、これをキーワードに検索すると、ファイルが格納されている場所に関係なく、横断的に必要なファイルを見つけることができます。ただし、メタデータの追加はユーザーにとっては慣れない作業となるため、すべてのファイルに設定しようとするとかえって利便性が損なわれます。すばやく共有することに意味があるのであれば、メタデータはあまり考慮せず、ファイルサーバーのように利用する方がよい場合もあります。とはいえ、後から閲覧することが多く、誰もが探しやすい状況しておくべきファイルであれば、やはりメタデータを活用する必要があるでしょう。メタデータの設定方法については後述しますが、「メタデータを追加できる」ということと「運用方法を考えておく必要がある」ことを、まずは認識しておいてください。

第3章　チームサイトを使って基本的な機能を把握しよう

ファイルをアップロードしよう（ドラッグアンドドロップ）

　ファイルのアップロードは、目的のファイルをWebブラウザー上にドラッグアンドドロップするだけで行えます。また、複数のファイルを一括してアップロードできますが、フォルダーごとアップロードすることはできません。

❶ SharePointサイトのサイドリンクバーにある［ドキュメント］をクリックする。

❷ ローカルコンピューター上にあるファイルをエクスプローラー上（Internet Explorerではない）で選択し、Webブラウザー上の「ファイルをアップロードするには、ここにドラッグします」部分にドラッグアンドドロップする。
※ドラッグすると、ドロップ可能な領域がグレーの枠で表示される。表示されない場合はドラッグしたまま、枠が表示される位置まで調整する。

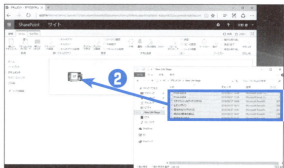

❸ ファイルが1件ずつアップロードされる。

❹ すべてのファイルがアップロードされたことを確認する。

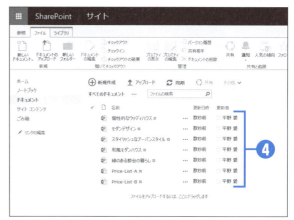

ファイルをアップロードしよう（1ファイルずつ）

　ドラッグアンドドロップ機能を使わずに、ファイルを1ファイルずつアップロードすることも可能です。たとえば、モバイル端末を使っている場合などでドラッグアンドドロップができないような場合は、この手順でファイルアップロードします。

❶ SharePointサイトのサイドリンクバーにある［ドキュメント］をクリックする。

❷ ［アップロード］メニューをクリックする。

❸ ［ドキュメントの追加］ウィンドウが表示される。

❹ ［参照］をクリックして、目的のファイルを選択し、［開く］をクリックする。

❺ ［ドキュメントの追加］ウィンドウの［ファイルの選択］フィールドに目的のファイルパスが表示されていることを確認する。

❻ ［OK］をクリックする。

❼ ファイルがアップロードされたことを確認する。

ヒント
もう1つの［アップロード］メニュー

ライブラリのリボンメニューの［ファイル］タブにも［アップロード］メニューがあります。機能的には同じです。従来のSharePointではこのリボンメニューから1件ずつファイルアップロードを行っていました。

OfficeドキュメントをWebブラウザー上で表示しよう

　Office Onlineサーバーが利用できる場合は、Word、Excel、PowerPoint、OneNoteのドキュメントをWebブラウザー上で表示できます。一般的にはWord、Excel、PowerPointのいずれかのファイルをライブラリにアップロードして共有することが多く、こうしたファイルは名前部分をクリックすると、Webブラウザー上で表示されます。具体的にはそれぞれWord Online、Excel Online、PowerPoint Onlineを使用することになります。

　ちなみに、Webブラウザー表示になると全画面となり、SharePointのトップリンクバーやサイドリンクバーは表示されなくなります。元の画面に戻るには、左上のサイト名のリンクをクリックします。

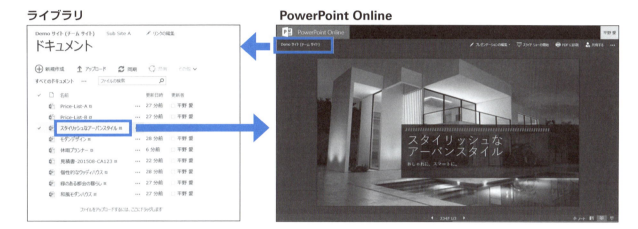

　ただし、Excelに関してはマクロが追加されていたり、Webブラウザー利用ではレンダリングがサポートされない図画などが使われていたりする場合もあり、このような場合は直接ファイルをダウンロードして、手元の端末上で直接Excelアプリケーションを起動してファイルを開く必要があります。Webブラウザー表示がサポートされないファイルの場合は画面上部にアクションバーが表示され、［詳細の表示］ボタンが表示されます。

さて、ライブラリに戻りましょう。ライブラリ内の各ファイルの［...］の部分をクリックすると、ファイルのプレビュー画面が表示されます。複数あるファイルのうち、目的のファイルがどれかを手早く確認するにはプレビューを利用するとよいでしょう。

> **ヒント**
>
> **Web ブラウザー上で表示させないように設定する**
>
> ライブラリの詳細設定では、Office Online サーバーが利用できる場合、既定で Office ドキュメントを Web ブラウザー上で表示するように指定されています。これをクライアントアプリケーションで開くように設定変更すれば、ユーザーが明示的に指定しないと Web ブラウザーでの表示はできないようになります。
> これを設定するには、リボンメニューの［ライブラリ］タブから［ライブラリの設定］にアクセスし、［全般設定］セクションにある［詳細設定］をクリックします。［ブラウザーで開くドキュメント］の設定項目を既定値の［サーバーの既定値を使用する（ブラウザーで開く）］から［クライアントアプリケーションで開く］に変更し、［OK］をクリックします。
>
>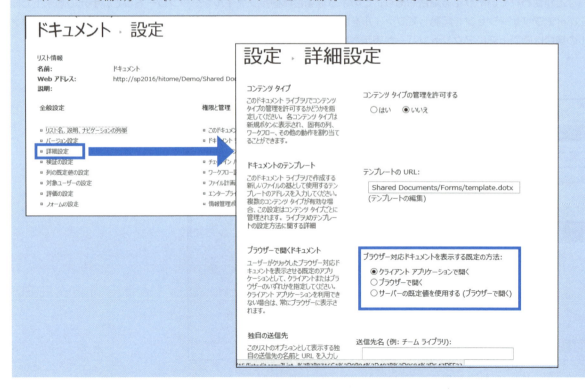

フォルダーを作ろう

ファイルサーバーのように、ライブラリ内にフォルダーを作成してファイルを仕分けられます。

❶ SharePointサイトのサイドリンクバーにある［ドキュメント］をクリックする。

❷ ［新規作成］をクリックし、［新しいフォルダー］をクリックする。

❸ ［名前］にフォルダー名を入力し、［作成］をクリックする。

❹ フォルダーが作成されたことを確認する。

ポイント　ファイル名とフォルダー名の名前付け規則を考える

　フォルダー名は、日本語で設定するとそのままURLにフォルダー名が表示されますが、URLエンコードが行われ、非常に長いURLが生成されがちです。日本語などのASCII文字以外の文字は、変換後の文字数が平均して9倍程度になります。たとえば、「プロモーション」（7文字）という名前のフォルダーを作成すると、URLエンコードにより「%e3%83%97%e3%83%ad%e3%83%a2%e3%83%bc%e3%82%b7%e3%83%a7%e3%83%b3」（63文字）と変換されます。

　そのため、そもそもフォルダーやファイル名には長い日本語名を指定しない方が良いでしょう。また、フォルダーの階層を深くすると、URLも非常に長くなります。メールでリンクを共有する場合などは少々不便です。ちなみに、SharePointにはURLを短くする機能は搭載されていませんし、フォルダーに英語表記の別名を付ける機能などもありません。そのため、運用ルールを決めて利用していく必要があります。

ヒント

フォルダーの階層構造のたどり方

フォルダーを作成したら当該フォルダーをクリックしていき、フォルダー内にファイルをアップロードすることは容易です。しかし、いざ上の階層にたどり着こうとすると、ファイルサーバーと違って階層化表示されないため、迷うかもしれません。基本的にはリボンメニューの［参照］タブに表示されるリンクまたはリボンメニューにある［上に移動］（［ライブラリ］タブの［ビューの管理］グループにある）をクリックして、1つずつ上の階層に上がっていきます。そのため、あまり階層が深いと使いにくくなります。

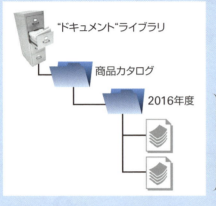
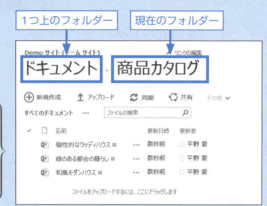

サイト内のフォルダーの階層をファイルサーバーのように表示する方法は、主に次の3つです。

- サイトのツリービューを表示する
- ライブラリでメタデータナビゲーションを構成する
- ライブラリをネットワークドライブ割り当てする

それぞれに良し悪しがあるため、一概にお勧めできる設定はありません。ただし、検索性などを考えると、メタデータの活用を意識して利用することを考えると、まずはメタデータナビゲーションを検討してみることをお勧めします。

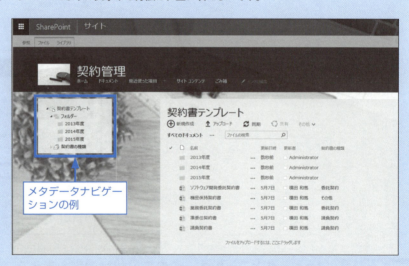

ファイルをダウンロードしよう（1つずつ）

ファイルのダウンロードは1ファイルずつであれば、リボンメニューから行えます。この手順はInternet Explorer 10や11以外のWebブラウザーを使っており、ActiveXが利用できないような場合などに使います。

❶ SharePointサイトのサイドリンクバーにある［ドキュメント］をクリックする。

❷ 目的のファイルの左端の［✔］列をクリックしてファイルを選択する。

❸ リボンメニューの［ファイル］タブをクリックする。

❹ ［コピーのダウンロード］をクリックする。
※複数のファイルを選択していると、メニューがグレーアウトしてクリックできないので注意する。

❺ 任意の場所にダウンロードして保存する。

　ただし、この方法ではファイル名が長い場合に途切れた形でダウンロードされる可能性があることに注意しましょう。SharePointは、インターネット標準に基づき、ファイルをダウンロードする際にURLエンコードを行います。サポートされるURLの長さがWebブラウザーによって異なるため、SharePointではダウンロード時にファイル名を128文字に制限します。そのため、ファイル名が長いと途切れてしまう可能性があるわけです。たとえば、「SharePointの検索機能を使ったドキュメント管理ワークショップ資料」（37文字）という名前のファイルがあった場合、URLエンコードされると次のように変換されます。

SharePoint%20%e3%81%ae%e6%a4%9c%e7%b4%a2%e6%a9%9f%e8%83%bd%e3%82%92%e4%bd%bf%e3%81%a3%e3%81%9f%e3%83%89%e3%82%ad%e3%83%a5%e3%83%a1%e3%83%b3%e3%83%83%88%e7%ae%a1%e7%90%86%e3%83%af%e3%83%bc%e3%82%af%e3%82%b7%e3%83%a7%e3%83%83%e3%83%97%e8%b3%87%e6%96%99

（247文字）

　元のファイル名が37文字であるのに対し、変換後は247文字です。これを上記の手順でダウンロードしようとすると、下図のように「SharePointの検索機能を使ったドキュ」でファイル名が途切れてしまいます。

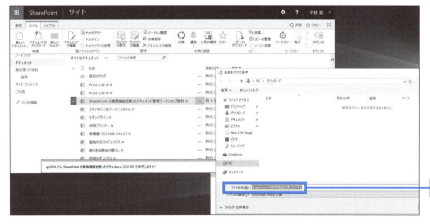

もちろんファイルが壊れてしまうわけではないため、上の図の場合だと、ダウンロード時の［ファイル名］ボックスに手動で途切れたファイル名を補ってやれば問題はありません。もちろん、ダウンロード後にファイル名を変更してもかまいません。ファイル名を途切れさせずにダウンロードするには、次のエクスプローラーを使う方法があります。

> **ヒント**
>
> **リボンメニュー以外からのダウンロード**
>
> ファイルの［...］をクリックし、プレビューを確認した状態からさらに［...］をクリックしても、［ダウンロード］メニューにアクセスできます。ただし、この方法の場合もファイル名が128文字に制限されます。

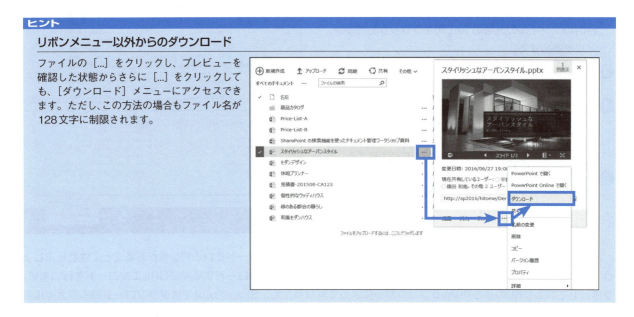

エクスプローラーを使って操作しよう

　複数のファイルをフォルダーごとアップロードしたり、別のフォルダーにファイルを移動したり、複数のファイルを一括してダウンロードするにはエクスプローラーを使います。ただし、この手順はInternet Explorer 10/11でのみサポートされるものであり、これ以外のブラウザーでは利用できません。
　エクスプローラーを使ってライブラリにアクセスする手順は次のとおりです。

❶ SharePointサイトのサイドリンクバーにある［ドキュメント］をクリックする。

❷ リボンメニューの［ライブラリ］タブをクリックする。

❸ ［エクスプローラーで開く］をクリックする。

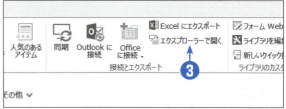

❹ ライブラリがエクスプローラー内に開く。

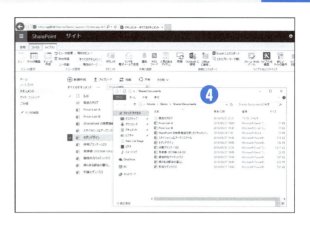

　エクスプローラーが起動したら、その後の操作方法は通常のローカルコンピューター上でのファイル操作と同じです。複数のファイルを選択してコピーし、ローカルコンピューター上の任意の場所に貼り付けたり、フォルダーを作成してファイルを移動したりできます。

ポイント　WebDAVとSharePoint

　SharePointは独自にWebDAVプロトコルを実装しており、エクスプローラーを使ったファイル操作ができるのもこのためです。WebDAVは平易な言葉で言えば、Webサーバー上にあるファイルやフォルダーに対して、ファイルサーバーを操作する感覚で管理できるようにするものです。マイクロソフトがリードしてきた規格ではあるものの、HTTP 1.1の拡張規格（RFC 2518）となっており、さまざまなソフトウェアで標準的に利用されています。Windows Vista以降のWindows OSでは、WindowsサービスとしてWebClientが標準で用意されており、このサービスをWebDAVアクセスに利用するようになっています。このWebClientサービスを利用することで、エクスプローラーとWebDAVが密に統合されるようになりました。そのため、各ライブラリはURLをネットワークドライブとして割り当てて利用することができるようになっています。

「[参考] WebDAVアクセスするためのコンポーネント（WebClientとMSDAIPP）」
https://technet.microsoft.com/ja-jp/windows/gg514841(ja-jp)

　ただし、ネットワークドライブとして割り当てると、ファイルサーバーに似た操作感は得られるものの、SharePointならではのファイルへのメタデータ設定などができません。また、ネットワークのトラフィックも増大しがちです。Webブラウザーを使ってWordやExcel、PowerPointを編集して上書き保存する場合は、変更分のみをSharePointサーバーと同期するしくみが提供されます。実際には**Microsoft Officeアップロードセンター**がバックグラウンドでこうした差分同期を行っています。このツールは、Officeデスクトップアプリケーションのインストール時に同時にインストールされるようになっており、通知領域からも確認できます（通知領域で表示がオフになっていることもあります）。しかし、ネットワークドライブ割り当ての場合は、この差分同期のしくみは利用されません。あくまでも、一時的に多くのファイルのアップロードやダウンロードを行う場合に限定して利用するのが望ましいでしょう。

Officeドキュメントを直接編集しよう

　クライアントコンピューター上にOfficeデスクトップアプリケーションがインストールされていれば、ライブラリ内に共有されているWord、Excel、PowerPointファイルをWebブラウザーから直接必要なファイルを編集し、上書き保存できます。この方法であればファイルをダウンロードする必要はありません。

❶ SharePointサイトのサイドリンクバーにある［ドキュメント］をクリックする。

❷ 目的のOfficeドキュメントファイルの［...］をクリックする。

❸ ［編集］をクリックする。

❹ Officeデスクトップアプリケーションが起動する。

　Officeデスクトップアプリケーションが起動したら、通常のファイル編集と同じように操作するだけです。上書き保存すると、直接SharePointサイト内のライブラリ内に変更が保存されます。

ヒント
プレビューせずに直接編集するには

プレビューを行わずにすぐにファイルを編集したい場合は、ライブラリ内で目的のファイルの左端の［✔］列をクリックし、ファイルを選択後、リボンメニューの［ファイル］タブにある［ドキュメントの編集］をクリックします。

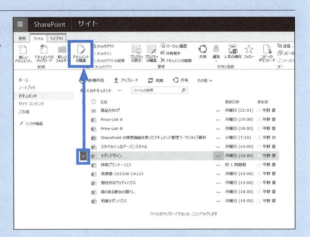

ヒント
Office Onlineでファイルを表示した状態から直接編集するには

Office Online上でファイルを全画面表示している状態から、直接Officeデスクトップアプリケーションを使ってファイルを編集したくなることがあります。Office Online上でもファイル編集は可能ですが、利用しているネットワークの帯域が狭いとブラウザー上での編集は遅く感じますし、デスクトップ版と比較すると機能が制限されたりするため、やはりデスクトップ版で編集したいと思うケースは少なくありません。Office Onlineでファイルを開いているとき、ユーザーにファイルの編集権限があれば、画面上部に編集メニューが表示されます。

・PowerPointの場合：プレゼンテーションの編集
・Excelの場合：ブックの編集
・Wordの場合：文書の編集

第3章 チームサイトを使って基本的な機能を把握しよう

各編集メニューをクリックすると表示される編集メニューのうち、Onlineと表記されていない方のメニューをクリックすれば直接、Officeデスクトップアプリケーションで編集できます。

ファイルのリンクを取得しよう

ファイルのリンクを取得すると、メールで送信したり、Skype for Businessのインスタントメッセージ（IM）で送信したりするのに利用できます。

❶ SharePointサイトのサイドリンクバーにある［ドキュメント］をクリックする。

❷ 目的のファイルの［…］をクリックする。

❸ 表示されるURLをコピーする。

なお、ファイルのリンクが表示されている右側にある（🔳）をクリックすると、QRコードを取得することもできます。

> **ヒント**
>
> **リボンメニューにある［リンクを電子メールで送信］はファイル単位のリンクは送信できない**
>
> リボンメニューの［ライブラリ］タブにある［リンクを電子メールで送信］は、一見するとファイル単位でメール送信できそうな気がしますが、実際にはライブラリのリンクまでしか生成してくれません。そのため、結局は必要なファイルのリンクを1つずつ取得して、メールに転記しなくてはいけません。

ファイル名を変更しよう

ライブラリにアップロードしたファイル名は後から変更できます。

❶ SharePointサイトのサイドリンクバーにある［ドキュメント］をクリックする。

❷ 目的のファイルの［...］をクリックする。

❸ プレビューウィンドウ内の［...］をクリックする。

❹ ［名前の変更］をクリックする。

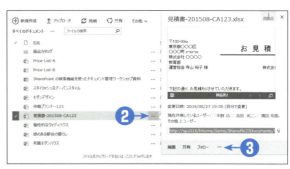

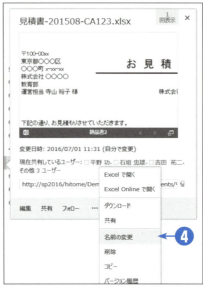

❺ [名前]を変更する。

❻ [保存]をクリックする。

　ちなみに、SharePoint Server 2016からファイル名を変更しても、以前のファイルリンクが途切れることはないようになりました。ファイルのリンクを取得すると、次の例のように「d=文字列」となっているパラメーターも取得できます。

http://sp2016/hitome/Demo/Shared%20Documents/%E3%83%A2%E3%83%80%E3%83%B3%E3%83%87%E3%82%B6%E3%82%A4%E3%83%B3.pptx?d=w12766f200be94b379ce04e6e38fef6a9

　この文字列はドキュメントごとに生成されており、ファイル名が変わっても、この文字列は変わりません。そのため、古いファイル名のリンクのままでも、SharePointサーバー側はこの情報を頼りに新しい名前のファイルにアクセスできるようにフォローしてくれます。

ヒント

プレビューせずにファイル名を変更するには

プレビューせずにファイル名を変更するには、ファイルを選択し、リボンメニューの[ファイル]タブの[プロパティの編集]をクリックします。

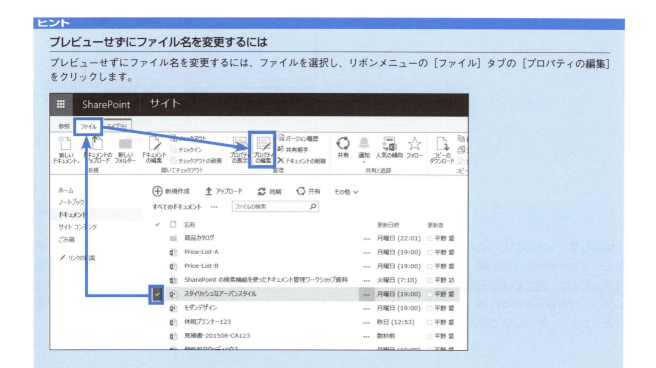

ファイルを削除しよう

ファイルの削除手順を確認しましょう。

① SharePointサイトのサイドリンクバーにある［ドキュメント］をクリックする。

② 目的のファイルの［…］をクリックする。

③ プレビューウィンドウ内の［…］をクリックする。

④ ［削除］をクリックする。

⑤ 「このアイテムをサイトのごみ箱に移動してもよろしいですか？」と表示されたら、［OK］をクリックする。

　削除したファイルは、いったん［ごみ箱］に移動します。この［ごみ箱］はユーザーごとに用意されています。必要に応じてユーザーは［ごみ箱］から復元できます。ただし、ごみ箱内での保管期間がSharePointサーバー側の設定で決まっており、既定では30日間保管されます。この期限を超えると、ごみ箱からも完全に削除されます。こうなってしまってから復元をするには、SharePointサーバーの基盤管理者に依頼してシステムのバックアップから戻す必要がありますが、実際にはどのような手続きをとるかといった運用ルールは、当然ながら組織によって異なります。

第3章 チームサイトを使って基本的な機能を把握しよう

複数のファイルを一括して削除する手順は次のとおりです。

① SharePointサイトのサイドリンクバーにある［ドキュメント］をクリックする。

② 目的のファイルを複数選択する。

③ リボンメニューの［ファイル］タブをクリックする。

④ ［ドキュメントの削除］をクリックする。

⑤ 「ごみ箱に移動する」旨のメッセージが表示されたら、［OK］をクリックする。

ヒント

ごみ箱内の保持期限はどこで確認できる？

ごみ箱に移動してきたファイルなどの保持期限は、サーバー側の設定で既定では30日と決まっていると説明しましたが、あくまでも既定値であるため、組織によっては設定を変更している可能性もあります。この場合、ユーザー側で保持期限を確認するには、ごみ箱にアクセスし、画面上部に表示される（ⓘ）アイコンをクリックします。ここに保持期限が表示されます。

画像を共有しよう

　画像を共有したい場合は、画像ライブラリを利用しましょう。画像ライブラリは、画像共有専用に作られているファイル共有の場所です。基本的な使い方は、ドキュメントライブラリと同じですが、画像をアップロードするとサムネイル表示される点が異なります。

画像ライブラリを追加し、画像をアップロードしよう

❶ [設定]（歯車のアイコン）をクリックする。

❷ [アプリの追加]をクリックする。

❸ [サイトコンテンツ]ページが表示される。

❹ [追加できるアプリ]の一覧から[画像ライブラリ]をクリックする。

❺ [名前]に任意の名前を入力する。

❻ [作成]をクリックする。

ヒント

サイドリンクバーに表示される[最近使った項目]とは？

新たにリストやライブラリをサイトに追加すると、自動的にサイドリンクバーに[最近使った項目]という見出しが追加され、この見出しの配下に新たに追加したリストやライブラリのリンクが表示されます。掲載されるリンクは最新の5件までで、古いものから順に非表示になっていきます。さて、[最近使った項目]という文言自体に少々違和感がある方もいるのではないでしょうか。ユーザーによっては「使っていないのに表示されている」と思うでしょう。英語表記は「Recent」であり、日本語表記は意訳されています。ですが、しっくりきません。筆者としては[最近追加されたリスト]とした方が意味合い的には適正だと思っています。ちなみにライブラリは特殊なリストという位置付けであり、リストの一種です。ところでサイドリンクバーは編集可能であるため、この見出しは必要に応じて削除できます。しかし、新たにリストやライブラリを追加すれば自動生成されます。そのため不要であればその都度、削除が必要です。

第3章　チームサイトを使って基本的な機能を把握しよう

❼ [サイトコンテンツ] ページにライブラリが追加される。またサイドリンクバーにも追加したライブラリのリンクが追加される。いずれかのリンクをクリックする。

❽ 任意の画像ファイルをアップロードする。ファイルのアップロード手順はドキュメントライブラリと同様である。これによりサムネイルが表示されることがわかる。

画像のファイル名やタイトルなどを確認し、編集しよう

　画像ライブラリにアップロードしたファイルは、後からファイル名やタイトルを編集できます。サムネイルに表示されているのはタイトルです。これ以外にも、ファイルの種類や画像サイズ、画像の作成日、説明、キーワードなどを指定できるようになっています。こうした情報はファイルのプロパティと呼ばれ、後からファイルを見つける際のフィルター条件として使ったり、ファイルの絞り込み検索をしたりする際に利用できます。

　ファイル名などの確認と編集手順は次のとおりです。

❶ 画像ライブラリにアクセスする。

❷ 目的の画像をクリックする。

❸ 名前、プレビュー、タイトルなどのプロパティが表示されていることを確認する。

❹ プロパティを編集するには、リボンメニューの［アイテムの編集］をクリックする。

❺ 編集が終わったら、［保存］をクリックする。

すべての画像をサムネイル表示なしで表示しよう

すべての画像をサムネイル表示せずに一覧するには、［すべての画像］をクリックします。

名前、画像サイズ、ファイルサイズなどの列をクリックすると、昇順・降順での並べ替えや値によるフィルターなども指定できます。

画像をスライド表示しよう

画像を少し大きめのサイズで1つずつ確認したい場合は［スライド］表示にします。この表示にするには、画像ライブラリの［スライド］ビューをクリックします。［◀］または［▶］をクリックすることで、スライドを進めたり、戻ったりできます。

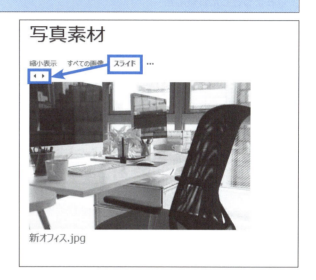

ヒント

ライブラリ名を修正する

ライブラリ名を修正するには、目的のライブラリにアクセスしたうえで、リボンメニューの［ライブラリ］タブから［ライブラリの設定］をクリックします。［全般設定］セクションにある［リスト名、説明、ナビゲーションの列挙］をクリックし、名前を変更します。

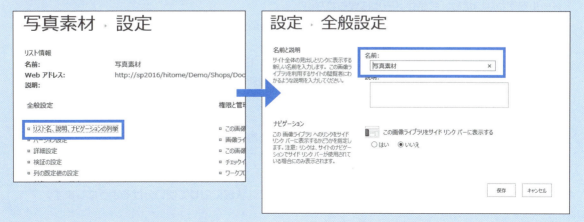

9 サイトのニュースフィードを使おう

　チームサイトには、既定で「ニュースフィード」というWebパーツが配置されています。「サイトフィード」とも呼ばれます。これはチームメンバー間の簡易なコミュニケーションツールです。
　サイトフィードには、サイトに登録されているメンバーが自由に短文（最大512文字）を投稿できます。このサイトにアクセスできるユーザー間でだけ投稿したり、閲覧したりできます。たとえば、次のような使い方ができます。

・お知らせの掲載
・ちょっとした質疑応答

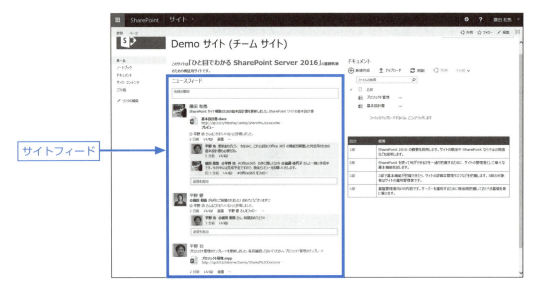

　これまで連絡事項や伝達事項をすべて電子メールで行っていたものを、一部サイトフィードをメール代わりに利用してみるとよいでしょう。たとえば、次のような利点があります。

・メールを使わないため、会話がメールに埋もれない
・関連ファイルの共有と対話を1か所で行えるため、情報が分散せずに確認しやすい
・会話のやり取りの経緯が時系列で残る
・"いいね"なども利用できるため、ユーザー間で手軽にフィードバックしやすい
・返信などの更新があると投稿内容が先頭に移動するため、最新の更新情報が把握しやすい
・途中から参加したメンバーでも経緯がわかりやすい
・会話の内容を後から検索できる
・ハッシュタグなども利用できるため、会話を後から検索する際にハッシュタグで絞り込める
・短文しか記載できないぶん、かえって伝えたいことをコンパクトにまとめる習慣が身に付く

　もちろん、良いことばかりではなく次のような制約があるので、状況に応じて使い分けるようにします。

- 投稿できるのは短文であり文字数制限があるため、長文は書けない
- 文書内での表現は限られている（フォントサイズの変更や文字の装飾などはできない）
- 大人数での頻繁なやり取りには向かない
- やり取りをカテゴリ分けできない（ハッシュタグを投稿メッセージに含めて、検索時にハッシュタグで絞り込むしかない）

　ちなみに、SharePoint Server 2007まではフィード機能そのものがなく、同じチームサイトでも既定では「お知らせ」リストが用意されていました（お知らせの使い方は後述します）。しかし、SharePoint 2013以降ではチームサイトに「お知らせ」リストは既定で用意されなくなり、代わってサイトフィードが用意されるようになりました。すばやく用件を伝えるには、記事の見出しなどを考えず、直接本文を書き込めて、フィードバックも得られることから、サイトフィード機能の方が効率的だと判断したのだと思われます。とはいえ、社内で自由に意見を言い合える文化ではない場合や全社で利用するような大規模利用にはサイトフィードは不向きです。このような場合は、これに代わって「お知らせ」リストをサイトに追加します。

ポイント　身近になったソーシャルネットワーク機能

　以前は、こうしたソーシャルネットワーク機能を組織内に取り入れることに抵抗のある方も多かったのですが、実際に使い始めてみると心理的バリアは意外に低く、すんなり利用を始められることが多いようです。LINEなどの普及により、こうしたコミュニケーションに多くの方が慣れてきたことも大きな要因かもしれません。この手のツールは「習うより慣れろ」であり、最初は、何人かでワイワイ言いながら試しに使ってみるのもよいでしょう。

投稿メッセージの制限を把握しよう

投稿するメッセージには次の内容を含められます。

- テキスト（文字）
- URL
- 画像
- ビデオ

　ちなみにHTMLタグは利用できません。最大文字数は512文字であり、1つの投稿に対して最大100個まで返信できます。

単純な記事を投稿しよう

❶ Webブラウザーを使って、チームサイトにアクセスする。

❷ ニュースフィードの入力フィールドに任意の短文を入力する。

❸ [投稿]をクリックする。

❹ 投稿されたことを確認できる。ちなみに、一度投稿されると投稿内容は編集できないため注意する。

投稿した記事を削除しよう

❶ 自分が投稿した記事をマウスホバーすると右側に×が表示されるので、これをクリックする。

❷ [削除]をクリックする。
※削除された投稿メッセージはごみ箱には移動せず、即削除になり、復元できない。

リンクを共有しよう

フィード内では任意のリンクを共有できます。共有できるリンクはSharePointサイトに共有しているファイルはもちろん、インターネット上の情報などさまざまです。次の手順では、SharePointサイト内に格納されているWord文書のリンクを共有してみます。

❶ ライブラリに任意のファイルをアップロードし、[...]をクリックする。

❷ 表示されるURLをコピーする。

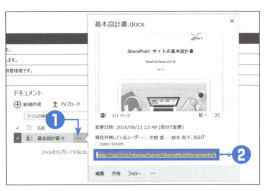

❸ ニュースフィードに「新しい資料を共有しました」と入力した後、コピーしたリンク先を貼り付ける。

❹ URLと表示形式が表示されるので、必要に応じて表示形式をファイル名などに編集する。

❺ ［投稿］をクリックする。

❻ 投稿されたことが確認できる。

❼ Office Onlineが利用できる場合は、［プレビュー］メニューが表示される。これをクリックする。

❽ プレビューを確認できる。

画像を共有しよう

　手元のPCに格納されている画像ファイルを投稿内容に追加できます。ただし、追加できるファイルサイズは最大250MBまでです。また、表示サイズが決まっており、見えづらいこともあります。このような場合は、ニュースフィードに画像をアップロードせず、画像ライブラリなどに先に保存しておき、このリンク先を共有した方がよいでしょう。

❶ ニュースフィードに必要に応じてメッセージを入力する。

❷ 📷をクリックする。

❸ ［参照］をクリックし、アップロードしたい画像を選択する。

❹ ［アップロード］をクリックする。

❺ ［投稿］をクリックする。

返信したりいいね！をクリックしよう

　投稿されたメッセージに対して返信したり、いいね！をクリックしたりできます。

メールでも通知されるようにしよう

特定のメンバーに投稿した内容をメールでも知らせたいときは、「@ユーザー名」を指定します。@を入力するとフォローした人が一覧として表示されます（**ひと**のフォロー方法などに関しては、第12章で詳しく取り上げます）。

@を使ってユーザー指定すると、既定では次図のように電子メールが届きます。もちろん、文字数制限があることには変わりがないため、複数のユーザーを指定するとそれだけ記載できるメッセージは減ります。また、グループは指定できません。

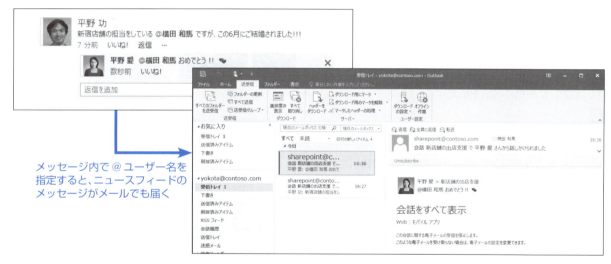

メッセージ内で@ユーザー名を指定すると、ニュースフィードのメッセージがメールでも届く

各メッセージは後からカテゴリ分けはできませんが、ハッシュタグを使って後から検索時に絞り込めるようにすることはできます。Twitterなどを使ったことのある方ならイメージしやすいでしょう。ハッシュタグは「#タグ名」形式で記述します。逆に言えば、メッセージ内で#を指定すると、続く文字列をハッシュタグと見なしてしまうので注意しましょう。

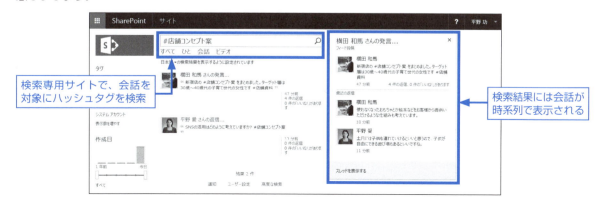

検索専用サイトで、会話を対象にハッシュタグを検索

検索結果には会話が時系列で表示される

10 お知らせを利用しよう

「お知らせ」リストは、チームメンバーや部門内の伝達・通達・報告などに利用します。チームサイトには既定で用意されていないため、必要に応じてサイトに機能を追加します。

お知らせリストを追加しよう

❶ [設定]（歯車のアイコン）をクリックする。

❷ [アプリの追加]をクリックする。

❸ [サイトコンテンツ]ページが表示される。

❹ [追加できるアプリ]の一覧から[お知らせ]をクリックする。

❺ [名前]に任意の名前を指定する。

❻ [作成]をクリックする。

❼ [サイトコンテンツ]ページにお知らせが表示される。

お知らせを追加しよう

作成したお知らせリストに記事（SharePointではアイテムと呼びます）を追加します。

❶ サイドリンクバーまたは［サイトコンテンツ］ページ内にあるお知らせリストへのリンクをクリックする。

❷ ［新しいお知らせ］をクリックする。

❸ タイトル、本文、有効期限などを入力する。
※添付ファイルは［編集］タブから挿入できる。
※本文はリッチテキスト形式になっており、フォントの変更、画像や動画の挿入、リンクの追加、表の追加などができる。

❹ ［保存］をクリックする。

ヒント
有効期限は何に使うの？

有効期限の項目の入力は任意です。有効期限を指定しても、自動的にこの記事（アイテム）が削除されるようなことはありません。有効期限は、お知らせリストの一覧表示をカスタマイズし、有効期限が過ぎたものは非表示にするような設定をする際に利用します。

お知らせの内容を確認しよう

❶ 追加したお知らせのタイトルをクリックする。

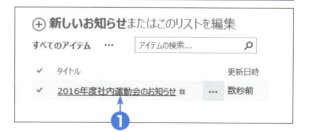

❷ 追加したお知らせの内容が表示される。

❸ 確認が終わったら、画面下部の［閉じる］をクリックする。

お知らせを編集しよう

❶ 追加したお知らせのタイトルをクリックする。

❷ お知らせの内容が表示される。

❸ リボンメニューから［アイテムの編集］をクリックする。

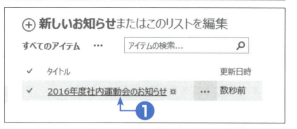

❹ 必要な項目を編集し、[保存] をクリックする。

お知らせを削除しよう

不要になったお知らせは次の手順で削除できます。

❶ 追加したお知らせのタイトルをクリックする。

❷ お知らせの内容が表示される。

❸ リボンメニューから [アイテムの削除] をクリックする。

❹ 「このアイテムをサイトのごみ箱に移動してもよろしいですか?」と表示されたら、[OK] をクリックする。

ヒント
お知らせの編集や削除のショートカットメニュー

お知らせの内容を表示せず、直接編集や削除を行う場合は、お知らせアイテムを右クリックし、[アイテムの編集] または [アイテムの削除] をクリックします。

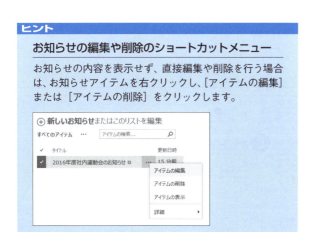

ヒント

お知らせの一括削除

複数のお知らせを一括削除する場合は、各お知らせアイテムを選択し、[アイテム] タブの [アイテムの削除] をクリックします。

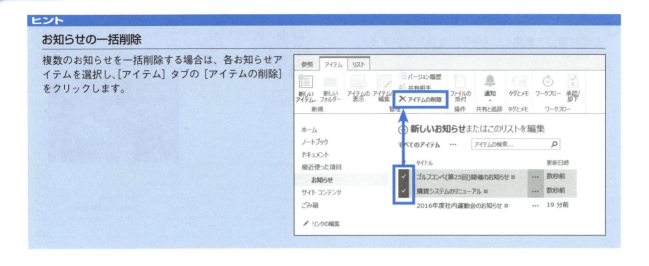

トップページにお知らせを配置しよう

お知らせリストは、Webパーツとしてサイトのトップページに掲載できます。基本的な手順を説明します。

❶ チームサイトのトップページにアクセスする。
　※サイドリンクバーの [ホーム] をクリックすると、トップページにアクセスできる。

❷ 画面右上の [編集] をクリックする。

❸ トップページ内のお知らせを掲示したい場所にカーソルを挿入する。

❹ [挿入] タブをクリックする。

❺ リボンメニューから [Webパーツ] をクリックする。

❻ [カテゴリ] から [アプリ] を選択する。

❼ [パーツ] 一覧から [お知らせ] を選択する。

❽ [追加] をクリックする。

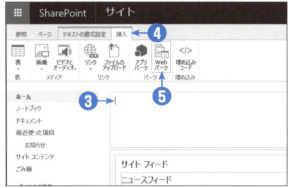

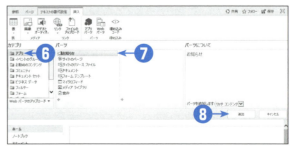

❾ リボンメニューの［保存］の［▼］をクリックして、［保存して編集を続行］をクリックする。
※もし［保存］をクリックした場合は、再び［編集］をクリックする。

❿ 追加したお知らせリストのWebパーツの右上をマウスホバーし、▼をクリックする。

⓫ ［Webパーツの編集］をクリックする。

⓬ ［ツールバーの種類］を［ツールバーなし］に変更する。

⓭ ［適用］をクリックする。

⓮ ［現在のビューの編集］をクリックする。

⓯ ビューの編集ページが表示される。このページでは、表示したい項目（列）を選択したり、表示順を変更したりできる。

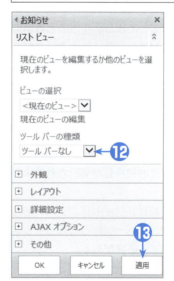

ヒント

ツールバーなしのWebパーツ

Webパーツのツールバーを非表示にすると、すっきりと見せられます。

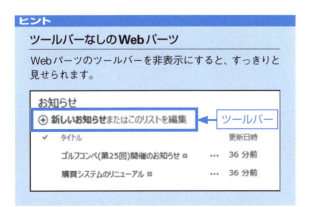

⓰ フィルターのセクションで、[次の条件に該当する場合だけアイテムを表示する]を選択し、右図のように条件を指定する。これによって、有効期限の指定がない、または有効期限が過ぎていないお知らせのみを表示できるようになる。

⓱ [表形式で表示]セクションを展開し、[各アイテムにチェックボックスを表示します]をオフにする。
※これをオフにすると、選択列（[✔]列）を非表示にでき Web パーツの横幅を有効に使える

⓲ [アイテムの制限]セクションを展開し、表示するアイテム数を「10」に変更する。
※指定する数は任意だが、あまり多すぎると表示に時間がかかるようになる。また、画面をスクロールする必要が出てくる。トップページに掲載する場合は、更新頻度にもよるが 10 件程度くらいまでにすると一般的に見やすい。

⓳ [OK]をクリックする。

⓴ 以上で、トップページにお知らせが掲示されるようになる。
お知らせの投稿は引き続き、サイドリンクバーもしくは［サイトコンテンツ］ページからお知らせリストにアクセスして追加する必要がある。

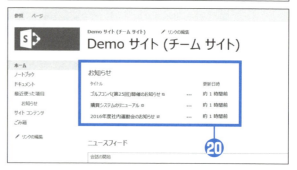

11 ディスカッション掲示板を使おう

ディスカッション掲示板は、質疑応答、意見交換、アイディア募集などに利用できます。

ディスカッション掲示板を追加しよう

❶ [設定]（歯車のアイコン）をクリックする。

❷ [アプリの追加]をクリックする。

❸ [サイトコンテンツ]ページが表示される。

❹ [追加できるアプリ]の一覧から[ディスカッション掲示板]をクリックする。

❺ [名前]に任意の名前を指定する。

❻ [作成]をクリックする。

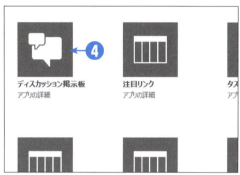

ディスカッションを追加しよう

❶ サイドリンクバーもしくは[サイトコンテンツ]ページから追加したディスカッション掲示板にアクセスする。

❷ [新しいディスカッション]をクリックする。

❸ 件名、本文などを入力する。

❹ [保存]をクリックする。

ヒント

新規にディスカッションを作成する場合に指定する［質問］チェックボックスをオンにすると何が変わるのか？

ディスカッション掲示板は、ユーザーが時間や場所に縛られることなく自由に意見交換や質疑応答ができる場です。場合によっては、最終的な答えのない議論も行われるでしょう。そうすると、質問対応とこうした議論とが1つの場所に混ざってしまいます。こうした状況では、最終的になんらかの回答を得たくて掲載しているものだけを絞り込みたいこともあります。こんな時に役立つのが［質問］チェックボックスです。これをオンにしておくと、ディスカッション掲示板にあらかじめ用意されている［未回答の質問］と［回答のあった質問］の2つの一覧表示（ビュー）に表示されるようになります。

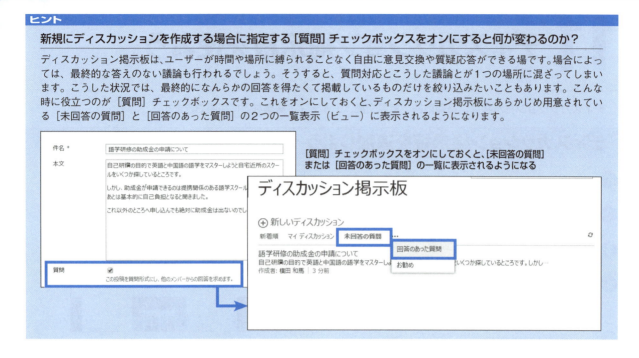

［質問］チェックボックスをオンにしておくと、[未回答の質問]または［回答のあった質問］の一覧に表示されるようになる

ディスカッションを編集しよう

自分が投稿した内容は後から編集できます。ただし、他のユーザーが記載した内容を上書きして編集することはできません。

❶ ディスカッション掲示板にアクセスし、自分が投稿したディスカッションのタイトルをクリックする。

❷ ［編集］をクリックする。

❸ 編集が終わったら、［保存］をクリックする。

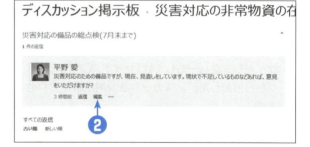

自分が投稿したディスカッションを削除する場合は、編集と同じ手順で自分が投稿したディスカッションを開き、[...] をクリックして、[削除] をクリックします。

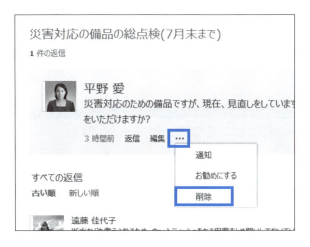

ディスカッションを削除すると、返信があった場合でも返信ごと削除されます。ただし、いったんはごみ箱に移動するだけです。ごみ箱の保持期限内であれば、いつでも復元できます。復元すると返信ごと復元されます。

返信してみよう

❶ ディスカッション掲示板にアクセスし、返信したいタイトルをクリックする。

❷ 「返信してください」と書かれているところに返信を記載する。

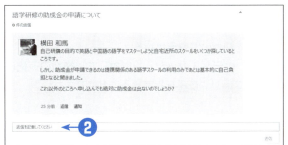

❸ [返信] をクリックする。

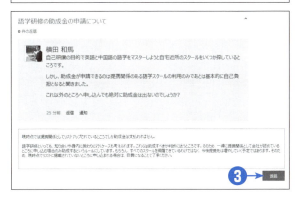

④ 返信が表示される。

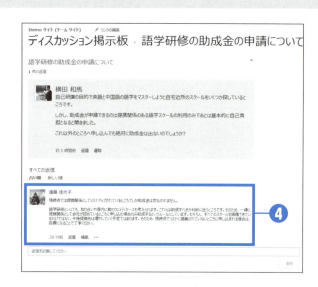

ヒント
あちこちにある [返信] メニューの違いは？

ディスカッション掲示板には、投稿にも返信にも画面の最下部にも [返信] メニューがあります。しかし、どこから返信しても機能的な違いはなく、返信は基本的に古い順または新しい順でしか表示されません。結局、返信が増えていくと返信の入力ボックスが画面の最下部に表示されることとなり使い勝手が悪くなるため、どこからでも、返信したい位置で返信が書けるようになっているだけです。

ベストリプライを指定しよう

質問を投げかけている場合は、複数の回答が来る可能性があります。どれが最終的に役立ったのかがわかるように、返信をベストリプライ（最も適切な返信ということ）としてマークできます。

① ディスカッション掲示板にアクセスし、返信のあったディスカッションのタイトルをクリックする。

② 返信のうち、適切だと思うものがあれば [ベストリプライ] をクリックする。

③ ベストリプライを指定すると、質問内容と回答が1対1で紐付いて表示される。
※1つのディスカッションに対して、複数の返信にベストリプライを指定することはできない。

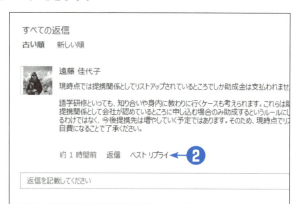

第3章　チームサイトを使って基本的な機能を把握しよう

ヒント

ディスカッション掲示板の運用を考える

疑問が解決したらベストリプライを設定するといった、ユーザーに対する運用ルールの周知は重要です。質問しっぱなしで、返信をもらっていても放置されているといった状況が続くと、だんだんディスカッションが使われなくなる可能性があります。特に、質問対応用にディスカッション掲示板を利用するのであれば、モデレーター役を用意しておき、定期的に未回答のものを確認したり、返信があるにも関わらず放置されたものがないかチェックしたりと、しかるべきフォローができるようにしておきたいところです。また、あくまで性善説に基づいて運用していきたいところですが、利用者が増えると罵詈雑言などを書く人も現れてしまうかもしれません。こうした状況へのリスクヘッジとして、ディスカッション掲示板の書き込みルールとして、不快なことは書かないなど最低限のマナーを利用者に促す必要もあるでしょう。とはいえ、こうした書き込みが発生しうることも想定し、モデレーターが対応する際のエスカレーション先や対応の取り決めが必要になることもあるかもしれません。幸い、ディスカッション掲示板は匿名での書き込みはできないため、何かあればユーザーは特定できます。
このように、場合によってはモデレーターの役割はとても重要です。そして、こうした活動はともすれば、ボランティアで終わってしまうこともありますが、継続的な運用を考えるのであれば、こうした活動自体を組織として評価する体制作りも大切だと言えます。

お勧めのディスカッションを指定しよう

サイトの管理者は、お勧めのディスカッションを指定できます。

❶ ディスカッション掲示板にアクセスし、ディスカッションの一覧が表示された状態から、リボンメニューの［リスト］タブをクリックする。
※このとき、特定のディスカッションのタイトルをクリックして表示した状態からリボンメニューをクリックすると、続く操作ができなくなるので注意。

❷ ［現在のビュー］を［管理］に変更する。

❸ お勧めのディスカッションを選択する。

❹ ［モデレート］タブの［お勧めにする］をクリックする。

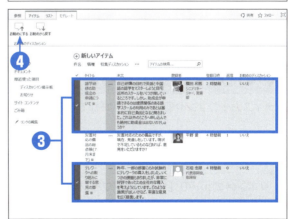

❺ [お勧めのディスカッション] が「はい」になっていることを確認する。

❻ 元の表示に戻すために、[リスト] タブの [現在のビュー] をクリックして、[件名] をクリックする。

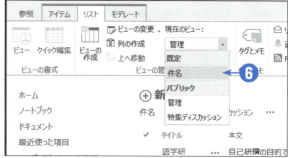

❼ [...] をクリックし、[お勧め] をクリックする。

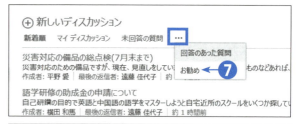

❽ 先ほど選択したディスカッションが表示されることを確認する。

いいね！を指定できるようにしよう

ディスカッションや返信にいいね！ができるように設定します。

❶ ディスカッション掲示板にアクセスする。

❷ リボンメニューの [リスト] タブをクリックする。

❸ 右端に表示される [リストの設定] をクリックする。

❹ [全般設定] セクションにある [評価の設定] をクリックする。

❺ [このリストのアイテムを評価できるようにする] で [はい] を選択する。

❻ [このリストに対し、どの投票または評価エクスペリエンスを有効にしますか？] で [いいね！] を選択する。

❼ [OK] をクリックする。

❽ 画面上部のディスカッション掲示板のタイトル部分をクリックし、元の画面に戻る。

❾ [人気順] というビューが追加され、ディスカッションの先頭に返信、いいね！の件数とベストリプライがあるかどうかが表示されるようになる。

❿ 任意のディスカッションのタイトルをクリックする。

⓫ [いいね!] がクリックできるようになっていることがわかる。

ヒント
いいね!を有効にすることでメールとも連携

いいね!を指定できるように設定を変えると、メールと連携するようになります。自分が投稿したディスカッションに対して返信がされると、その内容がメールでも通知されるようになります。

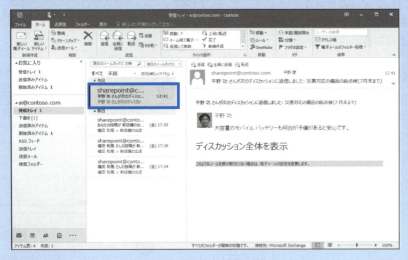

消えたスレッド表示

　タイトルがなにやら推理小説の一節のようですが、SharePoint 2013からの変更点の話です。SharePoint 2013までは、ディスカッション掲示板の表示形式として"スレッド形式"と"フラット形式"の2つがありました。しかし、このバージョンからは"フラット形式"のみとなり、スレッド形式で表示するためのメニューがなくなりました。スレッド形式は、一昔前によく使われていたものであり、やり取りが階層化表示されます。しかし、マルチデバイス対応などを考えると、横と縦の両方に広がっていきがちなUIは使い勝手が悪く敬遠されるようになり、最近はあまり見かけなくなりました。SharePointでも需要がなくなったということなのかもしれませんね。

12 作業を分担しよう（タスク管理）

　効率よく業務を進めていくにあたり、多くの業務では役割を分担し、それぞれ手分けして目的を達成していきます。これには「誰に何の仕事を割り振るか」、「いつまでにやるのか」、「進捗はどうなっているか」といった情報を把握する必要があります。これがタスク管理やToDo管理と言われるものです。タスクリストを使えば、チームメンバー内での簡易的なタスク管理が可能です。作成できるタスクには次のような項目があります。

- タスク名
- 開始日、期限
- 担当者
- 達成率
- タスクの説明
- 先行タスクの指定
- 優先度（標準、高、低）
- タスクの状態（未開始、進行中、完了、延期、待機中）

　項目だけ見ても、簡易的なタスクの管理のみができることが容易に想像できるでしょう。コスト管理に必要なリソース管理などはできません。こうした本格的なプロジェクト管理を行う際には、Microsoft Project（以降Project）などプロジェクト管理の専用製品を利用することも少なくありません。SharePointのタスクリストは、同じマイクロソフト製品どうしである強みとして、Projectと連携するしくみを持っています。Project自体はプロジェクトマネージャーのみが使用し、各メンバーへのタスクの割り当てや進捗確認の部分のみSharePointタスクリストと同期させ、メンバーはいつでもWebブラウザーから各々の進捗管理ができるようになります。このようにタスクリストでは、簡易的なタスク管理から高度なタスク管理まで行えます。

ヒント

Project Server 2016とSharePoint Server 2016

Projectには、サーバー製品としてMicrosoft Project Serverがあります。従来のProject Server 2013は、SharePointと共通の基盤を使っていたにも関わらずサーバーとしてはSharePointとは別に構築する必要がありました。しかし、SharePoint Server 2016では、Project Server 2016がSharePoint内の1つのサービスという位置付けに代わりました。そのため、別途サーバーを構築する必要はなくなりました。Project Server 2016を使うと、高度なプロジェクト管理を主軸にしたさまざまなポータル機能が使えるようになります。もちろん、Project Server 2016を使用するには別途ライセンスが必要になるので注意してください。

［［参考］Project Server 2016］
https://products.office.com/ja-jp/project/enterprise-project-server

---

ヒント

タスクとワークフロー

SharePointでは、ワークフローを使った業務プロセスの自動化が可能です。タスクリストは、SharePoint標準のワークフローを組み込むときにも使われます。たとえば、"申請書の承認"や"文書のレビュー"などを仕事（タスク）として個人に割り振るという考え方になっているためです。

ポイント 点と線：ここまでの知識を整理し、サイト作りを考える

　ここまで、ファイル共有、ニュースフィード、お知らせ、ディスカッション掲示板、タスクまでを別々に説明してきました。この辺りで、今までの知識を線としてつないで考えてみましょう。ここまでの知識だけでも、簡易プロジェクト管理サイトが作成できます。たとえば、次のように必要要件をSharePoint機能に関連付けられます。

- メンバー間のコミュニケーション　→　ニュースフィード
- タスク管理　　　　　　　　　　　→　タスク
- 資料や成果物の共有　　　　　　　→　ドキュメントライブラリ
- 課題解決　　　　　　　　　　　　→　ディスカッション掲示板

　上記の機能を1つのサイトに組み合わせて追加しておくことで、関連する情報が見つけやすくなり、効率よく業務を遂行できます。SharePointサイトの利活用は、このように単発の機能をどううまくつないでいくかがポイントです。

"タスク"リストを追加しよう

❶ [設定]（歯車のアイコン）をクリックする。

❷ [アプリの追加]をクリックする。

❸ [サイトコンテンツ]ページが表示される。

❹ [注目アプリ]の中から[タスク]をクリックする。

❺ [名前]に任意の名前を指定する。

❻ [作成]をクリックする。

タスクを割り当てよう

❶ 作成したタスクリストにアクセスする。

❷ [新しいタスク]をクリックする。

第3章 チームサイトを使って基本的な機能を把握しよう

❸
タスク名、開始日、期限、担当者を指定する。
※担当者は、初めて検索する場合は最低3文字入力する必要がある。

❹
[詳細表示]をクリックする。

❺
必要に応じて達成率、説明、先行タスク、優先度、タスクの状態などを指定する。

❻
[保存]をクリックする。

　タスクは、必ずしも担当者を指定する必要はありません。ガントチャート形式でもタスクを表示できるため、マイルストーンとしてタスクを登録しておくこともできます。この場合は、開始日と期限を同一の日に指定します。

サブタスクを割り当てよう

　タスクは、メインタスクとサブタスクを作成できます。メインタスクが大まかな作業項目であるのに対し、サブタスクはより詳細な作業項目です。

❶
目的のメインタスクの[…]をクリックし、[サブタスクの作成]をクリックする。

❷
スプレッドシート風の編集画面になる。ここで、サブタスクのタスク名、期限、担当者などを入力する。

❸
[完了]をクリックする。

❹ メインタスクの下にサブタスクとして階層化表示になったことを確認する。

❺ なお、サブタスクの詳細を設定するには、サブタスクの [...] をクリックし、さらに [...] をクリックして表示される [アイテムの編集] をクリックする。

タスクは後からレベルの上げ下げや上下の移動ができます。このようにサブタスクをメインタスクに変更したり、メインタスクをサブタスクに分類したり、タスクの順序を見やすく変えたりできます。こうした操作をするには、目的のタスクを選択し、リボンメニューから [タスク] タブをクリックします。ここに表示される [階層] グループにある [レベル上げ]、[レベル下げ]、[上へ移動]、[下へ移動] を使います。なお、各タスクを選択する際に、□をクリックしないようにしましょう。これをクリックするとタスクの選択ではなく完了済み設定になります。

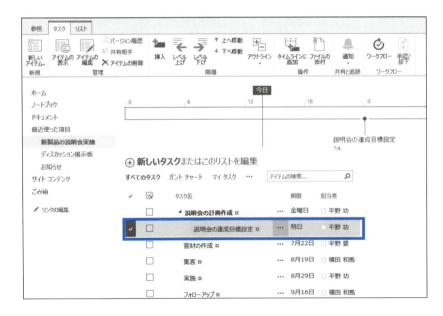

ガント形式で進捗を確認しよう

タスクはガントチャート形式でも表示できます。この形式で表示するには、タスクリストの［ガントチャート］をクリックします。

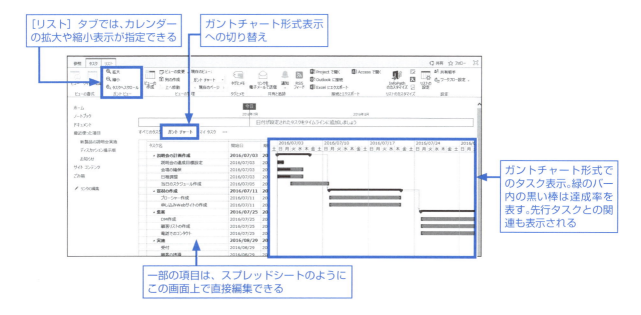

［リスト］タブでは、カレンダーの拡大や縮小表示が指定できる

ガントチャート形式表示への切り替え

ガントチャート形式でのタスク表示。緑のバー内の黒い棒は達成率を表す。先行タスクとの関連も表示される

一部の項目は、スプレッドシートのようにこの画面上で直接編集できる

タイムラインを使おう

タイムラインを使うと、全体の大まかなスケジュールを俯瞰できます。主要なタスクをタイムラインに追加します。タイムラインへのタスクの追加は簡単で、目的のタスクの［...］をクリックし、［タイムラインに追加］をクリックします。

タイムラインに追加すると たとえば、次のように表示され ます。

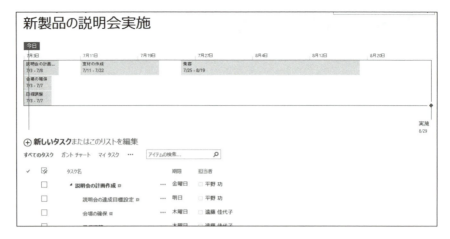

タイムラインに追加したタ スクをマウスで選択すると、タ イムライン編集用のメニュー が現れます。たとえば、既定で は［バーとして表示］されてい ますが、これを［吹き出しとし て表示］に変更できます。表示 位置はドラッグアンドドロッ プで調整できます。

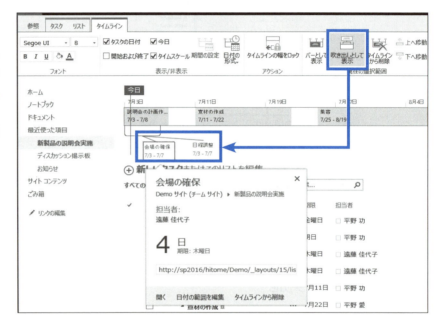

また、タイムライン上の各タ スクは、同じくリボンメニュー から、フォントの種類、サイ ズ、背景色、文字色などを変更 できます。

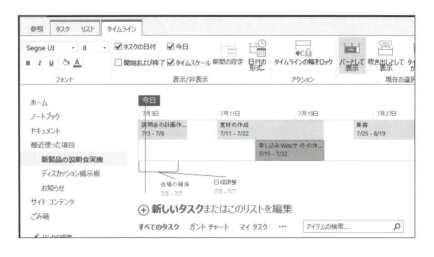

タスクを完了させよう

タスクが完了したら、各タスクの先頭にある□をクリックするか、タスクの状態を完了済みに変更します。

さまざまなビューを確認しよう

タスクリストは、ガントチャート形式だけでなく、他にもいくつかの表示（ビュー）に切り替えられます。

各表示の違いは次のとおりです。

・すべてのタスク …………すべてのタスクを表示
・ガントチャート …………タスクをガントチャート形式で表示
・マイタスク ………………自分に割り当てられているタスクのみを表示
・完了………………………達成率が100%のタスクのみを表示
・完了待ちのタスク ………期限が過ぎておらず、達成率が100%でないタスクのみを表示
・遅延中のタスク …………期限を過ぎており、達成率が100%でないタスクだけを表示
・予定表 ……………………タスクをカレンダー形式で表示

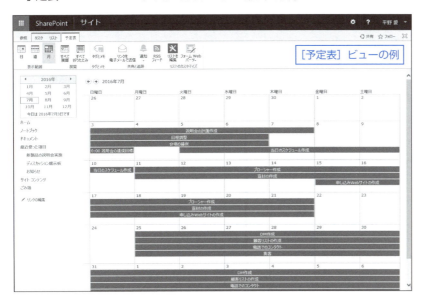

［予定表］ビューの例

タスクが割り当てられたら電子メールで通知できるようにしよう

タスクが割り当てられても、既定では担当者に対して電子メールは送信されません。メール通知を行うようにするには、タスクリストごとに設定を変更する必要があります。

❶ タスクリストにアクセスする。

❷ リボンメニューの［リスト］タブから［リストの設定］をクリックする。

❸ ［全般設定］セクションにある［詳細設定］をクリックする。

❹ ［電子メールの通知］を［はい］に変更する。

❺ ［OK］をクリックする。

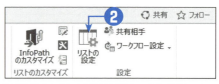

以上の設定を行った後にタスクをユーザーに割り当てると、電子メールが自動的に送信されるようになります。

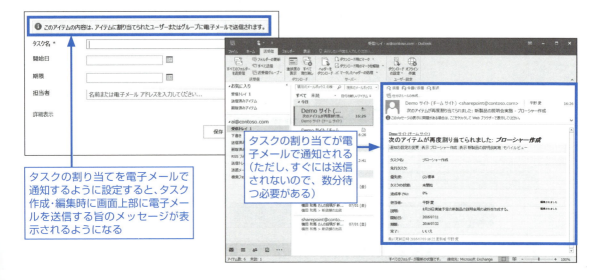

タスクの割り当てを電子メールで通知するように設定すると、タスク作成・編集時に画面上部に電子メールを送信する旨のメッセージが表示されるようになる

タスクの割り当てが電子メールで通知される（ただし、すぐには送信されないので、数分待つ必要がある）

開始日と期限に時間を指定できるように設定変更しよう

既定では、開始日と期限に指定できるのは日付だけです。時間も指定できるように設定変更できます。これもリストごとに設定します。

❶ タスクリストにアクセスする。

❷ リボンメニューの[リスト]タブから[リストの設定]をクリックする。

❸ [列]セクションにある[開始日]をクリックする。

❹ [日付と時刻の形式]を[日付と時刻]に変更する。

❺ [OK]をクリックする。

❻ 同様に期限の列も設定する。

以上の設定で、日付だけでなく時刻も指定できるようになります。

13 シンプルなリンク集を作ろう

　リンク集を作成するには、リンクリストまたは注目リンクのいずれかを使用します。リンクリストは、古いバージョンのSharePointから利用され長く使われているものであり、シンプルに利用するのに適しています。一方の注目リンクは、SharePoint 2013から導入されたものであり、タブレットなどの利用を意識し大きなアイコンでリンクをクリックできるのが特徴です。
　ここではまずシンプルなリンク集である、リンクリストの基本的な使い方を説明します。

リンクリストを追加しよう

❶ ［設定］（歯車のアイコン）をクリックする。

❷ ［アプリの追加］をクリックする。

❸ ［サイトコンテンツ］ページが表示される。

❹ ［追加できるアプリ］の一覧から［リンク］をクリックする。

❺ ［名前］に任意の名前を指定する。

❻ ［作成］をクリックする。

リンクを追加しよう

❶ リンクリストにアクセスする。

❷ ［新しいリンク］をクリックする。

③ [URL]にWebアドレスと説明を指定する。説明が表示名になる。必要に応じてメモを追加する。

④ [保存]をクリックする。

⑤ 追加されたリンクのURL列をクリックすると、指定したWebページが表示される。

トップページにWebパーツとしてリンクを追加しよう

トップページに作成したリンク集をWebパーツとして掲載します。

① チームサイトのトップページにアクセスする。
※サイドリンクバーの[ホーム]をクリックするとトップページにアクセスできる。

② 画面右上の[編集]をクリックする。

③ トップページ内のリンク集を掲示したい場所にカーソルを挿入する。

④ [挿入]タブをクリックする。

⑤ リボンメニューから[Webパーツ]をクリックする。

⑥ [カテゴリ]から[アプリ]を選択する。

⑦ [パーツ]一覧から作成したリンクリストを選択する。

⑧ [追加]をクリックする。

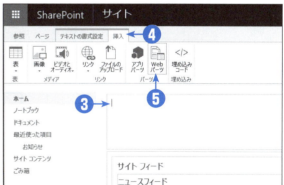

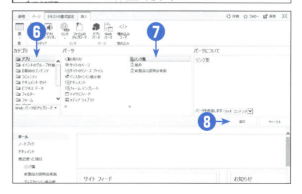

❾ [保存] をクリックする。

❿ Web パーツが追加される。

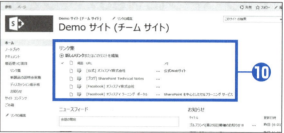

　よりすっきりした見た目にするには、まずリンクリストをWebパーツとしてページに追加した後、再びトップページを編集モードにします。続いて次図のように [Webパーツの編集] をクリックして、プロパティ設定で [ビューの選択] を [＜概要ビュー＞]、[ツールバーの種類] を [ツールバーなし] に指定します。

ビューの表示がすっきりとする

14 見栄えのするリンク集（注目リンク）を作ろう

"注目リンク"リストを追加することで、見栄えのするリンク集が作れます。各リンクにイメージ画像を配置できるだけでなく、リンクをマウスホバーするとリンクの説明が表示されたり、クリックした時に別のタブで開くように指定したりできます。

注目リンクリストを追加しよう

❶ [設定]（歯車のアイコン）をクリックする。

❷ [アプリの追加] をクリックする。

❸ [サイトコンテンツ] ページが表示される。

❹ [追加できるアプリ] の一覧から [注目リンク] をクリックする。

❺ [名前] に任意の名前を指定する。

❻ [作成] をクリックする。

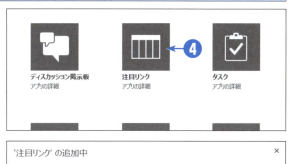

リンクを追加しよう

❶ 追加した注目リンクにアクセスする。

❷ [リスト] タブの [現在のビュー] を [すべての注目リンク] に変更する。

❸ [新しいアイテム] をクリックする。

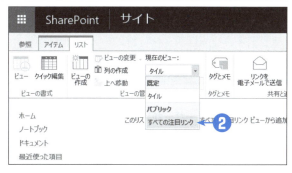

❹ タイトル、説明、リンクの場所、動作の開始などを指定する。背景イメージに関しては既にリンク先が判明していれば指定する（後から背景画像を設定する手順は次に説明する）。

❺ ［保存］をクリックする。

以上で、基本的なリンクの追加手順は完了です。手順内で切り替えた"すべての注目リンク"表示は、リンク先の編集をするためのものです。通常は"タイル"表示です。これを確認するには、［タイル］をクリックします。

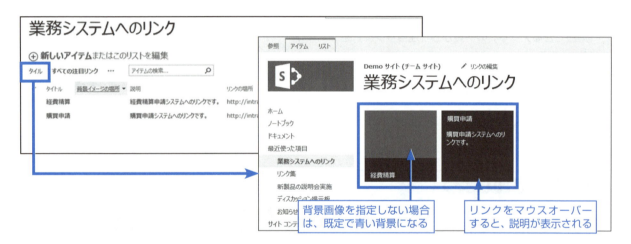

リンクに画像を配置しよう

　リンクに画像を配置するには、先に任意のライブラリに画像をアップロードしておく必要があります。使用する画像のリンク先はユーザーがWebブラウザーを使ってアクセスできるようになっていれば、SharePointサイトでなくてもかまいません。適切な画像サイズは150×150ピクセルですが、サイズが異なっていても表示されます。次の手順では、本章の8節で作成した画像ライブラリを使っています。

第3章 チームサイトを使って基本的な機能を把握しよう

❶ サイドリンクバーにある［サイトコンテンツ］をクリックする。

❷ 画像ライブラリをクリックする。

❸ 目的の画像の［...］をクリックし、表示されるURLをコピーする。

❹ 追加した注目リンクにアクセスする。

❺ ［リスト］タブの［現在のビュー］を［すべての注目リンク］に変更する。

❻ 画像を追加したいリンクを選択する。

❼ リボンメニューの［アイテム］タブをクリックする。

❽ ［アイテムの編集］をクリックする。

❾ ［背景イメージの場所］にコピーしたURLを貼り付ける。

❿ ［保存］をクリックする。

⓫ ［タイル］をクリックし、画像が表示されることを確認する。

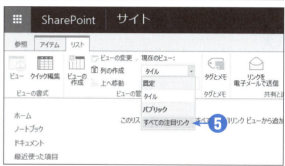

トップページにWebパーツとして追加しよう

❶ チームサイトのトップページにアクセスする。
※サイドリンクバーの［ホーム］をクリックするとトップページにアクセスできる。

❷ 画面右上の［編集］をクリックする。

❸ トップページ内の注目リンクを掲示したい場所にカーソルを挿入する。

❹ ［挿入］タブをクリックする。

❺ リボンメニューから［Webパーツ］をクリックする。

❻ ［カテゴリ］から［アプリ］を選択する。

❼ ［パーツ一覧］から作成した注目リンクリスト（この例では［業務システムへのリンク］）を選択する。

❽ ［追加］をクリックする。

❾ ［保存］をクリックする。

❿ Webパーツが追加される。

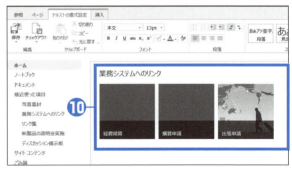

15 予定表を使ってスケジュールを共有しよう

　予定表を使うと、カレンダー形式でスケジュールを共有できます。ただし、個人のスケジュール管理をするのであれば、一般的にはOutlookを使った方が向いています。SharePointの予定表は、個人で管理するわけではない次のような予定を共有するのに向いています。

・全社的なイベント（全社会議、ノー残業デー、クールビズの実施期間など）
・製品リリースのスケジュール
・社内研修のスケジュール
・工場の休業日
　など

　もちろん、ごく少人数で利用している場合、「メンバーの不在日をひと目で把握できるように、休暇を取る日程だけ予定表に書き込んでおいてもらう」というように運用ルールを決めて工夫するケースも見受けられます。このように要は工夫しだいというところもありますが、いずれにしても、Outlookも併用している場合はOutlookにも予定表があるため、SharePointの予定表とのすみ分けと使い方の基本的なルールを決めておくようにしましょう。

予定表リストを追加しよう

❶ [設定]（歯車のアイコン）をクリックする。

❷ [アプリの追加]をクリックする。

❸ [サイトコンテンツ]ページが表示される。

❹ [追加できるアプリ]の一覧から[予定表]をクリックする。

❺ [名前]に任意の名前を指定する。

❻ [作成]をクリックする。

予定を追加しよう

❶ 追加した予定表にアクセスする。

❷ 予定を追加したい日をマウスホバーし、[追加]をクリックする。

❸ タイトル、開始時刻、終了時刻などを指定する。終日実施の場合は[開始時間と終了時間を指定しない終日イベントとして設定する]をオンにする。

❹ [保存]をクリックする。

❺ 予定が追加される。なお、終日のイベントとして登録するとタイトルのみ表示される。

ヒント

スケジュールの移動

追加した予定は、ドラッグアンドドロップで別の日に移動することも可能です。

表示を切り替えよう

予定表は、月、週、日の3種類の表示方法が可能です。これはリボンメニューの［予定表］タブで行います。

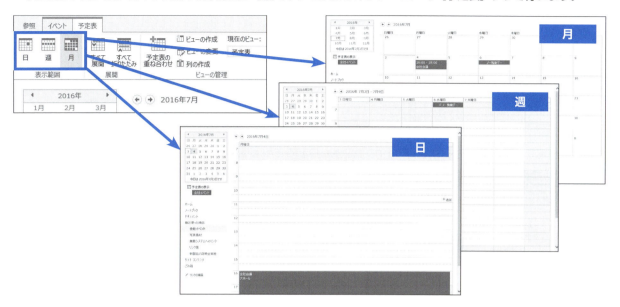

Outlookに取り込んでみよう

デスクトップ版のOutlookを使用している場合は、SharePointの予定表を個人の予定と並べて表示できます。

❶ 予定表にアクセスする。

❷ ［予定表］タブから［Outlookに接続］をクリックする。なお、このメニューはInternet Explorerを使用していないとグレーアウトして利用できないので注意すること。

❸ アプリの起動許可を求めるダイアログボックスが表示されたら、［許可］をクリックする。

❹ Outlookが起動する。

❺ ［このSharePoint予定表をOutlookに接続しますか？］というメッセージが表示されたら、［はい］をクリックする。

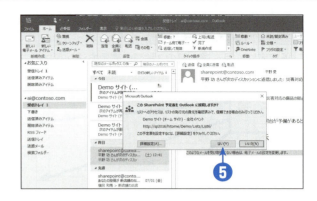

以上の設定で、Outlook内にSharePointの予定表が表示できるようになります。

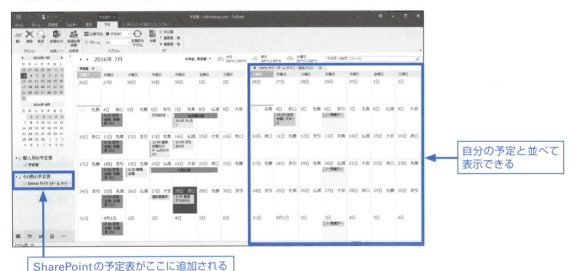

自分の予定と並べて表示できる

SharePointの予定表がここに追加される

　SharePointの予定表と並べて表示できるだけでなく、SharePointの予定を個人の予定にコピー追加したり、OutlookからSharePointの予定表に予定を書き込んだりすることもできます。

予定をICS（iCalender）形式でエクスポートしよう

　予定表に追加されている予定をICS形式でエクスポートできます。ICS形式のファイルは、メールなどに添付して送信できます。送信されたファイルは、Outlookなどの予定管理ツールに取り込めるため、手軽に予定を手元の環境に追加できます。

❶ 予定表にアクセスする。

❷ エクスポートしたい予定のタイトルをクリックする。

❸ ［カスタムコマンド］タブから［イベントのエクスポート］をクリックする。

❹ ICS形式のファイルが生成される。任意の場所にダウンロードする。

　デスクトップ版のOutlookがインストールされている場合は、このファイルをダブルクリックすると次図のように表示され、自分の予定として保存できます。

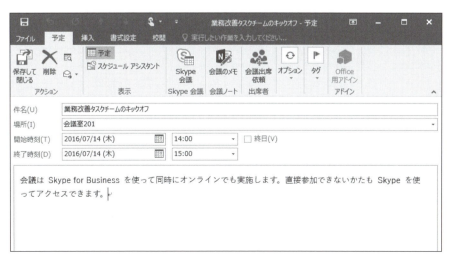

16 アンケート（Survey）を作成しよう

　SharePointでは簡易的なアンケートを作成できます。たとえば、社内研修後のアンケート実施や製品やサービスに対する社内フィードバック収集など、さまざまな情報収集に使えます。広く意見を求めるという意味では、先に説明したディスカッション掲示板やニュースフィードを使う方法もありますが、アンケートとの決定的な違いは、定型的なデータ（質問項目が決まっているという意味）を収集するかどうかです。ディスカッション掲示板は、非定型な意見のやり取りに向いており、かつ時系列で対話が記録に残るところが利点です。その点、アンケートは時系列であるかどうかは意識しません。そのほかにもアンケートの利点としては、結果をすばやくExcelにエクスポートできることが挙げられます。

基本的なアンケートを作成しよう

　アンケートの基本的な作り方を把握するために、次のようなシナリオを例にアンケートを作成します。

アンケートの全体設定

- 名前
  - SharePointサイトの利用満足度調査
- 説明
  - この調査では、より使い勝手のよいサイトの運営を目指し、半年に一度の割合で皆様からのフィードバックをお願いしています。ご協力をお願いいたします。
- オプション設定
  - ・回答者名を表示する
  - ・同じユーザーからの回答は一度限りとする

質問項目とフロー

回答開始
↓
サイトの利用頻度を教えてください
↓
サイトの満足度をお聞かせください
↓
自由にコメントしてください
↓
回答完了

第3章 チームサイトを使って基本的な機能を把握しよう

❶ [設定]（歯車のアイコン）をクリックする。

❷ [アプリの追加]をクリックする。

❸ [サイトコンテンツ]ページが表示される。

❹ [追加できるアプリ]の一覧から[アンケート]をクリックする。

❺ [詳細オプション]をクリックする。

❻ [名前]に「SharePointサイトの満足度調査」と入力する。

❼ [説明]に「この調査では、より使い勝手のよいサイトの運営を目指し、半年に一度の割合で皆様からのフィードバックをお願いしています。ご協力をお願いいたします。」と入力する。

❽ アンケートの結果にユーザー名を表示するには、既定値のままにする。

❾ 複数の回答を有効にしない場合は、既定値のままにする。

❿ [次へ]をクリックする。

⓫ 最初の質問を設定するため、[質問]に「サイトの利用状況を教えてください」と入力する。

⓬ [この質問に対する回答の種類]で、[選択肢（メニューから選択）]を選択する。

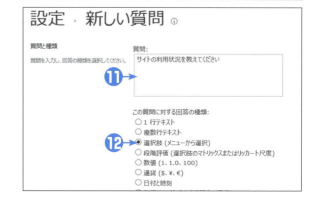

❸ [この質問に対する回答を必須にする]を[はい]にする。

❹ [それぞれの行に選択肢を入力してください]に次の項目を入力する。

　　ほぼ毎日
　　週に数回
　　月に数回
　　ほとんど利用しない

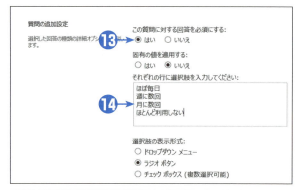

❺ その他の項目は既定値のままにする。

❻ [次の質問]をクリックする。

❼ 2番目の質問を設定するため、[質問]に「サイトの満足度をお聞かせください。」と入力する。

❽ [この質問に対する回答の種類]で、[段階評価(選択肢のマトリックスまたはリッカート尺度)]を選択する。

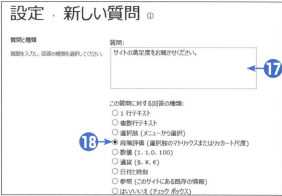

❾ [この質問に対する回答を必須にする]を[はい]にする。

❿ [補足質問を行単位で入力してください]に次の項目を入力する。

　　全般
　　サイトのデザイン
　　サイトの構成
　　応答速度
　　検索性

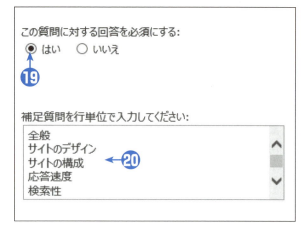

⓫ [テキストによる段階評価]を左から順に次のように指定する。

　　非常に不満である
　　どちらでもない
　　非常に満足している

第3章 チームサイトを使って基本的な機能を把握しよう

㉒ [次の質問] をクリックする。

㉓ 最後の質問を設定するため、[質問] に「自由にコメントしてください」と入力する。

㉔ [この質問に対する回答の種類] で、[複数行テキスト] を選択する。

㉕ [完了] をクリックする。

㉖ アンケートの設定ページが表示される。[質問] セクションでは、既存の質問の編集や質問の追加、質問順序の変更などができる。

アンケートに回答しよう

作成したアンケートに回答してみましょう。

❶ サイトリンクバーまた [サイトコンテンツ] ページから作成したアンケートのリンクをクリックする。

❷ [このアンケートに回答する] をクリックする。

❸ 質問に回答する。

❹ [完了] をクリックする。

アンケート結果を表示し、Excelにエクスポートしよう

　アンケート結果は、組み込みのグラフ機能で簡易的に表示できます。また、各回答を見ることも可能です。こうした操作は、アンケートにアクセスすると表示される［回答の概要をグラフで表示する］や［すべての回答を表示する］から行えます。

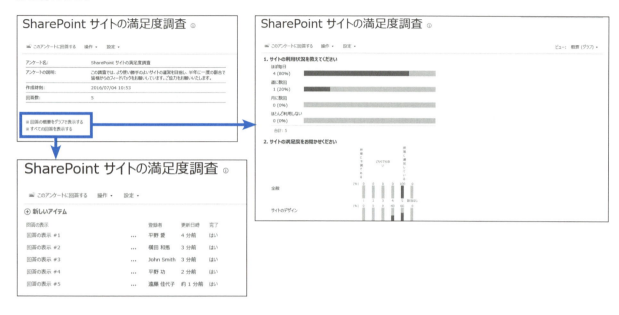

　ちなみに、すべての回答の表示画面では、各回答を確認できるだけでなく回答の削除もできます。ユーザーが誤って回答した場合などは必要に応じてここから削除しましょう。

　また、すべての回答結果をExcelにエクスポートする機能もあります。手順は次のとおりです。

❶ サイトリンクバーまた［サイトコンテンツ］ページから作成したアンケートのリンクをクリックする。

❷ ［操作］→［スプレッドシートにエクスポート］をクリックする。
※アンケートの回答結果の表示画面に切り替わっていると、［操作］メニューにこの項目が表示されないため注意すること。

❸ ファイルが生成される。［ファイルを開く］をクリックする。

第3章　チームサイトを使って基本的な機能を把握しよう

❹ デスクトップ版のExcelが起動する。

❺ [有効にする] をクリックする。

❻ アンケート結果がExcelに取り込まれて表示される。

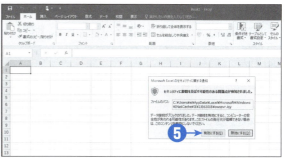

　エクスポートしたExcelファイル内では、フィルター設定やグラフへの加工などが自由に行えます。ちなみに、このファイルはSharePointとの接続情報を持っているため、最新の回答を取得するために何度もエクスポートする必要はありません。ローカルのPC内などで保存した後は再度ファイルを開き、「owssvr」というシート内の表にある任意のセルを右クリックして [更新] をクリックすると、最新のアンケート結果がシート内にダウンロードされてきます。

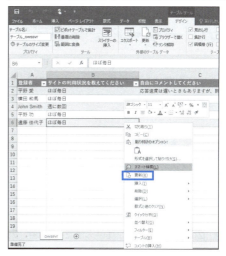

同じユーザーが複数回、回答できるようにしよう

　既定では、同一のユーザーは複数回、回答することはできません。これを何度も回答できるよう設定変更することも可能です。

❶ サイトリンクバーまた [サイトコンテンツ] ページから作成したアンケートのリンクをクリックする。

❷ [設定] → [アンケートの設定] をクリックする。

❸ [全般設定] セクションにある [リスト名、説明、ナビゲーションの列挙] をクリックする。

❹ [複数の回答を有効にする] を [はい] に変更する。

❺ [保存] をクリックする。

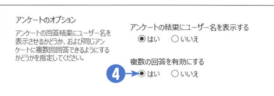

回答者のユーザー名を非表示にしよう

既定では回答結果一覧に回答者名が表示されます。これを非表示に設定できます。ただし、非表示といっても、回答者名がアスタリスクで伏せられるだけです。再び、回答者名を表示するよう設定を変更すると、回答者名を確認できるようになります。

❶ サイトリンクバーまた [サイトコンテンツ] ページから作成したアンケートのリンクをクリックする。

❷ [設定] → [アンケートの設定] をクリックする。

❸ [全般設定] セクションにある [リスト名、説明、ナビゲーションの列挙] をクリックする。

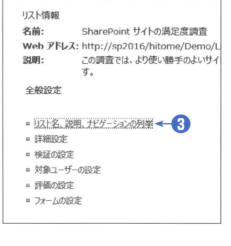

第3章 チームサイトを使って基本的な機能を把握しよう

❹
[アンケートの結果にユーザーを表示する]を[いいえ]に変更する。

❺
[保存]をクリックする。

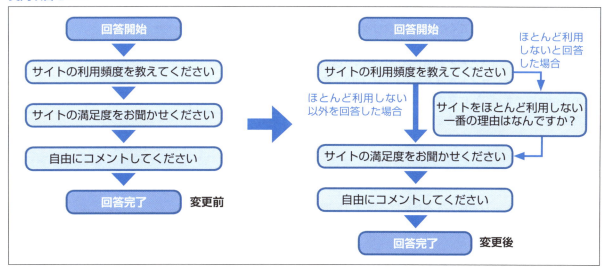

条件分岐のあるアンケートを作成しよう

既存のアンケートを修正したり変更したりする手順を確認するために、先ほど作ったアンケートに手を加え、条件分岐するアンケートに変更します。変更内容は次のとおりです。

質問項目とフロー

❶
サイトリンクバーまた[サイトコンテンツ]ページから作成したアンケートのリンクをクリックする。

❷
[設定]→[アンケートの設定]をクリックする。

❸
新たな設問を加えるため、[質問]セクションにある[質問の追加]をクリックする。

❹ 追加の質問を設定するため、[質問]に「サイトをほとんど利用しない一番の理由は何ですか？」と入力する。

❺ [この質問に対する回答の種類]で、[複数行テキスト]を選択する。

❻ この質問に対する回答を必須にするを[はい]にする。

❼ [完了]をクリックする。

❽ 質問を分岐させるため、既存の質問項目のうち[サイトの利用状況を教えてください]をクリックする。

❾ 分岐ロジックで、[ほとんど利用しない]という選択肢の移動先だけ[サイトをほとんど利用しない一番の理由は何ですか？]に変更し、その他の選択肢の移動先は[サイトの満足度をお聞かせください]に変更する。

❿ [OK]をクリックする。

⓫ 最後に区切りページを挿入するために、再び[質問の追加]をクリックする。

⓬ [この質問に対する回答の種類]で、[ページ区切り（アンケートに改ページを挿入します）]を選択する。

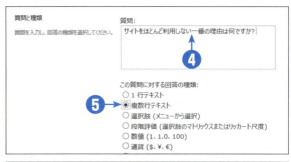

⓭ [完了]をクリックする。

⓮ [質問順序の変更]をクリックする。

⓯ 質問の番号を変更し、次の順序で質問を並べ替える。

1. サイトの利用状況を教えてください
2. サイトをほとんど利用しない一番の理由は何ですか？
3. ページ区切り1
4. サイトの満足度をお聞かせください
5. 自由にコメントしてください

⓰ [OK]をクリックする。

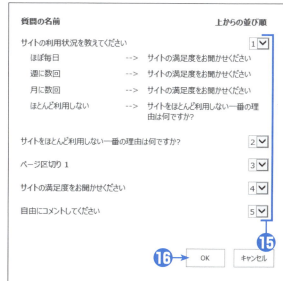

　以上の設定を行った後に回答を試みると、サイトの利用状況の質問で[ほとんど利用しない]を選択したときにその理由を問うページに画面遷移することがわかります。

　今回のようにページ区切りを追加すると、一度に全部の質問を表示させずに、いくつかの質問ごとに画面を遷移するように指定できます。また、次の質問に移るための[次へ]ボタンはありますが、前の質問に戻る機能はありません。その代わり、[キャンセル]をクリックすると回答がごみ箱に移動するため、最初から回答をやり直すことは可能です。また、回答を中断し、続きから回答を再開することもできます。

コラム　昔からあるアンケート機能はもう進化しない？

　アンケート機能はSharePoint Server 2007の頃から存在し、現在に至るまで機能的にも変更がありません。これが証拠というわけでもありませんが、アンケート作成や管理ではリボンメニューを使っておらず古いメニュー構成のままです（リボンメニューの導入はSharePoint 2010からです）。これはあくまでも筆者個人の意見ですが、SharePointに備わっているアンケート機能は4世代にわたり変化がないため完成しているとみるべきで、今後も機能が大幅に追加されるようなことはないと思われます。仮に新しくなったとしたら、まったく別のしくみを使うことになるでしょう。

17 連絡先を管理しよう

連絡先リストは、平たく言えば簡易電話帳のようなものです。電話帳というと顧客管理などを思い浮かべるかもしれません。しかし、SharePointの連絡先リストは大量の顧客管理には不向きであり、ちょっとしたメンバー間での連絡先の共有に使うと便利です。たとえば、よく利用する取引先や業者などの連絡先です。連絡先はデスクトップ版のOutlookにも取り込め、オフラインでの利用もできます。

連絡先リストを追加しよう

① [設定]（歯車のアイコン）をクリックする。

② [アプリの追加] をクリックする。

③ [サイトコンテンツ] ページが表示される。

④ [追加できるアプリ] の一覧から [連絡先] をクリックする。

⑤ [名前] に任意の名前を指定する。

⑥ [作成] をクリックする。

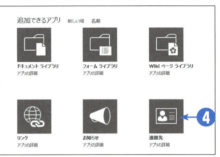

連絡先を追加しよう

① 作成した連絡先リストにアクセスする。

② [新しいアイテム] をクリックする。

③ 姓、名、氏名、電子メールアドレスなどを入力する。

④ [保存] をクリックする。

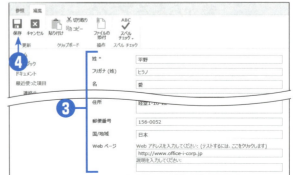

ExcelやvCardとしてエクスポートしよう

連絡先リストは、リボンメニューから簡単にExcelにエクスポートできます。そのため、CSVファイルへの加工もExcelを経由して処理できます。

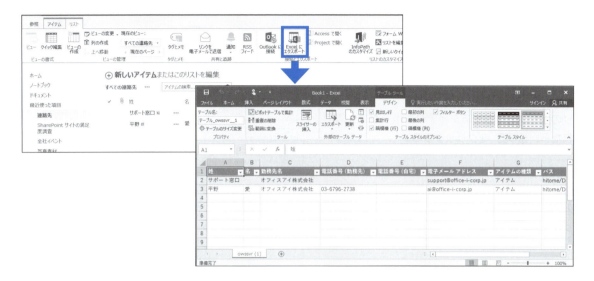

また、連絡先を開くと表示される［カスタムコマンド］タブには［連絡先のエクスポート］メニューがあり、これをクリックすることで連絡先をvCard（*.vcfファイル）としてエクスポートすることも可能です。たとえばこれをメールに添付して、連絡先情報を他のユーザーに渡すこともできます。

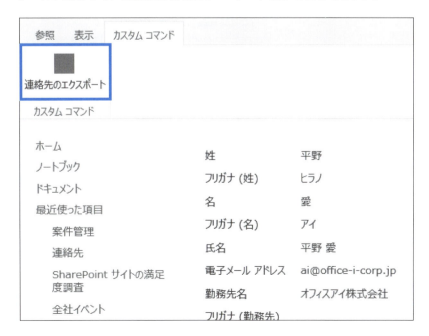

Outlook内に取り込もう

　デスクトップ版のOutlookがある場合は、連絡先を同期させることで情報を取り込めます。これによりオフラインでも利用できるようになります。

❶ 連絡先リストにアクセスする。

❷ [リスト] タブから [Outlookに接続] をクリックする。

❸ アプリの起動許可を求めるダイアログボックスが表示されたら、[許可] をクリックする。

❹ Outlookが起動する。

❺ 「このSharePoint連絡先リストをOutlookに接続しますか？」と表示されたら、[はい] をクリックする。

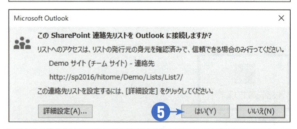

❻ Outlookの連絡先にSharePointの連絡先が追加されたことを確認する。

18 不要になったリストやライブラリを削除しよう

　実験的に作成したものや使われなくなったリストやライブラリの削除は、[サイトコンテンツ]ページから行えます。ただし、一部はシステムが自動生成しているものもあり、削除できないものもあります。

　[サイトコンテンツ]ページにアクセスしたら、目的のリストやライブラリのアイコンをマウスホバーし、表示される[…]をクリックします。ここに[削除]メニューが表示されます。

　リストやライブラリはこのページから削除しても、いったんはごみ箱に移動するため、誤って削除した場合は、速やかにごみ箱から復元しましょう。

19 サイドリンクバーを調整しよう

　ここまで、リストやライブラリを数多く追加してきました。サイドリンクバーに自動的に作成される［最近使った項目］という見出しの配下には、新たに追加したものが5件までしか表示されません。
　サイドリンクバーの表示を手軽に調整するには、サイドリンクバーの［リンクの編集］をクリックします。これによって、既存のリンクの削除やリンクの追加が可能になります。

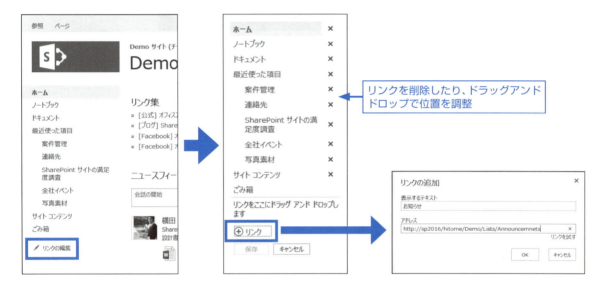

　ただし、この設定はあくまで簡易設定です。より細かな設定方法については「第7章　ナビゲーションを変えよう」で説明します。

リストの基本的な
しくみを把握しよう

第 4 章

1 リストの基本的な考え方を把握しよう
2 カスタムリストを作成しよう

第3章では、チームサイト内でよく利用される機能の使い方をひととおり説明しました。この章ではリストにターゲットを絞り、基本的なしくみを把握します。

1 リストの基本的な考え方を把握しよう

第3章では、チームサイトの基本機能を把握する中で次のリストの使い方を説明しました。

お知らせ　　　　　ディスカッション掲示板　　　タスク
リンク　　　　　　注目リンク　　　　　　　　　予定表
アンケート　　　　連絡先

それぞれの使い方を確認してきたわけですが、リストには共通の機能やしくみがあります。これらを把握しておけば、覚えるべき操作や設定手順が減ります。SharePointは多機能であるため機能を覚えきれなくなりがちです。共通項を把握し、操作や設定をパターン化して覚えるようにしましょう。

> **ヒント**
> **簡易データベースとしてのリスト**
> リストは、SharePoint内では簡易データベースとして利用できます。技術的に掘り下げると、SharePointはユーザーが作成するあらゆるデータをマイクロソフトのデータベース管理システムであるSQL Server上で管理します。SQL Serverは、リレーショナルデータベースです。リストのデータも、SharePointが生成するデータベース内の複数のテーブルに分散され格納されます。ちなみに、ライブラリ内で共有するファイルも、実際にはバイナリのデータとしてSQL Server上のデータベーステーブルに格納されます。こうした背景があるため、厳密には「リスト≠テーブル」ですが、リレーショナルデータベースに近い操作感で利用できるようになっています。

リストの基本構造と基本操作を把握しよう

リストは既に説明してきたとおり毎回入力項目が決まっているような定型的な情報を格納するのに向いています。ユーザーにとって最もなじみのあるExcelスプレッドシートに近い見た目や操作感になっています。表形式で情報を管理するため、**列**（フィールドと呼ぶこともあります）と**行**で構成されます。リストでは行のことを**アイテム**と呼びます。

リストの例

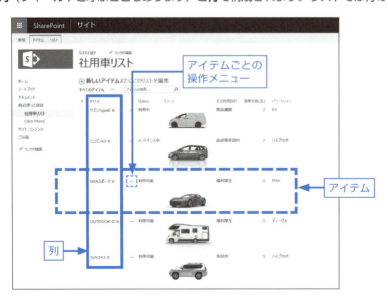

各列は、タイトル部分をクリックすると、フィルターや並べ替えができるようになっています。

また、アイテムの検索ボックスでは絞り込み検索が可能です。リスト内のアイテムが数十件以上に増えてきたときに使うと便利です。

また、**クイック編集**機能を使うとExcelスプレッドシートのような編集画面に切り替わり、複数の項目をすばやく修正できます。

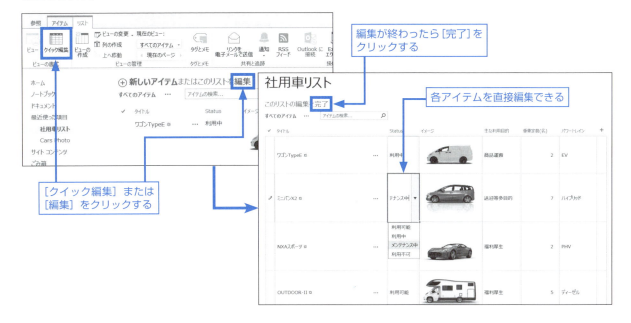

さて、ごく初歩的な基本操作がわかったところでリストを構成する細かい要素を確認していきましょう。リストの構成要素は次の3つです。

・列
・フォーム
・ビュー

設定や操作手順を覚える前に、それぞれの要素の考え方を整理しておきます。後の項で具体的なリストを作成しながら設定や手順を覚えていきましょう。

列

リストは1つ以上の列で構成されています。"お知らせ"リストや"タスク"リストなど、テンプレートによってはあらかじめ列が用意されていますが、必要に応じて自由に列を追加できます。まずはユーザーが追加できる列の種類を確認しましょう。

列の種類

列の種類	説明
1行テキスト	1行の文字列を入力できる。リッチテキスト形式ではないため、文字の装飾などはできない。最大文字数は255文字
複数行テキスト	複数行にわたる文字列を入力できる。サポートされる最大文字数は63,999文字。既定ではリッチテキスト形式だが、書式なしの設定への変更もできる
選択肢（メニューから選択）	選択肢を作成する。表示形式はドロップダウン、ラジオボタン、チェックボックスのいずれかを指定できる。オプションとして、ユーザーが任意の値を追加できるように指定することも可能
数値（1、1.0、100）	数値を入力する。最小値と最大値を指定できるほか、小数点以下の桁数指定やパーセンテージでの表示も指定できる
通貨（$, ¥, €）	数値列とほぼ同じだが、表示する際に通貨記号が付加される点が異なる
日付と時刻	日付や時刻を入力する。入力補助のためにカレンダーから日付を選択できるようになっている。[日付のみ] または [日付と時刻] のいずれかを指定できる。 その他のオプションとして表示形式を指定できる。これには**標準**と**フレンドリ**の2種類がある。標準は指定した日時をそのまま表示するが、フレンドリを指定すると、現在日時からの時間差をおおよそで表示するようになる。例を次に挙げる ・同一日内で時刻を指定すると次のように表示される。例：1時間前、3時間後など ・翌日の日時を指定すると明日（日時）で表示される。例：明日（10:00） ・翌々日から4日先までは、曜日と時間が表示される。例：土曜日（10:00） ・5日先から6日先の日付の場合は、5日以後または6日以後と表示される。 ・7日以上先で年内であれば、月日が表示される。例：8月20日 ・前年や翌年は年月日で表示される。例：2017/01/10

日付のテスト

⊕ **新しいアイテム**またはこのリストを編集

すべてのアイテム … アイテムの検索...

	タイトル		日付(フレンドリ)	標準表示
✓	アイテム1	…	3 時間後	2016/07/06 17:00
	アイテム2	…	明日 (10:00)	2016/07/07 10:00
	アイテム3	…	土曜日 (13:00)	2016/07/09 13:00
	アイテム4	…	5 日以後	2016/07/11 11:00
	アイテム5	…	6 日以後	2016/07/12 14:00
	アイテム6	…	8月20日	2016/08/20 9:00
	アイテム7	…	2017年1月10日	2017/01/10 8:00
	アイテム8	…	2015年12月14日	2015/12/14 16:00

列の種類	説明
	※日付のデータは、内部的には1899年12月31日を1とするシリアル番号が格納される。たとえば、2016年7月7日は42,558日目であるため、数値に直すと42558となる。さらに時刻として19:00を追加すると42,558.7916666667（SharePoint上）となる
参照（このサイトにある既存の情報）	同一サイトに存在する別のリストの列を選択肢として利用する（Lookup）。ただし、参照先の列の項目数がビューのしきい値（既定では5,000アイテム）を超える場合は項目が表示されないので注意する
はい/いいえ（チェックボックス）	［はい］または［いいえ］の選択肢を提示する。内部的には［はい］は1、［いいえ］は0に変換されてデータが格納される
ユーザーまたはグループ	ユーザーまたはグループを特定のSharePointグループまたは認証プロバイダー（一般的にはActive Directoryドメインサービスが多い）から検索する
ハイパーリンクまたは画像	URLを入力し、ハイパーリンクまたは画像を表示する。ただし、URLに指定できる文字数は255文字までに制限されるため注意する
集計値（他の列の基にした計算結果）	簡単な計算式を指定できる。同一アイテムの別の列を基にした計算などが可能。Excelで利用できる関数と似ているが利用できる関数には制限がある。詳しくはマイクロソフトのサポート情報を参照 「SharePointリストの一般的な数式の例」 https://support.office.com/ja-jp/article/Examples-of-common-formulas-in-SharePoint-Lists-D81F5F21-2B4E-45CE-B170-BF7EBF6988B3
タスクの結果	SharePointのワークフローで利用する特殊な列
外部データ	Business Connectivity Services（BCS）を利用する場合に使える列。外部データベースなどのデータを列の値として取り込める。ただし、BCSを使うためには外部データベースおよびSharePointサーバーの基盤管理者が追加設定する必要がある
管理されたメタデータ	"用語セット"という機能を使う際に利用する。この列の使い方は第20章で説明する

> **ヒント**
>
> **リストに追加できる列の数の上限は？**
>
> リストに追加できる列の数には上限があります。たとえば、「ユーザーとグループ」や「参照」列は、1つのリストあたり12個までといった上限があります。しかし、これ以外の列に関しては、複雑な条件が絡むため単純にいくつまでとは言えません。とはいえ、あまり入力項目が多いとユーザー側は入力が"嫌"になってしまうため、列の数は多くてもせいぜい20個くらいが現実的ではないかと思います。この程度であれば基本的には問題ありません。ただし、ワークフローと組み合わせてリストを利用する場合などは項目数が膨れあがることもあります。こうした場合は、リストの列数をきちんと設計しておく必要があります。追加できる列の条件に関しては次のマイクロソフトの公式資料を参考にてください。
>
> 「ソフトウェアの境界と制限（SharePoint Server 2016）」
> https://technet.microsoft.com/ja-jp/library/cc262787(v=office.16).aspx

ポイント　ExcelとSharePointリストの相違点とは？

　SharePointリストはExcelのスプレッドシートに似ているという説明をしてきましたが、Excelの代替としてパーフェクトに利用できるかというとそうではありません。使い分けが必要です。たとえば、Excelの方が利用できる関数は豊富ですし、グラフなども生成できます。一方、リスト上で利用できる関数はこれと比較すると少ないうえ、グラフ生成はできません。レイアウトも決まっておりカスタマイズの自由度は低いです。ではSharePointリストの利点は何か？Excelが持つ利便性が高いが故のデメリットを考えてみましょう。

　Excelでもリストと同様に表など作って標準化しようとします。しかし、ファイルがコピーされ拡散されていく過程でユーザーが勝手に列を追加していったり、シートを追加したりして、結果的に標準的な入力フォームが変形してしまうことがあります。もちろん、Excelでもいろいろと工夫すれば、勝手に列を追加するようなことは避けられますが、すべてのファイルで追加設定していくわけではありません。この点、SharePointのリストの場合は、リストの管理者とユーザーが最初から明確に分かれています。そのため、ユーザーが勝手に列を追加していくようなことがそもそもできません。定型フォームとしての形を守りやすいのです。また、複数のExcelファイル（ワークブック）から特定のセルの値を横断的に取り出すといったことも意外に容易ではありません（セルに名前付け範囲が設定されているなど、工夫が必要なケースが多いという意味です）。しかし、SharePointの場合は、"列"という概念で、きちんとデータの入れ物を管理しているため、特定の列の値を条件に検索したり、プログラムからデータを抜き出したりすることは比較的容易です。また、必要に応じて特定のアイテムだけ閲覧できるユーザーを指定することもできます。Excelだと、こうした閲覧者によって行単位での表示・非表示を制御するといったことはあまり得意ではありません（とはいえ、SharePointリストもアイテム単位では表示、非表示などを制御できても、列単位で表示・非表示を制御するのは標準機能だけでは対応できません）。このようにリストならではの利点があります。単純な定型データの入力であれば、リストで運用する方が簡単です。ちなみに、リストのデータはExcelにエクスポートできるようになっているため、高度な処理はエクスポートしてから加工するといった連携した運用も考えられます。

フォーム

　リストのアイテムを1件ずつ新規に追加、表示、編集するためのWebページがあります。こうしたページを**フォーム**と呼びます。アイテムの追加や編集などは、こうしたフォームを利用する場合と前述したようにクイック編集表示を使う場合とがあります。クイック編集は便利ですが、項目数が多いと横スクロールが必要となり表示や編集がしにくくなります。また、アイテムごとにユーザーに編集させたい場合は、やはり1件ずつ表示や編集ができた方がよいでしょう。こうした場合にフォームを使います。

　リストのフォームは次の3つがあります。

・新規作成フォーム
・表示フォーム
・編集フォーム

　各フォームには追加した列が入力フィールドとして表示されます。この時、アスタリスクが表示されるフィールドは入力が必須です。

●新規作成（NewForm.aspx）

新規にアイテムを追加するときに使います。

●表示（DispForm.aspx）

既存のアイテムを表示するときに使います。

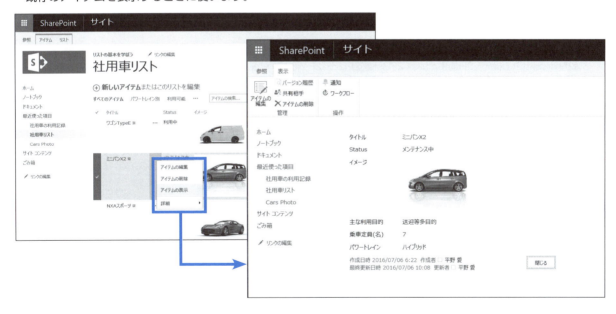

●編集（EditForm.aspx）

既存のアイテムを編集するときに使います。

> **ヒント**
>
> ### リストの各フォームのURLを読み解く
>
> 表示フォームや編集フォームにアクセスするとき、URLはたとえば次のようになっています。
>
> http://sp2016/hitome/Demo/_layouts/15/start.aspx#/Lists/List/EditForm.aspx?ID=2&Source=http%3A%2F%2Fsp2016%2Fhitome%2FDemo%2FListDetails%2FLists%2FList%2FAllItems%2Easpx&ContentTypeId=0x0100C45297D808BF464C9A060BAFB722FA89
>
> このとき、着目したいのが、各フォームのファイル名に続く「?ID=」の部分です。ここには表示や編集したいアイテムのIDが指定されます。リスト（ライブラリも含まれます）では、アイテムを追加するとシステム列であるID列に番号が1から順に振られていくようになっており、これによってアイテムを特定できるようになっています。ID列は、ビューの設定でID列を表示すると確認できます。URLのID=の後の番号を既存のアイテムのIDに変えてWebブラウザーでアクセスすると、指定したIDのアイテムを表示できます。ちなみに、アイテムにアクセスする場合は最低限ID=までがURLに含まれていればよいため、たとえば次のように短くすることもできます。
>
> **例1：アイテムIDが2のアイテムを表示する。**
> http://sp2016/hitome/Demo/_layouts/15/start.aspx#/Lists/List/DispForm.aspx?ID=2
> **例2：アイテムIDが10のアイテムを表示する。**
> http://sp2016/hitome/Demo/_layouts/15/start.aspx#/Lists/List/DispForm.aspx?ID=10
> **例3：アイテムIDが2のアイテムを編集する。**
> http://sp2016/hitome/Demo/_layouts/15/start.aspx#/Lists/List/EditForm.aspx?ID=2
> **例4：アイテムIDが10のアイテムを編集する。**
> http://sp2016/hitome/Demo/_layouts/15/start.aspx#/Lists/List/EditForm.aspx?ID=10
>
> こうしたしくみがわかっていれば、変更してほしいアイテムのリンクはURLを短くした状態で電子メールで送るといったこともできます。

ビュー

アイテムを一覧表示するリスト内のページを**ビュー**と呼びます。ビューで設定できる主な内容は次のとおりです。

・一覧表示したい列の選択と表示順の指定
・フィルター条件の指定
・並び順の指定
・グループ化表示の指定
・特定の列の値の合計値、平均値、分散、標準偏差などの出力

ほとんどのリストは、既定で「すべてのアイテム」というビューを持っており、全アイテムを一覧表示できるようになっています。ビューはカスタマイズでき、また複数作成できます（ただし、アンケートとディスカッション掲示板は特殊な作りになっているためカスタマイズできません）。つまり、1つのリストデータに対してさまざまな切り口の見た目を用意できるということです。リストテンプレートによっては、あらかじめ複数のビューが用意されています。ビューはそれぞれがWebページになっているため、URLをコピーして電子メールなどで送信すれば、指定したビューが表示されます。

ビューの例

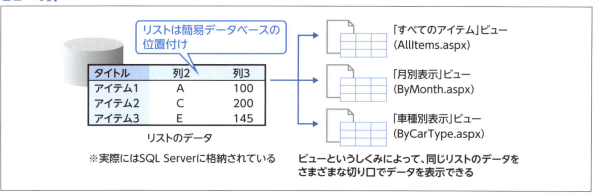

グループ化表示（パワートレインごと）

フィルター表示（Status列が利用可能になっている車のみ表示）

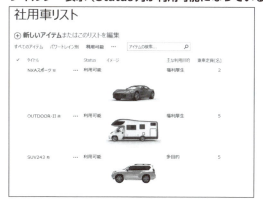

社用車の利用記録を管理するリストの例

月別で社用車の利用記録を表示し、月別での給油量や給油金額の合計額も併せて表示

車種別で同じく社用車の利用記録を表示しているが、こちらは車種ごとの給油、給油金額の平均値を表示

日付と時刻の種類の列（この例では貸出日、返却日）が含まれていれば、カレンダー形式での表示も可能

　ところで、ビューの設定を変更して表示する列を指定する際、追加した覚えのない列があることに気付きます。列は大きく分けると2種類あります。1つは前述のユーザーが自由に追加できる列です。もう1つは、システムが内部的に用意している列で値は自動生成されます。ビューの設定を変更する際に、こうしたシステム列も表示されます。システム的に内部で持つ主な列は次のとおりです。

- ID …………リスト内でアイテムが追加されると1から順番にアイテムに番号が振られる。アイテムが削除されるとそのIDは欠番となる
- 更新日時……アイテムの最終更新日時
- 更新者………アイテムの最終更新者
- 登録者………アイテムを新規に作成したユーザー
- 登録日時……アイテムを新規に作成した日時

第4章 リストの基本的なしくみを把握しよう

ビューの変更画面の一部

ヒント

開発者の方向けに列に関して補足

システムが生成する列は、Webブラウザー上では非表示になっているものも数多くあります。列はSPFieldオブジェクトで表され、Hidden属性を持っています。Hidden属性がTrueになっているとWebブラウザー上には表示されません。また読み取り専用属性や削除不可などさまざまな属性があります。SharePointの機能拡張などではさまざまな列にアクセスすることになることも多いため、MSDNサイトなどで確認しておくようにしましょう。

リストテンプレートの種類を把握しよう

　リストは、リストテンプレートから作成します。SharePointは、既定で多くのリストテンプレートを備えています。カスタマイズによって、サイトごとに利用できるリストテンプレートを限定することもできます。そのため、組織によっては利用できるリストテンプレートが限られていることもあります。実際に利用できるリストテンプレートを確認するには、［設定］（歯車のアイコン）→［アプリの追加］をクリックし、追加可能なリスト一覧を確認します（［サイトコンテンツ］ページの［アプリの追加］からもリストを追加できます）。

　特殊要件で使うリストを除くと、最低限把握しておくとよい標準のリストテンプレートは次のとおりです（下記で取り上げているほとんどのリストの使い方は既に第3章で説明しています）。なお、ライブラリもリストの一種ですが、次章で説明するためここでは除外します。

テンプレート名	説明	アイコン
リンク	社内やインターネット上のWebページやその他リソースへのリンクを掲載する	リンク アプリの詳細
お知らせ	簡単な連絡事項を掲載する	お知らせ アプリの詳細
連絡先	顧客、関係部署、取引業者などの連絡先を掲載する	連絡先 アプリの詳細
予定表	会議、イベント、仕事の締め切りなどをカレンダー形式で掲載する	予定表 アプリの詳細
注目リンク	背景画像付きでリンクを掲載する	注目リンク アプリの詳細
ディスカッション掲示板	情報交換、意見交換、質疑応答を行う	ディスカッション掲示板 アプリの詳細
タスク	タスクを管理する	タスク アプリの詳細
案件管理	営業案件、プロジェクトに関する案件、課題対応などを行う（ただし、こうした情報管理にはCRM製品を使うことも多く、また簡易なものであればカスタムリストでも対応できる。一般的に利用頻度は高くないため本書では詳細は取り上げない）	案件管理 アプリの詳細
カスタムリスト	既定ではタイトル列しか用意されておらず、自分で列やビューを追加してアレンジしていくリスト。よく利用される	カスタムリスト アプリの詳細
データシートビュー形式のカスタムリスト	最初からクイック編集表示になっているカスタムリスト。古いバージョンのSharePointではクイック編集表示に該当する表示を「データシート ビュー」と呼んでいたため、名称はその名残である。データシートビューと呼ばれていた頃はActiveXが使われていた。現在のクイック編集ではこれは使われていないためSharePointでサポートされる任意のWebブラウザーでこの機能は利用できる（SharePoint内に表示されるこのリストの説明文にはActiveXが必要と書かれているが、これは間違い）	データシートビュー形式のカスタムリスト アプリの詳細
アンケート	簡易アンケートを作成する	アンケート アプリの詳細
スプレッドシートのインポート	新規にカスタムリストを作る際に、既存のExcelスプレッドシートからデータを取り込める。ただ、カスタムリスト作成後は、同一リストへの再インポートはできない。もちろん、クイック編集表示に切り替えて、コツコツとExcelからコピー＆ペーストするといった操作はできる。データの一括インポートができるのが初回のみという意味	スプレッドシートのインポート アプリの詳細

> **ヒント**
>
> **"注目アプリ（Noteworthy）"とは？**
>
> リストやライブラリのテンプレート一覧は、「注目アプリ（Noteworthy）」と「追加できるアプリ（Apps you can add）」の2つのセクションに分かれています。注目アプリには、既定ではドキュメントライブラリ、カスタムリスト、タスクの3つのテンプレートが表示されます。これはSharePointが既定で設定しているもので、標準設定では非表示にするなどの変更はできません。この部分は、SharePointアドインを社内展開する際に利用するためのものであり、独自に開発したり、サードパーティ製品を購入したりした場合に、頻繁に使われるであろうアプリをSharePoint基盤管理者が"注目アプリ"として指定することで、アプリの追加画面の上部に目立つように掲載できるようにするためのものです。
> そのため、新たなSharePointアプリを追加掲載できても、既存のリストやライブラリのテンプレートを非表示にしたり、自分で作成したリストやライブラリのテンプレートをここに掲示したりする標準設定はありません。

リストの見分け方を知っておこう

　リストテンプレートから作成したリストには好きな名称を付けられます。そのため、もともと何のリストから作成したのかわからなくなることもあります。何のリストテンプレートから作成したかを確認するには、[サイトコンテンツ]ページにアクセスし、目的のリストのアイコンを確認します。さらに詳細を確認するには、[…]をクリックし、[詳細説明]をクリックします。

2 カスタムリストを作成しよう

　リストテンプレートの中でも最もよく利用されるのはカスタムリストであり、リストの基本的な作り方や使い方を覚えるのにもこのリストが向いています。ここでは、先のサンプル画面で説明した"社用車リスト"を題材として作成しながら必要な設定などを説明していきます。

カスタムリストを追加しよう

① [設定]（歯車のアイコン）をクリックする。

② [アプリの追加] をクリックする。

③ [サイトコンテンツ] ページが表示される。

④ [注目アプリ] から [カスタムリスト] をクリックするる

⑤ [名前] に「社用車リスト」と入力する。

⑥ [作成] をクリックする。

ヒント

リストのURLはどういったルールで決まる？

リストは、次のURL配下に作られるルールになっています。

`http(s)://＜サイトのURL＞/Lists/＜リストのURL＞`

リストのURLは、リストを作成する際に日本語などのマルチバイト文字で名前を指定すると、List、List1、List2、List3...というようにURLが自動生成されます。しかし、ASCII文字（半角英数など）で指定するとその名前でURLが生成されます。リストのURLは、Webブラウザー上からは変更できません。そのため、URLをわかりやすくしたいのであれば、最初はASCII文字でリスト名を指定し、後からリストのタイトルを変更するという方法がお勧めです。リスト名の変更手順は「第21章　リストおよびライブラリを管理しよう」で説明します。なお、既に生成されているURLを変更したい場合は、JavaScriptやWindows PowerShellを使ってスクリプトを書いたり、SharePoint Designer 2013を使ったりする必要があります。

ヒント

URLは短くできない？

SharePoint上で生成されるURLは長くなりがちですが、インターネットのBitlyのようにURLを短くする機能は残念ながら持っていません。

列を追加しよう

続いて列を追加します。カスタムリストは既定ではタイトル列のみがあります。タイトル列は1行テキストの列であり、表示名は変更できますが削除はできません。

ここではタイトル列以外に新たに次の列を追加します。

列名	列の種類	備考
ステータス	選択肢	選択肢の項目は次のとおり ・利用可能 ・利用中 ・メンテナンス中 ・利用中止
イメージ	ハイパーリンクまたは画像	URLの形式として"画像"を指定
主な利用目的	1行テキスト	
乗車定員（名）	数値	
パワートレイン	選択肢	選択肢の項目は次のとおり ・EV ・ハイブリッド ・PHV ・ディーゼル

列の追加を始める前に、列の追加手順の基本を簡単に確認しておきましょう。これはリボンメニューの［列の追加］から行えますが、このメニューはショートカットだと考えてください。正規メニューは［リストの設定］ページにあります。［リストの設定］ページでは、新たに列を追加する以外に、追加した列の編集や削除、フォーム上での列の表示順変更などが可能です。これを覚えておかないと、「列を追加したものの、修正や削除方法がわからない」という状況に陥りがちです。

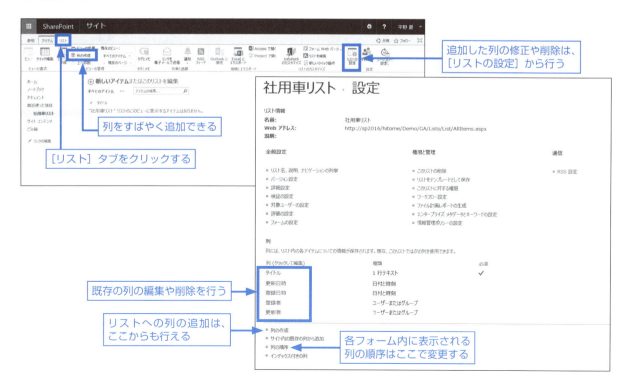

では列を追加していきましょう。

① 先ほど作成した社用車リストにアクセスし、リボンメニューの［リスト］タブをクリックする。

② ［列の作成］をクリックする。

③ ［列名］に「ステータス」と入力する。

④ ［この列の情報の種類］で、［選択肢（メニューから選択）］を選択する。

⑤ ［説明］に「車の現在の利用状況です。」と入力する。

⑥ ［それぞれの行に選択肢を入力してください］に次のように記述する。

　　利用可能
　　利用中
　　メンテナンス中
　　利用中止

⑦ ［OK］をクリックする。

⑧ リボンメニューから再び［列の作成］をクリックする。

⑨ ［列名］に「イメージ」と入力する。

⑩ ［この列の情報の種類］で、［ハイパーリンクまたは画像］を選択する。

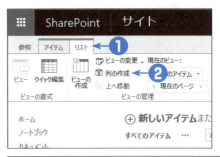

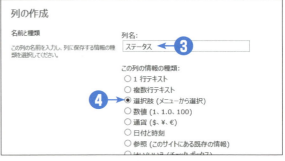

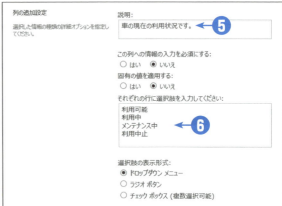

第4章　リストの基本的なしくみを把握しよう

⑪ ［URLの形式］で、［画像］を指定する。

⑫ ［OK］をクリックする。

⑬ リボンメニューから再び［列の作成］をクリックする。

⑭ ［列名］に「主な利用目的」と入力する。

⑮ ［この列の情報の種類］で、［1行テキスト］を選択する。

⑯ ［OK］をクリックする。

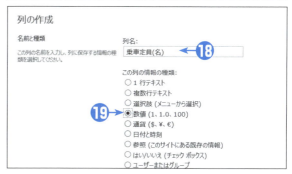

⑰ リボンメニューから再び［列の作成］をクリックする。

⑱ ［列名］に「乗車定員（名）」と入力する。

⑲ ［この列の情報の種類］で、［数値（1、1.0、100）］を指定する。

⑳ ［OK］をクリックする。

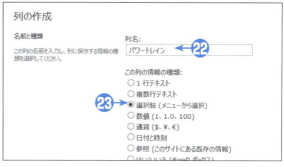

㉑ リボンメニューから再び［列の作成］をクリックする。

㉒ ［列名］に「パワートレイン」と入力する。

㉓ ［この列の情報の種類］で、［選択肢（メニューから選択）］を指定する。

㉔ 「それぞれの行に選択肢を入力していってください」に次のように指定する。

　　EV
　　ハイブリッド
　　PHV
　　ディーゼル

㉕ ［OK］をクリックする。

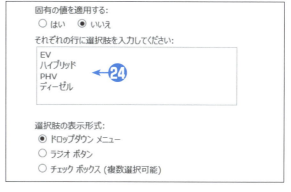

以上で右図のように列が追加されます。

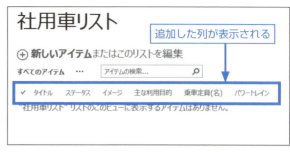

ところで、列には列の種類に限らず共通するオプション設定があります。最初に覚えておくべき項目は次の2つです。

・入力が必須である列の指定
・列の既定値

必須項目は、［この列への情報の入力を必須にする］オプションを［はい］にします。

また、1行テキスト、選択肢、数値や日付と時刻の列では**既定値**を設定できます。

ヒント
既定値の詳細

既定値には計算値を指定することもできますが、集計値列のように列の参照はできません（集計値列は第10章で説明します）。しかし、SharePointがサポートする一部の関数が使えます（Today関数、Me関数、TEXT関数など）。
1行テキストや選択肢では、既定値として利用できるのは文字列のみです。たとえば、Today関数で取得したデータはTEXT関数を使って文字列に変換する必要があります。また「日付と時刻」の列に指定できる既定値は、数値もしくは日付フォーマットの文字列です。数値列に格納できる既定値は数値のみです。たとえば、お知らせリストの有効期限列の既定値を新規アイテム登録時から30日後に設定する場合は次のように指定します。

ヒント
タイトル列について

ほとんどのリストテンプレートに［タイトル］列が用意されていますが、この列は特殊な列です。この列は削除できません。

タイトル列に特に記載する内容がないという場合は、工夫の例として、タイトル列に既定値を設定しておき、ユーザーがいちいち入力しなくてもいいようにしておきます。たとえば、［詳細表示］などの文言を列の既定値として設定しておきます。

タイトル列には、ハイパーリンクが自動生成される。また右側に［...］が表示され、アイテムの表示や編集などのメニューリンクが表示される（※ビューの設定で［タイトル（編集メニュー付きのアイテムにリンク）］を選択している場合）

> **ヒント**
>
> **開発者が気を付けたい列の名前付け**
>
> 列には、表示名と内部名があります。内部名は、プログラムからアクセスする際に利用します。SharePointは多言語対応となっているため、表示名が英語だったり日本語だったりする可能性があるので、これとは別にプログラムからアクセスするための名前（内部名）を持っています。この列の内部名に気を付ける必要があります。この内部名は、列を追加する際に自動生成されるのですが、列名を日本語などのマルチバイトで指定すると内部名はUFT-16でエンコードされた状態で生成されます。しかも32バイトとなっているため、これ以上長い場合は切り落とされます。たとえば、「主な利用目的」という列は「_x4e3b__x306a__x5229__x7528__x76」という内部名になります。しかも、一度生成された内部名は変更できません。したがって、列を最初に作る時にはアルファベット表記にしておき、後から列名を変更すれば表示名のみ日本語に変えることができます。列名を変更するには、[リストの設定] ページの列セクションから目的の列をクリックします。

列を編集する際に表示されるURLの末尾のField="値"に列の内部名が表示される

列の名前を変更する

アイテムを追加しよう

作成した「社用車リスト」にアクセスし、[新しいアイテム] をクリックして新たにアイテムを追加します。イメージ列には画像ライブラリなどにある任意の画像へのリンクを追加します。

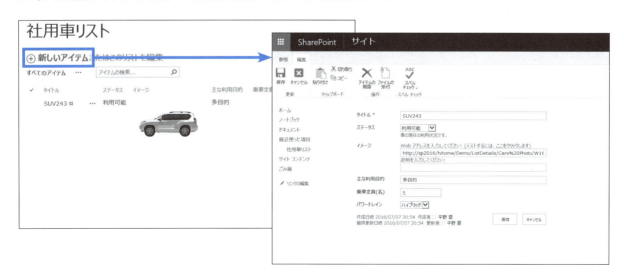

ビューを作成しよう

　カスタムリストには、既定で"すべてのアイテム"（AllItems.aspx）という名前のビューが用意されています。ビューは新規に追加作成したり、既存のビューを変更したり、削除したりできます。なお、ビューには既定のビューという設定があり、リストごとに1つだけ既定のビューを指定できます。このビューが、ユーザーがリストにアクセスした時に最初に表示されます。

　ビューの作成は、「リボンメニュー」またはリスト内の［ビューの切り替え］メニューから行えます。すばやくアクセスできるのは後者ですが、場合によってはこのメニューが非表示になってしまうこともあります。そのため、リボンメニューにあるメニューも覚えておくようにしましょう。

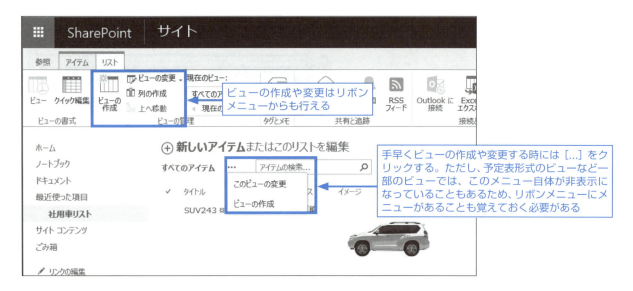

　ビューの作成は二段階で行います。最初に**ビューの種類**を選択し、続いて**ビューの詳細設定**を行います。

主なビューの種類

ビューの種類	説明
標準ビュー	Webページにデータを表示する。表示スタイルが複数用意されており、ここから1つ選択する
データシートビュー	スプレッドシート形式でデータを表示する。このビューでは一括編集が容易にできる
予定表ビュー	日単位、週単位、月単位のカレンダー形式でデータを表示する
ガントビュー	ガントチャート形式でデータを表示する。主にタスクの進捗を時系列で確認する際に利用する
Accessビュー	Accessを起動し、リストに基づくフォームやレポートを作成する
SharePoint Designerのユーザー設定ビュー	SharePoint Designerを起動して、条件付き書式などの機能を使って新しいビューを作成する

　表に挙げたのは一例であり、指定できるビューの種類はリストおよびライブラリテンプレートによって若干異なります。最も一般的なビューの種類は**標準ビュー**です。ちなみにビューの作成後は、ビューの種類は変更できません。

> **ヒント**
>
> **SharePoint Online の場合のビューの種類の相違点**
>
> SharePoint Onlineでもオンプレミスと同様にビューを作成できますが、2016年11月現在、ビューの種類のうち「Accessビュー」と「SharePoint Designerのユーザー設定ビュー」は非表示になっており利用できません。

ビューの種類を指定した後はビューの詳細設定を行います。詳細設定は選択したビューの種類によって、設定項目が一部異なります。ここでは、最も多く使われる「標準ビュー」を例に設定項目を紹介します。なお、ビューの詳細設定はビューを作成した後からでも変更が可能です。

標準ビューの設定項目

設定項目	設定内容
名前	ビューの名前を指定する。新規作成時はこの名前が、URLとしても利用される。全角で入力すると"view"、"view1"、"view2"というように"viewN"の名前が自動的に生成される。URLでビューが判断しやすくするようにしたい場合は、最初に半角英数で指定するか、もしくはビュー作成後に生成されるURLのみを変更するとよい また、現在のビューを既定のビューとして利用するかどうかを指定することもできる
対象ユーザー	ビューには**個人用ビュー**と**パブリックビュー**の2種類がある。ここではいずれを作成するか指定する。個人用ビューは、現在ログインしているユーザーに対してのみ表示されるビューである。パブリックビューはリストにアクセスできるユーザー全員に対して表示されるビューである。なお、個人用ビューは、個人用ビューを変更できる権限を持っているユーザーでなければ作成できない
列	一覧に表示する列を選択し、標準を指定する。ここにはユーザーが作成した列以外にシステムが内部的に持っているID、登録者、登録日、バージョンなどの列も表示される
並べ替え	どの列を基準に昇順または降順で並べ替えるかを指定する。並べ替えの優先度は2つまで指定できる
フィルター	特定の条件に合致するアイテムのみを表示するためのフィルター条件を複数指定できる
表形式で表示	各アイテム行にチェックボックスを表示するかどうかを指定する。この設定がオンになっている場合は、複数アイテムを一括選択して削除するなどの処理ができる。既定ではオンになっている
グループ化	アイテムをグループ化表示する際に優先する列を指定する。最大で2段階までグループ化表示が可能である
集計	列ごとにアイテムの数や値の合計値、平均値、最大値、最小値、標準偏差、分散などを表示できる。組み込みの計算式が利用できるが、列の種類によって選択できる計算式は異なる。たとえば、1行テキストの列の場合はデータ個数のみが表示できるが、数値や通貨の列の場合は、合計値や平均値などが指定できる。集計列をさらに集計することはできない
スタイル	組み込みのスタイルを指定できる。しかし、スタイルはなるべく"既定"のままにしておくことをお勧めする。既定以外のスタイルは古いバージョンで使われていたものであり、最新機能に対応していないためである。たとえば、既定以外を指定するとリストに対して「いいね！」というフィードバックができるように設定しても、「いいね！」のリンクが表示されない。見栄えのカスタマイズは、JavaScriptを使ったJSLinkというしくみなどで調整した方がトラブルが少ない
フォルダー	フォルダーがある場合にフォルダーをクリックするごとにその中のアイテムを表示するようにするか、もしくはフォルダーを無視して全リストアイテムを表示するかを指定する
アイテムの制限	1つのページに一度に表示するアイテム数を指定する
モバイル	モバイル端末からこのビューにアクセスできるかどうかなどを指定する

ひととおりビューの設定内容が確認できたら、次は実際の手順を確認しましょう。

グループ化表示しよう

この手順ではパワートレイン別にグループ化表示します。

❶ 社用車リストにアクセスする。

❷ ビューの切り替えメニューにある［…］をクリックし、［ビューの作成］をクリックする。

❸ 「ビューの種類」として［標準ビュー］をクリックする。

❹ ［ビュー名］に「パワートレイン別」と入力する。

❺ 列セクションは既定のままにする（右図のようになる）。

❻ ［グループ化］セクションをクリックして、展開する。

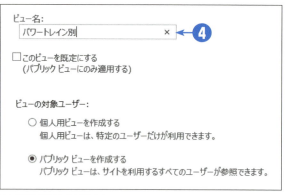

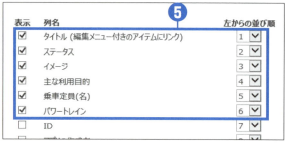

> **ヒント**
>
> **ビューの切り替え**
>
> ビューの切り替えは、リボンメニューでも行えます。リスト内のビューの切り替え部分は、予定表リストの場合はカレンダー表示になっているとき、あるいは注目リンクでタイル表示になっているときには非表示になるため、リボンメニューからビューが切り替えられることを覚えておきましょう。
>
>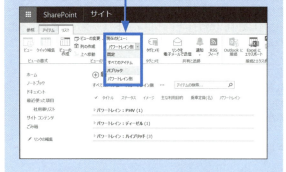

> **ヒント**
>
> **既存のビューからコピー作成する**
>
> 新たなビューを作る時、既に作成しているビューを少しだけ変更したいような場合は、既存のビューからコピー作成できます。これを行うには、新規にビューを作成する際の「ビューの種類」を選択する画面の下部から目的のビューを指定します。
>
> ただし、別のリストのビューをコピーすることはできません。あくまでも同一リストのビューに限ります。

❼ ［グループ化］セクションで、［最優先する列］として［パワートレイン］を選択する。

❽ ［既定のグループの表示方法］には［折りたたみ］と［展開］の2つがあるが、今回は［折りたたみ］のままにしておく。

❾ 画面下部にある［OK］をクリックする。

❿ ビューに「パワートレイン別」が追加されていることが確認できる。また、社用車がパワートレイン別に折りたたみ表示されていることがわかる。

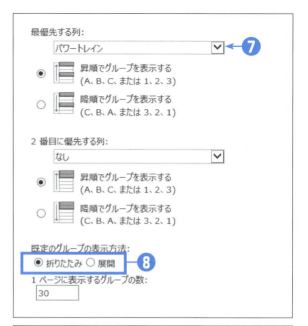

フィルターを設定しよう

この手順では、ステータスが利用可能になっている車のみ表示するビューを作成します。

❶ 社用車リストにアクセスする。

❷ ビューの切り替えメニューにある［...］をクリックし、［ビューの作成］をクリックする。

❸ 「ビューの種類」として［標準ビュー］をクリックする。

❹ ［ビュー名］に「利用可能な車一覧」と入力する。

❺ [フィルター]セクションで、[次の条件に該当する場合だけアイテムを表示する]を選択する。

❻ [アイテムを表示する列の条件]として次のように指定する。

　「ステータス」が「次の値に等しい」、「利用可能」

❼ [OK]をクリックする。

❽ 以上で、利用可能な車の一覧ビューが新たに追加された。

❾ ステータス列が利用可能になっている車だけが表示されていることを確認する。

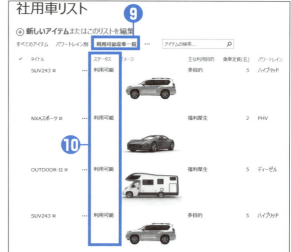

ファイルを添付し、既存のビューを変更しよう

リストアイテムにはファイルを複数添付できます。添付ファイルがあるかどうかひと目でわかるようにするには、ビューに添付ファイル列を追加表示します。

❶ 社用車リストにアクセスする。

❷ [すべてのアイテム]ビューにアクセスする。

❸ リストアイテムにファイルを添付するために、任意のアイテムの[...]をクリックし、[アイテムの編集]をクリックする。

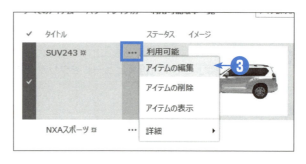

④ リボンメニューから［ファイルの添付］をクリックする。

⑤ ［参照］をクリックし、目的のファイルを指定する。

⑥ ［OK］をクリックする。

⑦ 添付ファイル列に指定したファイルのパスが表示されていることを確認する。

⑧ ［保存］をクリックする。

⑨ ［...］をクリックし、［このビューの変更］をクリックする。

⑩ ［列］セクションで、［添付ファイル］列をオンにする。

⑪ ［左からの並び順］を［1］にする。

⑫ ［OK］をクリックする。

⑬ 添付ファイル列（クリップのアイコンのある列）が表示される。添付ファイルがあると、この列にクリップが付く。

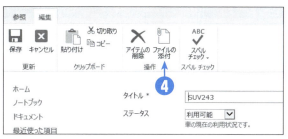

ヒント

既存のビューの削除

既存のビューの削除は、既存のビューの編集ページから行います。なお、ビューは削除するとごみ箱には移動せず即座に削除されます。

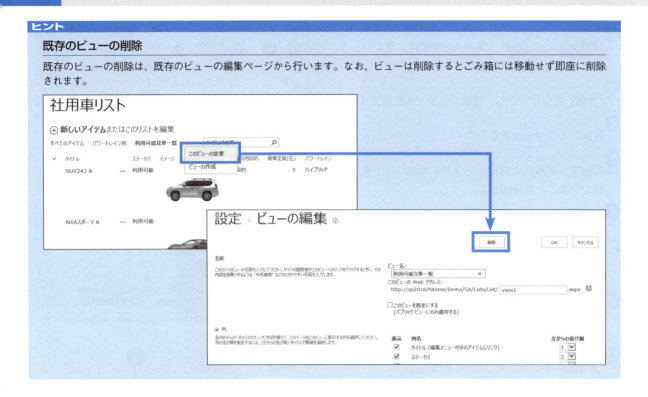

フォーム内の列の表示順を変えよう

ビュー上での列の並び順の変え方は説明しましたが、フォーム内（新規フォーム、表示フォーム、編集フォーム）の列の表示順を変更するには次のように操作します。

❶ 社用車リストにアクセスする。

❷ リボンメニューから［リスト］タブをクリックする。

❸ ［リストの設定］をクリックする。

❹ ［列］セクションにある［列の順序］をクリックする。

❺ 各列の並び順は［上からの並び順］の番号で指定する。

❻ 変更したら［OK］をクリックする。

なお、上記の手順どおりに操作しても［列の順序］メニューが表示されない場合もあります。リストに対してコンテンツタイプの管理設定が有効になっている場合です。コンテンツタイプに関しては「第20章　メタデータを応用的に使おう」で説明します。

ライブラリの基本的な使い方を把握しよう

第 5 章

1. リストとライブラリの相違点を把握しよう
2. ライブラリの基本を把握しよう
3. ライブラリの種類を把握しよう
4. ドキュメントライブラリを新規に追加しよう
5. Wikiページライブラリ内にさまざまなWikiページを作成しよう
6. メディアライブラリを使って動画を共有しよう
7. OneDrive for Businessを使おう
8. OneNoteを使ってみよう

第4章ではリストの基本的なしくみを説明しました。ファイル共有にはライブラリを使いますが、ライブラリはリストの一種であり、列やビューなどのしくみは同じです。ドキュメントライブラリを使った基本的なファイル共有方法については第3章で説明しているため、ここではリストとライブラリの相違点やドキュメントライブラリ以外のテンプレートについて取り上げます。

1 リストとライブラリの相違点を把握しよう

　ライブラリはリストの一種です。列やビューといった基本的なしくみはリストがベースになっています。しかし、リストの場合はリストアイテムの各項目（列）が共有したい情報の主体であるのに対し、ライブラリであくまでもファイルが主体であり各項目（列）は単なる属性にすぎません。

　リストは簡易データベース的な使い方をするものであり、ファイル添付は必須ではありません。添付ファイルはあくまで"情報を添える"という意味合いが強く、アイテムに対する補助的な情報として使う方が向いています。一方のライブラリは、リストの1つのアイテムがファイルに該当します。繰り返しになりますが、主体はファイルそのものです。ライブラリではファイルをアップロードしなくては何も始まりません。文書管理システムによっては属性を先に入力しておき、その後、最終的にファイルをアップロードするというしくみを持っているものもありますが、SharePointの場合は必ず先にファイルありきです。

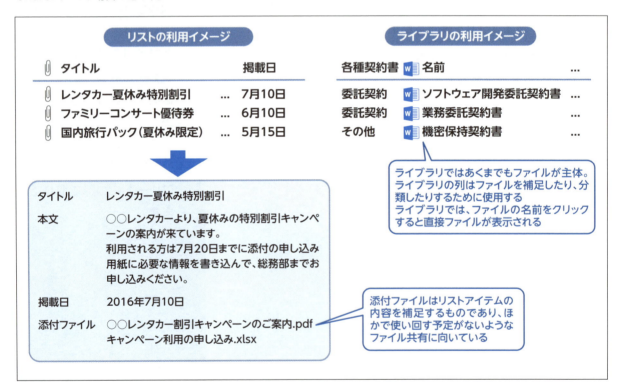

リストとライブラリを対比してみよう

　さて、ここまでリストとライブラリの主な特徴の違いを説明してきましたが、実際にリストとライブラリのどちらを使うべきかについては悩むところです。そこで、一般的によく利用されるカスタムリストと対比させて、ドキュメントライブラリとの使い分けについてよくある要件を例に考えてみます。

要件例	カスタムリスト	ドキュメントライブラリ	備考
目的のファイルを検索などで探しやすくしたい	△	○	SharePointの検索機能を使う場合、検索結果はライブラリでは個々のファイルが表示されるが、リストの場合は添付ファイルの内容に合致するキーワードが含まれていたとしてもリストアイテムが結果に表示される。複数のファイルが添付されている場合、どれがヒットしたのかはファイルを個別に確認する必要がある
複数のファイルをまとめて扱う	○	△	ライブラリで複数のファイルをまとめて扱う場合は、フォルダーかもしくはドキュメントセットを使用する
ビューにファイルのリンクを表示させ、クリックしたらすぐにファイルが表示されるようにする	×	○	
複数のファイルをまとめて扱いたいが、ファイルごとにアクセス権限を設定する必要がある	×	○	添付ファイルはリストアイテムの権限を継承するようになっており、個々の添付ファイルごとにアクセス権限を個別に設定することはできない
ファイルのバージョン管理を行いたい	×	○	

　ところで、もう1つ考えるべき観点があります。リストは簡易的なスプレッドシートのようなものだと既に説明しています。となると、リストを使うのかExcelブックをライブラリで共有する方がいいのかという比較も必要になってきます。

　このことについて、よくある要件を題材に比較した結果を以下に記述します。どちらを使うとよいかの参考にしてみてください。なお、今回はカスタムリスト以外のリストも視野に入れて比較します。

要件の例	リスト	Excelブック	備考
グラフを生成できる	×	○	SharePoint Server 2016 Enterprise EditionでPerformancePoint Servicesを使う場合はリストデータを取り込んでグラフにすることも可能だが、リスト単体ではグラフ生成機能はない
レコード（行）単位でアクセス権限を設定できる	○※	×	※アイテム単位でアクセス権限を付与できる
簡易的な計算式（関数）を利用できる	○	○	
複雑な計算式（関数）を利用できる	×	○	
カレンダー表示が簡単にできる	○	×	予定表形式のビューを作れば、リストはカレンダー表示できる
ガントチャート形式で簡単にタスクを表示できる	○	△	Excelの場合はガントチャートに似せたワークシートを作り込む必要がある
レコード（行）ごとにファイルを添付できる	○	×	リストアイテムには複数ファイルを添付できる
ブラウザー上で表示や編集ができる	○	△	Excel Onlineを使えば、Excelファイルも表示できるが、マクロがあったり、図（グラフではない）があったりすると、ブラウザー表示できないことがある。この場合は、クライアント側のExcelアプリケーションから開く必要がある
レコードごとに誰が編集したかを確認できる	○	×	リストのバージョン管理設定や監査ログ設定を使って操作履歴を追跡できる
自由な、もしくは複雑なレイアウトで入力や表示画面を作成したい	×	○	リストで柔軟なレイアウトや表示を行うにはJavaScriptなどによる開発が必要になる
他のリストやライブラリから列を簡単に参照（Lookup）できる	○	×	
複数のワークシートを利用し集計などを行いたい	×	○	リストには複数のワークシートを持つという概念がない。単一のワークシートのみを作成できるイメージ

　以上のことから、込み入った計算式や自由度の高いレイアウトに重点を置くのであればExcelの方に軍配が上がります。SharePointのリストはあくまでも定型的なデータを簡単に収集し、表示するためのものだと言えます。うまく使い分けるようにしてください。

2 ライブラリの基本を把握しよう

　ライブラリの基本操作は前の第3章で説明しているため、ここでは利活用に関するヒントをいくつか説明していきます。

SharePoint上でのファイル共有の仕方を整理しよう

SharePointでファイルを共有するとき、次の2つのパターンが考えられます。

・既に完成しているファイルをアップロードして共有する
・下書きのファイルをアップロードし、関係者で共同して完成させる

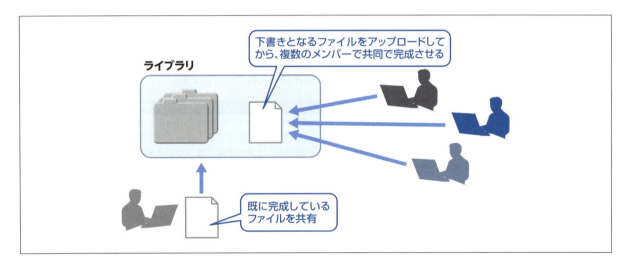

　後者は特に、SharePointのコラボレーション機能をうまく活用できるパターンだと言えます。たとえば、作成するファイルがOfficeドキュメントであれば、Office Onlineサーバーと組み合わせて利用することで、複数メンバーでの同時編集も可能です（最大10ユーザーまで）。また、ファイルに対するフィードバックのやり取りはOfficeドキュメントであれば、コメント機能が利用できるほか、サイトのニュースフィード等を使ってコミュニケーションすることもできます。またバージョン管理機能を使えば、間違った内容で上書きしたとしても前の状態にいつでも戻せます。このように、従来であればファイルサーバーとメールでやり取りしていた共同作業も、SharePointであれば1つのサイトに集約して作業ができます。

ファイル共有を伴うコラボレーション例

ファイルサーバーとの使い分けを意識しよう

　ライブラリは、ファイルサーバー上の共有フォルダーに似た使い方ができるファイル共有場所です。しかし、このように説明することで、「ファイルサーバーを使うのと何が違うのだ？結局同じなのか」という話になりがちです。操作感は似ていますが土台のしくみはまったく異なるため、安易に「ファイルサーバーを置き換えられる」と考えないようにしてください。たとえば、ファイルサーバーとは利用できるフォルダー名やファイル名の名前付け規則が異なります。ファイルサーバーでは問題なくても、SharePointでは受け入れられないファイル名やフォルダー名が使われている可能性があります。また、決定的なところではアクセス権限の考え方が異なります。例を挙げると、ファイルサーバーでは特定のグループメンバーのみを"アクセス拒否"するといったことができますが、SharePointにはこの概念がありません。また、SharePointはWebブラウザーを使ってアクセスしますが、URLの長さには制限があります。そのため、フォルダー階層が深すぎると、いろいろと不具合が生じる可能性が出てきます。

　つまりは、既存のファイルサーバーの資産をそのまま単純にSharePoint環境に載せ替えることができないケースもあるということです。しかも、ファイルサーバー内には「もう使われていない、捨ててもよい」ファイルが多くあるはずです。そのため、こうしたファイルは移行のタイミングなどで、きちんと断捨離する必要があります。また、階層化の見直し、アクセス権限管理の見直しなども一緒に行わなくてはなりません。ちなみに、オンプレミスのSharePointを利用している場合は、既存のファイルサーバーをSharePointの検索機能を使って検索することもできるため、ファイルサーバーの内容はほとんどそのまま据え置き、新たに共有するファイルを対象にSharePoint上で共有を開始するという考え方もあります。

一般的に見ると、多くのユーザーは慣れた業務スタイルをすぐには変えたくないものです。そのため、SharePointで新たにできるようになった便利な機能などを使ってみるように上手く誘導しないと、ファイルサーバーと同じような使い方ばかりにしか目がいきません。このようなケースでは、ユーザーは「何のためにSharePointを入れたの？今までのままでよかったのでは。操作感が微妙に違って使いにくい」というようにネガティブな意見を持ってしまいがちです。

　SharePointを使うことによるファイルサーバーとは違ったメリットは、端的に言えば次の2点です。

・システム管理者を介在させずにユーザーの権限のもと、業務に必要なファイル共有の場（ライブラリ）をすばやく作成できる
・各ユーザーが目的とするファイルを見つけやすくできる

　ファイルサーバーの場合は、特定のユーザーにしかフォルダーの作成権限が付与されていない組織もありますが、SharePointのサイトコレクションまたはサイトをビジネスユーザーに管理権限と共に渡すことで、自由にサイトやライブラリを複数作成できます。

　また、「見つけやすくする」という点では、SharePointではビューの概念と検索機能が利用できます。ビューは必要に応じて複数作成できますが、たとえば新規に作成するビュー設定で「最近更新されたファイルを対象に、フォルダーを無視して5件ずつ表示」するよう指定しておけば、わざわざ各フォルダーを開いて更新日を確認しなくても、ビューを切り替えるだけで最新の更新ファイルが一目瞭然です。

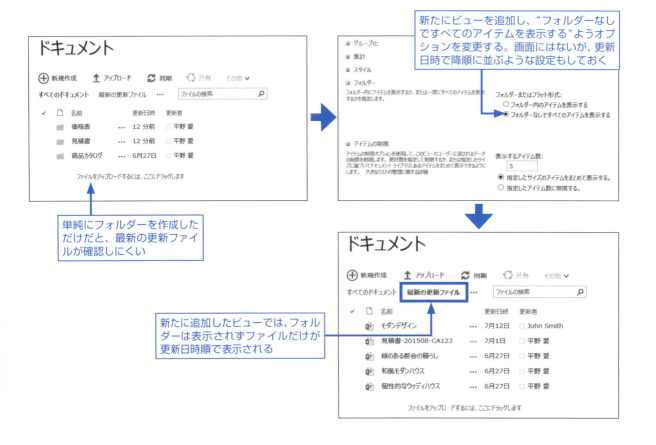

また、検索機能を使うことで複数のライブラリにまたがるファイルを横串で検索できます。リストやライブラリの列を使った絞り込み検索も可能なため、「製品名という列に"○○"というキーワードが含まれているファイルを検索の最終更新日の新しいものから順に検索結果として表示する」といった条件を指定することも可能です。
　そのほかにもファイルサーバーにない機能としては、保持期限の設定があります。これはリストにも設定できますが、たとえば最終更新日から1年経過したら自動的にアイテムまたはファイルをごみ箱に移動させたり、完全に削除したりできます。ファイルサーバーには、こうした自動クリーンナップのしくみをユーザー側から組み込むようなことはできませんが、SharePointであればシステム管理者だけでなく、ビジネスユーザーでもこうした設定が可能です。ファイルサーバーでは、気が付いたら誰も使わないファイルが多く存在しているといったこともありますが、SharePointにはこうしたしくみがあるため、SharePointを利用する場合は、新たな概念として「情報の保持期間と削除」を考慮した運用を取り入れてみてください。保持期限の設定など詳細については「第25章　保持期限、監査、コンプライアンス対応機能を把握しよう」で説明します。

アップロード可能なファイルの種類を把握しよう

　SharePointサイトでは、アップロードできるファイルの種類が拡張子で制御されています。セキュリティ面を考慮してのことです。SharePoint 2013ではアップロードをブロックする対象のファイル拡張子は既定では約90エントリありました。しかし、SharePoint 2016では次の6個になっており、かなり緩和されています。

.ashx、.asmx、.json、.soap、.svc、.xamlx

> **ヒント**
> **Office 365では拡張子の制限なし**
> Office 365（SharePoint Online/OneDrive for Business）も、リリース当初はオンプレミスと同様にアップロードできる拡張子が制限されていました。しかもオンプレミスとは異なり、テナント管理者がこの拡張子の制約を変更することはできませんでした。しかし、現在は拡張子の制約はなくなっています。

アップロードできるファイルサイズを把握しよう

　一度にアップロードできるファイルサイズには上限があります。既定値は2047MBです。つまり、1ファイルあたり50MBのファイルであれば、ドラッグアンドドロップによって20個まで一度にアップロードできるわけです。SharePoint 2013では既定値が250MBでしたから、約8倍のサイズ設定になっています。しかしながらここに見落としがちな点があります。実はエクスプローラーでライブラリを開いてファイルをアップロードする場合は、内部的なしくみの違いから各ファイルあたりの最大サイズが2047MBが上限であり、ファイル数は考慮されません。そのため、複数のファイルが含まれているフォルダーごとアップロードすることなどが可能です。もちろん、ネットワーク帯域は消費するため、不用意に大量のファイルのアップロードをエクスプローラーから行うと、他のユーザーやシステムにまで支障がでる可能性もあるため注意しましょう。
　さらに、サーバー管理者は既定値を変更できるようになっており、最大10GBまで設定できます。SharePoint 2013までは最大サイズは2GBまでであったため、5倍の容量アップです。とはいえ、前述のとおりネットワーク帯域との兼ね合いを考える必要があるため安易にアップロードサイズの上限を変えるべきではなく、既定値のまま、もしくはこれより小さいサイズに指定されることもあります。組織の運用方針を確認するようにしてください。
　ちなみに、SharePointの容量制限に関して補足しておくと、サーバー管理を行う基盤管理者はサイトコレクション単位で容量制限を指定できます。この制限のことを「クォータ」と呼びます（サイト単位やフォルダー単位などでの容量制限はできません。あくまでもサイトコレクション単位で設定されます）。設定はMB単位で指定できるほか

「クォータ制限なし」というオプションもあります。多くの組織では、クォータをサイトコレクションに設定して運用しているケースがほとんどです。たとえば、初期サイズを5GB程度に設定しておき、申請ベースでクォータの上限値を上げていくような運用をしているケースもあります。どのような運用にするのか、または運用されているのかを確認するようにしましょう。

クォータ設定の値と現在の使用容量は、サイトコレクションの管理者であればWebブラウザーを使って確認できます。

現在の使用容量を確認しよう

以下の手順はサイトコレクションの管理者だけが行えます。

❶ サイトコレクションのアカウントを使ってサイトコレクションのトップレベルサイトにアクセスする。トップレベルサイトなのかどうか不明な場合は、[設定](歯車のアイコン)から[サイトの設定]をクリックする。[サイトコレクションの管理者]セクションに各メニューが表示されていれば、既にアクセス先はトップレベルサイトである。そうでない場合は、右図のように[トップレベルのサイト設定に移動]リンクが表示される。

❷ [サイトコレクションの管理者]セクションにある[記憶域メトリックス]をクリックする。

上記の手順で記憶域メトリックスにアクセスすると、次図のようなページが表示されます。ここでサイトコレクション全体の使用量やリスト、ライブラリ、サブサイトごとの使用量を確認できます。

第5章 ライブラリの基本的な使い方を把握しよう

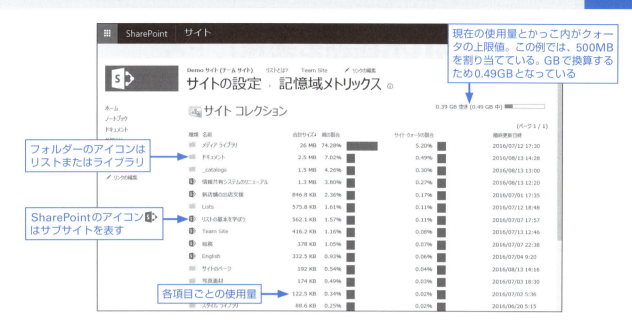

ところで、クォータの上限を超えてファイルをアップロードした場合はどうなるのでしょうか？次図のように空き容量がないとのメッセージが表示されるようになり、ユーザーは不要なファイルを削除してごみ箱もなるべく空にするように促されます。

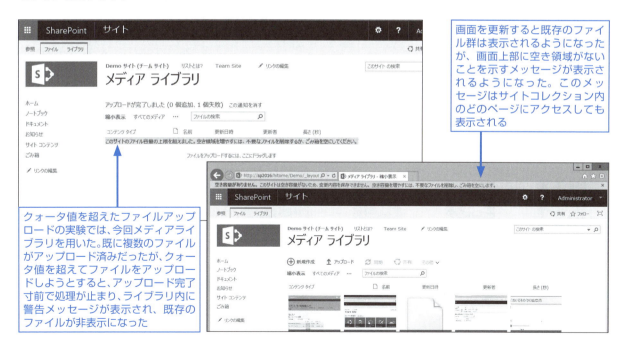

> **ヒント**
>
> **クォータって1/4？**
>
> クォータ制限の"クォータ"は、カタカナで書くとわかりにくいのですが、英語の"Quarter"ではなく"Quota"です。"割り当て"や"割り当て数量"という意味があります。1/4の意味ではありません。

3 ライブラリの種類を把握しよう

　これまでライブラリの最も標準的なテンプレートであるドキュメントライブラリを中心に紹介してきました。第3章で説明した画像ライブラリもライブラリの1つです。SharePoint 2016で使用できるライブラリのテンプレートは次のとおりです。

・ドキュメントライブラリ
・画像ライブラリ
・メディアライブラリ
・Wikiページライブラリ
・データ接続ライブラリ（Enterprise Editionのみ）
・レポートライブラリ（Enterprise Editionのみ）

　上記のうち、データ接続ライブラリとレポートライブラリはEnterprise Editionでのみ利用できる特殊用途のライブラリであり、主にBusiness Intelligence（BI）機能を使う際に利用します。そのため、一般的な利用ではドキュメントライブラリからWikiページライブラリまでが把握できていれば問題ありません。
　アプリ追加時やサイトコンテンツページに表示される一覧からライブラリのテンプレートをすばやく見分けるには、フォルダーの絵を背負っているアイコンを見つけましょう。これらがライブラリです。

4 ドキュメントライブラリを新規に追加しよう

第3章では、チームサイトに最初から用意されている"ドキュメント"という名前のライブラリを使用し、基本的な操作手順を説明しました。しかし、実際には要件によって複数のライブラリを作成して、ファイルを分類して整理していくことがほとんどです。ここでは新規にドキュメントライブラリを追加する手順を説明します。

サイトに対してドキュメントライブラリを新規に追加しよう

❶ Webブラウザーを使ってSharePointサイトにアクセスする。

❷ [設定]（歯車のアイコン）をクリックし、[アプリの追加]をクリックする。
※[サイトコンテンツ]ページから[アプリの追加]をクリックしても同様である。

❸ [注目アプリ]もしくは[追加できるアプリ]にある[ドキュメントライブラリ]をクリックする。
※カテゴリが違っていてもテンプレートは同一である。

❹ [名前]に任意のライブラリ名を指定する。名前は後から変更できる。

❺ [作成]をクリックする。

最初に英数字でライブラリ名を指定するとURLに名前が反映されます。日本語などのマルチバイト文字を使うと、その都度DocLib、DocLib1、DocLib2、…というURLが生成されます。一度生成されたURLはWebブラウザー上からは変更ができないため、気になる場合は英数字で最初に作成し、後で日本語表記に変えるようにしましょう。上記の手順の例では、次のようなURLが生成されます。

ライブラリ名の英数字表記がそのまま相対パスとなる。日本語で記載するとDocLib*N*となる。ちなみに%20は半角スペースの意味

http://sp2016/hitome/Demo/CustomerCaseStudy/Successful%20Cases/Forms/AllItems.aspx

サイトのURL ／ ライブラリの相対パス ／ ライブラリの既定のビューへの相対パス

ライブラリのURL

ヒント

従来型のフォルダー階層管理の限界とSharePoint

SharePointでは、「フォルダーをなるべく使わない」もしくは「できるだけ作成するフォルダーの数を少なくする」ようにしましょう。ファイルサーバーのようなフォルダーの階層構造だけでのファイル管理は一昔前の手法であり、「必要なファイルを探す・見つける」点を考えると非効率です。そのため、「ファイルの整理と言えばフォルダーを作ること」と考える癖を変える必要があります。

たとえば、次図は社内規程のファイル管理の例です。ファイルサーバーに存在していた社内規程というフォルダーをライブラリとして作成しています。左は従来のフォルダー階層による仕分けであり、右はプロパティ（列）を使った仕分けです。左の例では、いちいちフォルダーを展開しないとどのようなファイルがあるか確認できません。一方の右の例では、なるべくフォルダーを使わずプロパティを活用するようにして、社内規程のページにアクセスすると全ファイルがすぐに一覧できるようグループ化表示にしています。このように比較するとプロパティを使った方が見やすいことがわかります。

フォルダーを使った分類

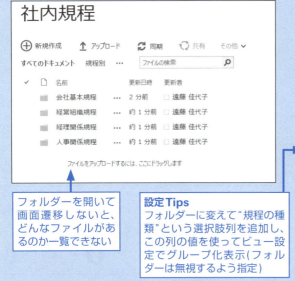

フォルダーを開いて画面遷移しないと、どんなファイルがあるのか一覧できない

設定Tips
フォルダーに変えて"規程の種類"という選択肢列を追加し、この列の値を使ってビュー設定でグループ化表示（フォルダーは無視するよう指定）

プロパティを使った分類

画面を遷移せずにファイルを一覧できる

ドキュメントライブラリの名前を変更しよう

❶ Webブラウザーを使って目的のライブラリにアクセスする。

❷ リボンメニューの［ライブラリ］タブから［ライブラリの設定］をクリックする。

❸ ［全般設定］セクションにある［リスト名、説明、ナビゲーションの列挙］をクリックする。

❹ 名前を任意の名前に変更する。

❺ ［保存］をクリックする。

ヒント
ライブラリやリストのURLを変更する方法はあるのか？
既に説明したとおり、ライブラリやリストのURLは一度作成してしまうとWebブラウザー上の設定からは変更できません。しかし、JavaScriptを使ったコードを書けば、編集アクセス許可レベル以上の権限を持つユーザーであればURLを変更できます。また、SharePoint Designer 2013を使っても変更できます。詳細に関しては、本書の範囲を超えるため割愛します。

ドキュメントライブラリを削除しよう（ごみ箱への移動）

既存のライブラリを削除する手順は次のとおりです。

❶ Webブラウザーを使って目的のライブラリにアクセスする。

❷ リボンメニューの［ライブラリ］タブから［ライブラリの設定］をクリックする。

❸ ［権限と管理］セクションにある［このドキュメントライブラリの削除］をクリックする。

❹ 右の図のようなメッセージが表示される。［OK］をクリックする。

ヒント
削除したドキュメントライブラリは復活できる？

ドキュメントライブラリを削除すると、メッセージのとおりごみ箱に移動されます。そのため、既定では30日以内であれば、ごみ箱から復活できます。

5 Wikiページライブラリ内にさまざまなWikiページを作成しよう

　Wiki（ウィキ）ページライブラリは、Wikiページを管理する専用のライブラリです。ところでWikiページとはどういったページなのでしょうか？第3章で編集したチームサイトのトップページもWikiページです。Wikiページの何たるかを説明する前に、一般的なWebページと何が違うのかについて少し説明しておきましょう。

　インターネットやイントラネット上にあるWebページは、HTMLという開発言語で伝えたい内容を記述したファイルを作成します。これをWebサイトのホスト先にアップロードすることで、私たちはWebブラウザーを使ってWebページを表示できるようになるわけです。しかし、1ファイルずつ手作業して作成することもできますが、しだいに掲載する情報量が増えてくるとWebページの管理は煩雑になってきます。たとえば、50ページあるWebページすべてに共通のヘッダーやフッター、ナビゲーションなどをそれぞれに記載してしまうと、手直しするのも1ファイルずつになり大変です。こうした煩雑さを軽減するために、たとえばブログやFacebook、Twitter、WikipediaなどをはじめとするWebページのほとんどにプログラムが組み込まれ、いちいち外観の面倒を見なくても本文のみをWebブラウザーを使って手軽に更新できるようになっています。

　この点で、SharePointの場合はマスターページという考え方を導入しており、こうした手間を少なくしています。第3章で説明したSeattleパターンとOsloパターンとは、2種類のマスターページのことを指しています。私たちがSharePointサイトにアクセスすると裏方であるサーバー側の処理では主に2種類のWebページが読み込まれます。1つはマスターページであり、サイトで共通のレイアウトや機能を提供してくれます。もう1つは、リストやライブラリ、Wikiページの各Webページです。Wikiページは、SharePoint内で利用できる単純なWebページです。定型データの管理でも、ファイル共有でもなくWebページとして何か情報を公開したいと思えば、Wikiページを使います。Wikiページでは、HTMLを知らなくてもWebブラウザーだけでWordに似た操作感で本文を編集できます。もちろん、HTMLコードを知っている方は直接HTMLコードを書くこともできますし、JavaScriptなどを組み込むことも可能です（※JavaScriptの組み込みには、コンテンツエディターWebパーツまたはスクリプトエディターWebパーツをWikiページに追加する必要があります）。

　次の図がSeattleというマスターページを使用している場合（チームサイトの既定はSeattleマスターが設定されています）のSharePoint上の各ページの基本構成です。サイト内のリストやライブラリを含む各ページで共通のレイアウト部分はマスターページで定義されており、一般ユーザーは直接編集することはできません。サイトコレクションの管理者またはサイトの管理者であれば、SharePoint Designer 2013 といったカスタマイズ ツールを使ってマスターページを編集できますが、HTML、CSS、ASP.NETなどの高度な知識が必要となるため、ビジネス ユーザーが手軽にカスタマイズできるものではありません。Wikiページの場合は網掛け表示になっている部分に対して、ユーザーは自由にさまざまなコンテンツを記載できます。

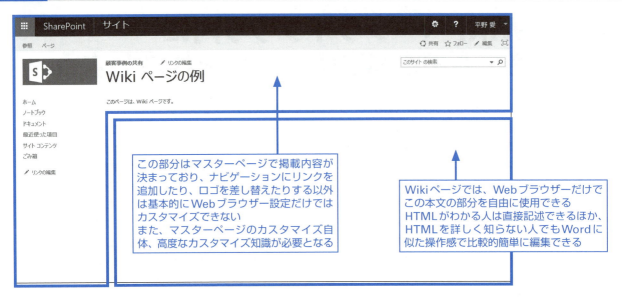

　Wikiページをどういった場面で使えばよいかとよく質問されます。既存の社内ポータルサイトの移行をするような場合には比較的イメージしやすいのですが、ファイルサーバーをベースに情報共有していたような企業文化であると、何でもファイルにして共有する習慣となっているため、どういったものをWebページ化すればよいか悩むことも少なくないようです。このようなときには、これまでWordやPowerPoint等を使って案内していたような内容をWikiページにしてみましょう。Wikiページの利点としては、見た目の統一感が出ることがまず挙げられます。また、ファイルの場合は内容を確認するのにファイルを開くというひと手間がありますが、WikiページであればWebブラウザー上ですばやくページが表示されます。また、Webページであるためインターネット上の情報へのハイパーリンクを掲示するのも簡単で、ユーザーもそのままリンクをたどれるメリットがあります。Bingの地図を埋め込んで利用することも可能です。

　利用例は次のとおりです。

・企業理念
・福利厚生に関する各種案内
・営業所、店舗、工場などの所在地の案内
・緊急時の問い合わせ先ページ
・社史、製品の歴史
・事故の事例共有
・販売ノウハウなどのナレッジベース
・Wikipediaのような社内百科事典的な使い方

　たとえば、次の図は福利厚生に関する情報をまとめたサイトの例です。各ページはWikiページで作成し、見出し本文、画像、外部サイトへのリンクなどを掲載しています。このように、リストでもない、ライブラリでもない単純なページを作成するのに便利なのがWikiページです。

> **ヒント**
>
> **開発者向け：SharePoint と ASP.NET**
>
> SharePointは、ASP.NETテクノロジーを使って構築されているマイクロソフト謹製のシステムです。マスターページの概念はASP.NET 2.0から導入されていますが、SharePointも土台が同じであるため概念は同一です。

「サイトのページ」Wikiページライブラリを把握しよう

　チームサイトでは、既定で「サイトのページ（SitePages）」という名前のWikiページライブラリが作られます。最初はこのライブラリにWikiページを追加していくとよいでしょう。さてこのライブラリにアクセスしてみると、既定で次の2つのページが用意されていることがわかります。

・ホーム
・このライブラリの使用方法

　"このライブラリの使用方法"にWikiページの基本的な使い方が書かれています。まずはこれを確認してみてください。

　チームサイトでは既定でサイトのホームページとしてこの"ホーム"を使用するよう設定されています。サイトのURLまで指定すれば、既定の"ホーム"ページが表示されるようになっています。そのため、この"ホーム"というページは、安易に削除しないようにしましょう。ちなみに、既定の"ホーム"ページは、別のWikiページをトップページとして差し替えることも可能です。たとえば、サイトのページライブラリに差し替え予定のWikiページを作成しておき、任意のタイミングでトップページを差し替えてしまうといった運用も可能です。

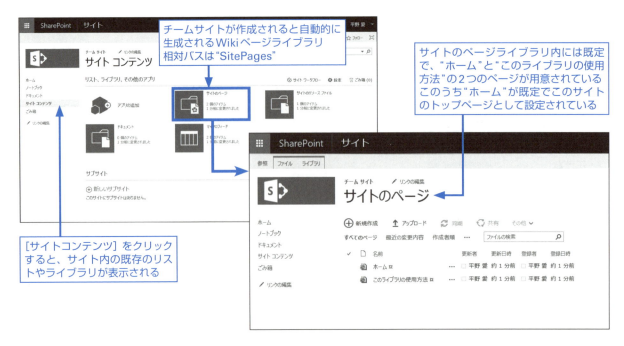

第5章　ライブラリの基本的な使い方を把握しよう　181

> **ヒント**
> **サイトのURLはどれ？**
> サイトのURLといっても、意外にどこまでがサイトのURLなのか判断できないケースも多いでしょう。URLを確認するには、チームサイトのトップページにアクセスしてみてください。ロゴまたはサイドリンクバーの［ホーム］リンクをクリックすればアクセスできます。この時、次のようなURLのいずれかになるはずです。
> 「/_layouts/15/start.aspx#」は特殊なページへのパスであるため、これが表示される場合はその手前までがサイトのURLです。
> 一方の「/SitePages/ホーム.aspx」と表示される場合は、この部分が"サイトのページ"ライブラリへのパスを表しています。そのためこのパスの手前までがサイトのURLです。

Wikiページを新規に作成しよう

ここでは、チームサイトに用意されている「サイトのページ」ライブラリに対して新規にページを追加する手順を説明します。

❶ Webブラウザーを使ってSharePointサイトにアクセスする。

❷ サイドリンクバーから［サイトコンテンツ］をクリックする。

❸ ［サイトのページ］ライブラリをクリックする。

❹ ［新規作成］をクリックする。

❺ ［新しいページ名］に任意の名前を入力する。

❻ ［作成］をクリックする。

❼ 新しいWikiページが作成され、編集モードで表示される。

❽ 直接本文を記述する。このとき、リボンメニューのスタイルなどをうまく利用して見やすくレイアウトする。

❾ 書き終えたら、最後にリボンメニューにある［保存］をクリックする。

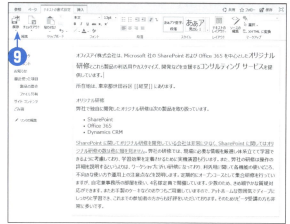

ヒント

HTMLを直接編集したい

Wikiページ内の本文をHTMLで直接編集したい場合は、リボンメニューにある［ソースの編集］をクリックします。

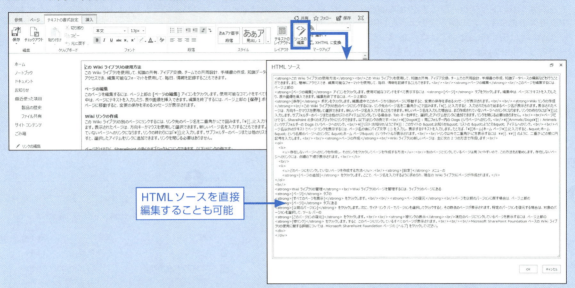

HTMLソースを直接編集することも可能

HTMLソースウィンドウ内は単なるテキストを入力することしかできず、コーディングのための支援機能などは一切ありません。スタイルシートなども記載できますが、WikiページがWebブラウザー上からの編集ではサポートしていないタグなどがあると、ページ保存時にそれらのタグが自動的に削除されます。このあたりの挙動については注意しましょう。なお、HTML、CSS、JavaScriptをページに組み込みたい場合は、SharePoint Designer 2013を使ってWebパーツページとしてページをスクラッチで作成した方が確実です。

ヒント

［設定］（歯車のアイコン）からもWikiページが追加できる？

［設定］（歯車のアイコン）から［ページの追加］をクリックしてもWikiページを追加できるため、本来はこれが手っ取り早いのですが、サイトの拡張機能の設定状況によってはWikiページではなく発行ページという別の種類のページが作成されることもあります。本書では、こうした設定に左右されない手順を記載しています。

地図（Bingマップ）を埋め込んでみよう

Wikiページにはインターネット上に公開されているBingマップやYouTubeなどのコンテンツを埋め込みタグとして追加できます。ここではBingマップを埋め込む手順を紹介します。

❶ Webブラウザーを使ってBingマップのサイト（https://www.bing.com/）にアクセスする。

❷ 検索ボックスに目的の住所などを入力し、地図を検索する。

❸ ［共有］をクリックする。

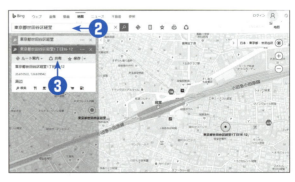

第5章　ライブラリの基本的な使い方を把握しよう

❹ [埋め込む] をクリックする。

❺ [コードの生成] をクリックする。

❻ 生成されたコードの内容を右クリックしてコピーする。

❼ ウィンドウを閉じる。

❽ SharePointサイトにアクセスし、サイドリンクバーの [サイトコンテンツ] をクリックする。

❾ [サイトのページ] ライブラリにアクセスし、先ほど作成したページの名前をクリックする。

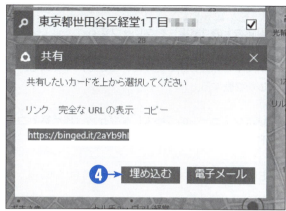

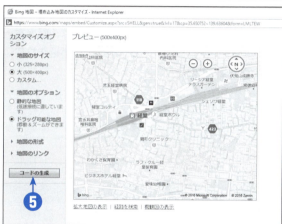

❿ 画面右上の［編集］をクリックする。

⓫ 本文中で地図を埋め込みたいところにマウスカーソルを移動する。

⓬ リボンメニューの［挿入］タブから［埋め込みコード］をクリックする。

⓭ Bingマップで生成したコードを貼り付ける。

⓮ ［挿入］をクリックする。

⓯ リボンメニューの［ページ］タブまたは、画面右上の［保存］をクリックする。地図が埋め込まれているのが確認できる。

画像を追加しよう

❶ ［サイトのページ］ライブラリにアクセスし、先ほど作成したページの名前をクリックする。

❷ 画面右上の［編集］をクリックする。

❸ 本文内の画像を挿入したい部分にマウスカーソルを移動する。

❹ リボンメニューの［挿入］タブから［画像］の▼をクリックし、以下のいずれかのオプションを選択する。今回は［コンピューターから］を選択する。

- ●コンピューターから：手元で利用しているコンピューター上からファイルをアップロードし挿入する。
- ●アドレスから：インターネットやイントラネットなどに共有されている画像のURLを指定して、画像を挿入する。
- ●SharePointから：既にSharePointサイト内にアップロードしている画像を挿入する。

❺ 画像のアップロード画面が表示される。［参照］をクリックして手元のコンピューターにあるファイルを選択する。

❻ ［宛先ライブラリ］では、画像ファイルのアップロード先となる任意のライブラリを指定できる。既定値は［サイトのリソースファイル］である。

❼ 必要に応じてコメントを入力する。

❽ ［OK］をクリックする。

❾ 画像が表示される。サイズを調整したい場合は、画像を選択し、リボンメニューから［縦幅］と［横幅］の数値を調整する。Internet Explorerの場合は、画像の隅をドラッグすることで大きさを調整できる。
※画像を選択しないと、画像に関する操作メニューがリボンメニューに表示されないため注意すること。

❿ 必要に応じて、リボンメニューの［イメージ］タブから［イメージのスタイル］や［位置］などを変更する。

⓫ ［保存］をクリックする。

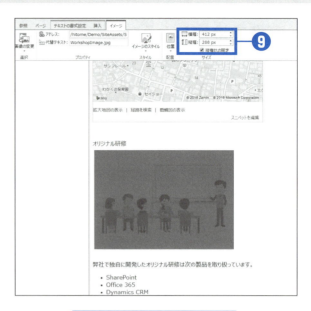

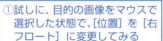
①試しに、目的の画像をマウスで選択した状態で、［位置］を［右フロート］に変更してみる

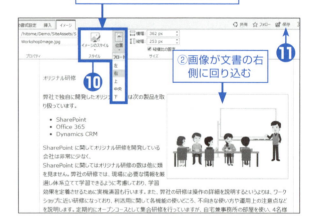
②画像が文書の右側に回り込む

ヒント

「サイトのリソースライブラリ」とは？

チームサイトには、既定で「サイトのリソースライブラリ」というライブラリが生成されます。Wikiページ内に画像やファイルをアップロードする際の既定のファイル保管場所として用意されているライブラリであり、ベースはドキュメントライブラリです。もちろん、あくまで既定の設定であるため必要があれば別にライブラリを追加しておき、そこにファイルをアップロードするようにしても問題ありません。ただし、オンプレミスの環境では、サーバー管理者の設定でBLOB（ブロブ）キャッシュが有効になっている時、サイトのリソースライブラリ内のファイルは1時間程度サーバー側でキャッシュされるようになっています。そのため、たとえばサイトのロゴとして利用する画像をここにおいていて、かつキャッシュが有効になっていると、サイト設定からいくら画像を差し替えてもしばらくは反映されないということが起こることがあります。その点だけ注意しましょう。

ファイルへのリンクを追加しよう

　Wikiページ内にファイルへのリンクを追加する手順を説明します。リンクを追加するファイルは、あらかじめSharePointサイト上の任意のライブラリにアップロードしておくこともできますが、ここでは手元のコンピューターから直接ファイルをアップロードしてリンクを追加します。

❶ [サイトのページ] ライブラリにアクセスし、先ほど作成したページの名前をクリックする。

❷ 画面右上の [編集] をクリックする。

❸ 本文内のファイルリンクを挿入したい部分にマウスカーソルを移動する。

❹ リボンメニューの [挿入] タブから [ファイルのアップロード] をクリックする。

❺ 画像のアップロード画面が表示される。[参照] をクリックし、手元のコンピューター上の任意のファイルを選択する。

❻ [宛先] では、アップロード先となるライブラリを指定する。

❼ [OK] をクリックする。

❽ ファイルのアップロードと共にファイルのリンクが生成される。なお、OfficeドキュメントやPDFの場合は、URLの末尾の拡張子を頼りにアイコンを表示してくれる。

❾ リンク部分にマウスカーソルを移動するとリボンメニューに[リンク]タブが表示される。ここではURLを差し替えたり、[アイコンを表示] をオフにしたりできる。

❿ 確認が終わったら [保存] をクリックする。

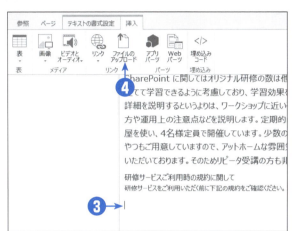

②リボンメニューに [リンク] タブが表示される。URLやアイコン表示の有無などを指定できる

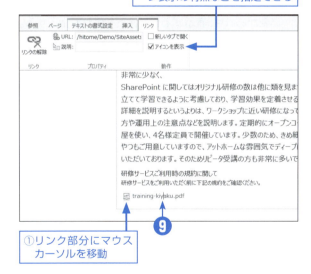

①リンク部分にマウスカーソルを移動

外部サイトへのリンクを追加しよう

❶ ［サイトのページ］ライブラリにアクセスし、先ほど作成したページの名前をクリックする。

❷ 画面右上の［編集］をクリックする。

❸ 本文内のハイパーリンクを挿入したい部分にマウスカーソルを移動するか、ハイパーリンクを設定する文字列を選択する。

❹ リボンメニューの［挿入］タブから［リンク］の▼をクリックし、［SharePointから］または［アドレスから］のいずれかをクリックする。ここではインターネット上に公開されているURLにリンクするため、［アドレスから］を選択する。

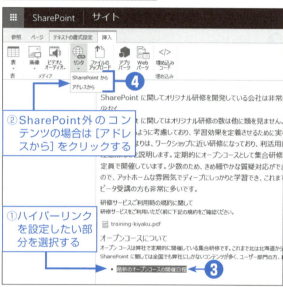

②SharePoint外のコンテンツの場合は［アドレスから］をクリックする

①ハイパーリンクを設定したい部分を選択する

❺ ハイパーリンクの挿入画面が表示される。既にリンクしたい文字列を選択している場合は、アドレスのみ指定すればよい。もちろん、表示内容を変更する必要があれば、表示するテキストも併せて指定する。

❻ ［OK］をクリックする。

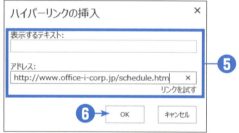

❼ ハイパーリンクが挿入または設定される。

❽ 追加されたハイパーリンク部分にマウスカーソルを移動すると、リボンメニューに［リンク］タブが表示される。ここではURLを差し替えたり、［新しいタブで開く］オプションをオンにしたりできる。また［アイコンを表示］をオンにすると、アイコンが表示されるようになる。

❾ ［保存］をクリックする。

Wikiページ間にハイパーリンクを追加しよう

　Wikiページ間のハイパーリンクは非常にすばやく作成できます。手順を説明する前に、Wikiのしくみについて少し補足しておきましょう。Wikiという言葉はSharePoint特有のものではありません。インターネット上のWebの世界では一般的に使われる言葉です。Wikiと聞くと、似た名前であるWikipediaを連想する方もいるでしょう。WikipediaはWikiというシステムに由来する名称（Wikiと百科事典のEncyclopediaを組み合わせた名称から来ている）であり、Wikiのシステムは原則的には「Webブラウザーさえあれば誰でもすぐにWebページ内の文書を書き換えられるしくみ」です。"Wiki"自体はハワイ語の"WikiWiki（ウィキウィキ）"が語源であり、「迅速な」とか「すばやい」という意味があるそうです。

　Wikiのシステムでは、Webページどうしのハイパーリンクを**すばやく**生成できるのも特徴の1つです。SharePointもWikiのしくみを独自に持ち、Wikiページとして利用できるようになっています。たとえば、本文中の文字を"[[SharePoint]]"というように二重の角かっこで囲んでページを保存すると、この文字の部分は自動的にハイパーリンクになります。このようなしくみがあることで、リンク先のURLなどを意識しなくてもすばやく関連ページを増やしていけるのです。では、この機能の基本的な使い方を確認しましょう。

❶ ［サイトのページ］ライブラリにアクセスし、先ほど作成したページの名前をクリックする。

❷ 画面右上の［編集］をクリックする。

❸ 本文内のリンクを追加したい単語を二重の角かっこで囲む。右の図の例では「経堂」という地名を二重角かっこで囲んでいる。

❹ ［保存］をクリックする。

❺ かっこで囲んだ部分に破線が表示され、ハイパーリンクが生成されていることがわかる。

　※破線が表示されるのは、まだリンク先となるページが存在しないためである。リンク先があれば、単なるハイパーリンクとなり破線は表示されない。

❻ ハイパーリンク部分をクリックする。

❼ ページを追加するための画面が表示される。表示されるURLのパスに「SitePages」が含まれていれば作成先は「サイトのページ」ライブラリである。リンクしようとしている単語の名前で新たにページが作られることとなる。［作成］をクリックする。

❽ 新規に作成されたページが編集モードで表示される。必要な内容を追加し［保存］をクリックする。

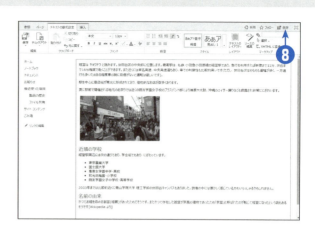

以上の設定で、次の図のようにページ間にリンクが生成されます。

　このような手順でWebページをどんどん増やしていけます。一般的なWebサイト作成では、複数のWebページの階層構造などを考え、ページ間の相互のリンクも考慮してからコンテンツを作成します。これでは開発に時間がそれなりにかかります。しかしWikiページの場合は逆で、作成するページの数や構成などは気にせずに取り急ぎ1つページ作ったら、そこから単語やフレーズなどにリンクをすばやく設定し関連ページを自由に増やしていけるのがメリットです。関係者で共同してナレッジを蓄積していくようなしくみとしてはうってつけです。ちなみに、Wikiページをナレッジベースとして有効活用するには、検索機能も欠かせません。SharePointでは検索機能のカスタマイズも可能ですが、検索のカスタマイズの最も重要な作業の1つは、ユーザーの目的に応じて検索範囲をいかに絞っていけるかということです。筆者は実際に、特定のWikiページライブラリのみを検索対象にした専用の検索ページを作成するカスタマイズをよく行います（カスタマイズの詳細は、それだけで1冊本がかけてしまうボリュームであり、本書の範囲を超えるので割愛します。英語であればSharePointの検索に特化した書籍が何冊か出版されています。そのほか、弊社のオリジナル研修などで取り扱っています）。

> **ヒント**
> **追加したページはどこへ？**
> 単語を二重角かっこで囲むことで手軽に追加できるWikiページですが、結局どこに追加されたのかをきちんと意識しましょう。リンクを作成したページと同じWikiページライブラリに追加されていきます。目的別にWikiページライブラリを個別に作成している場合は、必ずしも「サイトのページ」ライブラリにWikiページが作成されるわけではありません。注意しましょう。

> **ヒント**
> **Wikiページライブラリをすばやく見分けるためのコネタ**
> Wikiの語源がハワイに由来していることにちなみ、Wikiページライブラリのアイコンは次のとおり、ハイビスカスの絵が描かれています。ハワイの象徴的なイメージとして使われているようです。
>
>
>
> 複数のライブラリからWikiページライブラリを見つける際には、このハイビスカスを探してみましょう。

ページの編集履歴を確認しよう

Wikiページは、複数の人で編集することが多いため、誰がいつどこを更新したのかを確認できるようになっています。更新履歴は任意のWikiページを表示したら、リボンメニューの［ページ］タブから［ページの履歴］をクリックして確認できます。編集モードにする必要はありません。

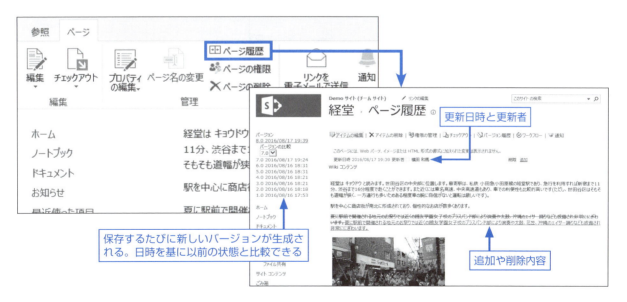

ページのタイトルを変更しよう

　WikiページのタイトルはファイルIと同じであるため、ファイル名を変更すればタイトルも変わります。たとえば、Wikiページライブラリ内にある任意のWikiページの［...］をクリックし、［名前の変更］をクリックすると変更できます。

　Wikiページのコンテンツを編集している最中であれば、［ページ］タブの［ページ名の変更］メニューから変更できます。

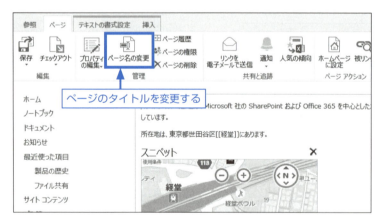

　なお、ページのタイトルを変更しても、既にこのページに対して二重角かっこを使ってリンクを追加しているWikiページはリンク切れにはなりません。次の例を確認してみましょう。もともと"SharePoint"というキーワードを角かっこで囲んでいましたが、"SharePoint"というタイトルが付けられたWikiページのタイトルを"Microsoft SharePoint"に変更したとします。すると、次のようにリンクの記載形式が自動的に変化します。

　　元の状態：[[SharePoint]]
　　ページ名をMicrosoft SharePointに更新：[[Microsoft SharePoint | SharePoint]]

　上記のように角かっこ内をパイプで区切ると、前半が実際のリンク先のページ名であり、後半が表示名になります。

トップページを任意のWikiページに差し替えよう

　各チームサイトのトップページは任意のWikiページで差し替えられます。手順はいたって簡単で、目的のWikiページを表示したら［ページ］タブから［ホームページに設定］をクリックするだけです。

　なお、このメニューがそもそも表示されないときは、そのユーザーがサイトの管理権限を持っていないことが原因として考えられます。

②サイトのロゴまたはサイドリンクバーの［ホーム］をクリックすると、トップページが差し替わったことが確認できる

①［ホームページに設定］をクリック

Wikiページライブラリを新規に追加しよう

　チームサイト内に既定で用意されている「サイトのページ」ライブラリ以外に新たにWikiページライブラリを追加することもできます。

❶ Webブラウザーを使って目的のサイトにアクセスする。

❷ ［設定］（歯車のアイコン）をクリックし、［アプリの追加］をクリックする。

❸ ［追加できるアプリ］の一覧から［Wikiページライブラリ］をクリックする。

❹ 任意の名前を指定し、［作成］をクリックする。

> **ヒント**
>
> ### 既定の「サイトのページ」ライブラリと新規に作成するWikiページライブラリの違い
>
> SharePointサイトはさまざまな拡張機能を持っています。サイトの管理者やサイトコレクションの管理者は、こうした機能の有効化や無効化を必要に応じて行います（詳しくは「第26章　フィーチャーを管理しよう」で説明します）。その1つに、「Wikiページのホームページ」という拡張機能（サイトの機能の1つ）があり、チームサイトを作成する際に自動的にこの機能がアクティブ化されます。この機能がアクティブ化されることにより、「サイトのページ」ライブラリが自動生成されています。そして、必ずURLパスはSitePagesとなります。新規に作成したWikiページライブラリには、サイドリンクバーに次の図のように「更新済みのページ」が表示されます。
>
>
>
> 「サイトのページ」ライブラリの場合は、一切表示されません。SharePointサイトがURLを確認し、SitePagesというパスが含まれている場合は、これを表示しないように制御しているようです。一般的なWikiのシステムでは誰でも更新できるが故に、いつ誰がどこを更新したのかすぐに確認できるように更新履歴が表示されるものがほとんどであり、SharePointもそれにならっているようです。新規に作成したWikiページライブラリでこの表示を非表示にする設定はないため、どうしても非表示にしたい場合は、CSS（Cascading Style Sheets）やJavaScriptなどを使って非表示にしているケースが多く見受けられます。

6 メディアライブラリを使って動画を共有しよう

　メディアライブラリは、SharePoint 2010から導入されたライブラリであり、画像だけでなく音声や動画を共有し、そのままブラウザー上で再生できます。再生にはHTML5ベースのメディアプレーヤーが利用されます。そのため、HTML5がサポートするビデオフォーマットであれば、Windows以外でも、iOSやAndroid端末などからでも再生できます（HTML5がサポートしないビデオフォーマットの場合はSilverlightが必要です）。動画や音声の共有を安価に行いたいというニーズは意外に多く非常に魅力的な機能ですが、ネットワークの帯域調整までは考慮してくれないため、実際には社内のネットワーク基盤との調整が必要になってきます。こうした経緯により、SharePoint 2010/2013と利用してきたユーザーでも、この機能をいざ使おうとすると帯域等の問題で利用できないというケースも少なくありません。本書では概要説明程度にとどめます。

　なお、このニーズへの1つの解としてOffice 365 Video（Office 365ビデオ）というクラウドのビデオポータルサービスを使う方法があります。このサービスは、Office 365のEnterprise E1、E3、E5で利用できるようになっており、マイクロソフトのクラウド上のAzure Media Servicesというサービス経由で動画を配信します。このサービスでは、帯域調整などを自動的に行ってくれるうえ、モバイル版のOffice 365ビデオアプリも公開されているため利便性に優れています。動画の共有を考えている場合は、Office 365ビデオの導入も検討してみるとよいでしょう（ちなみにOffice 365ビデオは、将来的にはOffice 365ユーザー以外も利用できるMicrosoft Streamというサービスへ統合されることがマイクロソフトより正式にアナウンスされています。2016年11月現在、Microsoft Streamのプレビューが公開されています。こちらのサービスも注目です）。オンプレミスのSharePointとOffice 365をハイブリッド構成にしていれば、オンプレミス環境からOffice 365ビデオをサイト内に埋め込んで再生するような使い方も可能です。

「［参考］Office 365ビデオからビデオを埋め込む」
https://support.office.com/ja-jp/article/Office-365-ビデオからビデオを埋め込む-59e19984-c34e-4be8-889b-f6fa93910581?ui=ja-JP&rs=ja-JP&ad=JP

メディアライブラリの追加手順と基本的な使い方を把握しよう

　メディアライブラリは、ドキュメントライブラリと同様に［設定］（歯車のアイコン）にある［アプリの追加］から追加します。ちなみに、メディアライブラリは通常、追加可能なアプリ一覧のページの2ページ目にあります。画面下までスクロールすると次ページへのリンクが表示されるので、これをクリックしましょう。

メディアライブラリに動画ファイルをドラッグアンドドロップなどでアップロードすると、自動的にサムネイルが生成されます。動画や音声はWebブラウザー上でそのまま再生できます。

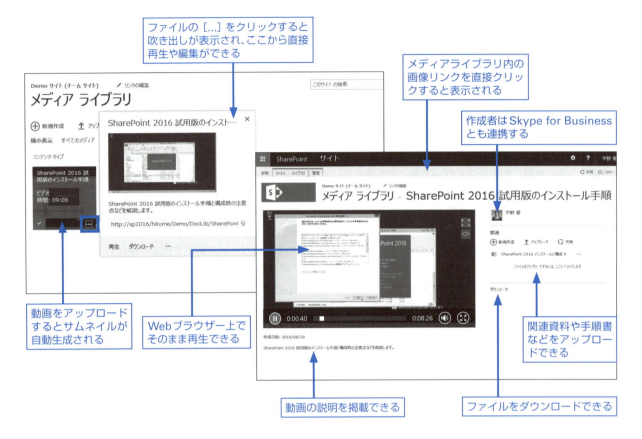

7 OneDrive for Businessを使おう

　OneDrive for Businessは、個人用のファイルストレージです。以前のバージョンでは「個人用サイト（My Site）」と呼ばれており、設定などの名称には一部この呼び名が残っています。もう少し具体的に説明してみましょう。OneDrive for Businessとは、実際にはSharePointにホストされる個人用のサイトコレクション群です。各サイトコレクションはサインインユーザーごとに作成されるようになっており、既定のサイトコレクションの管理者はサインインユーザー自身です。とはいえ、基本的にはトップレベルサイトのみがあり、そこにドキュメントライブラリが1つ用意されているというシンプルな構成です。必要に応じて個人用ブログをサブサイトとして作成できます。

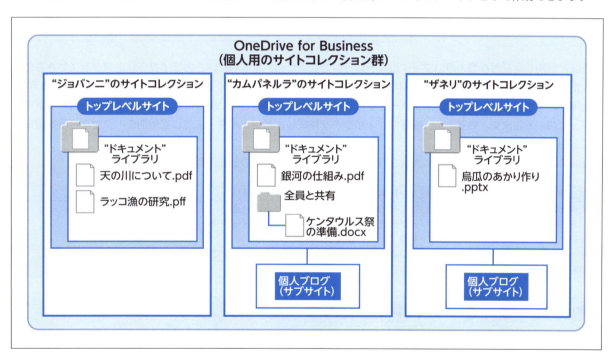

　OneDriveへアクセスするには、画面左上のアプリ起動メニューから［OneDrive］をクリックします。すると［ドキュメント］という名前のドキュメントライブラリが表示され、最初から1つだけ［全員と共有］というフォルダーがあります。

　先ほど説明したとおり個人用のファイルストレージであるため、基本的にはこのライブラリにアクセスできるのは本人だけです。しかしこの［全員と共有］フォルダーだけは既定で組織内の"すべてのユーザー"に対して"編集可能"な権限が付与されています。他のメンバーとすばやくファイルを共有したい場合には、このフォルダー内にファイルをアップロードします。もちろん、複数のフォルダーを作成し、各フォルダーに対して個別にアクセス権限を設定することも可能です。

　OneDriveのサイドリンクバーに表示されるメニューについては次の表を確認してください。

ドキュメント	ユーザー個人が利用できるドキュメントライブラリ
最近使ったドキュメント	最近編集したことのあるドキュメントが表示される
自分と共有	他のユーザーが自分と直接共有しているフォルダーやファイルが表示される
フォロー対象	ドキュメントのフォローを行う
サイトフォルダー	フォローしているサイトのライブラリに直接アクセスできる
ごみ箱	チームサイトなどにあるごみ箱と同じ機能

他のユーザーとファイルやフォルダーを共有しよう

新規に作成したフォルダーに対して、個別にアクセス権限を設定する手順は次のとおりです。

❶ OneDrive for Businessにアクセスする。

❷ 任意のファイルをアップロードするか、ドキュメントライブラリ内に［新規作成］メニューからフォルダーを作成する。以下はフォルダーを共有する手順として説明する。

❸ ファイルまたはフォルダーの左端の［✔］列をクリックして選択する。

❹ ［共有］をクリックする。

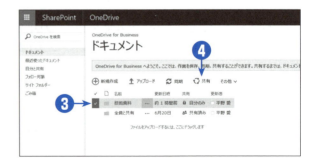

❺ 共有したい相手のメールアドレス、アカウント名などを3文字以上入力して検索し、指定する。

❻ [編集可能]または[表示可能]を選択する。表示可能を選択した場合は閲覧のみ許可することになる。

❼ 必要に応じて[オプションの表示]をクリックし、電子メール招待状を送付するかどうか指定する。

❽ [共有]をクリックする。

共有したフォルダーを開くと、次の図のように画面右上に、共有相手のメンバー、フォルダーの共有設定、メール送信などのメニューが表示されます。

共有相手のメンバー表示、フォルダーの共有設定、メール送信などのメニューが表示される

OneDrive関連情報を整理しよう

　OneDriveには、組織での利用ではない個人ユーザー向けのサービスもあります。しかし、あくまでもSharePointに付属するOneDriveはビジネス用途であるという意味で、OneDrive for Businessという名称になっています。個人ユーザー向けのOneDriveとは機能的に色々な違いがあります。インターネット等で情報を検索する際には非常に紛らわしいので気を付けてください。

　さて、オンプレミスのSharePoint版のOneDrive for Businessは、Office 365とオンプレミスのSharePointサーバーをハイブリッド構成にすることで、サーバー管理者はOffice 365に付属するOneDrive for Businessと差し替えられます。要するに、ストレージをクラウド上に変えられるわけです。サーバーの障害対応などを懸念する必要がないため、OneDrive for BusinessをデスクトップPC上に格納しているファイルのバックアップの意味も兼ねて利用するケースもあります。また、OneDrive for Businessを利用すると、他のユーザーとの情報共有もしやすくなるメリットがあります。システム管理者も、たとえばユーザーが退職した後に、最終的にはサイトコレクションの管理者権限を強制的に別のユーザーに設定し直すことができます。本来、組織において個々人が作成したファイルは組織の資産でもありますが、往々にして個人のPC内に埋もれてしまいナレッジ共有が理想どおりに進まないことがあります。しかし、OneDriveを個人のファイルの格納先として利用することで、こうした情報が埋もれにくくなります。

以上を踏まえて、OneDriveについて次のとおり比較してまとめてみました（2016年8月現在）。

OneDriveの種類	用途	備考
OneDrive	職場での利用ではなく、個人向けのサービスでありMicrosoftアカウントがあれば誰でも利用できる。管理は個人	無料で利用できるストレージ容量は5GB
OneDrive for Business（オンプレミスのSharePoint版）	職場での利用を前提にしている。管理は組織が行う	データの格納先はオンプレミスのSharePoint環境と同一である。容量制限は組織ごとに決定する
OneDrive for Business（Office 365付属）	職場での利用を前提にしている。管理は組織が行う	データの格納先はマイクロソフトのクラウド上である。基本的には上限は1ユーザーあたり1TBまでであり、次のプランを利用している場合は、5TBまで利用できる ・Office 365 Enterprise E3、E5 ・Office 365 Government E3、E4、E5 ・Office 365 Education ・OneDrive for Business Plan 2 ・SharePoint Online Plan 2
OneDrive for Business同期アプリ	ドキュメントライブラリ内のファイルをローカルのPCと同期し、オフラインでも利用できるようにするためのツール。OneDriveだけでなくSharePointサイトの任意のライブラリとも同期できる	同期アプリには旧版と最新版があるので注意する。最新版は「OneDrive for Business次世代同期クライアント（Next Generation Sync Client）」と呼ばれ、同期対象をフォルダー単位で選択でき、かつ同期可能な容量が10GBまでになっている。ただし、次世代同期クライアントの同期対象はクラウド上のOneDriveまたはOneDrive for Businessのみであり、SharePointサイトのライブラリやオンプレミス環境では引き続き旧版を使う必要がある。旧版と新版は同じマシンで併用可能
OneDriveモバイルアプリ	iOSやAndroid用のモバイルアプリ	

OneDrive for Business同期ツールにまつわる四方山話

　OneDrive for Businessの同期ツールの前身は、Microsoft Office Grooveです。2016年11月現在、実行ファイル名はその名残でGROOVE.EXEになっています（ただし、次期バージョンの同期ツールは新しいしくみとなり、Groove.exeは使われなくなるようです）。このツールはOffice 2007で投入され、その後SharePoint Workspace、SkyDrive Proと名前を変え、現在に至っています。ちなみにGroove 2007自体をご存じない方も多いでしょう。このツール自体、マイクロソフトが買収したGroove Networks社のGroove Workspaceが基になっています。これを後にOfficeラインナップに組み込みました。Groove Workspaceの創設者は、Lotus Notesの開発者として知られ「Lotus Notesの父」とも呼ばれるレイ・オジー氏です。このツールは少ないメンバーで手軽に情報共有できるよう、ファイルや予定などをメンバー間で同期して利用するもので、Groove 2007頃の使い勝手はNotesに似たところもありました。レイ・オジー氏は、Groove Networks社が2005年にマイクロソフトに買収されると同時にマイクロソフトの最高技術責任者に就任しましたが、その後2010年末に退社しています。

OneNoteを使ってみよう

　OneNoteは、自由レイアウトのメモ帳アプリケーションです。Officeデスクトップアプリケーションに含まれるアプリケーションですが、Windows 10には最初から単独のアプリもインストールされています。ここではOffice 2016に含まれるOneNote 2016を前提に説明します。

　SharePointのチームサイトには、サイドリンクバーに「ノートブック」というリンクが既定で用意されています。これをクリックすると、Office Onlineサーバーが利用できる場合はOneNote OnlineとしてWebブラウザー上にページが表示されます。ビジネス用途としては、アイデア整理や議事録管理、トラブル情報の整理、簡易的なタスク管理などに使います。OneNoteは、自由レイアウトで記述できるだけでなく、紙の手帳と同じようにノートシールを適宜配置し、内容を整理できるようになっています。また、変更は自動保存されます。複数ユーザーによる同時編集機能も利用できます。

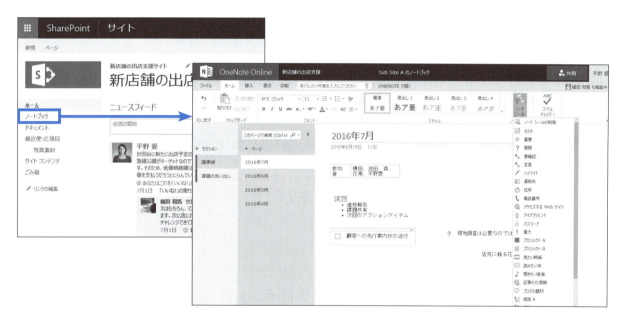

　OneNoteでは、1つのファイル（*.one）をノートブックと呼びます。ノートブック内に複数のページを作成し、ここに記述したり、画像を追加したりしていきますが、ノートはセクションによってカテゴリ分けできます。構成イメージは次の図のとおりです。

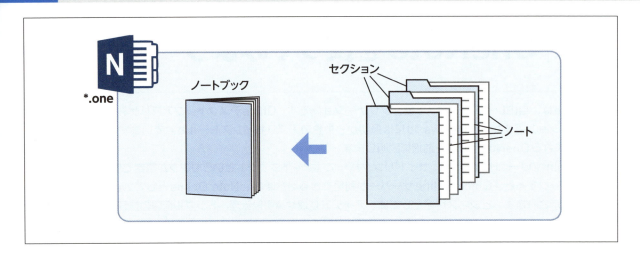

　このノートブックの実体は、各チームサイトの「サイトのリソース」ライブラリにあります。ちなみに、筆者はOneNote Online機能は閲覧時だけ利用することをお勧めします。編集する場合は、可能であればデスクトップ版のOneNoteで編集するようにしましょう。OneNote Onlineでの編集は操作感が非常に遅く、デスクトップ版よりも利用できる機能が限定されます。たとえば、OneNoteには独自の検索機能があり、ノートブック内のすべてのページを検索できます。しかし、OneNote Onlineではノートごとに個別に検索しなければなりません。OneNote Onlineからデスクトップ版でファイルを開くには、次のように［ONENOTEで開く］をクリックします。

　OneNoteのその他の詳しい使い方等については、次のマイクロソフトのWebサイトなどを参照してください。OneNoteはさほどバージョン間で機能差はないため、古いバージョンの記事でも十分に参考になります。

「**OneNote 2013/2010徹底活用術**」
https://www.microsoft.com/ja-jp/office/pipc/onenote/business05.aspx

Webパーツを配置しよう

第 6 章

1 Webパーツについて概要を把握しよう

SharePointサイトを利用するうえで、Webパーツの基本操作の理解は非常に重要です。第5章で説明したWikiページでは非常によく利用します。この章ではWebパーツの基本操作について説明します。

1 Webパーツについて概要を把握しよう

　Webパーツは、SharePoint内のページの構成部品の1つです。既定でさまざまなWebパーツが用意されています。特に各サイトのトップページにはWebパーツを複数配置して、必要な情報をすばやく得られるように工夫します。

　Webパーツを配置できるのはWikiページとWebパーツページです。古いバージョンのSharePointではWebパーツページが主流でしたが、Webパーツを配置するエリアしかなく、直接文言を編集することなどができませんでした。また、レイアウトの柔軟性が乏しいというデメリットがありました。SharePoint 2010以降の主流はWikiページであるため、本書では基本的な手順はWikiページを前提に説明します。ただし、Webパーツページを利用している場合でもWebパーツに関する基本的な操作手順は変わりません。

　Webパーツには大きく分けて次の2つがあります。

・ビルトインのWebパーツ
・独自開発Webパーツ

　ビルトインのWebパーツは複数ありますが、旧バージョンのSharePointから使われていて下位互換のために用意されているパーツなどもあり、実際にはあまり使わないものも多くあります。すべてのWebパーツを使いこなそうとせず、よく使うWebパーツをきちんと使いこなせれば十分です。初心者が把握しておくべき重要なWebパーツは「リストビューWebパーツ」です。カスタマイズや開発まで手を広げる場合は、次のようなWebパーツを追加で覚えるとよいでしょう。

- **コンテンツエディターWebパーツ**：古いSharePointではよく用いられていた。SharePoint Server 2007では、今のようにWikiページは便利な機能を持っておらず、基本的にはWebパーツだけでページを構成していた。ページに直接文言を記述できなかったため、このWebパーツを配置して文言の追加やJavaScript、CSSの記述などを行っていた。現在はWikiページが高機能になったため出番は少なくなっている。
- **スクリプトエディターWebパーツ**：SharePoint 2010から追加されたWebパーツで、コンテンツエディターWebパーツに代わり、JavaScriptやCSSの記述がしやすいようになっている。カスタマイズ時には非常に出番の多いWebパーツである。
- **検索に関する一連のWebパーツ**：検索機能をカスタマイズする際に用いる。特にファイル共有のしくみを構築する際に検索機能は欠かせないため、これもカスタマイズでは出番が多い。

　さて、「リストビューWebパーツ」に話を戻しましょう。このパーツを使うと、追加先のページと同じサイト内にあるリストやライブラリをWebパーツとして追加できます。異なるサイトにあるリストやライブラリは配置できないので注意してください。このパーツは、リストやライブラリと同様に専用のビューを持っています。たとえば、お知らせリストのうち最新のお知らせアイテムを5件だけ表示するとか、ライブラリ内で最近1週間以内に更新されたファイルだけを表示するといった設定が可能です。リストビューWebパーツは、Webパーツ追加時に表示されるカテゴリのうち「アプリ」内に表示されます。

① [アプリ] カテゴリを選択する

② パーツ一覧に表示されるのがリストビューWebパーツ

　残る独自開発Webパーツですが、自社またはベンダー等がVisual Studioを使って開発します。用途はさまざまであり、たとえば顧客検索、サプライヤー検索、会議室予約などのシステム開発と併せて開発したりします。開発にはVisual Basic .NETやC#、ASP.NET、ADO.NET等の高度な開発知識が必要です。なお、独自開発Webパーツはオンプレミス上でのみ利用可能であり、Office 365環境のSharePoint Onlineではこうしたパーツは利用できません。その代わり、JavaScript等を用いて開発するクライアント側Webパーツを利用できるようになっています。

> **ヒント**
> **Webパーツとアプリパーツ、最新のWebパーツ開発事情**
>
> Webパーツと似たものにアプリパーツがあります。本文でも述べたとおり、オンプレミス環境の場合はWebパーツを独自に開発できますが、Office 365環境には展開できません。アプリパーツはOffice 365環境でもオンプレミスでも利用できる独自開発Webパーツです。とはいえ、Webパーツと比べると機能面で多く制約があり同等ではありません。アプリパーツは独自に開発するかベンダーから購入するかして初めて利用できるものであるため、通常利用ではユーザーはアプリパーツを意識する必要はありません。なお、アプリパーツとは別に、SharePoint Onlineでは新たにSharePoint Frameworkを用いて開発するクライアント側Webパーツ開発も可能になってきており、開発者にとっては注目すべきところです。
>
>

Webパーツを追加しよう

❶ Webブラウザーを使って目的のサイトのWikiページにアクセスする。

❷ 画面右上の［編集］をクリックする。

❸ ページ内のWebパーツを挿入したい部分にマウスカーソルを移動する。

❹ リボンメニューの［挿入］タブから［Webパーツ］をクリックする。

⑤ 任意のカテゴリを選択する。

⑥ 任意のWebパーツを選択する。

⑦ [追加] をクリックする。

⑧ Webパーツが追加されたことを確認したら、[保存] をクリックする。

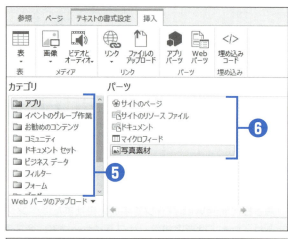

　Webパーツを追加したら、まずはいったんページを保存するようにしましょう（[保存して編集を続行] メニューをクリックするのでもかまいません）。保存せずにWebパーツの設定をあれこれ変更すると、ページ保存時にWebパーツが非表示になってしまうことがあるためです。このようにして非表示になってしまったパーツは削除するしかありません。強制削除する手順は、後述の「Webパーツの表示・非表示を切り替える、または強制削除する」で説明します。

Webパーツを追加したらすぐに [保存] をクリックする

この例では画像ライブラリをWebパーツとして追加した

Webパーツの設定を変更しよう

　Webパーツごとに複数のオプション設定があります。ここではリストビューWebパーツでよく利用する設定を紹介します。

　Webパーツのオプション設定を編集するには、まずページを編集モードにします。次にWebパーツのタイトル部分にカーソルをマウスオーバーすると右上角に▼が表示されるので、これをクリックし［Webパーツの編集］をクリックします。

　リストビューの設定で頻繁に変更するのは、［現在のビューの編集］と［ツールバーの種類］です。

- ツールバー
- このWebパーツ用のビューを編集する。既定では基となるリストやライブラリの既定のビュー設定がコピーされてくるが、連動しているわけではない
- ツールバー表示を変更する

　主な設定項目は次のとおりです。

項目	説明
ビューの選択	基となるリストやライブラリのビューをWebパーツにも適用したいときに使う。既定ではリストやライブラリの既定のビューが適用される
現在のビューの編集	ビューの選択で選んだビューを基にカスタマイズする。カスタマイズ手順はリストやライブラリのビュー設定と基本的に同じである。ただし、ここで編集した内容はこのWebパーツにのみ適用されるものであり、基となるリストやライブラリには反映されない
ツールバーの種類	選択肢として次の4つがある。 ・詳細ツールバー（既定）　・ツールバーなし ・簡易ツールバー　　　　・ツールバーの表示 詳細ツールバーと簡易ツールバーに違いはない（基本的に簡易ツールバー設定は旧バージョンでの設定の名残である）。

［ツールバーなし］にすると、ツールバーが非表示になる

［ツールバーを表示する］にすると、旧バージョンと同じような操作メニューが表示される

- ツールバーが非表示になる
- 旧バージョンで使われていたのと同じようなメニューが表示される

項目	説明
外観	外観セクション内ではWebパーツのタイトル、高さ、幅、枠の状態、枠の種類などを指定できる
レイアウト	Wikiページでは設定は変更できない
詳細設定	Webパーツに関する詳細設定を行う。たとえば、[タイトルURL]には既定で基となるリストやライブラリへのURLが設定されている。このため、リストビューWebパーツではタイトル部分をクリックすると、基となるリストやライブラリにアクセスできる。特定のビューにアクセスさせたい場合などはURLを変更するとよい。[説明]に記載があれば、Webパーツをマウスオーバーしたときにヒントが表示されるようになる。また、Webパーツのタイトル部分に表示するアイコンなども指定できる
AJAXオプション	非同期読み込みや手動更新などを追加設定できる。これらの設定により、Webページを再読み込みすることなく最新の更新情報が一定のタイミングで表示されるようにもできる。

　各設定を変更した後は、Webパーツのオプション設定の最下部に表示される[適用]ボタンをクリックするとWebパーツに反映されます。反映内容を確認したらページを保存するようにしましょう。ちなみに、[OK]をクリックするとWebパーツに反映したうえでページが保存されます。

　ここではチームサイトのトップページに既定で配置されているドキュメントライブラリのWebパーツを変更し、フォルダーなどを無視して最新の更新ファイル順に並べる設定をしてみましょう。

❶ Webブラウザーを使って目的のサイトのWikiページにアクセスする。

❷ 画面右上の[編集]をクリックする。

❸ ドキュメントライブラリのWebパーツの[Webパーツの編集]をクリックする。

❹ [ツールバーの種類]を[ツールバーなし]に変更する。

❺ [外観]セクション内の[タイトル]に「最新の更新ドキュメント」と入力する。

❻ [外観]セクション内の[枠の種類]を[タイトルと枠線]に変更する。

❼ ［詳細設定］セクション内の［タイトルアイコンイメージのURL］に、すぐ上の［カタログアイコンイメージのURL］のパスをコピーして貼り付ける。これにより、Webパーツのタイトル部分にアイコンが表示されるようになる。
※アイコンのURLは任意でかまわない。ただし、画像のサイズは16×16ピクセルであること。

❽ ここで、いったん［適用］をクリックしておく。

❾ 最後に、ビューの設定を変更するため［現在のビューの編集］をクリックする。

❿ 表示する列は種類、名前、更新日時のみにする。

⓫ ［並べ替え］では、［最優先する列］として［更新日時］を指定する。また［降順でアイテムを表示する］を選択する。

⓬ ［表形式で表示］の設定は、既定でオンになっている。複数ファイルを選択して一括削除したり一括承認する場合にはあると便利であるが、不要であればオフにしておくとそのぶん、表示される列が減るのですっきりする。ここではオフにする。

⓭ 必要に応じてフィルター条件を設定しておく。今回は［次の条件に該当する場合だけアイテムを表示する］を選択し、［更新日時］が［次の値より大きい］と指定する。

⓮ 比較する値には「[Today]-14」を入力する。大文字小文字は厳密に指定する必要がある。これにより、今日から14日前より後に更新されたファイルだけが表示対象になる。

❶❺ [フォルダー]では、[フォルダーなしですべてのアイテムを表示する]を選択するとフォルダーを無視して最新のファイル順に並べて表示するようになる。

❶❻ [アイテムの制限]では、表示するアイテム数を指定する。既定値は30だが、トップページに配置する場合はこれでは多いので、今回は「8」にしておく。[指定したサイズのアイテムをまとめて表示する]オプションを選択することで、8件以上フィルター条件に合致するファイルがあれば、8件ずつ画面遷移するようになる。逆に[指定したアイテム数に制限する]を選択すると、フィルター条件に合致するもののうち並べ替え条件順に先頭から8件まで表示することになる。

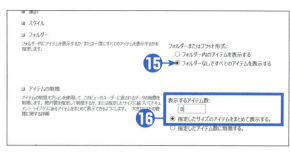

❶❼ [OK]をクリックする。

❶❽ Webパーツの表示が変わったことが確認できる。

Webパーツを削除しよう

❶ Webブラウザーを使って目的のサイトのWikiページにアクセスする。

❷ 画面右上の[編集]をクリックする。

❸ ドキュメントライブラリのWebパーツの[削除]をクリックする。

❹ 完全に削除される旨のメッセージが表示されたら[OK]をクリックする。

ヒント
削除したWebパーツはごみ箱に移動するのか？
Webパーツを削除してもごみ箱には移動しません。削除後に再び必要になったら、再追加と再設定が必要です。

Webパーツの表示・非表示を切り替えたり強制削除しよう

　既存のWebパーツを削除しないが一時的に非表示にしたいという場合があります。また、Webパーツを配置してすぐに保存せずビュー設定変更などを行うとWebパーツが非表示になることがあります。この状態でWebパーツを再度追加すると、次の図のように「＜Webパーツのタイトル＞［2］」というような表示になり、Webパーツのタイトルを変更しても、番号がうまく消えてくれないことがあります。このような場合には当該Webパーツの強制削除が必要なことがあります。

　Webパーツの表示・非表示の切り替えおよび強制削除を行う場合は、Webブラウザーのアドレスバーに表示されているURLの末尾に「?contents=1」というパラメーターを指定し、Enterを押してみてください。右の図のように［Webパーツページの管理］ページに直接アクセスできます。

　このページでは、目的のWebパーツを選択して、［閉じる］、［削除］、［開く］などの操作が可能です。［閉じる］を指定するとページ上から非表示になります。［開く］は閉じたパーツがある場合に、これを再表示するためのものです。

　先ほど説明したように、不用意に非表示になってしまったWebパーツは復活できないケースがほとんどです。そのため、一度削除して再度追加し直す必要があります。表示されるWebパーツは追加した順に上から表示されます。とはいえ、同じタイトルのWebパーツが複数ある場合はどれが削除したいパーツかわかりにくいこともあります。この場合は、これかな？と思うパーツを選択し、［閉じる］をクリックしてみましょう。実際のページにアクセスしてみて問題が解消されていれば、閉じたパーツを削除します。

　Webパーツを非表示にして、再表示する手順は次のとおりです。

❶ Webブラウザーを使って目的のサイトのページにアクセスする。

❷ Webブラウザーのアドレスバーに表示されるURLの末尾に「?contents=1」を手入力し、Enterを押す。

❸ ［Webパーツページの管理］ページが表示される。

❹ 目的のWebパーツを選択する。

❺ ［閉じる］をクリックする。

⑥ Webパーツを閉じると、[ページで開く]列の表示が「いいえ」に変わる。

⑦ [Webパーツページに戻る]をクリックする。

⑧ 先ほど閉じたWebパーツが非表示になっていることがわかる。

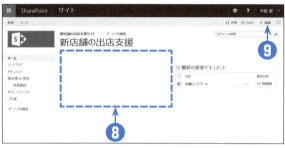

⑨ 再度表示させるために[編集]をクリックする。

⑩ Webパーツを追加したい部分にマウスカーソルを移動する。

⑪ リボンメニューの[挿入]タブから[Webパーツ]をクリックする。

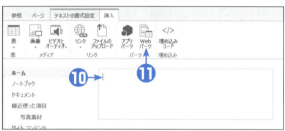

⑫ Webパーツの[カテゴリ]の最下部までスクロールすると[閉じられたパーツ]というカテゴリがあるので、クリックする。

⑬ 再表示したいWebパーツを選択する。

⑭ [追加]をクリックする。

⑮ [保存]をクリックする。

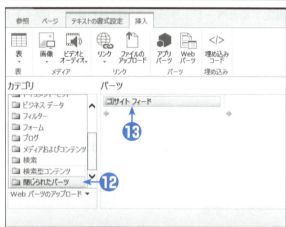

ヒント
Webパーツを強制削除する

[Webパーツページの管理]ページを表示して、目的のWebパーツを選択し、[削除]をクリックします。

ナビゲーションを変えよう

第 7 章

1 ナビゲーション設定を確認しよう
2 トップリンクバーとサイドリンクバーをそれぞれ変更しよう
3 ナビゲーションメニューからトップリンクバーとサイドリンクバーを変更しよう

この章では、トップリンクバーとサイドリンクバーのナビゲーション設定を変更する手順を説明します。

1 ナビゲーション設定を確認しよう

トップリンクバーとサイドリンクバーのナビゲーション設定は、サイトの状態によってメニュー構成が変わります。具体的には、サイトコレクションの拡張機能（フィーチャー）の1つである「SharePoint Server発行インフラストラクチャ」機能がアクティブ化されているかどうかによるのですが、フィーチャーに関しては「第26章　フィーチャーを管理しよう」で説明します。ここでは状態の違いによる各設定手順を説明します。

ところで第3章ではサイドリンクバーとトップリンクバーを編集する方法として［リンクの編集］メニューを使う方法を説明しました。これは簡易設定であり手軽な編集方法ですが、反面、細かい設定ができません。この章では、詳細なオプション設定なども含めて、本来はどこまで設定できるのかを把握していきましょう。

2パターンのナビゲーション設定を把握しよう

ナビゲーション設定は外観に関わることであるため、［サイトの設定］ページの［外観］セクションにメニューがあります。既に説明したとおり、サイトの設定状況によってナビゲーション設定メニューが異なるのですが、これは2パターンに分けられます。次の図に示すように、1つは［トップリンクバー］と［サイドリンクバー］がそれぞれ表示されるパターンであり、もう1つは［ナビゲーション］というメニューが表示されているパターンです。利用するサイトがどちらの設定になっているか、［サイトの設定］ページを確認してみてください。

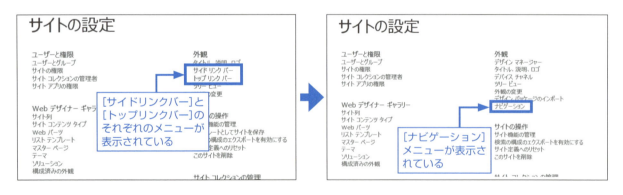

どちらの状態がお勧めかと言えば、［ナビゲーション］というメニューが表示されている状態です（"SharePoint Server発行インフラストラクチャ"機能がアクティブな状態）。［ナビゲーション］メニューが利用できる方が小回りの利く設定が可能です。"SharePoint Server発行インフラストラクチャ"機能は、サイトコレクションの管理者がいったんアクティブ化してしまえばよいのですが、これを一度でもアクティブ化するとサイトのテンプレート化が行えなくなるというトレードオフもあります。この点を踏まえてアクティブ化するかどうか判断してください。

次に各メニューの主な機能の違いをまとめています。

機能	トップリンクバー / サイドリンクバーメニュー	ナビゲーション
SharePoint内外問わず任意のWebサイトなどへのリンクを掲載できる	○	○
見出しを作成できる	△（※サイドリンクバーでのみ可能）	○
見出し自体にも何かしらのURLを指定する必要がある	必要（※サイドリンクバーでのみ可能）	任意
階層化表示ができる	2階層まで	2階層以上
子サイトや孫サイトを自動的に表示できる	×	○
別ウィンドウで開くように指定できる	×	○
特定のグループのメンバーにしかリンクを表示しないように設定できる（対象ユーザー設定）	×	○
サブサイトでもナビゲーション設定を継承できる	△（※トップリンクバーのみ可能）	○

ツリービュー設定を確認しよう

［サイトの設定］ページにある［外観］セクションには［ツリービュー］メニューがあります。このメニューでは、サイドリンクバーの有効化とツリービューの有効化が可能です。サイドリンクバーは既定で有効になっています。

次の図ではツリービューを有効にしています。

ツリービューでは、ライブラリ内のフォルダー階層などを表示できますが、筆者の個人的な感想から言うと、ツリービューは概して使いにくいです。そもそも、サイドリンクバーにはユーザーがよく使うであろうリンクを厳選して掲載すべきですが、ツリービューを表示してしまうと、ユーザーには直接見せたくないリストやライブラリまで表示されてしまいます。この設定が上手く機能するケースとしては、たとえばドキュメントライブラリしか使わせないように設定変更をかなり加えているような特殊な場合が挙げられます。特にチームサイトは、サイトのニュースフィードに関する"マイクロフィード"リストや"サイトのページ"、"サイトのリソースファイル"ライブラリなど、裏方的な役割のリストやライブラリがあるため、あまりユーザーの目に触れて欲しくありません。こうした観点から、この設定は多くの場合で不向きです。ちなみに、この機能はSharePoint 2007の頃からあるのですが、当時もユーザーにすべてを見せたくないということで表示内容をSharePoint Designerを使って比較的手軽にカスタマイズしていました。しかし、SharePoint 2013以降はこうしたカスタマイズはできなくなってしまっています。使い方には注意してください。

2 トップリンクバーとサイドリンクバーをそれぞれ変更しよう

　サイトの［外観］セクションに［トップリンクバー］と［サイドリンクバー］がそれぞれ表示されている場合のナビゲーションの変更手順を説明します。

トップリンクバーにリンクを追加しよう

❶ Webブラウザーを使って目的のSharePointサイトにアクセスする。

❷ ［設定］（歯車のアイコン）をクリックし、［サイトの設定］をクリックする。

❸ ［外観］セクションにある［トップリンクバー］をクリックする。

❹ ［新しいナビゲーションリンク］をクリックする。

❺ WebアドレスにURLを入力する。説明にリンクの表示名を入力する。

❻ ［OK］をクリックする。

❼ トップリンクバーにリンクが追加されていることを確認する。

トップリンクバーの既存のリンクを編集または削除しよう

❶ Webブラウザーを使って目的のSharePointサイトにアクセスする。

❷ ［設定］（歯車のアイコン）をクリックし、［サイトの設定］をクリックする。

❸ ［外観］セクションにある［トップリンクバー］をクリックする。

❹ 目的のリンクの編集アイコンをクリックする。

❺ 編集する場合は、Webアドレス、説明などを必要に応じて変更し、[OK] をクリックする。削除する場合は、[削除] をクリックする。

トップリンクバーのリンクの表示順を変更しよう

❶ Webブラウザーを使って目的のSharePointサイトにアクセスする。

❷ [設定]（歯車のアイコン）をクリックし、[サイトの設定] をクリックする。

❸ [外観] セクションにある [トップリンクバー] をクリックする。

❹ [順序の変更] をクリックする。

❺ 順序の番号を変更する。番号が小さい順に左から並ぶ。

❻ [OK] をクリックする。

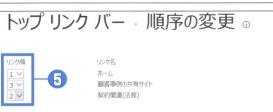

サイドリンクバーに見出しを追加しよう

サイドリンクバーには多くの場合、同一サイト内のリストやライブラリ、Wikiページなどのリンクを掲載します。もちろん、他のSharePointサイト内のコンテンツやSharePoint外のサイトへのリンクも追加できます。既定の[ホーム]、[ドキュメント] などと同じ並びに掲載する場合は"見出し"として追加する必要があります。

❶ Webブラウザーを使って目的のSharePointサイトにアクセスする。

❷ [設定]（歯車のアイコン）をクリックし、[サイトの設定] をクリックする。

❸ [外観] セクションにある [サイドリンクバー] をクリックする。

❹ [新しい見出し] をクリックする。

❺ Webアドレスに URL を入力する。説明にリンクの表示名を入力する。
※ Web アドレスは必須。

❻ ［OK］をクリックする。

❼ サイドリンクバーに見出しのリンクが追加されたことを確認する。

サイドリンクバーにリンクを追加しよう

任意の見出しの配下にナビゲーションリンクを追加します。

❶ Web ブラウザーを使って目的の SharePoint サイトにアクセスする。

❷ ［設定］（歯車のアイコン）をクリックし、［サイトの設定］をクリックする。

❸ ［外観］セクションにある［サイドリンクバー］をクリックする。

❹ ［新しいナビゲーションリンク］をクリックする。ここでは事前に追加しておいた［ヘルスケア］という見出しの配下にリンクを追加する。

❺ Webアドレスに URL を入力する。説明にリンクの表示名を入力する。

❻ ［見出し］で［ヘルスケア］を選択する。

❼ サイドリンクバーの［ヘルスケア］見出し配下にリンクが追加されたことを確認する。

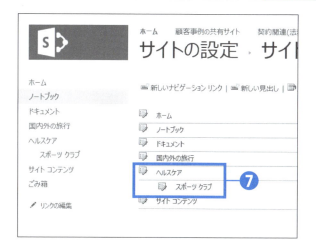

サイドリンクバーの見出しやリンクの表示順を変更しよう

❶ Webブラウザーを使って目的のSharePointサイトにアクセスする。

❷ ［設定］（歯車のアイコン）をクリックし、［サイトの設定］をクリックする。

❸ ［外観］セクションにある［サイドリンクバー］をクリックする。

❹ ［順序の変更］をクリックする。

❺ 順序の番号を変更する。番号が小さい順に上から並ぶ。
※ナビゲーションリンクを別の見出しに移動するには、リンクを編集して、移動先の見出しを指定する必要がある

❻ ［OK］をクリックする。

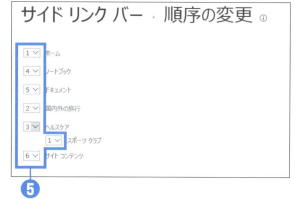

サイドリンクバーの見出しやリンクを編集または削除しよう

❶ Webブラウザーを使って目的のSharePointサイトにアクセスする。

❷ [設定]（歯車のアイコン）をクリックし、[サイトの設定]をクリックする。

❸ [外観]セクションにある[サイドリンクバー]をクリックする。

❹ 各見出しやリンクの編集アイコンをクリックする。

❺ 編集する場合は、Webアドレスや説明を変更し、[OK]をクリックする。削除する場合は[削除]をクリックする。

3 ナビゲーションメニューからトップリンクバーとサイドリンクバーを変更しよう

サイトの［外観］セクションに［ナビゲーション］メニューが表示されている場合のナビゲーションの変更手順を説明します。

ナビゲーション設定を確認しよう

ナビゲーション設定について説明する前に、基本事項を押さえておきましょう。ナビゲーション設定には次の2種類があります。

・構造ナビゲーション
・管理ナビゲーション

構造ナビゲーションは、サイトコレクション内の物理的なサイト構造どおりに表示を管理するしくみであり、従来のSharePointから利用されてきたものです。ナビゲーション設定の既定値です。もう1つの管理ナビゲーションは、SharePoint 2013から導入された比較的新しいしくみです。管理ナビゲーションは、用語セットというSharePoint特有のタグ体系を利用した設定で、論理的にナビゲーションを構成できます。管理ナビゲーションはどちらかというと開発者向けもしくは上級者向けの設定であり、事前のナビゲーション構成の設計なども必要で設定も複雑です。まずは構造ナビゲーションが理解できていれば運用は可能であるため、本書では構造ナビゲーションだけ取り上げます。

ナビゲーション設定の全体構成は次のとおりです。この設定は、［サイトの設定］ページの［外観］セクションにある［ナビゲーション］をクリックすると確認できます。

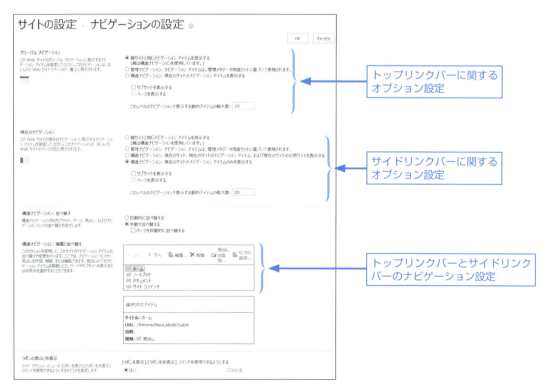

グローバルナビゲーションにサブサイトを表示しよう

グローバルナビゲーションにサブサイトを表示することができます。このとき、設定するサイトがサイト階層構造上のどこに当たるのかを考えて設定しましょう。サブサイトを表示するには、その親となるサイトのグローバルナビゲーションで［サブサイトを表示する］チェックボックスをオンにします。これによってサブサイトが自動的に表示されるようになります。

サブサイトが増えればその分だけ自動的にリンクが追加されていくため、グローバルナビゲーションのオプションでは、[このレベルのナビゲーションで表示する動的アイテムの最大数]が指定できるようになっています。既定値は20です。

では具体的な設定について説明しましょう。たとえば、次のような構成になっている場合に、［サブサイトに表示する］設定をトップレベルサイトで有効にすると、トップリンクバー部分にはSubSite AとSubSite Bのリンクが表示されます。

さらに、SubSite Bで［サブサイトを表示する］設定を有効にすると、次のようにSubSite Bのリンク部分がドロップダウンメニューになります。

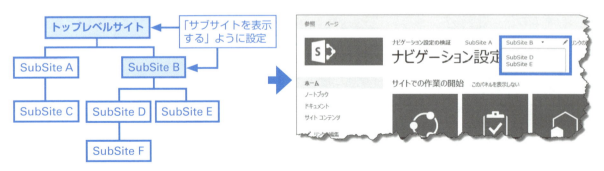

さらに、SubSite Dで［サブサイトを表示する］設定を有効にすると、SubSite Dにさらにナビゲーションが追加されます。トップリンクバーでの階層化表示はこのように最大4階層までであり、これ以上は表示できません。

サブサイトでグローバルナビゲーションを表示しよう

　サブサイトでは、親レベルのサイトのナビゲーション設定を引き継ぐか、現在のサイトのナビゲーションだけにするのかを指定できます。ちなみに、親のレベルのサイトのナビゲーションを引き継ぐ設定が本来のグローバルナビゲーションであり、トップレベルサイトでもサブサイトでも共通のナビゲーション表示になります。この時、サブサイトのレベルではトップリンクバーのナビゲーションは編集できません。あくまでも継承元となる親のサイトレベルで設定します。

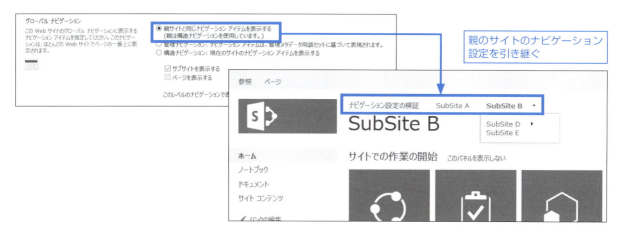

　ただし、前述したとおり現在のサイトもしくは現在のサイト以下のみ表示させるようにも設定できます。先ほどとは異なり、トップリンクバーのリンク表示は現在のサイトレベルで変更できます。

トップリンクバーやサイドリンクバーのナビゲーションを構成しよう

　トップリンクバーやサイドリンクバーのナビゲーション設定は、[ナビゲーションの設定]ページ内の[構造ナビゲーション：編集と並び替え]で行います。ちなみに先ほどのサブサイトを自動表示する場合と異なり、手動で構成する場合は2階層までしか設定できません。つまり、見出しレベルと見出しの配下の2つです。

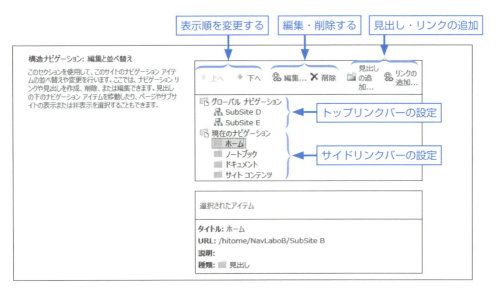

　見出しと**リンク**は、どちらも設定項目は基本的に同じです。違いは**見出し**にしておくと、配下にリンクを追加できるため2階層で表示できることです。また、**見出し**の場合はURLを省略できます。

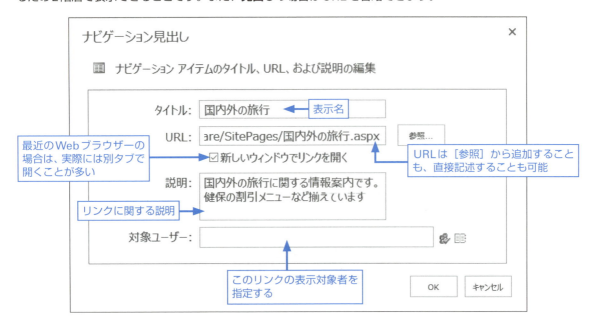

第7章 ナビゲーションを変えよう

ヒント

対象ユーザーについて

ナビゲーション設定で対象ユーザーを指定すると、特定のメンバーにのみリンクが表示されるようになります。対象ユーザーは、実は非常に古くからある設定です。SharePoint 2007より前のバージョンのSharePointにはアクセス権限設定の概念がなく、コンテンツの表示/非表示のみを管理していました。その際に利用されていたのが**対象ユーザー**という設定です。現在はアクセス権限の設定ができるため使う機会が減っているものの、Webパーツ設定やナビゲーション設定に残っています。SharePointの管理下にあるコンテンツはアクセス権限で対応できますが、外部のコンテンツへのリンクはSharePointの権限管理の範疇外です。そのため、こうしたリンクに対して特定のメンバーしか表示できない設定が必要になってくることがあります。対象ユーザーでは、次のグループを指定できます(ユーザー個人は指定できません)。

- 配布/セキュリティグループ
- SharePoint グループ
- グローバル対象ユーザー

見出しとリンクを追加しよう

❶ Webブラウザーを使って目的のSharePointサイトにアクセスする。

❷ [設定](歯車のアイコン)をクリックし、[サイトの設定]をクリックする。

❸ [外観]セクションにある[ナビゲーション]をクリックする。

❹ [構造ナビゲーション:編集と並び替え]セクションまでスクロールする。

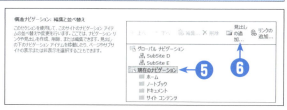

❺ ここではサイドリンクバーに追加するために[現在のナビゲーション]を選択する。

❻ [見出しの追加]をクリックする。

❼ タイトル、URL、説明などを入力する。
※この例では見出しを設定しているためURLは指定しなくてもよい。

❽ [OK]をクリックする。

❾ 見出しが追加されたことがわかる。

❿ 見出しの表示位置を調整するために、[上へ]をクリックする。
※適宜、[上へ]または[下へ]をクリックする。

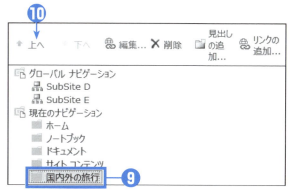

❶❶ 続いて見出しの配下にリンクを追加するために［リンクの追加］をクリックする。

❶❷ タイトル、URL、説明などを入力する。

❶❸ ［OK］をクリックする。

❶❹ ［国内外の旅行］の見出しの下に［おすすめ温泉宿］が追加されたことがわかる。

❶❺ 別の見出しの下に移動したり、見出しと同レベルに移動したりしたい場合は［上へ］、［下へ］をクリックして調整する。

❶❻ ［OK］をクリックする。

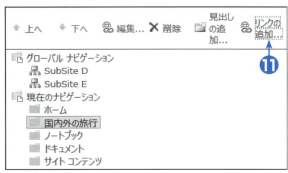

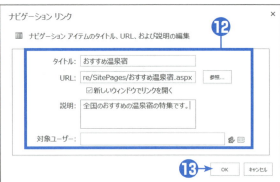

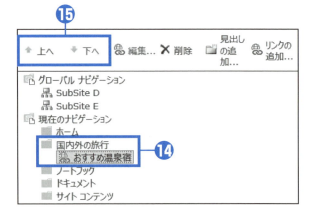

サイトの見た目(外観)を変えてみよう

第 8 章

1 サイトの見た目(外観)をカスタマイズしよう

この章では、サイトの見た目の変更方法を説明します。

1 サイトの見た目（外観）を カスタマイズしよう

　SharePointサイトの見た目（外観：Look and Feel）に関する設定は、［サイトの設定］ページの［外観］セクションで行います。［外観］セクションは、第7章でも説明したようにサイトの設定によって表示されるメニュー項目が変わってきます。
　しかし、いずれの場合にも共通するメニュー項目も存在します。サイトの基本的な外観設定として次の2つの設定が理解できていれば十分です。

・［外観の変更］でテーマを利用して外観を設定する。
・［タイトル、説明、ロゴ］でタイトルや説明、ロゴを設定する。

　この章では上記の2つの設定手順を説明します。逆に言えば、ここで紹介する以上のカスタマイズがしたい場合はスタイルシート作成も含めコーディングを伴う開発が必要です。ただし、本書ではコーディングに関しては範囲を超えるため割愛します。

ヒント

デザインのカスタマイズに欠かせないJavaScript

　第5章でマスターページについて少し触れましたが、サイト内の構成（骨組み）を変える場合は、マスターページを編集する必要があります。たとえば、検索メニューの位置やサイドリンクバーの位置を変えたいといった場合です。マスターページを編集するには、多少のASP.NETの知識が必要となるためハードルは高めです。また、マスターページをカスタマイズすると保守メンテナンスが煩雑になりがちであるため、最近の主流はなるべくマスターページを編集せずに、JavaScriptやjQueryを使ってカスタマイズします。たとえば、カスタムフッターを生成したりできます。
　また、SharePoint 2016はレスポンシブWebデザインになっていません。レスポンシブWebデザインとは、Webブラウザーの幅によりレイアウトを動的に変えるしくみのことです。モバイル端末の利用が増えたことにより、現在では多くのインターネット上のWebページが対応しています。とはいえ、SharePoint 2016にレスポンシブWebデザインを組み込むことは可能であり、マイクロソフトは無償のサンプルコードと手順を公開しています。これにも主にJavaScriptが使われています。詳しくは下記のURLを参照してください。

「Announcing Responsive UI Package for SharePoint on-premises（2013 and 2016）」
http://dev.office.com/blogs/announcing-responsive-ui-package-for-sharepoint-on-premises-2013-2016

　リストやライブラリのビューをカスタマイズしたい場合は、基本的にはJSLinkというしくみを使ったカスタマイズが主流です。これも結局、JavaScriptを使ってビューを制御します。たとえば、Excelの条件付き書式のようにリストで特定の列の値が条件を満たしている時にはアイテム行の色を変えるとかいったことが可能です。
　以上のように、JavaScriptを使うと何かと小回りの利くカスタマイズができます。SharePointのカスタマイズを考えている方にとっては、JavaScriptの習得が欠かせなくなってきています。

外観（Look and Feel）を変更しよう

外観はサイトごとに変更できます。基本的にはサイトの管理者が行います。設定はウィザード形式になっており、背景の色合い、リンクの色合い、SeattleまたはOsloレイアウト（マスターページ）の切り替え、背景画像を設定できます。複数の似たようなサイトが作成されると一見どのサイトかわかりにくくなるため、外観の変更設定をうまく活用して見分けやすくしましょう。

❶ Webブラウザーを使って目的のSharePointサイトにアクセスする。

❷ ［設定］（歯車のアイコン）をクリックし、［サイトの設定］をクリックする。
※ここで［外観の変更］をクリックすると、手順❹にショートカットできる。

❸ ［サイトの設定］ページの［外観］セクションにある［外観の変更］をクリックする。

❹ 既定では18種類のテーマが用意されている。イメージに近いテーマのサムネイル画像をクリックする。

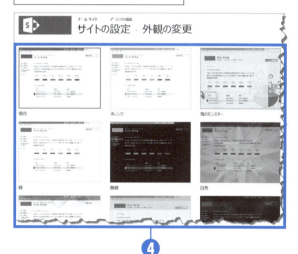

❺ 背景画像を指定する部分には、好きな画像をドラッグアンドドロップしても差し替えられる。ただし、画像は150KBまでのサイズである必要がある。[削除]すれば背景画像なしになる。

❻ カラーパレットを選択することで、画面上部のスイートバーやハイパーリンクの色合い、背景色の色合いなどが変わる。

❼ [サイトのレイアウト]で、[Seattle]または[Oslo]を選択する。

❽ [フォント]で、適切なフォントを選択する。

❾ [プレビュー]をクリックする。

❿ プレビュー画面が表示される。確定する場合は画面右上の[はい、確定します]をクリックする。前のページに戻る場合は[いいえ、まだ完成ではありません]を選択する。ここでは確定させる。

⓫ 外観が変更されたことを確認できる。

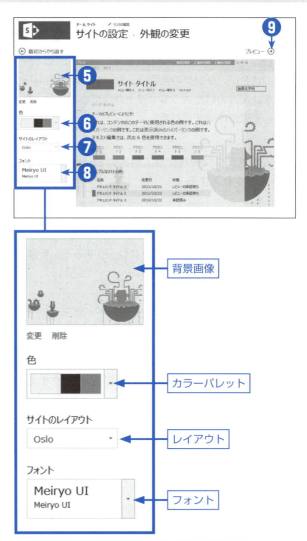

ヒント

Osloレイアウトと背景画像

チームサイトには既定でSeattleレイアウトが適用されていますが、これをOsloに変更すると、トップリンクバー部分にサイドリンクバーの内容が移動し、サイドリンクバーは非表示になります。ナビゲーション領域が減ってしまいますが、本文領域を広くすっきり見せられます。そのため、たとえば背景画像を設定するならOsloレイアウトが適しています。背景画像を設定することで、全体が比較的華やかに見えます。

Seattleレイアウト（背景画像なし）

Osloレイアウト（背景画像あり）

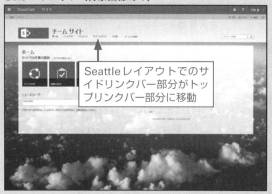

Seattleレイアウトでのサイドリンクバー部分がトップリンクバー部分に移動

ヒント

サイトの既定の言語によって異なる"選べるフォント"

SharePointは多言語対応になっています。サーバー管理者があらかじめ複数の言語パックをサーバーに適用していると、同じサイトを複数の言語で表示できるようになります。詳しくは「第18章 サイトの基本設定を行おう」で説明しますが、この言語設定は外観に多少影響します。たとえば表示言語が日本語の場合は、利用できるフォントの種類がMeiryoまたはMeiryo UIのいずれかです。しかし英語の場合は、次の図のように、この種類がぐっと増えます。

サイトの言語が「日本語」

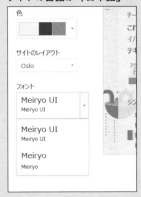

サイトの言語が「英語」

選択できるフォント数が日本語の場合より多い

タイトル、説明、ロゴを変更する

　外観だけでなくサイトのタイトルや説明、ロゴも差し替えられます。これはサイトごとに設定できますが、サイトの管理者権限が必要です。ちなみに、サイトの説明は基本的に直接ユーザーの目に触れることは少なく、サイトを検索したときなどに表示されます。

❶ Webブラウザーを使って目的のSharePointサイトにアクセスする。

❷ ［設定］（歯車のアイコン）をクリックし、［サイトの設定］をクリックする。

❸ ［サイトの設定］ページの［外観］セクションにある、［タイトル、説明、ロゴ］をクリックする。

❹ タイトル、説明を必要に応じて変更する。

❺ ［ロゴの挿入］では、［コンピューターから］または［SHAREPOINTから］のいずれかを指定できる。もちろん、画像のリンク先URLがわかっている場合は、直接URLを記述することもできる。画像のサイズは180×60だと収まりがよい。［説明の入力］には画像の説明を入力する。

❻ ［OK］をクリックする。

　ロゴを既定のロゴに戻す場合は、［ロゴの挿入］部分のフィールドを空にして［OK］をクリックします。

ヒント
サイトの説明は設定してもあまり意味がないのか？
SharePointの古いバージョンでは、サイトの説明はサイトのトップページの上部に表示されるようになっていました。これには、以前のバージョンにはWebパーツページしかなく、ページに直接文言を記載するのがあまり手軽ではなかったことが影響しているようです。しかし、SharePoint 2010以降ではWikiページの使い勝手が向上し、トップページに直接記述できるようになりました。サイトの説明はここに書くことが多く、現在ではサイトの設定内での説明は管理目的での利用がメインとなっています。

便利な機能を使ってみよう

第 9 章

1. Excelワークシートからカスタムリストを作成しよう
2. Excelにデータをエクスポートしよう
3. 通知機能を使おう
4. RSSフィードを使おう
5. 「いいね!」を配置しよう

ここまでリストやライブラリの基本的な使い方をひととおり説明してきました。この章では、Officeデスクトップアプリケーションとの連携機能など、知っておくと便利な機能を紹介します。

1 Excelワークシートから カスタムリストを作成しよう

Excelワークシートからカスタムリストを作成できます。ただし、新規にリストを作成するときに既存のExcelワークシートの情報が利用できるという意味であり、リスト作成後に既存のExcelからデータをインポートできるわけではありません。内部的にActiveXを使っており、この機能を利用するにはInternet Explorerとデスクトップ版のExcelが必要です。また、インポートするデータは単純なテーブルになっている必要があります。複雑な構造の表はインポートできません。また数千行もあるようなデータテーブルのインポートもエラーが発生しやすいです。最大100件程度のもので試すとよいでしょう。

今回インポート元となるExcelデータは、次の図で示す「資産管理台帳」を題材にしたテーブルを使います。

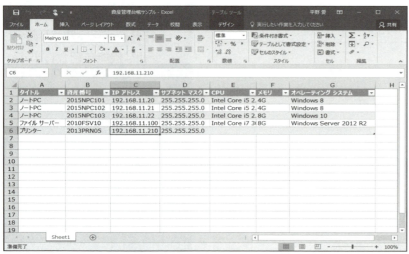

❶ Webブラウザーを使って目的のSharePointサイトにアクセスする。

❷ [設定] (歯車のアイコン) をクリックし、[アプリの追加] をクリックする。

❸ 検索ボックスに「インポート」と入力し、検索する。

❹ 検索結果として見つかる [スプレッドシートのインポート] をクリックする。

❺ [名前] に新規に作成するリストの名前を入力する。

❻ [説明] にリストの説明を入力する。

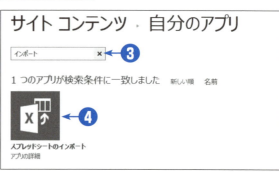

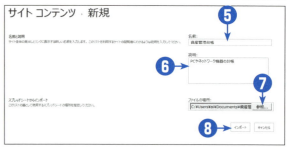

第9章　便利な機能を使ってみよう　235

❼ ［ファイルの場所］の［参照］をクリックし、インポートしたいExcelワークブックを指定する。

❽ ［インポート］をクリックする。

❾ Excelアプリケーションが起動する。［Microsoft SharePoint Foundationリストにインポート］ダイアログが表示されるため、［範囲の種類］と［範囲の選択］を指定する。

❿ ［インポート］をクリックする。

⓫ インポートが完了すると新規に作成されたリストが表示される。Excelスプレッドシートと同様に列が生成されており、アイテムが追加される。

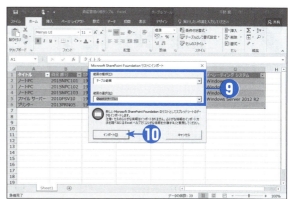

　Excelスプレッドシートからインポートすると列が自動生成されますが、必ずしも期待する列の種類が作成されるわけではありません。その場合は、必要に応じて列の種類を編集するようにしましょう。列の種類を変更するには、まずリボンメニューの［リスト］タブから［リストの設定］にアクセスします。［リストの設定］ページの［列］セクションから目的の列のリンクをクリックすれば、列の種類を変更できます。

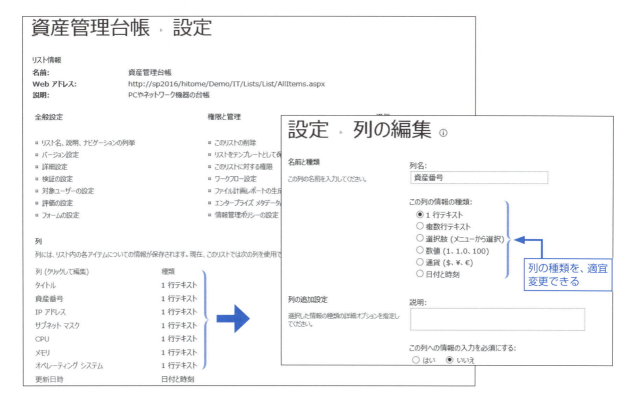

2 Excelにデータをエクスポートしよう

　リストやライブラリのビューに現在表示されている列の情報を、Excelファイルとしてエクスポートできます。ビューのフィルター条件も適用された状態でエクスポートできるため、この機能を使う場合はエクスポート用にビューを作成し、調整するとよいでしょう。これも内部的にActiveXを使っており、この機能を利用するにはInternet Explorerとデスクトップ版のExcelが必要です。

❶ Webブラウザーを使って目的のリストやライブラリにアクセスする。

❷ リボンメニューの［リスト］タブまたは［ライブラリ］タブにある［Excelにエクスポート］をクリックする。

❸ Webブラウザーの下部に表示される［ファイルを開く］をクリックする。

❹ Excelアプリケーションが起動し、［Microsoft Excelのセキュリティに関する通知］ダイアログが表示される。

❺ ［有効にする］をクリックする。

❻ Excelにデータがエクスポートされる。このとき、必ず「アイテムの種類」と「パス」列が作成されるが、必要に応じてこの列は削除してかまわない。

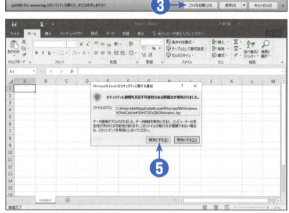

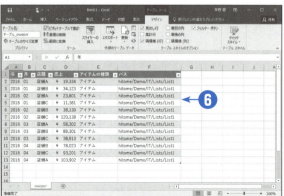

生成されたExcel内のテーブルデータを基にグラフなどを挿入できます。ファイルは任意の場所に保存できます。

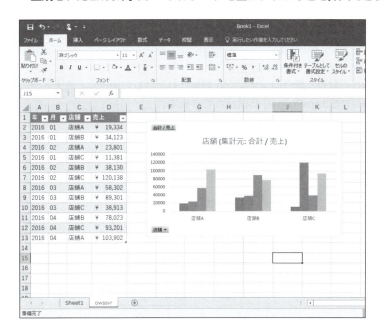

　なお、インポート元となるリストやライブラリのデータが更新された場合でも、再びエクスポートする必要はありません。このExcelファイルはSharePointへの接続を保持しているため、エクスポートしたワークシート内の任意のテーブルを右クリックし、［更新］をクリックすると最新のデータをダウンロードできます。ただし、Excel側からデータがSharePoint側にアップロードされることはありません。

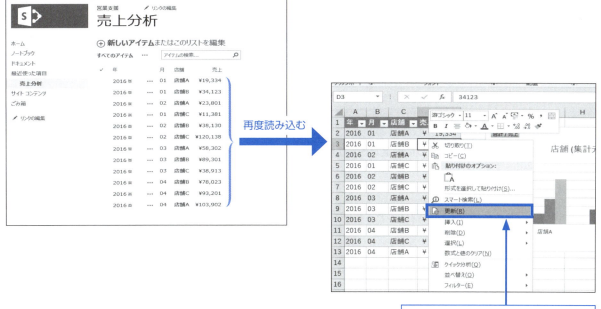

［更新］をクリックすることで、テーブル内のデータが基となるSharePoint上の最新情報で更新される

3 通知機能を使おう

リストやライブラリに最新のコンテンツが追加されたり、既存コンテンツが編集されたりした場合に、電子メールで通知する機能があります。次のようなメッセージがSharePointから送られてきます。

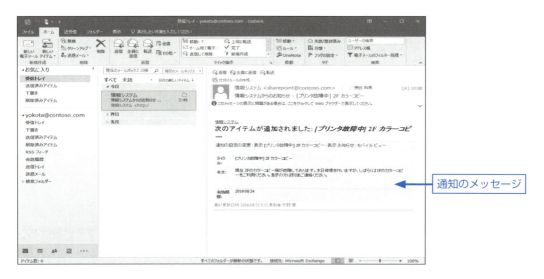

通知と言うと能動的に知らせてくれるイメージですが、SharePointの通知機能はどちらかと言うと購読機能であり、基本的にはユーザー自身が設定する機能です。ただし、サイトの管理者（フルコントロールアクセス許可レベル）を持っている場合は、他のユーザーに対しても通知を設定できます。

> **ヒント**
> **通知設定に必要なアクセス許可レベルとは？**
> ユーザーは最低限、リストやライブラリに対する閲覧アクセス許可レベルを持っていれば通知を設定できます。

通知を設定しよう

通知は任意のリストやライブラリに設定できますが、ここでは「お知らせ」リストに対して設定する手順を説明します。

❶ Webブラウザーを使って目的のリストまたはライブラリにアクセスする。

❷ [リスト] タブまたは [ライブラリ] タブにある [通知] をクリックし、[このリストに通知を設定] をクリックする。
※ [通知] は、予定表リストでは [予定表] タブ、アンケートでは [設定] メニューにある。

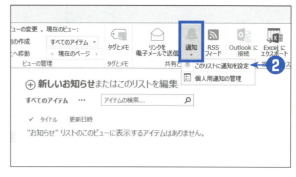

❸ 新しい通知の設定画面が表示される。

❹ ［通知のタイトル］には、既定でリストやライブラリ名が設定される。ただし、これがメールの件名に使われるため必要に応じて変更しておく。

❺ ［通知の送信先］に送信先となるユーザーを指定する。なお、一般ユーザーの場合はこの項目は表示されない。サイト管理者はここで複数のユーザーを指定できる。

❻ ［配信方法］では通常［電子メール］を選択する。もう1つの選択肢である［テキストメッセージ(SMS)］は、携帯電話などで使用するショートメールのことであるが、これを使うにはSMSのサービスを提供している通信キャリアとの契約とSharePointサーバー側の追加設定等が必要となる。

❼ ［通知の対象］では次の選択肢から1つ選ぶ。

- すべての変更（既定）
- 新しいアイテムの追加
- 既存のアイテムの変更
- アイテムの削除

※既定値のままだと、たとえばお知らせの内容の「てにをは」が変わっただけでもメールが通知されてくるため、必要に応じて対象を絞っておく方が望ましい。

❽ ［指定の変更に関する通知の送信］では次のオプションを指定できる。

- 変更があったとき（既定）
- 他のユーザーまたはグループがお知らせを変更したとき
- 作成したお知らせを他のユーザー/グループが変更したとき
- 最後に更新したお知らせを他のユーザー/グループが変更したとき
- 期限付きのお知らせが追加または変更されたとき
- 以下のビューに表示されるアイテムが変更されたとき（※既定のビュー以外があれば表示される）

※既定のビュー以外に複数のビューがあれば、その
ビューのフィルター条件に従って通知の対象を絞
り込むこともできる

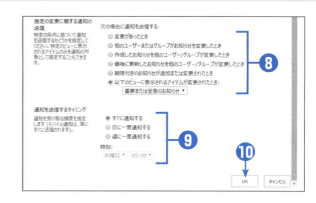

❾
［通知を送信するタイミング］で次の選択肢から送信
タイミングを指定する。

- すぐに通知する（既定）
- 日に一度通知する
- 週に一度通知する

※更新頻度が比較的高く、かつ即時性は重要視する
必要がなければ、［日に一度通知する］などに変更
しておくと送信されるメールの量を低減できる。

❿
［OK］をクリックする。

通知の設定では、リストやライブラリごとに［指定の変更に関する通知の送信］の項目が多少異なります。

ライブラリに対する通知設定

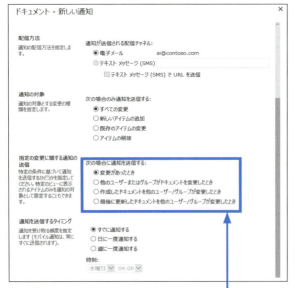

予定表に対する通知設定

リストやライブラリごとに設定項目が多少異なる

なお、ディスカッション掲示板ではリスト単位での通知設定はできず、ディスカッションごとに通知設定を行う必要があります。

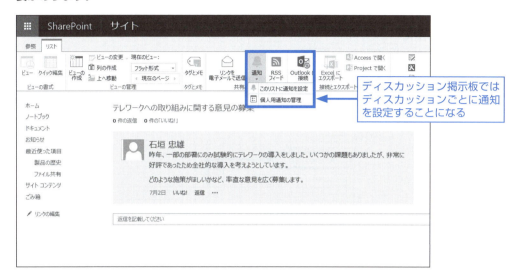

また、あまり利用頻度は高くありませんが、アイテム単位またはファイル単位でも通知設定は可能です。この通知設定は、リボンメニューの［アイテム］タブや［ファイル］タブに表示されます。一見設定が似ていますが、変更を監視する対象が異なるため注意してください。

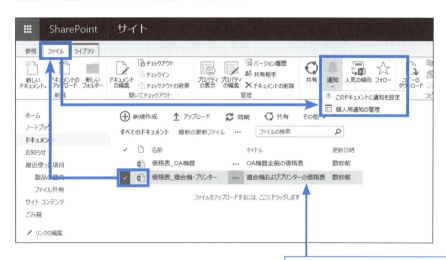

ヒント

通知の送付先の制約はあるのか

通知の送付先の制約があります。まず、社外の電子メールアドレスは指定できません。また、通知の送信先として指定できるのは電子メールアドレスを持つユーザーまたはActive Directoryのセキュリティグループです。同じActive Directoryのグループでも配布グループは利用できないので注意しましょう。

通知のオプション設定を変更または削除しよう

　通知のオプション設定の変更や不要になった通知の削除は、ユーザー自身で行います。通知の設定はサイトごとに管理されているため、こうした操作を行うには、各リストやライブラリの［通知］→［個人用通知の管理］をクリックし、［このサイトの個人用通知］ページにアクセスします。

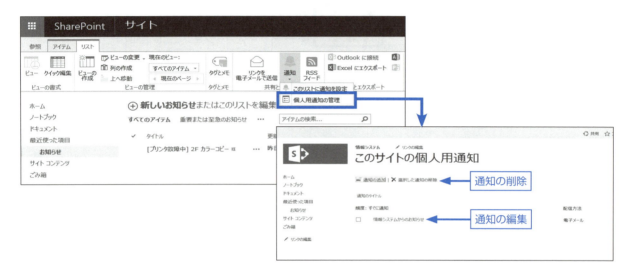

各ユーザーの通知を一括削除しよう

ユーザーに代わって、サイト管理者が各ユーザーの通知を削除することも可能です。

❶ Webブラウザーを使って目的のSharePointサイトにアクセスする。

❷ ［設定］（歯車のアイコン）をクリックし、［サイトの設定］をクリックする。

❸ ［サイトの管理］セクションにある［ユーザー通知］をクリックする。

❹ ［次のユーザーの通知を表示する］のドロップダウンメニューから目的のユーザーを選択する。

❺ ［更新］をクリックする。これにより選択したユーザーの通知設定が一覧表示される。

❻ 任意の通知を選択する。

❼ ［変更した通知の削除］をクリックする。

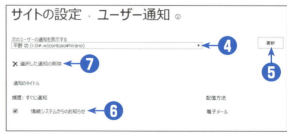

4 RSSフィードを使おう

　リストやライブラリでは、RSSフィードを利用できます。RSSフィードは、インターネット上にあるニュースサイトやブログなどでも提供されており、最新のコンテンツ情報を配信するのに使われます。RSSフィードは、RSSリーダーアプリケーションを使って購読します。Outlookでは、Outlook 2007以降にRSSリーダー機能が搭載されています。通知設定でも最新のコンテンツ情報を取得できますが、メール配信であるため他のメールに埋もれがちです。しかし、RSSフィードは受信トレイとは別の場所で受信するため、メールに埋もれません。そのため、未読既読の管理も容易です。ただ通知設定とは違い、サイトの管理者といえども別のユーザーの購読設定はできません。それぞれに使い勝手の善し悪しがあるため、好みの設定を使うようにしましょう。

> **ヒント**
> **RSSフィード利用に必要なアクセス許可レベルとは？**
> ユーザーは最低限、リストやライブラリに対する閲覧アクセス許可レベルを持っていればRSSフィードを設定できます。

Outlookを使ってRSSフィードを購読しよう

ここでは、Outlook 2016を使ってRSSフィードを購読する手順を説明します。

❶ Webブラウザーを使って目的のリストやライブラリにアクセスする。

❷ [リスト] または [ライブラリ] タブから [RSSフィード] をクリックする。
※ [RSSフィード] は、予定表リストでは [予定表] タブ、アンケートでは [設定] メニューにある。

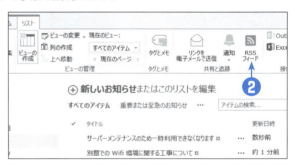

❸ Webブラウザーのアドレスバーに表示されているURLをコピーする。

❹ Outlookを起動する。

❺ 受信トレイの並びにある[RSSフィード]を右クリックし、[新しいRSSフィードの追加]をクリックする。

❻ [新しいRSSフィード]ダイアログが表示されたら、先ほどコピーしたRSSフィードのURLを貼り付ける。

❼ [追加]をクリックする。

❽ [はい]をクリックする。

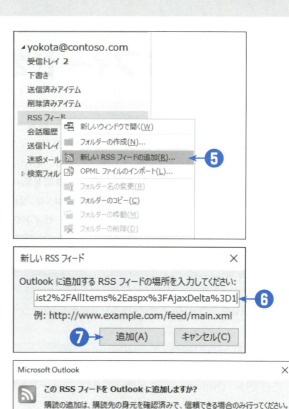

ヒント

購読したRSSフィードを削除するには

購読したRSSフィードをOutlookから削除するには、[RSSフィード]内に追加したフィードのフォルダーを右クリックし、[フォルダーの削除]をクリックします。

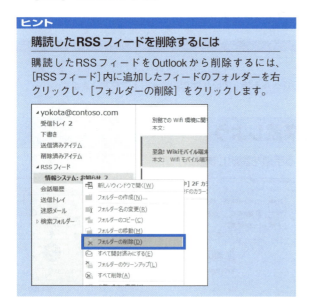

以上で、Outlookの[RSSフィード]に最新のお知らせのコンテンツが配信されてきます。

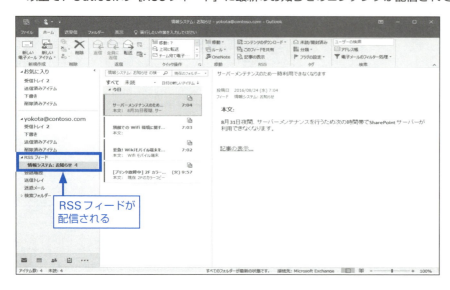

第9章　便利な機能を使ってみよう

5 「いいね！」を配置しよう

任意のリストやライブラリに対して、Facebook等でおなじみの"いいね！"リンクを設置できます。コミュニケーションを活性化するための手軽なコミュニケーション機能として利用できます。

> **ヒント**
> **いいね！をクリックするのに必要なアクセス許可レベルとは？**
> ユーザーは最低限、リストやライブラリに対する閲覧アクセス許可レベルを持っていればいいね！をクリックできます。

いいね！を「お知らせ」リストに設定しよう

ここでは、「お知らせ」リストを対象に設定します。

❶ Webブラウザーを使って目的のリストやライブラリにアクセスする。

❷ [リスト]タブにある[リストの設定]をクリックする。
※ライブラリの場合は[ライブラリ]タブにある[ライブラリの設定]をクリックする。

❸ [全般設定]セクションにある[評価の設定]をクリックする。

❹ [このリストのアイテムを評価できるようにする]を[はい]に変更する。

❺ [このリストに対し、どの投票または評価エクスペリエンスを有効にしますか？]を[いいね！]に変更する。

❻ [OK]をクリックする。

❼ お知らせリストのビューに戻ると、「いいね！」の数列が表示されるようになる。いいね！はリンクとなっておりクリックできる。

- ☺…自分以外が評価したときのアイコン
- ☺…自分が評価したときのアイコン

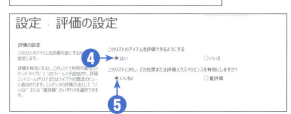

誰が"いいね！"をクリックしたかを確認したい場合は、アイコンにマウスをホバーさせると表示されます。

✓	タイトル		掲載日	「いいね!」の数	
	[人事異動] 鈴木部長就任 ※	…	2016/09/01	いいね!	
	春風園の無料招待券(先着50名) ※	…	2016/08/28	☺ 1	いいね!
✓	花火大会後の清掃活動ボランティア参加者募集 ※	…	2016/08/07	☺ 3	「いいね!」の取り消し
	配車の手続きが変わります ※	…	2016/08/04	自分 平野 愛	
	[9/1] 防災訓練を実施します ※	…	2016/08/01	横田 和馬	

第3部

応用的な使い方をマスターしよう

第10章　列をもっと使いこなそう
第11章　効率よくファイルを管理しよう
第12章　ソーシャルネットワーク機能を活用しよう
第13章　検索機能を活用しよう
第14章　ブログを使おう
第15章　コミュニティサイトを使おう
第16章　Office 365とSharePoint Onlineの最新動向

第2部では、SharePointサイト内に組み込むことのできる各種の基本機能を把握してきました。第3部では、次のステップとして把握しておくとよい応用的な使い方を中心に説明します。

列をもっと使いこなそう

第10章

1 一意な列を追加しよう
2 参照（Lookup）列を追加しよう
3 検証機能を利用しよう
4 集計値列を使ってみよう
5 特定の列をアイテム編集時に非表示にしよう

既にリストやライブラリに対して任意の列を追加できることを説明してきました。この章では、列の応用的な使い方を説明します。

1 一意な列を追加しよう

リストやライブラリに追加された列のうち、次の列の種類の場合は一意な列として指定できます。

・1行テキスト
・選択肢（単一値）
・数値
・通貨
・日付と時刻
・参照（単一値）
・ユーザーまたはグループ（単一値）
・管理されたメタデータ

"一意"というのは、値が"重複しない"という意味です。これを指定すると、同一リストやライブラリ内で、その列に既に同じ値が設定されているとアイテムの追加や保存ができなかったり、ファイルの場合は正常にチェックインできなかったりします。このようにして列の値の一意性が保てるようになります。

一意な列を設定するには、新規に列を作成する際に［列の追加設定］セクションで［固有の値を適用する］を［はい］にします。

ヒント
大文字、小文字の区別や半角カタカナの区別はある？
一意に指定された列の値は、大文字小文字や半角カタカナの区別はされません。たとえば、既に"SharePoint"という値を持つアイテムがある場合、別のアイテムで大文字の"SHAREPOINT"という値を設定しようとするとエラーとなります。これは半角でも全角でもエラーになります。そのため、半角カタカナも同様です。既に"シェアポイント"という値がいずれかのアイテムで使われていれば、半角の"ｼｪｱﾎﾟｲﾝﾄ"は利用できません。

一意な列を持つリストを作成しよう

一意な列はリストやライブラリで利用できますが、実際にはリストで利用するケースが多いため、今回は次のような「商品リスト」を作成し、商品名が重複しないようにします。

商品リスト

	タイトル		単価	梱包単位
	果汁100%オレンジジュース	…	120	370ml × 12パック
	果汁100%りんごジュース	…	120	370ml × 12パック
	果汁100%グレープフルーツ ジュース	…	140	370ml × 12パック
	果汁100%ぶどうジュース	…	130	370ml × 12パック

第10章　列をもっと使いこなそう

❶ Webブラウザーを使って目的のSharePointサイトにアクセスする。

❷ [設定]（歯車のアイコン）をクリックし、[アプリの追加]をクリックする。

❸ [カスタムリスト]をクリックする。

❹ [名前]に「商品リスト」と入力する。

❺ [作成]をクリックする。

❻ 作成された商品リストにアクセスする。

❼ リボンメニューの[リスト]タブから[列の作成]をクリックする。

❽ [列名]に「単価」と入力する。

❾ [この列の情報の種類]で、[数値]を選択する。

❿ [OK]をクリックする。

⓫ 再びリボンメニューの[リスト]タブから[列の作成]をクリックする。

⓬ [列名]に「梱包単位」と入力する。

⓭ [この列の情報の種類]で、[1行テキスト]を選択する。

⓮ [OK]をクリックする。

⓯ [リスト]タブから[リストの設定]をクリックする。

⓰ [列]セクションにある[タイトル]をクリックする。

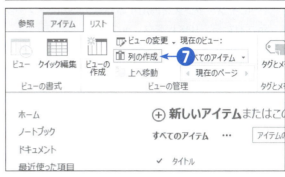

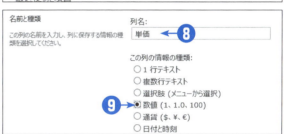

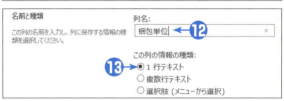

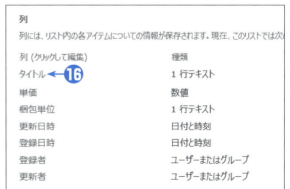

❶ [固有の値を適用する] を [はい] に設定する。

❶ [OK] をクリックする。

❶ 「列にインデックスを追加する」旨のメッセージが表示されたら、[OK] をクリックする。

❷ 完成したリストにいくつかアイテムを追加してみる。

❷ アイテム作成時に既に登録済みのタイトルと同じ商品名を指定して、[保存] をクリックする。するとタイトル列部分にエラーメッセージとして「この値は既にリストに存在しています。」というメッセージが表示され、アイテムが保存できないことを確認する。

　ちなみに、今回はカスタムリストであったため既存のタイトル列を一意に設定しましたが、ライブラリの場合は"タイトル"列を一意にすることはできません。注意しましょう。

ヒント

リストやライブラリ内のID列とは？

リストやライブラリで既定では表示されていない列にID列があります。この列は既定で用意されている列であり、アイテムごとに1から順に自動的に番号が振られる一意な列です。この列はビューを編集することで追加表示できます。

ビューを編集し、ID列を追加表示するようにしている

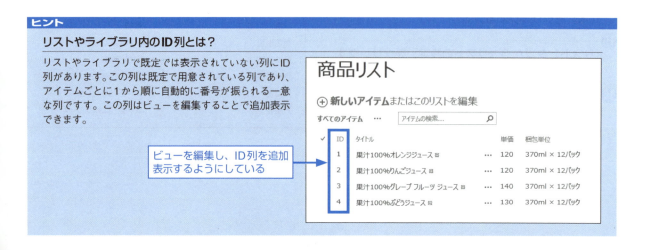

2 参照（Lookup）列を追加しよう

　列の種類に参照（Lookup）列があります。この列を追加することで、別のリストの列の値を選択肢として利用できるようになります。

　選択肢列を使う場合との大きな違いは、項目を誰が管理するかという点です。選択肢列では、選択肢の項目の追加や削除は、サイトの管理者またはリストやライブラリの管理者が行います。つまり、一般ユーザーは管理できないことも多いのです。しかし、参照列を使えば、参照先のリストへのアイテム追加や削除は一般ユーザーでも行えるため、エンドユーザーレベルで選択肢のメンテナンスができます。とはいえ、参照先は同一サイト内であることに加え、参照できないタイプの列もあるため注意が必要です。

　参照列として追加できる参照先のリストの列の種類は、次のとおりです。

- ・1行テキスト
- ・数値
- ・日付と時刻

　参照列を追加する場合、参照先のリストで選択肢として表示できるのは1つの列のみですが、関連する列を追加設定することで、ビュー上に自動的に表示することも可能です。

> **ヒント**
>
> **リストやライブラリに追加できる参照列の数の上限**
>
> 1つのリストやライブラリ当たり、追加できる参照列の数は最大で12個（既定値）までとなっています。この制限は、参照列の仲間である"ユーザーとグループ"列にも適用されます。ただし、サーバーの管理者はこの上限を変更できるため、組織ごとに上限値を確認しておくとよいでしょう。

参照列を追加しよう

この章の1で作成した"商品リスト"を参照する「受注リスト」を作成し、動作確認してみましょう。

❶ Webブラウザーを使って目的のSharePointサイトにアクセスする。

❷ ［設定］（歯車のアイコン）をクリックし、［アプリの追加］をクリックする。

❸ ［カスタムリスト］をクリックする。

❹ ［名前］に「受注リスト」と入力する。

❺ ［作成］をクリックする。

❻ 受注リストにアクセスする。

❼ リボンメニューの［リスト］タブから［列の作成］をクリックする。

❽ ［列名］に「商品名」と入力する。

❾ ［この列の情報の種類］で、［参照］を選択する。

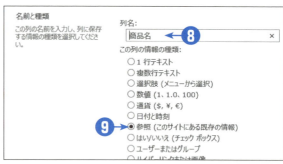

❿ ［列の追加設定］セクションの［情報の取得先］で［商品リスト］を選択する。

⓫ ［取得する列］で［タイトル］を選択する。

⓬ ［以下のフィールドを表示する列を追加］で［単価］をオンにする。

⓭ ［OK］をクリックする。

⓮ 再びリボンメニューの［リスト］タブから［列の作成］をクリックする。

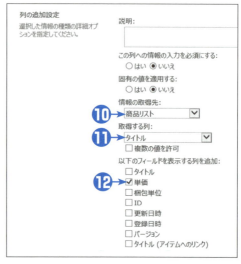

第10章 列をもっと使いこなそう　255

⑮ [列名] に「数量」と入力する。

⑯ [この列の情報の種類] で、[数値] を選択する。

⑰ [小数点以下桁数] で、[0] を選択する。

⑱ [既定値] で「0」を指定する。

⑲ [OK] をクリックする。

⑳ 再びリボンメニューの [リスト] タブから [列の作成] をクリックする。

㉑ [列名] に「受注日」と入力する。

㉒ [この列の情報の種類] で、[日付と時刻] を選択する。

㉓ [OK] をクリックする。

㉔ 再びリボンメニューの [リスト] タブから [列の作成] をクリックする。

㉕ [列名] に「配送日」と入力する。

㉖ [この列の情報の種類] で、[日付と時刻] を選択する。

㉗ [OK] をクリックする。

㉘ リボンメニューの [リスト] タブから [リストの設定] をクリックする。

㉙ [列] セクションにある [タイトル] をクリックする。

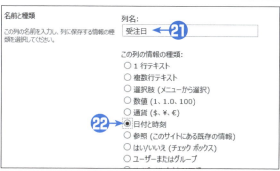

㉚ [列名]を「出荷先」に変更する。

㉛ [OK]をクリックする。

㉜ 受注リストにアクセスする。

㉝ [新しいアイテム]をクリックする。

㉞ [商品名]に商品リスト内の既存アイテムのタイトルが選択肢として表示されていることがわかる。任意の値を指定する。

㉟ [保存]をクリックする。

㊱ ビューには商品名だけでなく、商品の単価も一緒に表示される。

㊲ 商品名部分はリンクになっており、クリックすると、受注リストではなく商品リストのアイテムが表示される。

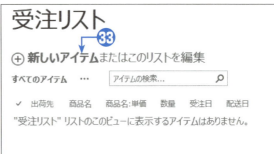

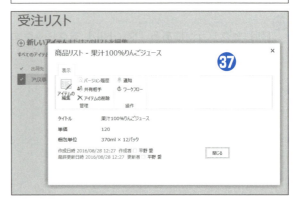

リレーションシップのオプション設定を確認しよう

参照列には、次の2つのリレーションシップのオプションがあります。既定では両方オフです。

・連鎖削除
・制限削除

連鎖削除をオンにすると、参照されているアイテムがある場合に、参照元のアイテムを削除すると参照先も同時に削除されるようになります。ごみ箱に移動したアイテムはごみ箱から復元でき、参照先と参照元の両方のアイテムが戻ります。

制限削除をオンにした場合は、参照元となるリストでアイテムを削除しようとした時に、そのアイテムが参照されていればエラーを表示して削除を制限します。

検証機能を利用しよう

　列の値が妥当かどうかを検証するための簡単な式を指定できます。この設定は、列単位またはリスト単位（ライブラリを含む）で設定しますが、多くがリスト単位での設定です。リスト単位で設定する場合は、リスト内の複数の列を比較検証できます。なお、列またはリストに設定できる式は1つだけです。

リストに対して検証を設定しよう

　この章の2で作成した「受注リスト」には受注日と配送日の2つの列がありますが、既定では受注日に配送日よりも後の日付を指定できてしまいます。ここでは、配送日は発注日以降を指定しないとエラーを表示するように設定します。

❶ Webブラウザーを使って目的のリストにアクセスする。ここでは"受注リスト"にアクセスする。

❷ リボンメニューの［リスト］タブから［リストの設定］をクリックする。

❸ ［全般設定］セクションにある［検証の設定］をクリックする。

❹ ［数式］に、妥当だと判定するための式として「[配送日]>=[受注日]」と入力する。

❺ ［ユーザーメッセージ］に、妥当だと判定されなかった場合のメッセージを入力する。

❻ ［保存］をクリックする。

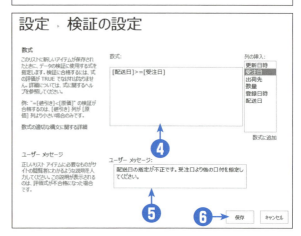

　以上のように設定したら、このリストアイテムの配送日に受注日より前の日付を指定して保存を試みるとエラーが表示され、アイテムを保存できないことを確認しましょう。

4 集計値列を使ってみよう

　集計値列を使うことで、アイテムごとの簡易的な計算などができます。Excelでサポートされるのと同じような関数も利用できます（Excelとまったく同等というわけではありません）。

　たとえば、次のような生徒の試験結果を管理する「成績管理」リストがあった場合に、生徒の合計得点を集計値列として追加する手順は次のとおりです。なお、このリストはカスタムリストを基に作成しており、各教科の列は数値列として追加しています。

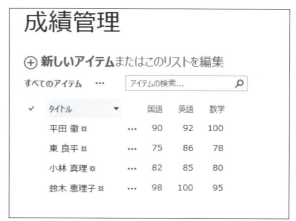

❶ Webブラウザーを使って目的のリストにアクセスする。ここでは"成績管理"リストにアクセスする。

❷ リボンメニューの［リスト］タブから［列の作成］をクリックする。

❸ ［列名］に「総得点」と入力する。

❹ ［この列の情報の種類］で、［集計値］を選択する。

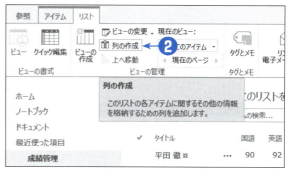

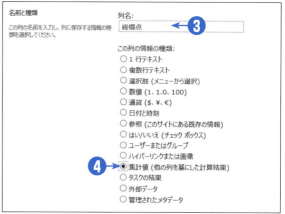

❺
[数式]に「[英語]+[国語]+[数学]」と入力する。追加したい列は、[列の挿入]から追加することもできる。
※[列の挿入]に表示されない列はサポートされない列である。
※列を参照する場合は、名前にスペースや特殊文字が含まれている場合に角かっこ（[]）で囲む必要がある。また、大文字小文字は区別されない。

❻
[この式から返されるデータの種類]で、[数値]を選択する。

❼
[OK]をクリックする。

❽
追加した総得点の列が表示されるようになる。

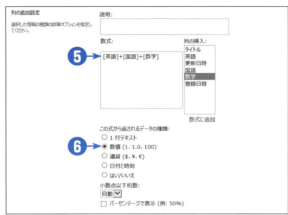

　式にはIF関数や文字列連結なども指定できます。IF関数を使用する場合、ネストできるのは8つまでです。また式は1024文字までしかサポートされないので注意しましょう。

式の例

目的例	式	返されるデータの種類
登録日から年と月を取得する（アイテムを月ごとにグループ化表示するのに利用）	YEAR([登録日時])&"年"&MONTH([登録日時])&"月"	1行テキスト
得点が80点以上なら合格と表示し、80点より下回る場合は不合格と表示する	IF([得点]>=80,"合格","不合格")	1行テキスト

　その他の数式の例に関しては、マイクロソフトのOfficeサポート文書を参照してください。

「SharePointリストの一般的な数式の例」
https://support.office.com/ja-jp/article/SharePoint-リストの一般的な数式の例-d81f5f21-2b4e-45ce-b170-bf7ebf6988b3

以上のように集計値列はアイテム単位での計算が可能です。ただし、別の行を参照したり、別のリストやライブラリの列を参照したりすることもできません。そのため数式内では参照列は利用できません。またビュー内の複数のアイテムの特定の列を横断的に集計することはできません。これはビューの集計設定を使うか、Excelにエクスポートして計算する必要があります。

ビューを編集し、列ごとの計算を行っている例

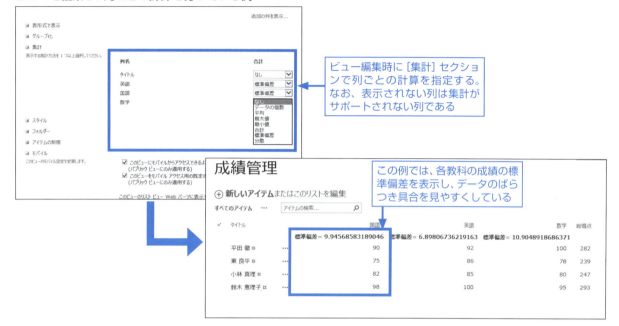

> ビュー編集時に[集計]セクションで列ごとの計算を指定する。なお、表示されない列は集計がサポートされない列である

> この例では、各教科の成績の標準偏差を表示し、データのばらつき具合を見やすくしている

ヒント

集計値列を使ったちょっとした裏技

集計値列をちょっと工夫することでHTMLタグを記述できます。コツは表示形式を数値にしておくことです。たとえば、次の成績管理リストの例では"評価"という集計値列を追加し、次のように式を記述します。

式……　=IF(AVERAGE([英語],[数学],[国語])>=90,"<div style='border-radius:50%;border:1px solid red; width:20px;height:20px;color:red;text-align:center;padding-right:2px'>優</div>","")

返されるデータの種類……　数値

これにより、各教科の平均が90点を上回っている場合は"優"という文字が表示されるのですが、赤色でかつ丸い枠が表示されるようになります。
ただし、あくまでも簡易的な設定であり、Excelワークブックの条件付き書式のような細かいカスタマイズを行う場合はJavaScriptを使ったJSLinkを用いることをお勧めします。

5 特定の列をアイテム編集時に非表示にしよう

リストやライブラリに追加する列は、ビューには表示してもアイテム編集時には非表示になるように隠しフィールドとして設定できます。これはリストの詳細設定でコンテンツタイプの管理を許可することで可能になります。たとえば、リストの多くはタイトル列を持っていますが、列の種類は1行テキストに固定されており削除できません。また、そもそもタイトル列はビュー上ではアイテム表示フォームへのリンクが生成されるようになっています。この列をビューから非表示にすると操作性が悪くなることあります。そのため、タイトル列は残しつつ既定値に"表示"などの文言を入力しておき、ビュー上には表示するもののアイテム編集時には非表示にするといった対応をすることがあります。もちろん、タイトル以外の列も隠しフィールドとして設定できます。

タイトル列を隠しフィールドとして設定しよう

ここでは、カスタムリストを対象にタイトル列を非表示にする手順を説明します。

❶ Webブラウザーを使って目的のリストにアクセスする。

❷ リボンメニューの［リスト］タブにある［リストの設定］をクリックする。

❸ ［列］セクションにある［タイトル］をクリックする。

❹ ［既定値］に「表示」と入力する。

❺ ［OK］をクリックする。

❻ ［全般設定］セクションにある［詳細設定］をクリックする。

❼ ［コンテンツタイプの管理を許可する］を［はい］に設定する。

❽ ［OK］をクリックする。

❾ ［リストの設定］ページに［コンテンツタイプ］セクションが表示されるようになる。

❿ ［アイテム］をクリックする。

⓫ [タイトル] をクリックする。

⓬ [列設定] で [非表示] を選択する。

⓭ [OK] をクリックする。

⓮ [列] セクションのタイトル列の状態を確認すると「隠しファイル」となっている。

以上の設定で、リストアイテムの作成、編集、表示画面に指定した列が表示されなくなります。

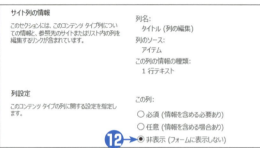

> **ヒント**
>
> **列ごとに条件による表示/非表示はできるのか?**
>
> ある列を選択すると、特定の列が表示または非表示になる。あるいは特定のユーザーがアクセスした時には特定の列しか表示させないといったニーズがありますが、Webブラウザー上からの単純な設定だけでは、こうした制御はできません。JavaScript などによる制御が必要です。

クイック編集機能をオフにしよう

特定の列を隠しフィールドとして指定しても、クイック編集ビュー上からは編集できてしまいます。クイック編集機能は次の手順でオフにできます。

❶ Webブラウザーを使って目的のリストにアクセスする。

❷ リボンメニューの [リスト] タブから [リストの設定] をクリックする。

❸ [全般設定] セクションにある [詳細設定] をクリックする。

❹ クイック編集を [いいえ] に変更する。

❺ [OK] をクリックする。

以上の設定で、[クイック編集] メニューがグレーアウトされ、利用できなくなります。

効率よくファイルを管理しよう

第11章

1 フォルダーとメタデータ（ファイルの付加情報）をうまく使おう
2 ファイルを同時編集（共同編集）しよう
3 バージョン管理しよう

ファイル管理の中心はドキュメントライブラリです。第3章や第5章でライブラリの基本的な使い方を説明してきました。この章では、応用的なライブラリの使い方を説明します。

1 フォルダーとメタデータ（ファイルの付加情報）をうまく使おう

　ライブラリ内でファイルを仕分けるには、従来のファイルサーバーと同様にフォルダーを使う方法があります。SharePointでは、これ以外にも任意の列をメタデータ（付加情報）としてファイルの仕分けに利用できます。メタデータはタグの一種です。ところでフォルダーは固定的な場所であり物理的な分類です（フォルダー以外にも物理的な分類としては、サイトコレクション、サイト、ライブラリがあります）。フォルダー構造が複雑になると、構造を変えるのは容易ではありません。しかし、メタデータは論理的な分類であるため、保存場所を変えずメタデータだけ差し替えられます。また、メタデータを使うことで、複数のサイトコレクションや複数のライブラリ、複数のフォルダーを横断的に検索しながらも、特定の列の値を条件にして絞り込んだ検索が可能になります。双方のいいとこ取りをするために、フォルダーばかりでなく列もうまく使っていくことがSharePointならではの利点を生かすことにもつながります。

フォルダーとメタデータを組み合わせた利用イメージ

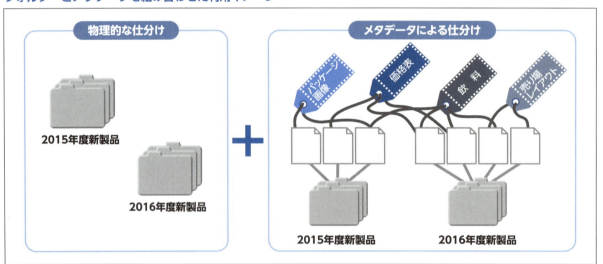

ライブラリに列を追加しよう

　リストと同様にライブラリにも列が追加できます。列はライブラリではプロパティとも呼ばれるので覚えておいてください。プロパティはファイルの属性という意味合いです。

❶ Webブラウザーを使って目的のSharePointサイトにアクセスする。

❷ ［設定］（歯車のアイコン）をクリックし、［アプリの追加］をクリックする。

❸ ［ドキュメントライブラリ］をクリックする。

第11章　効率よくファイルを管理しよう

❹ [名前] に「顧客別ドキュメント」と入力する。

❺ [作成] をクリックする。

❻ 顧客別ドキュメントライブラリにアクセスする。

❼ リボンメニューの [ライブラリ] タブから [列の作成] をクリックする。

❽ [列名] に「ドキュメントの種類」と入力する。

❾ [この列の情報の種類] で、[選択肢] を選択する。

❿ [この列への情報の入力を必須にする] で [はい] を指定し、必須の列として指定する。

⓫ 選択肢を適宜入力する。

⓬ 既定値はクリアする。

⓭ [OK] をクリックする。

⓮ 追加した列でグループ化表示するために、リボンメニューの [ライブラリ] タブから [ビューの変更] をクリックする。

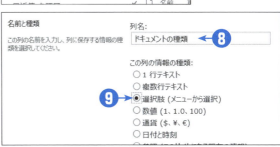

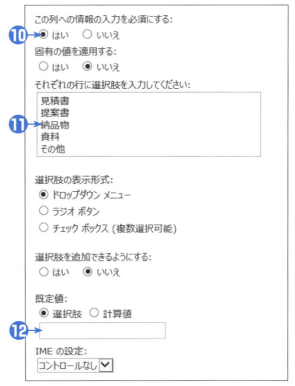

⑮ ［最優先する列］で、［ドキュメントの種類］を選択する。

⑯ ［既定のグループの展開方法］で［展開］を選択する。

⑰ ［OK］をクリックする。

⑱ 顧客ごとのファイル整理にフォルダーを利用するため、［新規作成］をクリックし、さらに［新しいフォルダー］をクリックする。

⑲ ［名前］に「A社」と入力する。

⑳ ［作成］をクリックする。

㉑ フォルダーが作成される。

㉒ 同じ要領でいくつかフォルダーを作成しておく。この例では他に［B社］、［C社］フォルダーを作成する。

㉓ ファイルのアップロード先となるフォルダーをクリックする。今回は［A社］フォルダーをクリックする。

㉔ ライブラリ名の横に選択したフォルダー名が表示される。

㉕ ［アップロード］メニューをクリックする。

㉖ ［参照］をクリックし、任意のファイルを選択する。
※コメントの内容はバージョン履歴に記録される。

㉗ ［OK］をクリックしてアップロードを行う。

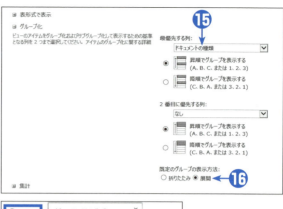

㉘ ファイルをアップロードすると、右図のようなメッセージが画面上に表示される。必須のプロパティを用意しているが、この値が空になっているためである。必須項目にはアスタリスク（*）が表示される。
※なお、この状態でも既にファイルはアップロードされている状態ではある。しかし、最終的にチェックインを行わないと、他のユーザーからはこのファイルが非表示となってしまうため注意すること。

㉙ 名前（ファイル名）やタイトルなどを必要に応じて変更したうえで、［ドキュメントの種類］を指定する。

㉚ ［チェックイン］をクリックする。

㉛ チェックインが完了すると、アップロード先が表示され、ドキュメントの種類でグループ化されていることがわかる。

　以上の手順で説明したように、フォルダーとプロパティ（列）を組み合わせることで、フォルダーの数を減らせるだけでなくファイルが一覧しやすくなります。

ヒント

タイトル列に勝手に値が追加される?

ファイルをアップロードすると、タイトル列が勝手に設定されることがあります。SharePointは、ファイルアップロードするとファイル自体のプロパティを読み取って、ライブラリのタイトル列に値をコピーします。

そのため、使い回しているファイルなどは知らない間にタイトルが設定されることがあります。また、作成者の情報なども同様です。これらは検索でもヒットするようになっているので、好ましくない情報が含まれていないかを確認しましょう。Officeデスクトップアプリケーションには"ドキュメントの検査"機能が搭載されており、こうした情報を一括削除することもできます。

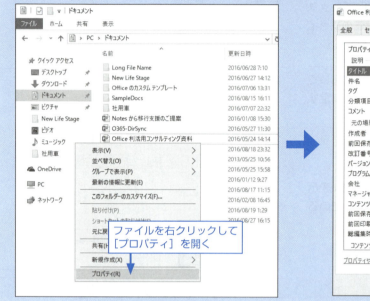
ファイルを右クリックして[プロパティ]を開く

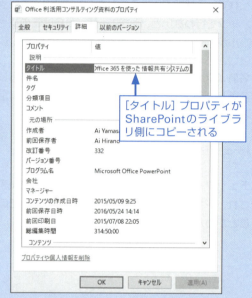
[タイトル]プロパティがSharePointのライブラリ側にコピーされる

ヒント

ファイルを仕分ける際の考慮事項

プロパティを利用する際に考えておく必要があるのが、あらかじめカテゴリを決められないケースです。今回は先に選択肢列を作成してカテゴリを用意しましたが、選択肢のメンテナンスはサイト管理者またはライブラリの管理者が行う必要があり、ユーザーにとって適切な選択肢がない場合にはいちいちメンテナンスを依頼しなくてはならず手間です。この点、フォルダーであればユーザーが好きな名称で作成できるため手軽です。こうしてユーザーはフォルダーを複数作成していくため、結果的にファイルが探しにくくなってしまう原因にもなるのです。

まず、ファイル共有では後から探しやすくすることを前提にすべきであり、作成すべきフォルダーの数を減らすことを考える必要があります。ファイルの数が多い場合は、そもそもライブラリを複数用意してまず仕分けることです。似たようなファイル群をライブラリで区分けします。そのうえで、ライブラリ内でさらに細かい仕分けにフォルダーやプロパティを使います。なお、プロパティには1行テキストの列を追加し仕分け項目として使えば、フォルダー同様に自由に文言を記載できます。しかし、逆に一貫性がなくなる可能性も孕んでいます。ある程度一貫性を持たせるには選択肢列は都合がよく、あらかじめ用意した選択肢に適切なものがない場合はユーザー自身に追記してもらうオプション設定もありますし、複数選択できるよう設定することも可能です。こうした設定をうまく活用するとよいでしょう。

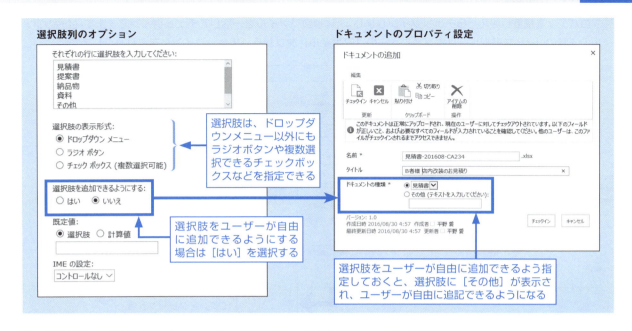

必須のプロパティを使う場合に気を付けよう

先述した「ライブラリに列を追加しよう」の手順でも説明したとおり、特定の列（プロパティ）を必須項目として指定できます。先ほどの手順のようにアップロードメニューから1ファイルずつアップロードした場合は、必須フィールドを編集する画面が表示されます。しかし、ドラッグアンドドロップなどで一括アップロードするとこうした画面は出てくることはなく、すべてのファイルがチェックイン待ちの状態になります。ファイルのアイコンが次のように変化します。

初回アップロード時にこの状態のままだと、サイトコレクションの管理者やサイトの管理者といえどもこのファイルは非表示になってしまいます。つまり、このファイルが見えるのはアップロードした本人だけです。正常にチェックインするには、必須プロパティを設定することが必要ですが、対象となる列がビューに表示されている場合はクイック編集ビューを使って設定します。複数ファイルのプロパティを一括して編集するにはこの方法が便利です。ビューに列が表示されていなければ、ファイルのプロパティを1件ずつ編集します。プロパティを編集するには、ファイルの行を右クリックして［プロパティ］をクリックします。

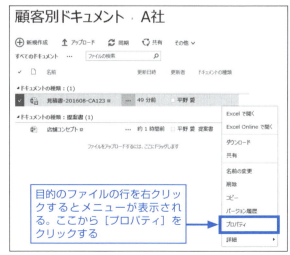

プロパティを編集し終えたらチェックインしましょう。複数ファイルを一括してチェックインできます。目的のファイルの先頭の［✓］を選択し、リボンメニューの［ファイル］タブから［チェックイン］をクリックします。

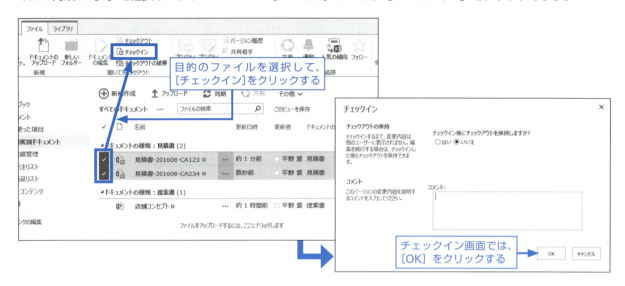

先ほど述べたように、ユーザーが正常にチェックインしていないファイルは、サイトの管理者やサイトコレクションの管理者でもライブラリの通常のビューからは確認できません。これらのファイルを確認するには［ライブラリの設定］ページから［チェックインバージョンが存在しないファイルの管理］をクリックします（サイトの管理者またはサイトコレクションの管理者だけがアクセスできます）。

このページにはユーザーが正常にチェックインしなかったファイルが一覧表示されます。左上のメニューにある［選択したアイテムの所有権の取得］をクリックすると、チェックアウトしたのが管理者自身に変更され、ユーザー操作を代行できます。ファイルは通常のライブラリのビューに表示されるようになるため、必要なプロパティを設定してチェックインできます。

メタデータナビゲーションを使おう

メタデータナビゲーションを使うと、サイドリンクバーにフォルダー階層とメタデータ（プロパティ）が表示されるようになり、物理的な仕分けと論理的な仕分けの両方からファイルにアプローチできるようになります。

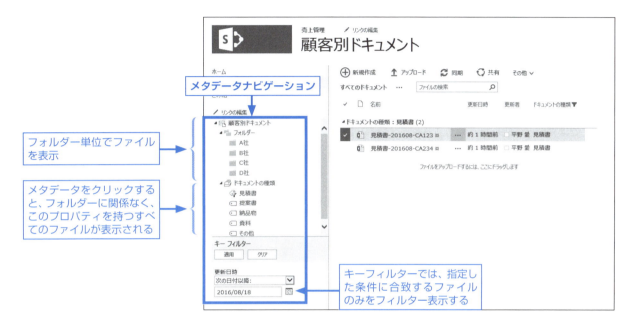

この機能を使うには、サイトの管理者による事前設定として"メタデータナビゲーションとフィルター処理"機能のアクティブ化が必要です。まず、［サイトの設定］ページから［サイトの機能］をクリックし、［メタデータナビゲーションとフィルター処理］の［アクティブ化］をクリックします。これで状態が"アクティブ"になります。

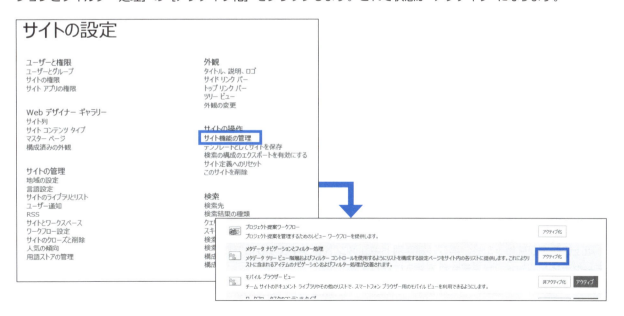

上記の設定が有効になっていれば、ライブラリごとにメタデータナビゲーション設定を行えます。これはライブラリの管理者でも設定できます。

> **ヒント**
> **フォルダーだけを階層化表示するのに使えるか**
> メタデータナビゲーションは、フォルダーが階層構造で表示されるようになり便利です。ただし、フォルダーしかないライブラリでは構成できません。次のいずれかの列を最低1つは追加しないと階層表示されないので注意しましょう。
>
> ・選択肢列（単一選択）
> ・管理されたメタデータ
> ・コンテンツタイプ

ここでは先ほど作成した「顧客別ドキュメント」にメタデータナビゲーションを構成する手順を説明します。

❶ Webブラウザーを使って、「顧客ドキュメント」ライブラリにアクセスする。

❷ リボンメニューの［ライブラリ］タブから［ライブラリの設定］をクリックする。

❸ ［全般設定］セクションにある［メタデータナビゲーションの設定］をクリックする。

❹ ［使用可能な階層フィールド］から［フォルダー］と［ドキュメントの種類］を追加する。

❺ ［使用可能なキーフィルターフィールド］から［更新日時］を追加する。

❻ ［OK］をクリックする。

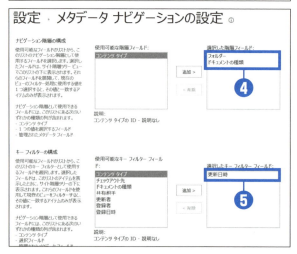

以上の設定が終わったら、再び「顧客別ドキュメント」ライブラリにアクセスするとサイドリンクバー部分にメタデータナビゲーションが表示されるようになります。

2 ファイルを同時編集（共同編集）しよう

ドキュメントライブラリでOfficeドキュメントを共有しているとき、複数ユーザーで同時編集できます。これを**共同編集**と呼びます。共同編集を行うには、単純に複数ユーザーで同時にファイルの編集を始めるだけです。なお、同時に共同編集できるユーザー数は既定では10ユーザーまでとなっています。

共同編集できるのは次のファイルです。

アプリケーション	最低限必要な機能	説明
Word	SharePoint	・WordデスクトップアプリケーションまたはWord Onlineを使って共同編集できる ・拡張子は*.docxのみ対応
PowerPoint	SharePoint	・PowerPointデスクトップアプリケーションまたはPowerPoint Onlineを使って共同編集できる ・拡張子は*.pptxのみ対応
Excel	SharePointとOffice Online	・ExcelはExcel Online上でのみ共同編集できる
OneNote	SharePoint	・OneNoteデスクトップアプリケーションまたはOneNote Onlineを使って共同編集できる

ドキュメントライブラリ以外に、リストアイテムの添付ファイルも共同編集できます。ただし、ドキュメントのバージョン管理に対応しているのはライブラリのみであるため、なるべくはドキュメントライブラリで共有することをお勧めします。

使い方としては、たとえばOneNoteを共同編集することで、議事録を書いたり、ブレインストーミングしたりとホワイトボード代わりに利用できます。ExcelはExcel Online上でのみ共同編集できます。つまり、Webブラウザーを使って同時編集する必要がありますが、Excel Onlineはデスクトップ版に比べると機能が限定的であるため、込み入った編集には不向きです。適しているのは、たとえば毎月提出すべき共同レポートのうち一部のセルのみ変更するだけなのに、ファイルサーバー等で共有しているため、他のユーザーの編集が終わるまで待機しなくてはならないようなケースであり、共同編集機能を使えば目的のセルだけすばやく編集できます。また、WordやPowerPointは複数ユーザーで一緒にドキュメントを作り上げていくことがよくあります。特にWordで校閲機能を使うような場合は、この機能と共に共同編集を行うと便利です。上書き保存のタイミングでほぼリアルタイムで互いの更新情報が結合されます。

次の画面は、Word 2016を使って共同編集しているところです。

Word 2016の例

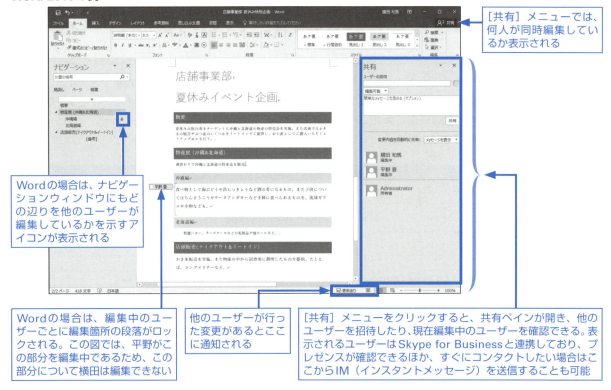

同じファイルをWord Onlineで同時編集しているのが次の画面です。Word Onlineでも同じように誰が編集中かなどを確認できます。

Word Onlineの例

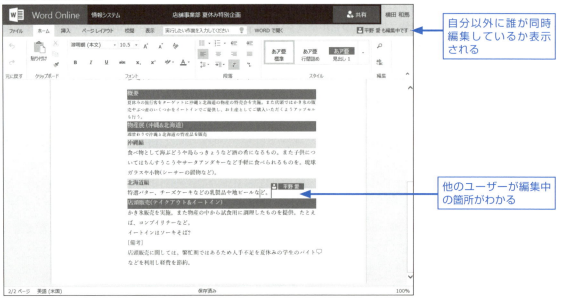

次に示すのはExcel Onlineの画面です。こちらも誰がどのセルを編集中かなどがわかるようになっています。

Excel Onlineの例

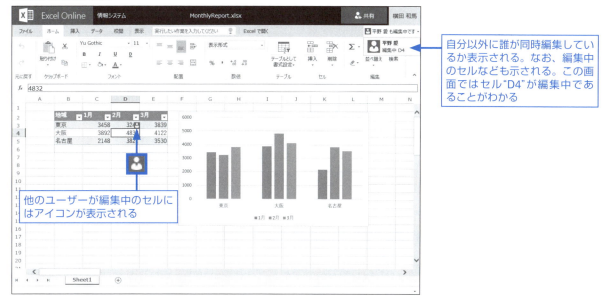

次はPowerPoint 2016での共同編集の画面であり、他のアプリケーションと同様に共同作業者が確認できるようになっています。ところでPowerPointだけでなくExcelやWordにもコメント機能がありますが、この機能を使いながら共同編集することで、リアルタイムに近い形で互いに会話しながら効率よく作業を進められます。ちなみに、新しいコメントの内容はファイルを上書き保存するときに表示されます。

PowerPoint 2016の例

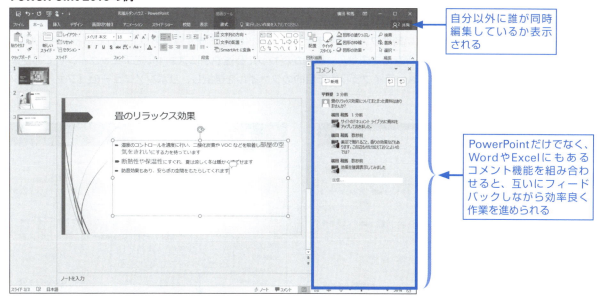

最後はOneNote Onlineの画面です。OneNoteは自由レイアウトであるため、ページ内のどの部分を編集したか作成者を表示できるようになっています。

OneNote Onlineの例

どの部分を誰が編集したか表示する

自分以外に誰が同時編集しているか表示される

> **ヒント**
>
> **共同編集できないファイルは？**
>
> Word 2007やPowerPoint 2007以前のバージョンで作成したドキュメントは共同編集できません。また、IRM（Information Rights Management）で保護されていたり、ファイルが暗号化されていたりする場合も同様です。Excelに関しては、Excel Online上で表示できるファイルサイズは最大10MBとなっています。
> その他の詳細については、次のOfficeサポート情報を参照してください。
>
> 「ドキュメントのグループ作業と共同編集」
> https://support.office.com/ja-jp/article/ドキュメントのグループ作業と共同編集-ee1509b4-1f6e-401e-b04a-782d26f564a4?ui=ja-JP&rs=ja-JP&ad=JP

同時編集させないようにしよう（チェックアウト）

先ほどとは逆に同時編集したくない時はファイルをチェックアウトします。チェックアウトされているファイルは、他のユーザーは参照できても上書き保存できません。編集が終わったら速やかにファイルをチェックインしておきます。チェックアウト/チェックインは、ライブラリ内で目的のファイルを選択し、リボンメニューの［ファイル］タブから行います。

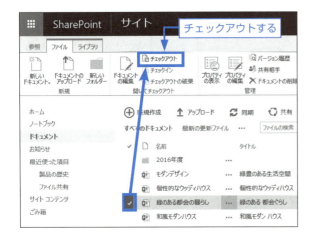

チェックアウトする

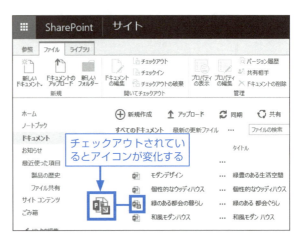

チェックアウトされているとアイコンが変化する

ただし、Office ドキュメントに関しては、Office デスクトップアプリケーション内からチェックアウトとチェックインができるようになっており、いちいち Web ブラウザーに切り替えなくてもスムーズに作業できます。

PowerPoint 2016 の例

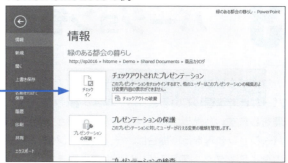

Word/Excel/PowerPoint（2013/2016）は、［ファイル］メニューの［情報］タブからチェックインやチェックアウトを行える

ところで、チェックアウトされているかどうかはファイルのアイコン変化で判断できますが、誰がチェックアウトしているのかは確認できません。チェックアウトしているユーザーを確認するには、ビューを編集し［チェックアウト先］列を表示するようにしましょう。この列は Internet Explorer を使っているときには Skype for Business とも連携するため、ユーザーのプレゼンス（在席状況）を確認できるだけでなく、名前部分をマウスホバーすると連絡先カードが表示されるため、必要に応じて IM（インスタントメッセージ）を送ったり、電子メールを送信したりできます。

名前をマウスホバーすると連絡先カードが表示される

ヒント

チェックインとチェックアウトの用語を覚えよう

ドキュメント管理を行っているとたびたび登場するのが、"チェックイン"と"チェックアウト"という用語です。チェックアウトは、図書館で言うところの"貸出"をイメージするとわかりやすいでしょう。チェックアウトすることでライブラリからファイルを取り出し、かつ他の人はこのファイルを上書き保存できないようロックをかけます。編集が終わったら速やかに"返却"し、ロックを解除します。これがチェックインです。チェックインすることで、他の人も上書き保存などができるようになります。

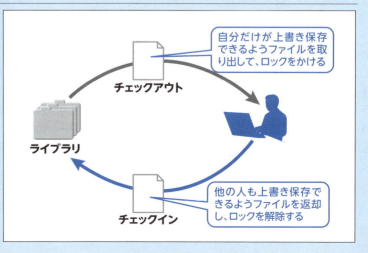

バージョン管理しよう

　ライブラリでバージョン管理を行うと、ファイルのバックアップ代わりにこの機能を利用できます。ファイルサーバーなどで管理していると、バージョン管理機能がないため、ファイル名に日付などを追加するよう工夫して世代管理をします。しかし、ライブラリのバージョン管理機能を使うと、ファイル名を変えることなく世代管理できます。バージョン管理を行う場合は、チェックイン/チェックアウトを組み合わせて利用します。基本的にはチェックインのタイミングで、既存のバージョンを上書きするのか新しいバージョンを作るのか指定します。このようにして、1時間前、1日前、1週間前などバージョンを作ったタイミングの時点までファイルの状態を戻すことができるよう備えます。

> **ヒント**
> **リストでのバージョン管理**
> リストにもバージョン管理の設定がありますが既定ではオフです。リストでバージョン管理を有効にすると、基本的には保存時点の内容がバージョン履歴としてその都度記録されていきます。ただし、添付ファイルは例外であり、バージョン管理の対象になりません。ファイルのバージョンを管理するにはライブラリを使う必要があります。

ライブラリのバージョン管理設定を確認しよう

　ライブラリのバージョン管理の設定を確認してみましょう。ちなみに、以前のSharePointのバージョンまでは既定では有効になっていませんでしたが、SharePoint 2016では既定でバージョン管理の設定が有効になっています。この設定をオフにすることも、オプション設定を変更することも可能です。バージョン管理を行うと、バージョンの数だけサイトコレクションの容量を消費することになるため、保持する上限数は設定しておく方が無難です。上限数を指定すると古いバージョンから自動的に破棄されます。
　バージョンには次の2つがあります。

- **メジャーバージョン**…正式な公開バージョンであり、整数値で表す（1.0、2.0、3.0など）。通常、ユーザーにはこのバージョンが表示される。
- **マイナーバージョン**…下書きであり、小数点以下で表す（0.1、0.2、1.3など）。基本的にはユーザーには非表示。設定によって、編集権限を持っているユーザーもしくは承認者にしか表示されないようにする。

　メジャーバージョンのみで運用すると常に最新版が公開されます。しかし、申請書のテンプレートなどのように、多くのユーザーが頻繁に使うファイルについては、勝手に最新版になってしまうと都合が悪いケースもあります。こうした場合は、マイナーバージョンとメジャーバージョンを組み合わせ、最新版を公開するタイミングを調整します。バージョン管理プロセスはほとんどの場合、次の3つのパターンのいずれかになります。

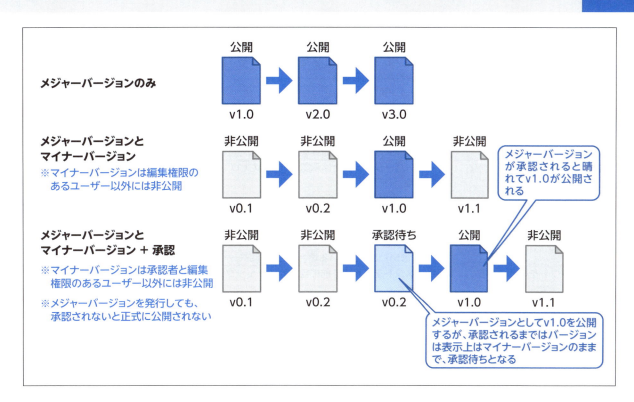

ライブラリのバージョン管理の設定は、［ライブラリの設定］ページの［バージョン設定］ページで行います。

項目	説明
コンテンツの承認	[はい] にした場合は、メジャーバージョンを発行しても承認されるまでは公開されない。承認者はフルコントロールまたは承認アクセス許可レベルを持つユーザーである
ドキュメントのバージョン履歴	次のいずれかを指定する ・バージョン管理をしない ・メジャーバージョンを作成する ・メジャーとマイナー（下書き）バージョンを作成する バージョンを作成する場合は、それぞれ作成する上限数を指定できる。ライブラリの既定ではメジャーバージョンのみを作成するようになっており、上限値は500となっている
下書きアイテムのセキュリティ	マイナーバージョンまたは承認されていないアイテムを表示する対象を次のいずれかから指定する ・アイテムを閲覧できるすべてのユーザー ・アイテムを編集できるユーザー ・アイテムの作成およびアイテムを承認できるユーザー 上記のうち [アイテムの作成およびアイテムを承認できるユーザー] は、[コンテンツの承認] が [はい] になっている場合にのみ選択できる
チェックアウトを必須にする	ドキュメントを編集する前に自動的にチェックアウトし、他のユーザーが上書きできないようにする

ヒント

バージョンをひと目で確認したい

バージョン管理を行っている場合は、各ドキュメントの現在のバージョン情報をすぐに確認できるように"バージョン"列を表示するようにドキュメントライブラリのビューを変更しておくと便利です。

バージョン管理を設定してみよう

ここでは、管理者としてライブラリに対してメジャーバージョン、マイナーバージョンと承認を有効にします。

❶ Webブラウザーを使って目的のライブラリにアクセスする。

❷ リボンメニューの [ライブラリ] タブから [ライブラリの設定] をクリックする。

❸ [全般設定] セクションにある [バージョン設定] をクリックする。

❹ [送信されたアイテムに対してコンテンツの承認を必須にする]を[はい]に変更する。

❺ [このドキュメントライブラリのファイルを編集するたびにバージョンを作成する]で[メジャーとマイナー（下書き）バージョンを作成する]を選択する。

❻ 保持するバージョン数を今回はそれぞれ「5」に変更する。

❼ [このドキュメントライブラリの下書きアイテムを表示できるユーザー]で[アイテムの作成者およびアイテムを承認できるユーザー]を選択する。

❽ [OK]をクリックする。

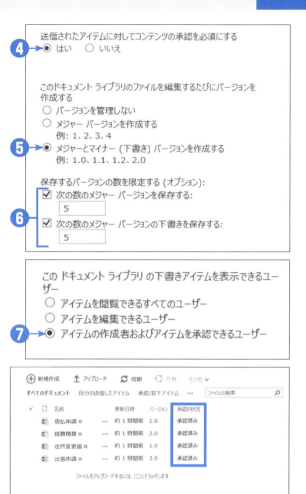

　バージョン管理で[送信されたアイテムに対してコンテンツの承認を必須にする]を有効にすると、ライブラリの既定のビューに"承認の状況"列が自動的に追加されます。また、[自分の送信したアイテム]と[承認/却下アイテム]という名前のビューも作成されます。設定前にライブラリに保存されていたファイルは、設定完了後にすべて承認済みとして扱われます。

メジャーバージョン発行や承認を行おう

　先ほど設定したライブラリを使って、ユーザーとして一連のバージョン管理の流れを確認します。ここでのユーザーは、基本的には第3章で説明した手順で追加したサイトのメンバーです。承認者はサイトの管理者が担当します。
※詳細に言うと、ユーザーは投稿アクセス許可レベル以上を持っていればよく、承認者も承認アクセス許可レベルを持つユーザーが担当できます。アクセス許可レベルについては第19章で詳しく説明します。

❶ 先ほどバージョン管理を設定したライブラリに対して、ユーザーとして任意のファイルをアップロードする。

❷ 新規にアップロードしたファイルはバージョンが「0.1」となり、承認状況が下書きとなる。この状態ではアップロードしたユーザーと承認者以外にはファイルが非表示になっている。

❸ ファイルを選択し、リボンメニューの［ファイル］タブから［チェックアウト］をクリックする。

❹ バージョンが「0.2」に変化する。

❺ ファイルを編集し上書き保存する。

❻ 新たな下書きバージョンを作成するにはいったんチェックインを行う。これにはファイルを選択し、リボンメニューの［ファイル］タブから［チェックイン］をクリックする。

❼ チェックイン時にバージョンを指定する。今回は既定の［マイナーバージョン（下書き）］を選択したままにする。

❽ コメントは任意で記載する。

❾ ［OK］をクリックする。

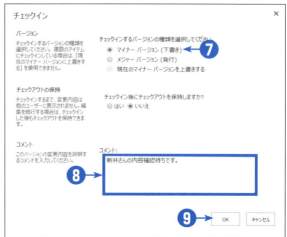

❿ バージョン「0.2」としてチェックインされたことがわかる。

⓫ 以上の手順を繰り返すことで複数の下書きバージョンが作成される。

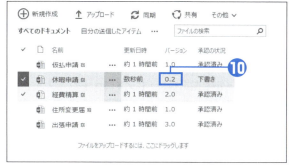

⓬ ファイルが完成したら、チェックイン時またはチェックイン後にメジャーバージョンを発行する。今回はチェックイン後にメジャーバージョンを発行するため、ファイルを右クリックし、[詳細]→[メジャーバージョンの発行]をクリックする。
※複数のファイルをまとめてメジャーバージョン発行する場合は、各ファイルを選択し、リボンメニューの[ファイル]タブの[ワークフロー]にある[発行]をクリックする。

⓭ 必要に応じてコメントを記述する。

⓮ [OK]をクリックする。

⓯ 最新のマイナーバージョンのまま承認待ちになる。

⓰ サイトの管理者としてライブラリにアクセスする。

⑰ 承認するファイルを右クリックし、[詳細] → [承認/却下] の順にクリックする。

※複数のファイルをまとめて承認する場合は、各ファイルを選択し、リボンメニューの [ファイル] タブの [ワークフロー] にある [承認/却下] をクリックする。

⑱ [承認] を選択する。

⑲ [OK] をクリックする。

⑳ 承認の状況が「承認済み」に変化し、バージョン「1.0」として公開される。

バージョン履歴を確認し、古いバージョンに戻そう

過去のバージョンはバージョン履歴として確認でき、必要に応じて古いバージョンを最新バージョンとして復元できます。メジャーバージョンのみを管理している場合は、古いバージョンが最新バージョンとして新たに追加されます。また、マイナーバージョンを管理している場合は、復元したバージョンが最新のマイナーバージョンとして追加されます。

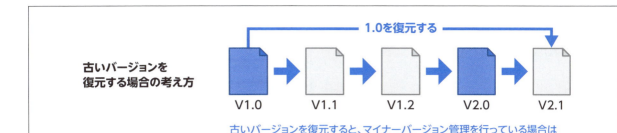

古いバージョンを復元すると、マイナーバージョン管理を行っている場合は復元した内容が最新のマイナーバージョンとして追加されることになる

❶ Webブラウザーを使って目的のライブラリにアクセスする。

❷ ファイルを右クリックし、[バージョン履歴]をクリックする。

❸ バージョン履歴が表示され、いつ誰がバージョンを作成したか確認できる。ここではすべてのバージョンを一括削除したり、下書きバージョンのみをすべて削除したりすることも可能である。

❹ 過去のバージョンの更新日付部分をクリックすると、ドロップダウンメニューに[表示]、[削除]、[復元]と表示される。ここでは[復元]をクリックする。

❺ [OK]をクリックする。

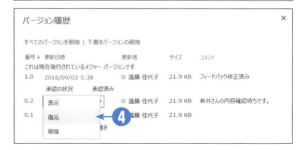

❻ 復元したバージョンが最新の下書きバージョンとして追加されたことが確認できる。

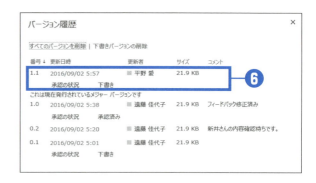

WordとSharePointのバージョン管理機能の組み合わせ利用

　Wordを利用している場合は、SharePointのバージョン管理機能と組み合わせて利用することで、過去のバージョンとの比較をWord内で直接行えます。Wordの［校閲］タブにある［比較］から任意のバージョンと比較できます。

ドキュメントライブラリ内の任意のバージョンと変更内容を比較できる

比較を行うと過去のバージョンからの変更部分などをわかりやすく表示できます。

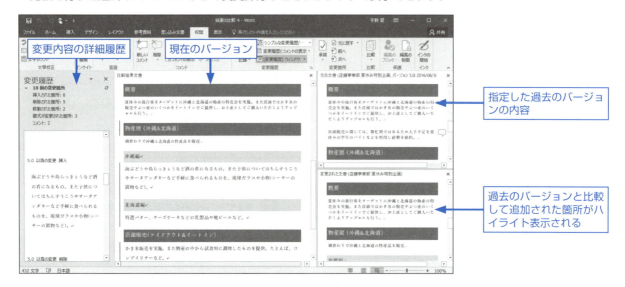

変更内容の詳細履歴

現在のバージョン

指定した過去のバージョンの内容

過去のバージョンと比較して追加された箇所がハイライト表示される

ソーシャルネットワーク機能を活用しよう

第12章

1 社内でソーシャルネットワーク機能を活用する方法を考えよう
2 自分のプロファイルを変更しよう
3 他のユーザーのプロファイルを閲覧しよう
4 マイクロブログ機能を使ってすばやく情報共有しよう

この章では、組織内におけるソーシャルネットワーク機能の必要性と共にSharePoint 2016が持つ機能を把握します。

1 社内でソーシャルネットワーク機能を活用する方法を考えよう

　昨今では、個人としてFacebookやLINEなどのソーシャルネットワークサービス（SNS）が盛んに使われています。ソーシャルネットワークサービスとは、**"情報システムを使って人と人とのつながりを促進したり、支援したりするサービス"** のことです。実際には個人のみにとどまらず、企業組織や政府機関などでもSNSを利用した情報発信や情報収集が行われています。

SNSに関するマイクロソフトの動向を知ろう

　SNSに関するマイクロソフトの最近の動向を見ると、2012年にエンタープライズ向けのSNSサービスを提供していたYammer（ヤマー）を同社が買収しました。Yammerは、マイクロブログを中心とした社内コミュニケーションツールであり、現在Office 365のサービスの一部として利用できるようになっています。さらに2016年6月には、LinkedIn（LinkedIn Corporation）の買収合意を発表しました。LinkedIn（リンクトイン）は、世界最大級のビジネスユーザー向けのソーシャルネットワーキングサービスです。このサービスは、ユーザーがビジネス向けに自分のプロフィールを公開する（自ら売り込んでいく）ことで、ビジネスパートナーや人材探しが可能になり、営業先の顧客などとすばやくコンタクトがとれるのが特徴です。このように、ひとえにSNSと言っても対象者や特徴などがそれぞれ異なっています。

> **ヒント**
>
> **マイクロブログとは？**
>
> マイクロブログはミニブログとも呼ばれます。短文投稿サイトのことであり、自分の状況や雑記などを短い文書で投稿してWeb上に公開します。代表的なものとしては他にTwitterやFacebookがあります。SharePointもマイクロブログの機能を持っています。

SNSの社内利用について考えよう

　組織内でSNSを必要としている理由は何でしょうか？第1章でも説明したように、企業組織の中には「公式の組織」だけでなく「非公式な組織や人のつながり」があります。SNSはこれを支援するものです。システムを利用したコミュニケーションは、場所や時間を選ばないというのは非常に大きなメリットです。組織によっては「テレワーク」の部分導入などを実施し始めており、個人がうまく時間をコントロールできれば、介護や子育てなどをしながらでも仕事ができるようになってきています。

一般的な企業組織構成

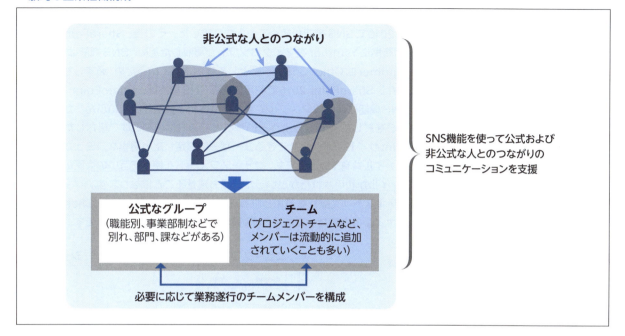

　組織として考えると、公式な組織というものはあくまでも後付け的に発生するものであり、これだけで業務を円滑に進められることにはなりません。組織があって仕事があるのではなく、仕事があって（もしくは仕事を生み出す）、これを分業するために組織があるわけです。舵取りをするのは経営層ですが、作業を行うのは実働部隊である従業員です。各自である程度の水準のモチベーションを保って作業に当たれるようにするには、個人がキチンとフォローされなくてはいけません。仕事に対する意見や相談、仕事に関連する情報発信を始め、誰かに褒められる、感謝される、楽しい、うれしいといった経験ができることも大切です。また、個人的な不安、家庭の悩み、仕事の悩みなどを相談できる場と体制も必要です。こうした点で、日本はかつて「同期入社のつながり」、「たばこ部屋」、「飲みニケーション」、「ゴルフコンペ」、「社内運動会」などといった多くの交流の中で補っていたように思います。ただし、これらの一部はプライベートな時間（家族との交流など）が犠牲になっていた部分も否めず、現在ではこうした機会を持つことそのものが少なくなってきています。会社組織におけるSNSの強みとは、公式な組織だけでなく非公式な人とのつながりも含め、多様な人との接点となる場を提供することです。そのうえで、手軽に褒めたり共感したりコメントしたりすることで、双方向でのコミュニケーションを促進し、ひいては業務を円滑に促進していけるよう縁の下の力持ちとしてシステマティックに支えることにあると言えます。

SharePointのSNS機能について考えよう

　SharePointでは、SharePoint Server 2010でSNS機能が初めて導入されました。その後、SharePoint 2013でSNS機能がかなり強化されるのですが、同時期にYammerをマイクロソフトが買収したため、SNS機能はYammerへと主軸を移してきています。とはいえYammerはOffice 365の一部として提供されているため、必ずしもオンプレミスですぐに利用できるわけではありません。SharePoint 2016で利用できるSNS機能は、SharePoint 2013と同等です。SharePointだけで提供されるSNS機能は非常にシンプルです。提供される機能が少ないぶん、かえって使いやすい部分もあるようです。まずはSNSを試しに使ってみようということであれば、第3章で紹介した「サイトフィード」機能を使って、特定のSharePointサイトにアクセスできるユーザーに限定した小規模なコミュニケーションから始めると良いでしょう。たとえばファイル共有1つとっても、ニュースフィードを使って互いの会話の中でファイル共有することで、どういった経緯でファイルが利用されたかといった記録も残せることになります。ソーシャル機能を使う副次的な効果として、情報にコンテキスト（文脈）を添えられることが挙げられます。特に、SharePointは独自に検索エンジンを持っていますが、ファイルの内容だけでなくSNS機能を使った会話も検索対象です。

キーワード検索

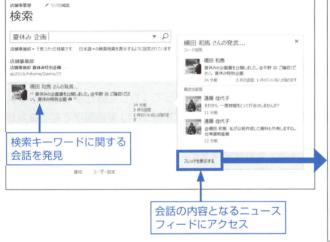

ニュースフィードを使ったコミュニケーション

　ちなみに、社内の全従業員へ情報発信しコミュニケーションするような大人数が参加するSNSを考えるのであれば、Yammerの導入も検討したいところです。これを利用するにはOffice 365サブスクリプションの購入が必要ですが、オンプレミスと社内設置型の両方の環境が利用できる場合は、ハイブリッド構成にすることでオンプレミスのSharePointサイトのニュースフィード機能をYammerに置き換えられます。

> **ヒント**
>
> **SNS機能を運用するための課題**
>
> SNSを使うことでさまざまな人が情報発信できるようになり、コミュニケーションが活性化し、情報伝達がスムーズになります。しかし、その反面いくつかの課題もあります。たとえば、ネガティブな発言ばかりを繰り返すユーザーがいたり、コンプライアンス上公開すべきではない情報を公開するユーザーがいたりするケースなどです。これはSharePointに限ったことではありません。SNS機能を使う場合は、運用ルールを決めておくことが重要です。共有すべきでない情報とはどういうものか規定し、建設的でない意見は発信しない、他者を攻撃するようなことはしないなど基本ルールを決めておきます。もちろんインターネット上と異なり、匿名では発言できないため、ある意味これが抑止力になりますが一定のルールは必要です。そういう意味でも試しに利用する場合は、まずは「サイトフィード」から始めてサイトにアクセスできる人しか会話の内容が見えないように範囲を限定しておくのは有効です。さらに、問題のある発言があった場合のエスカレーション先を決めておき、どのように対処するかも考慮しておく必要があります。

2 自分のプロファイルを変更しよう

　SNS機能を使い始めるために最初に行うのが自分のプロファイルの変更です。ユーザーは各自プロファイルを持ちます。SharePoint上のプロファイルページは次の図のとおりです。

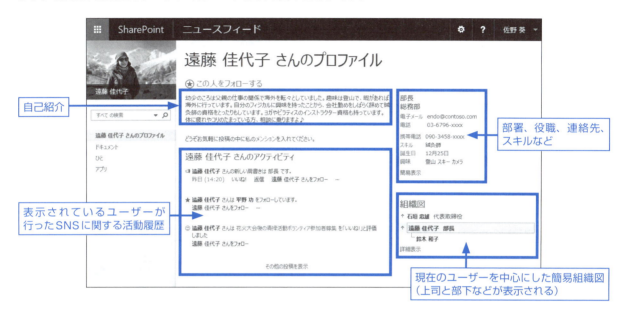

　プロファイルには、所属部署などの情報だけでなく、自己紹介、電子メールアドレスや電話番号などを掲載できます。たとえば、"ひと"を対象にした検索を行うと、目的のユーザーのプロファイルにアクセスできるため電話帳代わりに利用することも可能です。その他にもスキルなどを公開すれば、あるプロジェクトでこんなスキルを持っている人はいないか探すような際に、特定のスキルを持つ人を絞り込み検索できます（ひとの検索範囲を対象に"Skills:スキルの名称"形式で検索するとスキルで絞り込めます。たとえばSkills:SharePointなど）。また、プロファイルを公開することで自分がどんな経験をしているのか、どんなことに興味があるのかなどを公開すると、思わぬ人と意外な接点が見つかり、そこから新しいコミュニケーションやビジネスが生まれるかもしれません。SNS機能を使うための基本であるためプロファイルは必ず入力するようにしましょう。全ユーザーに必ず入力させるよう、組織的に取り組むことも時には必要です。

　プロファイルの一部は最初からある程度入力されていることがあります。Active Directoryドメインの管理者がユーザーアカウントのプロパティを設定している場合、これらの情報の一部をSharePointサーバーの管理者があらかじめインポートしておくためです。たとえば、部署名や電子メールアドレスなどが既定でインポートされます。このインポートは定期的に行われますが、タイミングはSharePointサーバーの管理者が決めます。SharePoint独自のプロパティも多く存在するため、ユーザープロファイルページではこうした情報をユーザー自身が設定していきます。自分のプロファイルを編集する手順は次のとおりです。

❶ Webブラウザーを使って任意のサイトにアクセスする。

❷ 画面右上のログインユーザー名部分をクリックし、[プロファイル] をクリックする。

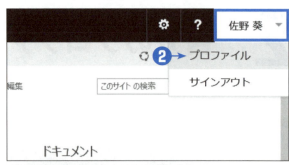

❸ 自分のプロファイルページが表示される。[編集] をクリックする。

❹ プロファイルの [詳細の編集] ページが表示される。最初に表示されるのが [基本情報] セクションである。このセクションの情報は基本的に全ユーザーに公開される。

❺ 名前や勤務先の電話番号、部署は、既定ではActive Directoryからインポートされるデータとなっており、直接は編集できない。

❻ [説明] には自己紹介やこれまで従事してきた業務などを記載する。

❼ [画像] では顔写真をアップロードする。

❽ [得意分野] を記載しておくと、ユーザー検索のときに絞り込み検索で使用できる。複数ある場合はセミコロンで区切る。

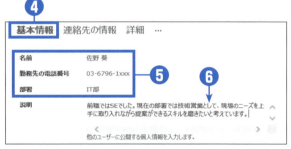

❾ 続いて [連絡先の情報] をクリックする。このセクションでは [FAX]、[電話番号（自宅）]、[勤務先所在地] の情報は公開範囲となる [閲覧できるユーザー] を [すべてのユーザー] から [自分のみ] に変更できる。そのほか必要な情報を記載する。

❿ [詳細] をクリックする。このセクションでも、各項目の公開範囲を必要に応じて [自分のみ] に変更できる。

⓫ 以前のプロジェクトやスキル、学歴などを入力する。

⓬ […] → [ニュースフィードの設定] の順にクリックする。

⓭ [ニュースフィードの設定] セクションでは、フォローしているタグ、電子メールの通知、ニュースフィードに表示される情報を指定する。タグは"#タグ"（ハッシュタグ）形式で指定する。電子メールの通知では、ディスカッションへの返信など、SharePoint上で自分に対して何らかのコミュニケーションが発生した場合に電子メールで通知できるよう、いくつかのトリガーを指定できる。特に問題がなければ既定値のままにする。

⓮ […] → [言語と地域] の順にクリックする。

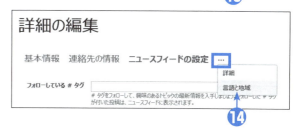

⑮ [言語] では自分が使用する優先言語を追加する。各SharePointサイトでは多言語設定が可能であり、ここで指定した言語で優先的に表示することになる。

⑯ [地域] では、各SharePointサイトでサイト管理者が指定している"地域設定"を使うのか、自分独自の設定を使うのか選択できる。たとえば、ロケールなどを指定することで日付や金額などが日本語表記になる。既定では、[サイト管理者によって定義された地域設定を常に使用する] が選択されている。必要に応じて変更する。

⑰ [すべて保存して閉じる] をクリックする。

⑱ [OK] をクリックする。

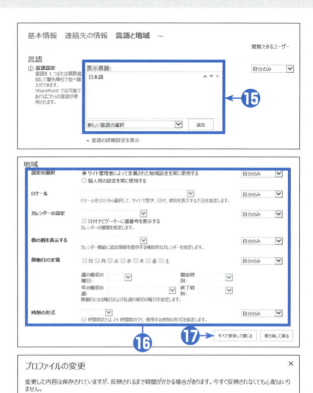

以上の手順で自分のプロファイルの編集が完了します。後から内容を変更したい場合は同じ手順で変更できます。プロファイルの入力が終わると、次の図のように自分の「説明」や電子メール、電話番号などが公開されます。

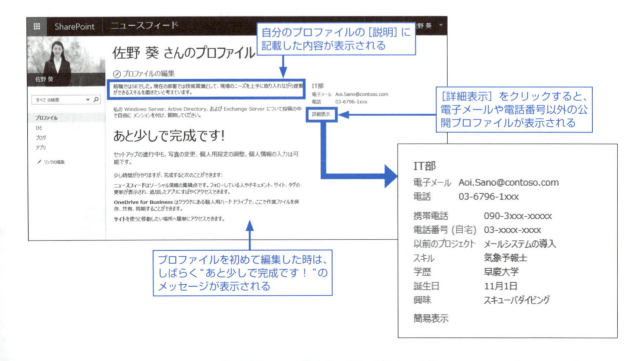

> **ヒント**
>
> **プロファイルの運用について考える**
>
> プロファイルは、既定では顔写真はユーザーが自分でアップロードできます。写真の管理は組織的に行うこともありますが、社員証によくあるように20年前の顔写真がそのまま使われていて、今とは風貌が変わっているということもあります。そういった点では、ユーザー自身になるべく最新の顔写真を公開してもらう方が効率的です。しかし、これをユーザーに任せると、キャラクターの画像やペットの画像など顔写真とは関係のない画像を公開するケースも出てきます。これはこれで個性的であり、かえってその人を覚えやすいこともありますが、必ず顔写真をアップロードするようにルール化することも時には必要です。また部署名については、既定ではActive Directory側で管理されている部署情報がインポートされてくるようになっているため、ユーザー側では変更できません。しかし、組織によってはActive Directory側に組織情報が入っていない、またはきちんとメンテナンスされていないこともあります。SharePointサーバー管理者側では、インポートされる項目やユーザーが編集できる項目を既定値から変更できるため、部署情報をユーザーが編集できるよう指定できます。たとえば組織改編があったら、ユーザー自身に速やかに部署情報を変更してもらうといった運用ルールを決めて管理することも考えておくと良いでしょう。

3 他のユーザーのプロファイルを閲覧しよう

　自分のプロファイルを変更したら、他のユーザーのプロファイルを閲覧してみましょう。閲覧方法はいくつかあります。主な方法は次の2つです。

・検索する
・更新者、登録者などの情報から参照する

　なお、検索を行う場合は、ユーザープロファイルが更新されてから検索結果に反映するまで最大4時間程度かかります。プロファイルは、増分クロールという処理が行われると最新情報が検索できるようになりますが、このクロールが既定では4時間おきに実行されているためです（サーバー管理者側でタイミングは変更できるため、必ず4時間になるとは限りません。あくまで既定値の場合です）。

検索しよう

各サイトの検索ボックスのドロップダウンメニューから検索範囲として［ひと］を選択して検索します。

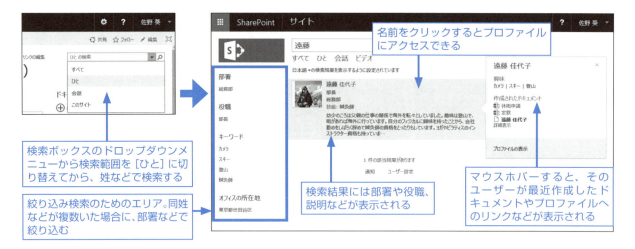

　また、プロファイルページにも検索ボックスが用意されているため、ここから他のユーザーを検索できます。検索結果ページは先ほどと同じです。

更新者、登録者などの情報から参照しよう

リストやライブラリには更新者や登録者の列があります。また「ユーザーとグループ」列にもユーザー名が表示されます。このユーザー名のリンクをクリックすると、プロファイルにアクセスできます。

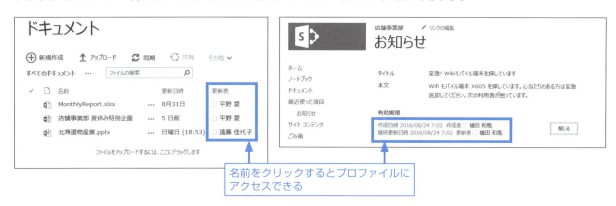

4 マイクロブログ機能を使って すばやく情報共有しよう

　SharePointのSNS機能の1つであるマイクロブログは短文しか書けないぶん、うまく使えば形式ばらずすばやく情報共有できます。これに対して、ユーザーどうしで返信やいいね！などで反応し合うことでコミュニケーションが活性化します。SharePointのマイクロブログ機能は次の2箇所で利用できます。

・個人のニュースフィード
・サイトのニュースフィード

　それぞれ機能的な違いはいくつかありますが、重要な違いは投稿内容の公開範囲です。個人のニュースフィードに投稿した内容は、基本的に全社員に対して公開されます。一方の「サイトのニュースフィード」は、特定のサイト内のメンバーにしか公開されません。後者の「サイトのニュースフィード」の基本的な使い方は既に第3章の9節で説明しているため、ここでは「個人のニュースフィード」の使い方を説明します。

用語を整理しよう

　各種SNS機能を使っていくために覚えておきたい用語と機能は次のとおりです。これらは多少呼び名が異なることがあるものの、TwitterやFacebookなどの一般的なSNSにも同じような機能があります。

用語	説明
メッセージ	ニュースフィード内で投稿する内容のこと。投稿したり返信したりする
フォロー	関心のある特定のひと、サイト、ドキュメント、タグなどをフォローすると、それらに関して何らかのアクションがあった時にアクティビティとして自分のニュースフィード内に情報が流れてくる
メンション	メッセージの内容が特定の人向けであることを示すために使う機能。メッセージを投稿する際に本文内に"@ユーザー名"を指定すると、そのユーザーのアクティビティに投稿したメッセージが通知され、電子メールも届く。ただし、メールと異なりメッセージ内容自体は他のユーザーにも公開される。メンションするには、あらかじめ対象となるユーザーをフォローしておく必要がある ※メンションで指定できるのはユーザーのみであり、グループは指定できない
ハッシュタグ	メッセージを分類するために使う。"#タグ"という形式をとる（タグの前後には空白スペースが入る）。たとえば、自分がある関心事に関するメッセージを断続的に投稿する場合、たとえば#SharePointTipsなどとメッセージ内に入力する。ハッシュタグをフォローすると、他のユーザーがこのハッシュタグを使ってメッセージを投稿したときに、自分のニュースフィードに情報が流れてくるようになる
いいね！	他のメンバーのメッセージや返信に対していいね！と評価する。
アクティビティ	メッセージや返信の投稿、タグのフォローなどSNSに関する活動すべてをアクティビティと呼ぶ。個人のニュースフィードにフォローしている対象のアクティビティが流れてくる

個人のニュースフィードを使おう

　ユーザーごとに専用のニュースフィードページが用意されています。自分のニュースフィードを使うには、アプリランチャーまたはスイートバーにあるリンクから「ニュースフィード」にアクセスします。

アプリランチャーからアクセスする

ニュースフィードのページは次の構成になっています。

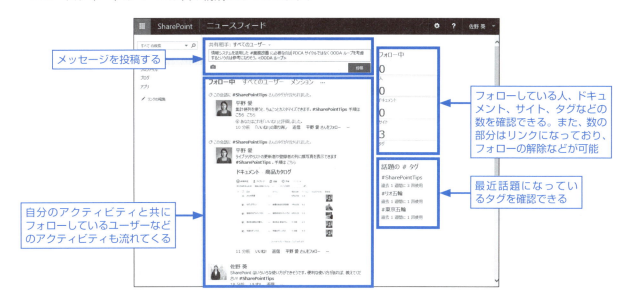

他のユーザーをフォローしよう

気になるユーザーのプロファイルページにアクセスしてフォローしてみましょう。ユーザーをフォローすることで、メンションを入れられるようになります。また、そのユーザーのアクティビティが個人のニュースフィードページに流れてくるようになります。

ユーザープロファイルのフォロー以外に、サイトやドキュメント、タグのフォローができます。サイトのフォローについては第3章の3節で使い方を説明してます。

ドキュメントをフォローすると、ドキュメントが変更されたときにアクティビティとして表示されるようになります。

タグについては、メッセージ内にハッシュタグが使われているとフォローできるようになっています。

タグに関わる一連のメッセージを表示するには、次の図に示すように自分のニュースフィードからフォローしているタグの数字部分からたどります。

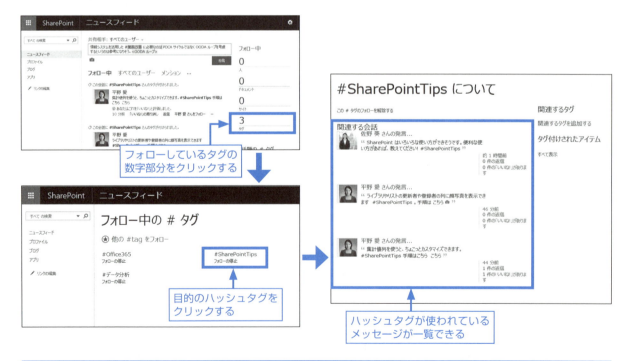

> **ヒント**
>
> **ハッシュタグの使い方がよくわからない**
>
> 既に説明したとおり、ハッシュタグはメッセージを分類するためのものです。まず使い方の感覚をつかむために、関係者で特定のハッシュタグを使ってメッセージを投稿するようにルール化してみましょう。たとえば、SharePointに関わる情報は#SharePointをメッセージ内に必ず記載するようにメンバーに周知します。

検索機能を活用しよう　第13章

1 検索機能の概要を把握しよう
2 サイト内のコンテンツを検索しよう
3 リストやライブラリ内を絞り込み検索しよう
4 エンタープライズ検索センターサイトを使って広範囲から検索しよう
5 絞り込み検索のコツを把握しよう

この章では、SharePointの検索機能を有効活用できるように基本的な使い方から少し応用的な使い方まで説明します。

1 検索機能の概要を把握しよう

　SharePointは、エンタープライズ検索が利用できるよう独自の検索エンジンを搭載しています。ところで**エンタープライズ検索**とは何でしょう。これは組織内外のドキュメントなどの構造化および非構造化された情報を検索するしくみやコンセプトのことであり、インターネット上のYahoo!やGoogleなどのいわゆる一般消費者向けの検索サイト（Web検索）とは区別されます。主な違いは、Web検索が「あるかどうかわからない情報」を探すものであるのに対して、エンタープライズ検索は「既にあることがわかっている情報」を探します。

検索システムに対する要求の違い

　Web検索ではもしかしたらヒットしていない情報があるかもしれませんが、エンタープライズ検索ではユーザーが欲しい情報が必ずヒットしなくてはいけません。ここにエンタープライズ検索の難しさがあります。検索では、漏れなく検索できるよう検索範囲を広くとる（網羅性）と、欲しい情報がヒットする確率（正確性）が下がるというトレードオフの関係があります。逆に範囲を狭めれば欲しい情報がヒットする確率は上がるものの、結果から漏れてしまう情報も出てくる可能性があります。このあたりをうまく調整することがエンタープライズ検索では重要です。

SharePoint上での検索を把握しよう

　SharePoint上で検索する検索結果にも必ずアクセス権限が反映され、検索しているユーザーに対して閲覧権限がないコンテンツは表示されません。設定によっては、社内のファイルサーバー上のファイルもSharePointから検索できますが、この場合もアクセス権限は反映されます。見られないものは表示されないといっても、SharePointでキーワード検索すると、たいていの場合は非常に多くのコンテンツが見つかります。既定の状態は検索対象の網羅性が高く設定されているためです。検索結果にはサイト、サイト内のページ、リスト、リストのアイテム、ライブラリ、ライブラリ内の各ファイル、ニュースフィード内の会話、プロファイルなどが表示され、ファイルを検索したいと思っていてもキーワードがヒットしたサイトやリストが多く表示されたりします。しかし、検索の仕方を工夫することで、検索範囲を絞り込み「特定の場所に存在するあるキーワードが合致するファイルだけを検索結果に表示する」といったことが可能です。このようにエンタープライズ検索では、検索範囲を業務ニーズによって狭めて、ほしい情報をヒットさせる率を高める工夫が重要です。

検索結果のランク付けを把握しよう

　検索エンジンは、ランク評価と呼ばれる処理を行い検索結果に重み付けをし、比較的よく使われるコンテンツをなるべく上位に表示しようとします。「どのようにランク付けされるのか？」という問い対しては、さまざまな情報がランク評価に使われるため一概には答えられませんが、たとえばSharePointは最近14日分のクリック情報を持っており、ランク評価時にこの情報を加味します。単純にクリック数だけでランク付けしてしまうと長く保管されているファイルの方が当然累積クリック数は多くなるため、最近はあまり使われていなくても上位に表示される可能性もあります。こうした状況を回避するために、最新のクリック情報を加味して、近頃よく使われているであろう情報を上位に持ってこようとするわけです。

　他にもファイルの種類によって重み付けは異なります。Word、Excel、PowerPointのファイルがある場合は、Excelと比べてWordやPowerPointの方が重要と見なされるようになっています。日本人はExcelを方眼紙のように加工し、表計算用途だけでなく報告書などにも使うため、Excelを優先的に検索したいと考える方もいるでしょう。しかし、本来Excelはワークシートとして使うものであり、数字の羅列がほとんどを占めます。日本以外ではレポートはWordで作成するなど、日本ほどExcelに依存していません。そのため、本来の用途が文書作成であるWordやプレゼンテーション資料作成のPowerPointの方が検索結果としては優先されるようです。

　ランクの重み付けは、既定で"ランク付けモデル"というもので定義されており、これを変えるのは非常に高度ですし推奨されていません（マイクロソフトは資料を公開してはいますが、実際の事例や関連情報はほとんどありません）。たとえば、クエリルールという設定を使って調整できますが、これもそれなりに難易度は高いです。まず手軽に実践できるのは検索対象を絞り込んでいくことです。たとえば、検索対象をExcelファイルに絞ることは非常に簡単です（詳しくは後述します）。

検索対象を把握しよう

SharePoint内で検索できる主な対象は次のとおりです。

- サイト
- リストやライブラリ
- リストアイテム（添付ファイル含む）
- ライブラリ内のファイル
- ページ（Wikiページなど）
- ユーザープロファイル
- ニュースフィード（会話）

　このうち、最もよく利用されるのはファイル検索です。ファイル検索では、ファイル名だけでなくファイルの内部まで検索できます。これを全文検索（Full Text Search）と言います。既定で全文検索可能なファイルは次のとおりです。

既定で全文検索が可能なファイルの拡張子

ファイル形式	拡張子
Word	doc、docm、docx、dot、dotx
HTML	ascx、asp、aspx、htm、html、jhtml
電子メールメッセージ	eml、nws
Outlook item	Msg
MHTMLドキュメント	mht、mhtml、、jhtml
Excel	xls、xlsb、xlsm、xlsx
OneNote	One
PDF	Pdf
PowerPoint	ppsx、ppt、pptm、pptx
Publisher	Pub
テキスト	txt、csv、def、url、php
Visio	vdw、vdx、vsd、vsdm、vsdx、vss、vssm、vssx、vst、vstm、vstx、vsx、vtx
XML	xml、jsp、mspx
XPS	xpx
ZIP	zip
OpenDocument	odc、odp、ods、odt
その他	pointpub、exch、nsf

ヒント
SharePoint 2013 や SharePoint Online と違いは？
全文検索対象となっているファイルは、SharePoint 2013 や SharePoint Online とほぼ同じですが、いくつかの拡張子の対応が異なっています。

添付ファイルと検索について把握しよう

　リストアイテムの添付ファイルも全文検索対象です。しかし、検索結果にはアイテムの内容であるかのように表示されます。"添付"という意味合いからも、アイテムの内容を補足するためアイテムの一部として見なすということでしょう。複数の添付ファイルがある場合、結局どれがヒットしたのかは実際に添付ファイルを開いてみないとわかりません。ファイルの再利用性を考え探しやすくするのであれば、ライブラリを使う方が好ましいと言えます。なお、ライブラリ内で複数のファイルをまとめて扱う場合は、ドキュメントセットという機能を使うことも可能です。

　ところで複数行テキスト列の場合は、列内に"ファイルのアップロード"ができますが、これは添付ファイルではないので注意しましょう。別の場所にあらかじめファイルをアップロードし、そのリンクを掲載するところまで一括設定するものです。そのため、メニューにも"添付"とは一言も書かれていません。本来の添付はリボンメニューから行います。

お知らせリストの例

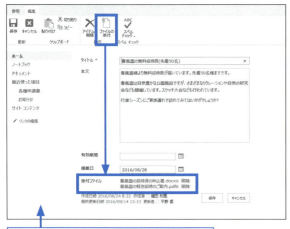

［編集］タブにある［ファイルの添付］メニューからファイルを添付するのが正しい

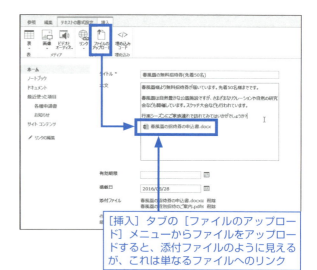

［挿入］タブの［ファイルのアップロード］メニューからファイルをアップロードすると、添付ファイルのように見えるが、これは単なるファイルへのリンク

 ## 罫線好きの日本人と Excel

　Excel を方眼紙のようにして罫線を引き、レポート等の用途に使うのは日本人の特性であるようです。欧米人の方から話を聞くと、Word、PowerPoint、Excel は使い分けられており、レポートなどは Word で作成することがほとんどのようです。しかし日本人は、レポートや仕様書などさまざまなドキュメントに Excel をよく使います。決められたルールに従い、決まった場所に決まったサイズで収まっていると安心するという国民性でしょうか。

2 サイト内のコンテンツを検索しよう

　各サイトの右上に検索ボックスが表示されています。既定では、検索ボックスの検索範囲は"このサイト"となっており、サイト内のすべてのコンテンツが検索対象になります（厳密にはサブサイトも対象）。検索ボックスにドロップダウンメニューが表示されている場合は、後述するエンタープライズ検索センターを使った検索もできます（設定によっては表示されません）。ドロップダウンボックスでは次の範囲を選択できます。

- すべて……　すべての検索対象（すべてのサイトコレクション、プロファイル、会話など）
- ひと………　ユーザープロファイルのみが検索対象
- 会話………　ディスカッション掲示板やフィードへの投稿が検索対象

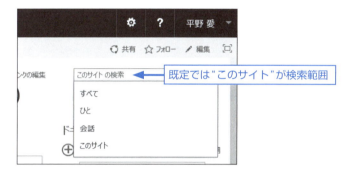

　上記のいずれかの範囲を検索範囲として指定すると、エンタープライズ検索センターサイト画面にリダイレクトされます。"このサイト"を検索範囲として指定した場合は、現在のサイトに留まったまま検索できます。このように、検索範囲の指定によって検索結果画面が一部異なるため注意しましょう。
　"このサイト"を対象にした検索を行った場合の画面構成は次のとおりです。

3 リストやライブラリ内を絞り込み検索しよう

リストやライブラリ内にも検索ボックスが用意されています。これを使って検索することで、特定のリストまたはライブラリ内に限定した絞り込み検索が可能です。

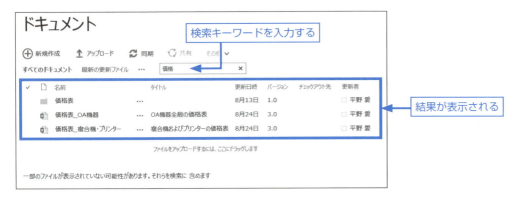

この検索はサイトの"このサイト"を指定した検索とは異なり、リストやライブラリ内のアイテムやファイルをフィルター表示したのと同じような検索結果になります。検索機能を使っているため全文検索になってはいます。

この検索ができるリストまたはライブラリは右の表のとおりです。

リスト	ライブラリ
カスタムリスト	ドキュメントライブラリ
お知らせ	Wikiページライブラリ
予定表（※1）	画像ライブラリ
リンク	メディアライブラリ
注目リンク（※2）	
タスク	
連絡先	
案件管理	

※1 予定表形式でないビューのみ
※2 タイルビュー以外

フォルダーがある場合はフォルダー内も検索できますが、現在アクセスしているフォルダー以下が検索対象です。つまり、親フォルダーは、最初は検索対象になりません。リストやライブラリ内検索を行うと画面の下部に「一部のファイル（アイテム）が表示されていない可能性があります。それらを検索に含めます」（英語表記では「Some files might be hidden. Include these in your search」）というメッセージが表示されます。このメッセージ内の［含め］（Include）部分をクリックすると、検索範囲がリストやライブラリ全体に拡大されます。

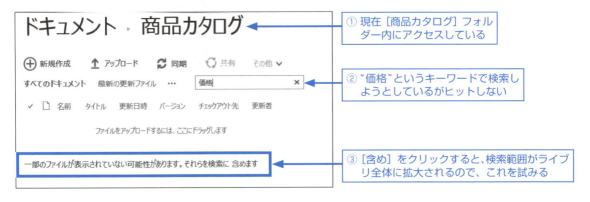

4 エンタープライズ検索センターサイトを使って広範囲から検索しよう

　SharePointのサイトテンプレートには検索専用のものがあります。これを使うと複数のサイトコレクションを横断的に検索できるなど、非常に広範囲の検索が可能になります。

　検索用のサイトテンプレートは「基本検索センター」と「エンタープライズ検索センター」の2つがありますが、検索結果のカスタマイズが柔軟にできるのはエンタープライズ検索センターです。ちなみに、基本検索センターの方は、以前のSharePoint 2013まで提供されていた無償版のSharePointで実装されていたものであり、機能がきわめて簡素です。そのため、通常は「エンタープライズ検索センター」サイトを用います。

エンタープライズ検索センターサイトにアクセスしよう

　エンタープライズ検索センターサイトは、全社員が利用することを想定しサーバー管理者があらかじめ単独のサイトコレクション内に作成しておくことがほとんどです。

　エンタープライズ検索センターサイトのURLがわかっている場合は、直接アクセスすると次のような画面が表示されます。ここから検索キーワードを入力して検索します。

検索ページ

よく利用するキーワードは、3文字以上入力すると候補を表示してくれる

エンタープライズ検索センターでは、[すべて]、[ひと]、[会話]、[ビデオ]（※[ビデオ]の範囲が利用できるのはEnterprise Editionのみ）の4つの検索範囲を指定できる

検索結果ページ

サイト内の検索と異なり、検索ボックスのすぐ下に検索対象が表示されているのが特徴です。これはバーティカル検索とも呼ばれます。エンタープライズ検索センターサイトで検索しているかどうかは、まずこのバーティカル検索の表示がされているかどうかで判断すると良いでしょう。

範囲：すべて
説明：すべての検索対象。設定によってはファイルサーバーの検索結果などが含まれる

範囲：ひと
説明：ユーザープロファイルが検索対象

範囲：会話
説明：ディスカッション掲示板の投稿、フィードの投稿が対象

※ディスカッション掲示板の各ディスカッションのタイトルが長いとIEではタイトルが空で表示されることがある。しかし、Chromeなどではきちんと表示される。上記画面はChromeを使っている。これはSharePoint標準のCSS（Cascading Style Sheets）が影響しているためである。関連記事を筆者のブログに公開している（この問題はSharePoint 2013からあるが、SharePoint 2016でも同様）

「ディスカッション掲示板の検索結果のタイトルが表示されない」
http://shanqiai.weblogs.jp/sharepoint_technical_note/2015/10/no-title-discussionboard-searchresults.html

範囲：ビデオ

説明：ビデオコンテンツのみを検索する。※Enterprise Editionのみが対象

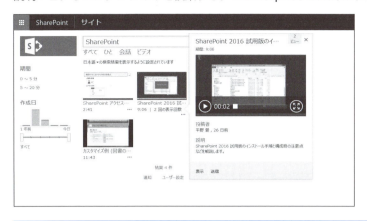

> **ヒント**
>
> **共有フォルダーの検索**
>
> サーバー管理者の設定によっては、ファイルサーバー上の共有フォルダーもSharePointの検索エンジンを使った検索対象にできます。ユーザーは、エンタープライズ検索センターサイトを使って検索することになります。アクセス権限もSharePointのクロール時に取得するため、検索結果からユーザーの権限のないものは取り除かれます。ただし、SharePointサイト内の検索と異なり、常にフルクロールという処理が必要です。この処理はサーバーの負荷が高くなるため、通常頻繁には実施しません。SharePointサイト内のコンテンツは、前回のクロール時のタイムスタンプを持っているため差分でのクロールで事足りるのですが、ファイルサーバーに対してはこうしたしくみがないため、都度全体クロールとなるフルクロールが必要になるのです。こうした背景から、共有フォルダー検索をする場合は、頻繁に更新されることのないアーカイブ的な使い方をしているフォルダーを対象にするのが適しています。頻繁に更新されるファイルはSharePoint上で共有するようにしましょう。

> **ヒント**
>
> **検索結果に表示されるのはファイル名でもタイトルでもないかも！？**
>
> 検索結果が表示されると、ファイルのアイコンと共にタイトルが表示されますが、これは必ずしもファイル名やタイトルではありません。SharePoint 2013以降では"ビジュアルメタデータ抽出"という機能が検索エンジンに搭載されており、タイトルや編集者、日付などのメタデータを文書内のフォントサイズなどの見た目から抽出し、設定します。つまり、ファイルのプロパティにタイトルなどを正しく入力していないことが多いため、これらの情報は当てにせず、たとえば本文中最も大きなフォントサイズになっている文言がこの文書のタイトルだろうと推測して勝手に設定してくれます。そのため、検索結果に想定していないファイルのタイトルが表示されることもあります。その場合は本文中のフォントサイズなどを調整してみましょう。ちなみに、検索結果ページはカスタマイズできるため、もともとのタイトルプロパティを表示するように設定することも可能です。ただし、これにはJavaScriptの知識などが必要であり、本書の範疇を超えるため詳細は割愛します。

5 絞り込み検索のコツを把握しよう

検索時に覚えておきたいのが次の3つの方法です。

・単語検索
・フレーズ検索
・プロパティ制限検索

いずれの検索方法であっても、検索ボックスに入力できるキーワードは大文字小文字を区別せず、長さは2,048文字までとなっています（独自プログラムから検索する場合は最大4,096文字）。また、複数の単語やフレーズなどを組み合わせた検索もできます。このとき使うのが、演算子を使った検索です。演算子を使うと、たとえば「SharePoint」というキーワードを含むが「2016」は含まないといった検索ができます。

単語検索を把握しよう

最もよく利用されるのが単語検索とフレーズ検索です。検索ボックスに単語またはフレーズ（語句）のいずれかを入力して検索します。単語とは空白または句読点のない1つ以上の文字のことを言います。

　　単語の例……東京都、天気、提案書、報告書、商品名など

単語検索では、検索キーワードにアスタリスク（*）を組み合わせることで、「"○○"で始まる」というような検索ができます。たとえば「東京*」と検索すると、東京で始まる単語を含むコンテンツが検索結果に表示されます。これを前方一致検索と言います。このアスタリスクはワイルドカード演算子と呼ばれます。なお、後方一致検索はできないので注意しましょう。たとえば、「*報告書」という検索はできません。このワイルドカードを組み合わせた検索方法を知ることは非常に重要です。検索システムは定期的にクロールという処理を行いますが、このとき取得した情報を単語や助詞に分け、どこの言語なのかなどを判定して、検索のための索引（インデックス）を作成します。

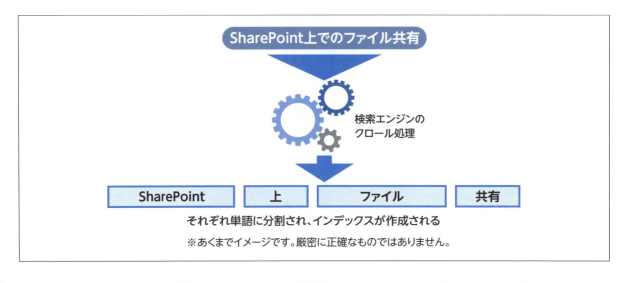

また、検索を実際に行う場合も入力されたキーワードを単語に分けて、インデックスと一致するものがないかを探し、合致するものがあれば結果として返すといったことを行います（実際にはもっと細かい処理がありますが、ここでは大まかなイメージをつかんでください）。この単語区切りが、こちらが想定しているとおりにならないケースが時々あります。こうした場合に、ワイルドカードを使った検索方法を使うとヒットしやすくなります。検索システム全般に言えることですが、日本語、韓国語、中国語やタイ語などのマルチバイト圏の言語は、あまり得意ではないと言われています。SharePointも例外ではありません。たとえばマルチバイト圏では単語の区切りにスペースを入れませんが、英語の場合は単語ごとに半角スペースが入ります。そのため単語の区切りを検索システムが解釈しやすいのです。しかし、マルチバイト圏は多くの場合は文脈等で判断することになります。極端な例ではひらがなで「にわにはにわにわとりがいる」などと書かれていると、システム的にはどこが文節かを判断するのは難しいのです。もちろん、SharePointも検索に関する技術は以前に比べると進化していますが、まだまだ万能ではないため、使う側の工夫が必要です。

> **ヒント**
>
> **ユーザー辞書**
>
> オンプレミス環境では、システム側の設定として「ユーザー辞書」という設定があり、SharePointにあらかじめ単語を登録し、利用者側の想定する単語区切りで分割させるように仕向けることもできます。しかし、都度、システム側での単語登録が必要であり、登録できる単語数の上限があるなど、やはり万能ではありません。そのため、基本的にはユーザー側で可能な限り、検索を工夫する必要があると言えます。

フレーズ検索（語句検索）を把握しよう

　フレーズ（語句）は、空白で区切られた2つ以上の単語で構成されます。1つの語句として認識させるため、フレーズ検索する場合は必ず二重引用符で囲みます（二重引用符で単語どうしを囲まない場合は、各単語をAND検索することになります）。ただし、日本語では単語どうしを空白で区切らないため、カタカナや英単語などを指定する際に使うことがほとんどです。こうした検索はGoogleなどの検索エンジンを使っている場合にも利用できます。

　　単語の例……"SharePoint Server"、"コース カタログ"など

　フレーズ検索でもワイルドカードを利用できますが、フレーズの最後に指定することしかできません。たとえば、"Advanced Sear*"というように検索します。"Advan* Search"では予想した結果になりません。

演算子を使った検索を把握しよう

単語を二重引用符などで囲まずに、複数の単語の間に半角スペースを挟んで検索すると、各単語はAND条件での検索になります。つまり、「すべてを含む」という条件です。検索時に最低限覚えておきたい演算子は次のとおりです。各演算子は必ず半角の大文字で記述する必要があるので注意してください。

演算子	説明	例
AND	指定したキーワードをすべて含む結果のみを返す。演算子を明示しない場合の既定値。正符号（+）を使っても同様の結果が得られる	SharePoint 2016 SharePoint AND 2016 SharePoint +2016 ※SharePointと2016の両方のキーワードを含む結果のみ
NOT	指定したキーワードを含まない結果のみを返す。負符号（-）を使っても同様の結果が得られる	SharePoint NOT 2013 SharePoint -2013 ※SharePointというキーワードを含むが2013のキーワードは含まない
OR	指定したキーワードのいずれかを含む	保険 OR 投資信託 ※保険または投資信託のキーワードのいずれかを含む
WORDS	指定したキーワードを同義語と見なす。このように検索すると、いずれのキーワードも検索ランキングに対する重み付けが同等になる	WORDS（シェアポイント, SharePoint） ※シェアポイントまたはSharePointを含む

+や-記号をキーワードとして利用する場合は、記号の前にバックスラッシュ（円記号）を追加することでエスケープできます（例：¥+、¥-）。

プロパティ制限検索を把握しよう

プロパティ制限検索とは、特定のプロパティに的を絞って条件を指定して検索することです。たとえば、「作成者が"平野 愛"で、ファイルの拡張子がpptxであるものだけを検索対象にする」というように、より具体的な検索条件の指定ができます。SharePoint上のドキュメントライブラリ上の列も検索条件として利用できます。なお、リストの添付ファイルはアイテムの一部と見なされるため、ファイル名などでのプロパティ制限検索の対象はできないので注意しましょう。また、独自に追加した列を条件にする場合はいくつかの追加設定が必要ですが、紙面に限りがあるため本書では取り上げません。その代わりに、追加設定なしで標準的に使える便利なプロパティを紹介します。まずはここで紹介するプロパティを使った絞り込み検索ができるようになれば、比較的思いどおりに検索できるようになります。

プロパティ制限検索の基本構文は次のとおりです。

構文	＜管理プロパティ名＞＜プロパティ演算子＞＜プロパティ値＞ ※各項目の前後には半角スペースを入れないこと
例1	Filename: 価格 * ※ファイル名に価格という文字が含まれる
例2	店舗 AND filetype:pptx ※店舗というキーワードが含まれ、かつファイルの種類がpptxであるファイル

構文内で使用する管理プロパティは、既定で数多く用意されています。新規に作ることも可能ですが、既定の管理プロパティをうまく組み合わせれば大抵の検索は可能です。よく使う管理プロパティは次のとおりです。各管理プロパティにはデータ型があり、これによって利用できるプロパティ演算子が異なるため注意しましょう。たとえば、大小比較できるのは日付、整数、小数、倍精度浮動小数点数のいずれかのデータ型です。

管理プロパティ	説明	データ型
Title	アイテムのタイトル	テキスト
SiteTitle	サイト名。特定のサイト内に検索対象を絞り込むときに利用できる 例：SiteTitle:マニュアル共有サイト AND "ウィルススキャン"	テキスト
Author	ファイルの作成者。ファイルに関しては、アップロードしたユーザーではなくファイル内のプロパティに設定されている作成者情報が検索対象となる	テキスト
Created	作成日（登録日）	日付と時刻
LastModifiedTime	最終更新日	日付と時刻
IsDocument	SharePoint検索サービスに"ファイルの種類"が登録されているファイルかどうかを示す。一般的にはフォルダーを除外してファイルのみ検索する場合などに使う。1がtrue、0がfalseであるため1にするとファイルのみの検索条件として利用できる 例：提案 -isDocument:1	はい/いいえ
FileType	ファイルの種類を限定する 例：FileType:xlsx	テキスト
ContentType	コンテンツタイプを指定して絞り込む。主にフォルダーだけを検索する、またはフォルダーを除外する場合に使う 例：ContentType:フォルダー	テキスト
Filename	ファイル名を指定する 例：Filename:見積*	テキスト
Path	特定のURL配下のコンテンツだけに絞り込む。たとえば、サイト内の特定のライブラリやフォルダー内を限定する。OR条件などを組み合わせれば、異なる複数のライブラリから検索結果を得られる 例：(path:"http://sp2016/hitome/Sales/Shared%20Documents" OR path:"http://sp2016/hitome/Shops/Shared%20Documents") 物産	テキスト
JobTitle	ユーザープロファイルに記載されている役職で絞り込む。ただし、エンタープライズ検索センターサイトで"ひと"の検索範囲を指定したときにだけ利用できる 例：役職:部長	テキスト
Skills	ユーザープロファイルに記載されている技能で絞り込む。ただし、エンタープライズ検索センターサイトで"ひと"の検索範囲を指定したときにだけ利用できる 例：Skills:行政書士	テキスト

プロパティ演算子は次のとおりです。

演算子	説明	対応するデータ型					
		テキスト	日付と時刻	整数型	小数	倍精度浮動小数点数	はい/いいえ
:	プロパティ値を含む 例：Author:"平野*" AND filetype:doc* →作成者が"平野"で始まるWordファイル	○	○	○	○	○	○
=	プロパティ値が完全に一致する 例：Author="平野 愛" →作成者が"平野 愛"に完全に一致する。"平野愛"だと不一致となる	○	○	○	○	○	○
<	より小さい、より前 例：Created<2016/4/1 →2016/4/1より前に作成された	×	○	○	○	○	×
>	より大きい、より後 例：LastModifiedTime>2016/4/1 →2016/4/1より後に更新された	×	○	○	○	○	×
<=	以下、以前 例：LastModifiedTime<="last year" →最終更新日が昨年以前	×	○	○	○	○	×

演算子	説明	対応するデータ型					
		テキスト	日付と時刻	整数型	小数	倍精度浮動小数点数	はい/いいえ
>=	以上、以降 例：Created>="last week" 　　→作成日が先週以降	×	○	○	○	○	×
<>	等しくない 例：filetype<>pdf 　　→ファイルの種類がpdfでない	○	○	○	○	○	○
..	プロパティ値が取れる範囲を指定する 例：LastModifiedTime=2016/4/1..2017/3/31 　　→最終更新日が2016/4/1から2017/3/31の間	×	○	○	○	○	×

プロパティ制限検索では、論理演算子を明示せずに同じプロパティに対する検索を重ねるとOR条件になります。

　例：author:"John Smith" author:"Jane Smith"

プロパティが異なれば、AND条件検索になります。

　例：author:"John Smith" filetype:docx

日付と時刻のデータ型のプロパティの場合は、日付の間隔を表す次のキーワードを使用できます。

日付の間隔	キーワード
本日（終日）	Today
昨日（終日）	Yesterday
今週	"this week"
今月	"this month"

日付の間隔	キーワード
先月	"last month"
今年	"this year"
去年	"last year"

ヒント

ファイルサイズと検索の関係を把握しておこう

SharePointの検索エンジンは、全文検索できるようにファイルを取得してから内容を解析し、言語判定や単語分割などさまざまな処理を行います。このとき、実際に目的のファイル群をいったんダウンロードしてから解析処理します。ここにファイルサイズ等の制限があります。ダウンロードできる最大サイズは、Excelが3MB、その他は64MBまでとなっています（Excelはスプレッドシートとしての利用が主だと考えると数値の羅列であるため、検索結果からすればほとんどがノイズです。最大サイズが非常に小さくなっているようです。BIツールであるPower BIでは、グラフなどのデータを英語に限り自然言語で検索できるようになっていますが、SharePointにはない機能です）。オンプレミス環境であれば、サーバー管理者は最大値をWindows PowerShellを使って変更できますが、単純にサイズを大きくすれば確実に検索できるというわけでもありません。解析に関しても30秒以内に最大200万文字までとなっており、解析できたところまでが実質の全文検索対象となります。そうしなければ、クロールにかかる時間が膨大になってしまうことは容易に想像できるでしょう。ただし、プロパティはファイルサイズにかかわらず必ずダウンロードされるルールになっています。ここがミソです。たとえば、Excelファイルに大きなサイズの画像を複数貼り付けているような場合は3MBは簡単に超えてしまいます。大きいサイズのPDFなども多くあるでしょう。このような場合は、単語検索やフレーズ検索などの単純な検索だけではヒットしない可能性がありますが、プロパティ制限検索であればヒットする確率が格段に上がります。リストの添付ファイルだけを対象にした検索はできないため、検索性を重視する場合はライブラリでのファイル共有がお勧めです。

ヒント

検索のカスタマイズをもっと知りたいけれどどうしたらよい？

検索のカスタマイズに関しては、マイクロソフトのMSDNやTechNetサイトで独学できます。ただし、こうしたサイトは辞書的に利用するにはよいのですが、体系立てて学習するには少々不向きです。体系立てて学習するという意味では書籍が適しています。検索の基本はSharePoint 2013と変わらないため、目先をSharePoint 2013にまで広げ、市販の書籍を利用するのも1つの方法です。日本語の書籍は少ないものの、英語の書籍は多く出版されています。また、弊社を含めSharePointの検索に関する研修を実施しているところもあります。短期間で効率よく学べるため、こうした研修を利用するのも効果的です。

ブログを使おう

第14章

1 ブログ機能の概要を把握しよう
2 ブログを作ろう
3 ブログを使おう
4 コメント機能を使って対話しよう

社内での手軽な情報発信手段の1つがブログです。この章では、SharePointのブログ機能の基本的な使い方を説明します。

1 ブログ機能の概要を把握しよう

　SharePointにはブログサイトのテンプレートがあり、個人または複数メンバーで利用するブログサイトを運用できます。ブログは社内のコミュニケーションツールの1つに位置付けられます。会社によっては社長自らが、社員にビジネスノウハウなどを伝授するブログ記事を書いていたりもします。そのほか、コミュニティ活動の活動報告、マーケティングチームのイベント報告、個人の自由な日記代わりのブログなどさまざまな場面で利用できます。ブログの良い点は手軽に記事を書けることと、その記事に対して手軽にユーザーがコメントできる点にあります。
　SharePointのブログサイトの画面は次のようになっています。

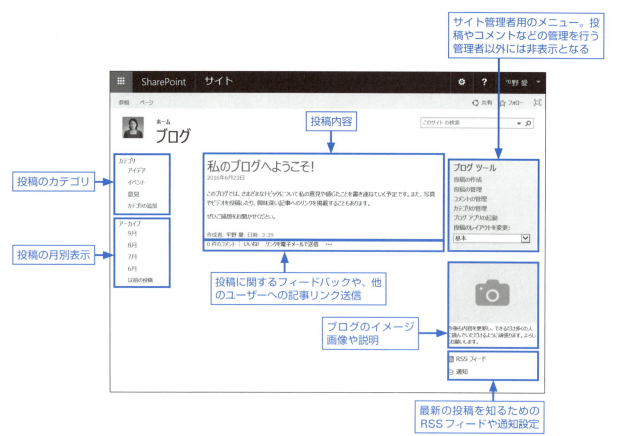

2 ブログを作ろう

　個人用のブログサイトは、プロファイルページから作成できます。また、個人とは別に単独サイトとしてブログサイトを作成可能です。後はアクセス権限しだいであり、これを適切に設定することで、特定のチームメンバーやプロジェクトメンバーが運用できるようになります。

個人ブログを作ろう

❶ Webブラウザーを使って、任意のSharePointサイトにアクセスする。

❷ 画面右上のログインユーザー名をクリックし、[プロファイル]をクリックする。

❸ 画面左側の[ブログ]をクリックする。
※このメニューを初回クリックしたときにブログサイトが作成される。

❹ ブログサイトが表示される。

ブログサイトの構成を確認しよう

ブログサイトを表示した状態で、[設定] メニュー（歯車のアイコン）から [サイトコンテンツ] ページにアクセスすると、ブログサイト内での各コンテンツの格納先であるリストやライブラリを確認できます。

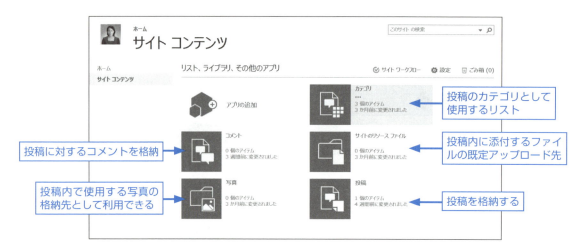

チームやプロジェクトなどのブログを作ろう

個人ブログ以外は、サイトコレクションのトップレベルサイトもしくはサブサイトとして作成できます。このとき選択するサイトテンプレートは [ブログ] です。既存のサイトにサブサイトとしてブログサイトを作成する手順は次のとおりです。

❶ Webブラウザーを使って、目的のサイトにサイトの管理者（フルコントロール権限を持つユーザー）としてアクセスする。

❷ [設定]（歯車のアイコン）をクリックし、[サイトコンテンツ] をクリックする。

❸ 必要に応じてページの下部までスクロールし、[新しいサブサイト] をクリックする。

❹ サイトのタイトル、説明、URLを入力する。

❺ テンプレートとして［ブログ］を選択する。

❻ サイトの権限は親サイトから継承する設定でもかまわないが、今回は個別の権限を設定できるようにするため、［固有の権限を使用する］を選択する。

❼ ナビゲーション設定は既定のままとし、［作成］をクリックする。

❽ グループのセットアップ画面が表示される。既定では3つのSharePointグループを作ることになる。各グループにはそれぞれサイトのアクセス権限も付与されるようになっており、上から順に"閲覧"、"編集"、"フルコントロール"となる。この画面でも各グループのメンバーを追加できるが、後から編集できるため［OK］をクリックする。

❾ サイトが作成される。

投稿できるユーザーを管理しよう

複数メンバーで投稿を管理する場合は、サイトに対する権限設定が必要です。先ほどの手順で作成した場合は、"＜サイト名＞メンバー"というSharePointグループが投稿に必要な最低権限を持っているため、このグループにメンバー追加（または削除）します。新たにメンバーを追加する手順は次のとおりです。

❶ ブログサイトのトップページにアクセスする。

❷ ［設定］（歯車のアイコン）をクリックし、［サイトの設定］をクリックする。

❸ ［サイトの設定］ページが表示される。

❹ ［ユーザーと権限］セクションにある［サイトの権限］をクリックする。

❺ ［＜サイト名＞メンバー］となっているグループ名をクリックする。

❻ ［新規］→［ユーザーの追加］をクリックする。

❼ 追加するメンバーを指定する。

❽ ［共有］をクリックする。

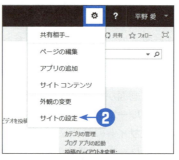
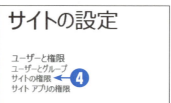

❾ メンバーが追加される。

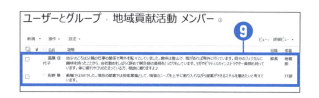

メンバーを削除する場合は、上記の手順と同様に目的のSharePointグループにアクセスし、目的のユーザーを選択して、［操作］→［グループからのユーザーの削除］をクリックします。

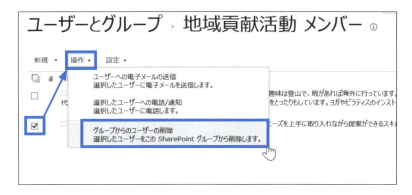

閲覧できるユーザーを管理しよう

ブログを閲覧するユーザーにもサイトのアクセス権限付与が必要です。個人ブログに関しては次のように権限設定されており、誰もがブログを閲覧できる状態になっています。

- ・NT AUTHORITY¥authenticated users……閲覧
- ・すべてのユーザー………………………………閲覧
- ・＜個人ブログの所有者＞……………………フルコントロール

しかし、チームやプロジェクトなどのブログではアクセス権限設定が必要です。先ほどの手順で作成した場合は、"＜サイト名＞閲覧者"というSharePointグループが閲覧に必要な最低権限を持っているため、このグループにメンバー追加（または削除）します。新たにメンバーを追加する手順は次のとおりです。ちなみに、全社員に公開する場合は"すべてのユーザー"という特殊なグループを指定します。

① ブログサイトのトップページにアクセスする。

② [設定]（歯車のアイコン）をクリックし、[サイトの設定]をクリックする。

③ [サイトの設定]ページが表示される。

④ [ユーザーと権限]セクションにある[サイトの権限]をクリックする。

⑤ [＜サイト名＞閲覧者]となっているグループ名をクリックする。

⑥ [新規]→[ユーザーの追加]をクリックする。

⑦ 追加するメンバーを指定する。

⑧ [共有]をクリックする。

⑨ メンバーが追加される。

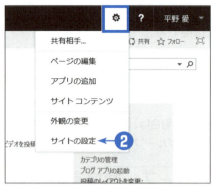

第14章　ブログを使おう

　ブログを使おう

ブログサイトが作成できたら、基本的な使い方を覚えましょう。

写真と説明を変更しよう

ブログサイトのトップページにある［ブログの詳細］に表示されるイメージとなる画像や写真、説明などを変更します。

❶ ブログサイトのトップページにアクセスする。

❷ ［設定］（歯車のアイコン）をクリックし、［ページの編集］をクリックする。

❸ ［ブログの詳細］にあるカメラの画像部分を選択する。

❹ リボンメニューに表示される［イメージ］タブをクリックし、［画像の変更］をクリックする。今回は［コンピューターから］をクリックする。

❺ ［参照］をクリックし、ローカルPC上の任意の画像を選択する。

❻ 宛先ライブラリが既定の［写真］になっていることを確認する。

❼ ［OK］をクリックする。

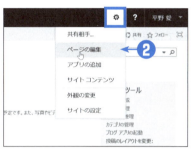

❽ 画像がアップロードされると、ファイルのプロパティを設定する画面が表示される。必要に応じて各項目を修正し、[保存]をクリックする。

❾ ブログサイトのトップページ内の[ブログの詳細]内の画像が変更されたことがわかる。

❿ 写真のすぐ下の文言は直接編集できるので、適切な説明を入力する。

⓫ 編集が終わったら、リボンメニューの[ページ]タブから[編集の終了]をクリックする。

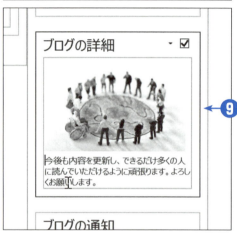

記事を投稿しよう

ブログサイトを作成すると、サンプル記事が1つ自動作成されます。最初はこれを編集し再利用するとよいでしょう。もちろん既存記事を削除して、改めて新規作成してもかまいません。ここでは最初に既存の記事を編集する手順を説明します。

❶ ブログサイトのトップページにある［ブログツール］内にある［投稿の管理］をクリックする。

❷ 投稿リストが表示される。

❸ 目的の投稿を右クリックし、［アイテムの編集］をクリックする。

❹ タイトルや本文、発行日時などを必要に応じて書き換える。

❺ ［発行］をクリックする。

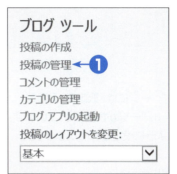

新規に記事を投稿するには、ブログサイトのトップページの［ブログツール］内にある［投稿の作成］をクリックするのが最も簡単です。また［投稿］リストに直接アクセスし、新規にアイテムを追加しても同じことです。

ブログサイトのトップページには、既定で［投稿］リストのリストビューWebパーツが配置されています。このWebパーツは次のように設定されています。

- "発行日時"列で降順に表示する
- 発行日時が［Today］以下の記事のみフィルター表示する
- 最大10件表示する

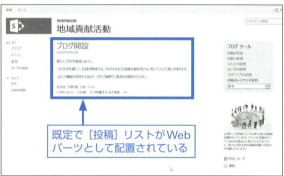

既存の記事を削除するには、［投稿］リストにアクセスして、目的の記事を削除します。

Wordから記事を投稿しよう

　Word 2007以降には、ブログ記事が投稿できる機能が搭載されています。対象となるブログは、SharePointブログ以外にもWordPressなど一般的なブログも対応しています。Wordを使って記事を書く利点としては、下書き保存をローカルPC上で行えることです。画像の貼り付けなども、Wordを使うためドラッグアンドドロップが利用できます。投稿を公開したいタイミングでWord内のメニューから［発行］します。ここではSharePointサイトにWordから記事を投稿する手順を説明します。最初に、発行先となるSharePointブログをWord内に登録する必要があります。この設定は一度行っておけば次回以降は不要です。なお、1ファイルあたり1つの記事となることも覚えておきましょう。

❶ Wordを起動する。

❷ テンプレート一覧から［ブログの投稿］をクリックする。

❸ ［今すぐ登録］をクリックする。

❹ ［ブログ］から［SharePointブログ］を選択する。

❺ ［次へ］をクリックする。

❻ ［ブログのURL］を入力する。

❼ ［OK］をクリックする。

❽ 右図のような警告が表示された場合は［はい］をクリックする。
　※サイトのURLがhttpsとなっており、SSLで保護されている場合は表示されない。httpの場合にのみ表示される。

❾ ［OK］をクリックする。

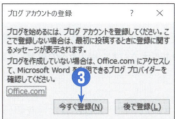

❿ リボンメニューにブログ記事投稿用のタブが表示されるようになる。ブログ投稿のタイトルと本文を入力するエリアがそれぞれ用意される。

⓫ タイトルと本文を記述する。

⓬ リボンメニューの［発行］をクリックする。

⓭ 右図のダイアログが表示された場合は［はい］をクリックする。
※サイトのURLがhttpsとなっており、SSLで保護されている場合は表示されない。httpの場合にのみ表示される。

⓮ Word内のアクションバーに、発行された旨を知らせるメッセージが表示される。

⓯ Webブラウザーを使ってブログサイトを確認すると、記事が投稿されていることがわかる。

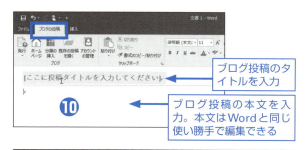

ブログ投稿のタイトルを入力

ブログ投稿の本文を入力。本文はWordと同じ使い勝手で編集できる

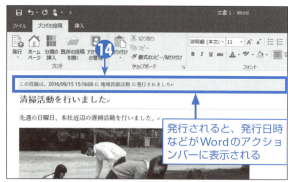

発行されると、発行日時などがWordのアクションバーに表示される

以上のように、Wordの［ブログの記事］テンプレートを使うと直接ブログサイトに記事を投稿できます。リボンメニューに表示される［ブログ投稿］タブでは、それぞれ次のような設定が行えます。

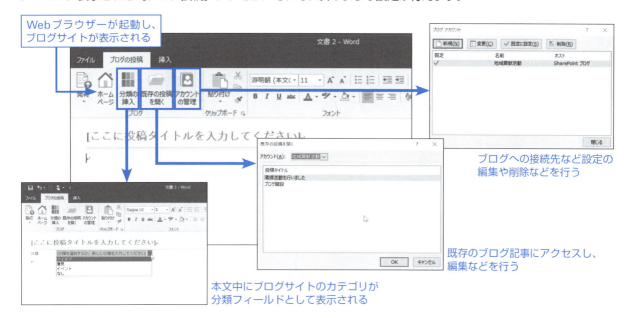

記事のカテゴリを変更しよう

記事のカテゴリは、既定で「アイディア」「意見」「イベント」の3つが用意されています。カテゴリは"カテゴリ"という名前のリスト内のアイテムとして管理されています。そのため、カテゴリを独自に変えたい場合は、リスト内の既存アイテムの編集または削除をするだけです。

❶ Webブラウザーを使って、ブログサイトの管理者としてアクセスする。

❷ ［ブログツール］内にある［カテゴリの管理］をクリックする。

❸ "カテゴリ"リストが表示される。

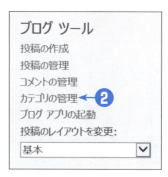

❹ 既存のアイテムを編集する。ここでは、右図のように"活動報告"と"お知らせ"の2つにしている。

❺ 新規または既存の投稿を編集する際に新しいカテゴリが選択できるようになる。

❻ また、ブログサイトのサイドリンクバーのカテゴリも変更される。任意のカテゴリをクリックすると、カテゴリごとの記事一覧が表示される。

> **ヒント**
> **カテゴリは階層化できるのか?**
> カテゴリを階層化して、書籍の目次のように使いたいというニーズを時々耳にしますが、残念ながら標準設定にはこうした階層化設定はありません。あくまでもフラットな分類しかできません。

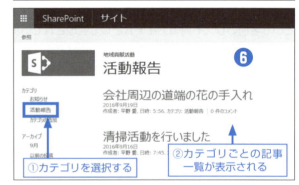

投稿のレイアウトを変えよう

投稿のレイアウトを変更することで、投稿内容の見栄えを若干変更できます。既定では次の3種類があり、既定は[基本]です。

・基本
・ボックス
・インライン

投稿のレイアウトを変更できるのは、サイトにフルコントロールを持つ管理者だけです。投稿権限しかないユーザーは設定できないので注意しましょう。
投稿のレイアウトは、ブログのトップページの[ブログツール]から簡単に変更できます。

第14章　ブログを使おう

ボックス

インライン

　後は、通常のサイトと同様に外観設定により全体的な色合いなどを変更することも可能です。外観の変更手順は「第8章　サイトの見た目（外観）を変えてみよう」で説明しています。

記事を下書き保存できるようにしよう

　既定では、記事は発行するとすぐに公開されます。しかし、下書き保存させるような設定もできます。これにはバージョン管理のしくみを利用します。ただし、この設定を行うと、投稿者は常に下書きとしてしか保存できず、サイトの管理者（フルコントロール権限を持つユーザー）が必ず投稿アイテムを承認しなければ公開できないようになります。そのため、手軽な下書き保存機能を使う場合は、Wordと組み合わせるのが簡単です。逆に、しかるべき人や組織に内容をチェックしてもらった後で公開するしくみにするのであれば、ここで紹介する手順が有用です。

❶ Webブラウザーを使って、サイトの管理者としてブログのトップページにアクセスする。

❷ ［ブログツール］内にある［投稿の管理］をクリックする。

❸ リボンメニューの［リスト］タブから［リストの設定］をクリックする。

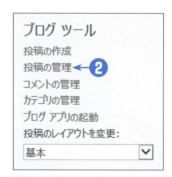

❹ [全般設定] セクションにある [バージョン設定] を
クリックする。

❺ [送信されたアイテムに対してコンテンツの承認を
必須にする] を [はい] にする。

❻ [このリストのアイテムを編集するたびにバージョ
ンを作成する] を [はい] にする。

❼ [次の数のバージョンを保存する] では、保持するメ
ジャーバージョン数を指定する。

❽ [次の数の承認済みバージョンの下書きを保存する]
は指定する必要がない。投稿リストでは実質マイ
ナーバージョンが作られることはないためである。

❾ [下書きアイテムのセキュリティ] では、[アイテム
の作成者およびアイテムを承認できるユーザー] を
指定する。

❿ [OK] をクリックする。

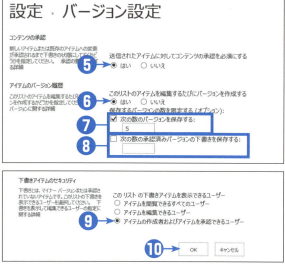

　以上の設定により、投稿を"下書き保存"できるようになります。バージョン管理設定を行うことで、ビューに承認
の状況列が自動的に追加されます。ここが、下書き保存している状態では"承認待ち"となり、他のユーザーに記事が
表示されません。

バージョン管理設定のうち、[送信されたアイテムに対してコンテンツの承認を必須にする] を有効にすると、既定のビューに自動的に列が追加される

　ちなみに、サイト管理者が投稿アイテムを作成または編集するとき、[下書きとして保存] と [発行] の2つのメ
ニューを利用できます。一方、投稿者は [下書きとして保存] のメニューだけが表示されます。一見すると、サイト
の管理者は"発行"することで、すぐに記事が公開できるように見えますが、これがクセモノです。[下書きとして保
存] も [発行] もどちらをクリックしても結果は同じあり、"承認"されないと最新の投稿は公開されません。

投稿を作成する際のコマンドメニューの違い

サイト管理者

[下書きとして保存] と [発行] の両方のメニューが利用できる

投稿者

[下書きとして保存] のみが利用できる

サイト管理者が行う承認手順は次のとおりです。

❶ Webブラウザーでブログサイトにアクセスする。

❷ [ブログツール] 内にある [投稿の管理] をクリックする。

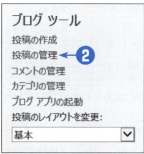

❸ 承認待ちとなっているアイテムのうち、公開対象の投稿アイテムを選択する（[✔] をクリック）。

❹ リボンメニューの [アイテム] タブから [承認/却下] をクリックする。

❺ [承認] を選択する。

❻ [OK] をクリックする。

承認された記事を再び編集すると、再び"承認待ち"状態となり、ユーザーから非表示になるので注意しましょう。また、今回の手順ではサイトの管理者を承認者として利用しましたが、"承認"アクセス許可レベルを持つユーザーを設定すれば、このユーザーも承認できるようになります。たとえば、サイトの管理者権限は持たせないけれど、内容のチェックを行って公開・非公開を管理するユーザーを設定することができます。アクセス許可レベルの詳細は、「第19章　コンテンツを共有しよう（アクセス権限管理）」で説明します。

4 コメント機能を使って対話しよう

　各投稿には読者からのコメントを残せます。サイトの管理者と投稿者は既定でこの権限を持ちますが、一般ユーザーからのコメントを許可したい場合は追加設定が必要です。ちなみに"いいね！"に関しては、閲覧権限があればクリックできるため追加設定はいりません。

コメントできるユーザーを指定しよう

　コメントができるユーザーを指定するには、"コメント"リストに対する投稿権限が必要です。次の手順では既にサイトに対して閲覧権限を持っているユーザーに対してコメントできるよう権限を追加します。

❶ Webブラウザーを使って、サイトの管理者としてブログサイトにアクセスする。

❷ ブログサイトのトップページにある［ブログツール］内にある［コメントの管理］をクリックする。

❸ リボンメニューの［リスト］タブにある［リストの設定］をクリックする。

❹ ［権限と管理］セクションにある［このリストに対する権限］をクリックする。

❺ リボンメニューの［権限］タブにある［権限の継承を中止］をクリックする。

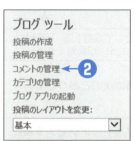

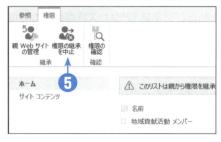

第14章　ブログを使おう

❻ 右の図のようなメッセージが表示されたら、[OK] をクリックする。

❼ [＜サイト名＞閲覧者] を選択する。

❽ リボンメニューの [権限] タブにある [ユーザー権限の編集] をクリックする。

❾ [投稿] 権限をオンにする。

❿ [OK] をクリックする。

コメントを書こう

コメントを投稿する場合は、各投稿の下に表示される [<n>件のコメント] リンクをクリックします。

ここをクリックすると、コメント入力画面に切り替わる

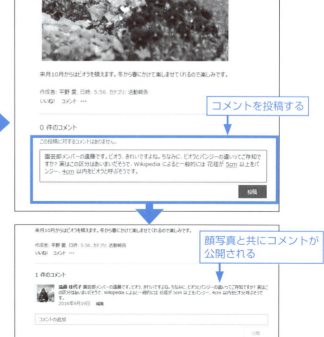

コメントを投稿する

顔写真と共にコメントが公開される

コミュニティサイトを使おう

第15章

1 コミュニティサイトの概要を把握しよう
2 コミュニティサイトの事前準備を行おう
3 コミュニティに参加しメンバーとして活動しよう
4 コミュニティ貢献者にバッジを進呈しよう
5 コミュニティポータルの説明を変更しよう

コミュニティサイトとコミュニティポータルサイトの基本的な使い方を説明します。

1 コミュニティサイトの概要を把握しよう

　コミュニティサイトは、ディスカッション掲示板を主体としたサイトとなっており、時間に縛られずまた地理的または組織的な垣根を越えてコミュニケーションを図る場として利用できます。たとえば質疑応答、ナレッジの蓄積、意見交換などさまざまな用途があります。従来のコミュニケーションの主体は電子メールや電話でしたが、この一部をたとえばコミュニティサイトに変えます。多くの組織では、日々の業務でただでさえメールがあふれているところに、ありとあらゆる情報が送られてくると情報が埋もれてしまいもはや限界です。そもそも電子メールの情報共有は途中参加ではやり取りが把握しにくく、また元々読み捨てていく使い方の方が向いているため、メーラーに情報を蓄積しても後から探しにくいのもデメリットの1つです。情報を仕分けて見通しをよくするためにも、電子メールばかりに依存しないしくみとして、ニュースフィードの利用やディスカッション掲示板機能を組み合わせた方が共有や検索もしやすくなります。

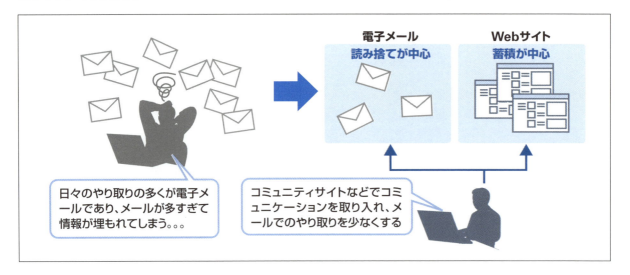

単なるディスカッション掲示板との違いを知ろう

　単なるディスカッション掲示板とコミュニティサイトのディスカッション掲示板は、基本的な機能は共通ですが、若干の違いがあります。チームサイトではファイル共有などの機能をメインに使いつつ、補助的にディスカッション掲示板を追加して利用するケースが多くなります。しかし、コミュニティサイトは最初からディスカッションに特化しています。

　コミュニティサイト内のディスカッション掲示板の最も大きい利点は、カテゴリを設定できる点です。ある程度ディスカッション内容がたまってくると仕分けたくなってくるのですが、単純なディスカッション掲示板は残念ながらこれができません。たとえば、新たにディスカッション掲示板を追加して、ある時点から新しい掲示板に切り替えるといった運用を考えなくてはいけません。しかしコミュニティサイトの場合は、ディスカッション内容を手軽にいつでも仕分けられます。もう1つ特筆すべき特徴は、コミュニティサイトにはゲーミフィケーション要素が含まれていることです。投稿者ランキングやバッジの進呈などの機能が含まれており、ユーザーは楽しみつつコミュニティ活動に貢献できます。また、メンバーにとっては、コミュニティ活動への貢献度が互いに可視化しやすくなっています。

コミュニティサイトを複数作成しよう

コミュニティサイトは複数作成できます。たとえば次のような分け方が考えられます。

- 業務外のコミュニティ活動支援
- 特定のプロジェクトでの情報伝達支援
- 業務に関する組織横断型の情報共有の場

実際にはもっと多くの例が考えられます。コミュニティサイトの利点は、繰り返しになりますが、物理的な場所を選ばないことと組織の垣根を超えた情報共有を行う場として使えることです。たとえば、SharePointの導入に関して複数の拠点でプロジェクトが動いている場合の情報共有の場として専用のコミュニティサイトを作成し、電子メール代わりに使えば、やり取りが「ことの経緯」としてナレッジとして蓄積されていきます。

> **ヒント**
> **コミュニティサイトとYammerとの関係を考えてみる**
>
> Office 365を利用できるユーザーであれば、似たようなしくみとしてYammerを利用できます。Yammerは、関係者へのお知らせ通知機能などもあり、コミュニティサイトに比べると機能は豊富です。情報をすばやく関係者に伝える、情報をもらうといったことには、非常に長けています。しかし、Yammerの欠点としては検索性があまり優れていない点が挙げられます。つまり、後からナレッジベースとして利用しようとすると、SharePointほど柔軟な検索ができません。Yammerはクラウド上のサービスであるため、今後のアップデートで改善されていく可能性がありますが、現時点では後から探しやすいことを考えるとコミュニティサイトやディスカッション掲示板を使う方に軍配が上がります。伝達スピードを重視するのか、情報の蓄積を重視するのか。こうした点もツール選定の1つの視点として捉えておくようにしましょう。

コミュニティポータルとコミュニティサイトの違いを知ろう

さて、あちこちにコミュニティサイトが乱立すると、どこにどのようなサイトがあるのか見通しが悪くなることが気になります。これに関してはコミュニティポータルというサイトが、この心配に対するひとつの"解"です。名前が似ていますが"コミュニティポータル"と"コミュニティサイト"は別ものです。コミュニティポータルは内部的に検索機能をうまく利用して、あちこちに作成されるコミュニティサイトの情報を収集し一覧表示します。

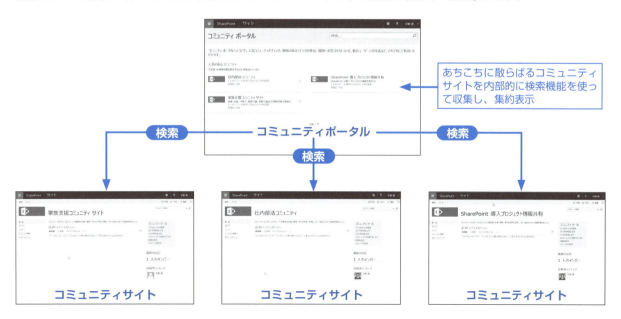

トップページに配置されている「人気のあるコミュニティ」Webパーツにはコミュニティサイトが人気順にすべて表示されます（※もちろん、ユーザーがアクセス権限を持っているサイトのみです）。

この順位は登録メンバー数や最新の投稿状況などが加味されます。先述したとおり検索機能を利用してサイトの情報を取得しているため、新設したサイトは15分程度経過しないと表示されません。また、サイトのタイトルや説明の変更も時間が経過しないとすぐには反映されないため注意しましょう。

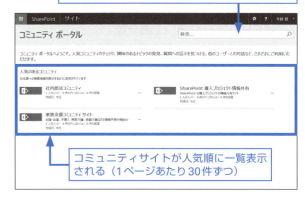

そのほか、検索ボックスから検索すると、エンタープライズ検索センターサイトの［会話］タブに画面遷移するようになっており、ニュースフィードやディスカッション掲示板に絞り込まれた状態で検索できるようになっています。

コミュニティポータルサイトは、全社向けに1つあれば十分です（※厳密に言えばSharePointファーム内に1つ）。そのため、サーバー管理者側で単独のサイトコレクションとして用意します。このサイトは既定で"すべてのユーザー"に閲覧権限が付与されるようになっているため、最初から誰でもアクセスできる状態になっています。ポータルのトップページは自動的に作成されるため、作成後はユーザーにURLを告知するだけです。サイトコレクションの作成手順は「第34章 サイトコレクションを管理しよう」で説明します。

ポイント　情報はうまく分散させ、集約には検索機能を活用する!

少し前まで、社内ポータルと言うと1つのページに必要な情報または情報へのリンクがぎっしりと詰まっているタイプのものが主流でした。今でもその考えのまま、ポータル設計をしてしまうケースも見受けられます。しかし、この方法ではコンテンツを掲載したい立場でばかり考えられてしまいがちで、実際のユーザー目線になるとほとんど使わないリンクや情報ばかりになってしまうということが経験則的にわかってきています。情報は性質の近いものがシンプルにまとまっている方が見やすいものです。また、情報は増える一方です。減ることはまずありません。そのため、最近の主流はすべてを無理に1箇所にまとめるのではなく、情報をきちんと仕分け、サイトやページを分けて掲載することです。こうすると、情報が分散してしまうためユーザーが迷うのではと考えがちですが、たとえば集約表示には検索機能を利用できます。コミュニティポータルサイトのように、あらかじめ検索条件を仕込んだWebページを複数用意して、ユーザーがページにアクセスすると自動的に裏では検索が行われ結果が表示される。ユーザーは検索機能が使われていることは意識しなくてよい。こうして、ユーザーにとって必要な情報が自動的に集約表示されます。検索条件はいくつか組み合わせられるため、ビジネスの状況に合わせて簡単に変更できるのも重要なポイントです。Office 365に搭載されているDelve（デルブ）というサービスは、まさにこうしたコンセプトのサービスであり、ユーザーどうしのつながりなどを機械学習し、検索機能を使ってログインしているユーザーにかかわりの深そうなファイルを見つけ出し、推薦してくれます。ユーザーに特化したコンシェルジュサービス的な機能です。

2 コミュニティサイトの事前準備を行おう

コミュニティサイトを使い始める前に必要なさまざまな設定について説明します。

役割を確認しよう

コミュニティサイトを使い始める前にユーザーの役割を確認しましょう。各役割は次のとおりです。

役割	説明	必要なアクセス許可レベル
閲覧者	コミュニティ内のディスカッション内容の閲覧のみができるユーザー。書き込みはできない。	閲覧
メンバー	ディスカッションの閲覧および書き込みができるユーザー。新しいディスカッションを投稿したり、返信したりする	投稿
モデレーター	コミュニティ運営者。メンバーの管理だけでなく、カテゴリ作成、バッジの作成や付与、おすすめのディスカッション設定などを行う	デザイン
所有者（管理者）	サイトの管理者であり、アクセス権限管理などを行う。通常はサイトに対してフルコントロール権限を持つユーザー	フルコントロール

　上記のうち、モデレーターの役割は非常に重要です。コミュニティサイトの適切な運用ができるよう支援する役割を果たします。質問に対する回答が得られない場合のフォローや問題のある発言のチェックなども含まれるため、場合によっては複数メンバーで対応したいところです。

　所有者とモデレーターには、コミュニティサイトのトップページに［コミュニティツール］が表示されます。表示されるメニューには若干の違いがあり、［評価の設定］と［コミュニティの設定］ができるのは所有者だけです。

モデレーター

```
コミュニティツール
ディスカッションの管理
カテゴリを作成します
バッジを作成します
メンバーにバッジを割り当てます
報告された投稿の確認
```

所有者

```
コミュニティツール
ディスカッションの管理
カテゴリを作成します
バッジを作成します
メンバーにバッジを割り当てます
評価の設定
報告された投稿の確認
コミュニティの設定
```

※［報告された投稿の確認］は、ユーザーから不快感を与えるコンテンツが報告された場合に表示される

サイトを作成しよう

サブサイトとしてコミュニティサイトを作成する手順は次のとおりです。

① Webブラウザーを使ってサイトにアクセスする。

② [設定]（歯車のアイコン）をクリックし、[サイトコンテンツ]をクリックする。

③ 画面下部に表示される[サブサイト]セクションにある[新しいサブサイト]をクリックする。

④ サブサイトのタイトルとURLを入力する。

⑤ [テンプレートの選択]で[コミュニティサイト]を選択する。

⑥ [権限]セクションで[固有の権限を使用する]を選択する。これによって親サイトとは別にアクセス権限を管理できるようになる。

⑦ [作成]をクリックする。

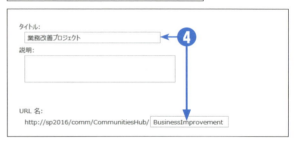

❽ グループのセットアップの画面が表示されたら、[OK]をクリックする。

❾ 新規に作成したコミュニティサイトが表示される。

❿ アクセス権限の状態を確認するため、[設定](歯車のアイコン)をクリックし、[サイトの設定]をクリックする。

⓫ [サイトの設定]ページの[ユーザーと権限]セクションにある[サイトの権限]をクリックする。

⓬ 4つのSharePointグループが作成され、それぞれアクセス権限が付与されていることがわかる。

　コミュニティサイトは、サイトコレクションのトップレベルサイトとして作るか、もしくは親から権限を継承しない[固有の権限を使用する]設定を選択すると、自動的に役割ごとのSharePointグループを作成します。サイトの所有者は、役割に応じた各SharePointグループにメンバーを追加したり、削除したりするだけで管理できます。

自動作成されるSharePointグループ

グループ名	付与されるアクセス許可レベル	グループの種類
<サイト名>のモデレーター	モデレート	SharePointグループ
<サイト名>メンバー	投稿	SharePointグループ
<サイト名>閲覧者	閲覧	SharePointグループ
<サイト名>所有者	フルコントロール	SharePointグループ

ヒント

モデレートアクセス許可レベルが付与できない?

サイトを作成する際に親サイトからアクセス権限を継承する設定になっていると、特定のユーザーやグループに対して"モデレート"権限を付与することができません。そのため、サブサイトを作るときは必ず[固有の権限を使用する]設定にする必要があります。これにより、自動的にグループが作成されると同時に"モデレート"アクセス許可レベルが付与されます。

コミュニティの設定を行おう

コミュニティサイトのトップページに表示される［コミュニティツール］にある［コミュニティの設定］では、次の設定を行います。

・コミュニティ設立日の設定
・［不快感を与えるコンテンツの報告を有効にする］のオンまたはオフ

［不快感を与えるコンテンツの報告を有効にする］をオンにすると、ディスカッション内容に問題がある場合にモデレーターに報告できるようになります。モデレーターに問題がエスカレーションされた場合の対応体制などは事前に考えておく必要があります。

カテゴリを作成しよう

ディスカッション内容を仕分けるために、あらかじめカテゴリを用意しておきます。もちろん後から変更することもできますが、Webブラウザー上では複数のディスカッションのカテゴリを一括変更することはできません（※一括設定変更するようなプログラムを書けば可能ではあります）。そのため、後からなるべく変更しなくていいように計画しておくことが大切です。既定では［全般］というカテゴリだけが作成されています。

❶ Webブラウザーを使って、所有者またはモデレーターとしてコミュニティサイトにアクセスする。

❷ ［コミュニティツール］内にある［カテゴリを作成します］をクリックする。

❸ ［新しいアイテム］をクリックする。

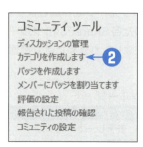

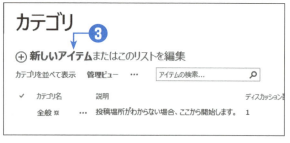

❹ カテゴリ名を入力する。この項目は必須項目である。

❺ 必要に応じて説明、カテゴリの画像などを指定する。

❻ [保存] をクリックする。

❼ サイドリンクバーの [カテゴリ] をクリックすると、新たなカテゴリが追加されているのがわかる。

　カテゴリに割り当てる画像は、たとえば既存の「サイトのリソースファイル」ライブラリに追加したり、コミュニティサイトに画像ライブラリを追加して管理します（ユーザーが画像を参照できる場所にあればどこに格納されていてもかまいません）。ちなみに、画像ライブラリの追加手順はチームサイトを利用している場合と同じです。手順については第3章の8節で説明しています。

　以上の手順でカテゴリを追加すると、ディスカッション作成または編集時にカテゴリが指定できるようになります。

　これで、サイドリンクバーからカテゴリをたどっていくとカテゴリごとにディカッションが表示されるようになります。

評価基準を確認または設定しよう

［コミュニティツール］の［評価の設定］では、次のような内容を確認または設定できます。基本的にはそのまま利用しても問題はありません。

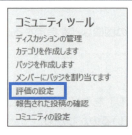

設定項目	説明	
評価の設定	いいね！をクリックして評価できるようにする設定であり、星をクリックして評価する形式にもできるが、基本的に変更する必要はない	
メンバーの達成ポイントシステム	アクティビティごとに付与するポイントを指定する	
達成レベルのポイント	各レベルに到達するために必要なポイント数を指定する	
達成レベルの表示方式	コミュニティへの貢献度をどのように表すかを指定する。既定では■■■■■で表示されるが、各レベルにタイトルを付けることも可能（ブロンズ、シルバー、ゴールド、プラチナや、初心者、中級者、上級者、達人など）。	

コミュニティの参加依頼の送信先を設定しよう

コミュニティサイトの閲覧者は必要に応じて、［コミュニティへの参加］をするためにサイトの所有者に対してメンバー登録を要求できます（具体的な手順は、本章の3節で説明します）。この要求が行われると、既定ではサイトを作成したユーザー（最初の所有者）に対して電子メールが送られるようになっています。そのため、この設定は必要に応じて変更する必要があります。

❶ Webブラウザーを使って、所有者としてコミュニティサイトにアクセスする。

❷ ［設定］（歯車のアイコン）をクリックし、［サイトの設定］をクリックする。

❸ ［ユーザーと権限］セクションにある［サイトの権限］をクリックする。

❹ リボンメニューにある［アクセス要求の設定］をクリックする。

❺ ［アクセス要求の許可］がオンになっていることを確認し、入力ボックス内にある電子メールアドレスを必要に応じて変更する。ちなみに、複数のアドレスを指定する場合はコンマ（,）区切りで追記する。

❻ ［OK］をクリックする。

コミュニティ情報を更新しよう

サイドリンクバーに表示される［コミュニティ情報］リンクをクリックすると、サイトの説明や設立日、規範とする共通認識などが記載されています。つまりは、"こういうルールで運用しましょう"という内容を記載しておくページです。あくまでも既定で用意されている内容であるため、必要に応じてモデレーターが変更します。単なるWikiページであるため、内容の編集は簡単です。

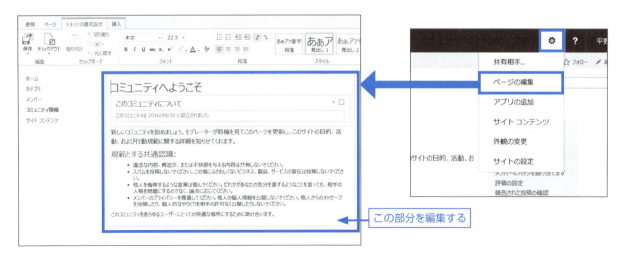

3 コミュニティに参加しメンバーとして活動しよう

コミュニティメンバーは、ディカッションを新規に投稿したり、返信したりします。ディスカッション掲示板の使い方は、第3章の11節で説明した手順と同じです。ここでは、ディスカッション掲示板の使い方ではなく、コミュニティサイトとして覚えておきたい一連の使い方を説明します。

コミュニティに参加しよう

コミュニティサイトを利用するには、メンバーやモデレーターであっても［このコミュニティへの参加］をクリックする必要があります。これを行うことで、メンバーリストにユーザーが登録され、投稿者ランキングなどが反映され始めます。

コミュニティサイトの閲覧者は、文字どおり内容の閲覧しかできないため、最初にサイトへのアクセス権限設定を依頼することになりますが、これも［このコミュニティへの参加］をクリックすることで処理できます。次の手順は、閲覧者だったユーザーがコミュニティに参加するまでの手順です。

❶ Webブラウザーを使って対象となるコミュニティサイトにアクセスする。

❷ ［このコミュニティへの参加］をクリックする。

❸ 参加したい理由などを記述する。

❹ ［依頼の送信］をクリックする。

❺ 右図のようなウィンドウが表示されたら、ウィンドウ右上の［×］をクリックし、画面を閉じる。

❻ 表示が「このコミュニティへの参加」から「承認待ち」に変化する。

❼ サイトの所有者によって承認されると、右図のような電子メールが送信されてくる。

❽ メール内の［このサイトへの移動］リンクをクリックし、コミュニティサイトにアクセスする。

❾ 再び［このコミュニティへの参加］をクリックする。以上でコミュニティサイトへのメンバー登録が完了する。

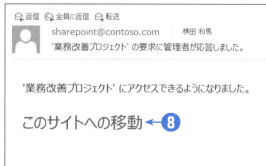

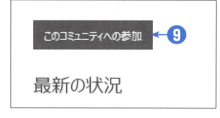

申請を承認しよう

先ほどの手順で説明したように、コミュニティサイトへのアクセス申請があると、サイトの所有者には次のようなメールが送信されてきます。本文中の［この依頼を承諾または却下する］をクリックすると、Webブラウザーが起動し承認画面にアクセスできます。

承認画面では、依頼内容の承認または却下を行います。

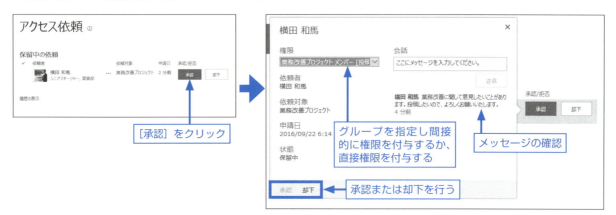

アクセス依頼の画面は、Webブラウザーからアクセスする場合は［設定］（歯車のアイコン）→［サイトの設定］をクリックします。［ユーザーと権限］セクションにある［アクセスの依頼と招待状］をクリックすると、上記の画面が表示されます。ちなみに、このメニューは一度でもアクセス依頼が作成されていないと表示されないので、注意してください。

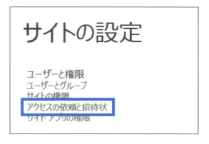

過去に承認または却下した情報は［履歴の表示］に折りたたまれています。これを開くと履歴を確認できます。

ヒント

一度拒否されると二度とアクセスを要求できない？

一度、コミュニティへの参加を拒否されると、そのユーザーは再度アクセス要求を送信することができなくなります。何らかの事情で再度アクセスを要求できるようにするには、拒否履歴を右クリックして削除します。

問題がある内容があれば報告しよう

本章の2節で説明したように、"不快感を与えるコンテンツの報告"ができるように構成されていると、ディスカッション内容に問題があると思ったら、ユーザーからモデレーターに報告できます。もちろん、この機能を使ってコンプライアンス上問題のある発言も報告できるようになります。具体的な報告手順は次のとおりです。

❶ 発言内容が気になる発言があれば、[…]をクリックし、[モデレーターに報告]をクリックする。

❷ どういった問題があるのかなどの指摘を記述する。

❸ [レポート]をクリックする。

❹ 画面右上に「ご協力ありがとうございました。管理者がすぐにご意見を確認します。」というメッセージが表示される。

これによって「コミュニティツール」内に"報告された投稿の確認"リンクが表示されるようになります。ただし、電子メールが送信されるようなことはありませんので注意しましょう。このリンクをクリックすると報告内容が一覧できます。各内容を確認し、元の記事を修正したり、削除したり、もしくは特に問題がないと判断されれば報告内容を却下しそのまま掲載を続けることができます。

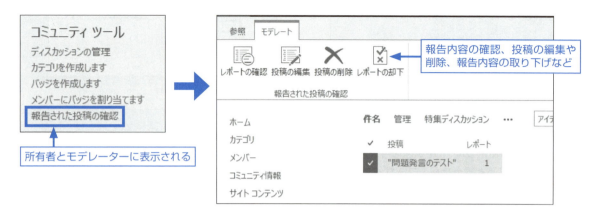

個人のメンバーシップ情報を確認しよう

　自分の貢献度や獲得ポイントを確認するにはサイドリンクバーから［メンバー］にアクセスします。画面右側に個人用メンバーシップ情報が表示されます。またこのページからコミュニティへの参加終了をすることもできます。

4 コミュニティ貢献者にバッジを進呈しよう

　コミュニティ内での投稿数、返信数、ベストリプライの獲得数などが増え、貢献度が高まると評価設定の基準に従い、レベルが上がっていきます。これとは別に、特に貢献度が高いユーザーを表彰するしくみとしてバッジの進呈ができます。

バッジを作成しよう

　バッジは、モデレーターや所有者が作成できます。バッジを作成するには、[コミュニティツール]から[バッジを作成します]をクリックします。既定では"エキスパート"と"プロフェッショナル"の2つが登録されています。必要に応じて、名称を変えたり追加したり削除したりします。編集手順は、単なるリストアイテムと同じです。

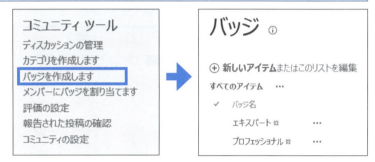

バッジを進呈しよう

　バッジを作成したら、ユーザーにバッジを進呈します。主にモデレーターが行います。バッジを割り当てるには、[コミュニティツール]から[メンバーにバッジを割り当てます]をクリックします。バッジを割り当てるユーザーを選択し、リボンメニューの[モデレート]タブにある[バッジを与える]をクリックして、バッジの種類を選択します。

ヒント
バッジが表示されない？

せっかくバッジを進呈できるのにどこにもバッジらしきものが反映されません。しかし、SharePoint Onlineでは次のように表示されるためバグの可能性が高いです。Feature Pack 1を適用した時点では修正されていないため、今後の修正を待つしかなさそうです。

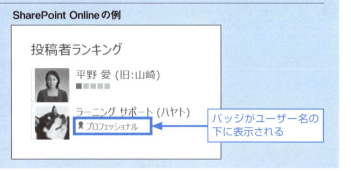

バッジがユーザー名の下に表示される

5 コミュニティポータルの説明を変更しよう

　コミュニティポータルは、サーバー管理者が作成後は基本的に何もしなくても使い始められます。しかし、既定のサイトの説明文は必要に応じて変更してみてください。

このサイトの説明は変更できる

次の手順はサイトの管理者が行う必要があります。

❶ Webブラウザーを使って、コミュニティポータルにアクセスする。

❷ [設定]（歯車のアイコン）をクリックし、[サイトの設定]をクリックする。

❸ [外観]セクションにある[タイトル、説明、ロゴ]をクリックする。

❹ サイトの説明を変更する。

❺ [OK]をクリックする。

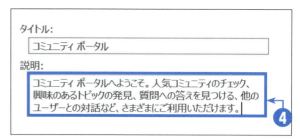

Office 365とSharePoint Onlineの最新動向

第16章

1. Office 365（SharePoint Online）の最新動向を把握しよう
2. Office Delveを知ろう
3. 新しいUI（リスト、ライブラリ）について把握しよう
4. Office 365グループとSharePointについて把握しよう
5. 仕事管理とPlannerについて把握しよう
6. カスタマイズや開発について把握しよう

Office 365とSharePoint Onlineの最新動向について説明します。

1 Office 365（SharePoint Online）の最新動向を把握しよう

　本書で何度か説明しているとおり、SharePoint Server 2016では、Office 365（SharePoint Online）で提供されている多くの機能がオンプレミスで利用できるようなっています。現在もOffice 365は、新機能が追加されるなど様々な更新が行われています。SharePoint Server 2016しか使っていないユーザーにとって、またOffice 365とオンプレミスのSharePoint Server 2016との両方の環境を組み合わせて利用している組織のユーザーにとっても、Office 365の最新動向を知ることは、今後のSharePoint Serverの進んでいく方向性を知るために重要です。この章では、執筆時点（2016年9月現在）におけるSharePoint Onlineを中心とした最新動向と共に、把握しておきたい主要な機能について説明します。

最新機能の確認方法を把握しよう

　Office 365は、リリース後から既に500近い機能アップデートが加えられています。今後もさらなるアップデートが進められています。マイクロソフトはこうした情報についてロードマップを公開しています。既に展開が完了（Launched）し対象となる顧客すべてが利用可能な状態になっているもの、開発中（In development）のものや展開中（Rolling out）のものなどに分類されています（利用可能になるまでの順番は下から、In development→Rolling out→Launchedとなります）。

「Office 365 Roadmap」
https://fasttrack.microsoft.com/roadmap

Roadmapには数行程度の説明しか書かれておらず、これだけでは詳細が把握しにくいことも多々あります。主要な機能についてはマイクロソフトのOffice Blogsで詳細情報が公開されるため、ブログを確認し、その後ロードマップで一覧を確認するとよいでしょう。

「Office Blogs」
https://blogs.office.com

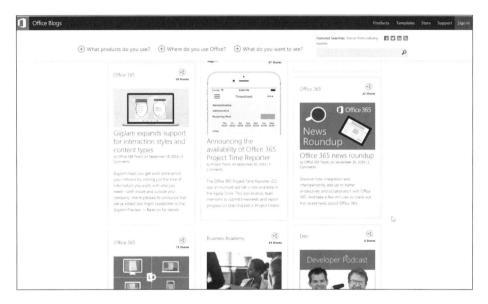

2 Office Delve を知ろう

　最初に注目すべき機能として紹介するのが、Office Delve（デルブ）です。これは個人用のポータルサイトであり、SharePoint Server 2016のプロファイルページに代わるものです。ただし、単なるプロファイルページではなく、機械学習機能を持っているのが特徴です。Delveは、ログインユーザーと関わりのある他のメンバーの様々な行動（ファイル共有、ファイルの更新、メール送信など）を基に機械学習し、ログインしているユーザーに対して関りが深いと思われるOffice 365内の情報を検索して、「他の人はこんな情報も公開しているよ」とレコメンドしてくれます。

Delve利用のイメージ

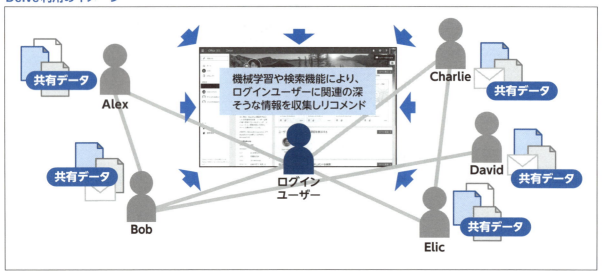

　全員で共通の画面を見ているのではなく、ログインユーザーごとに表示内容が異なっており、資料によってはパーソナライズドポータルと呼ばれることもあります。提示される情報は次のとおりです。

OneDrive for Business/SharePointライブラリ内	・Officeドキュメント ・PDF ・OneNote セクション ・SharePointのタスクやページ ・画像ファイルなど
メールの添付ファイル	・Officeドキュメント ・PDF
Office 365ビデオ （※Office 365の契約プランによっては含まれない）	・ビデオ
Yammer	・パブリックグループ内に投稿された公開Webページへのリンク

　Delveにアクセスすると、様々なファイルを閲覧頻度や更新情報を含め一覧でき、ここから実際のファイルにアクセスできます。

Delveのホームにアクセスしている画面

Delveの重要性とOneDrive for Businessとの組み合わせ利用について考えよう

　ところで、なぜDelveが重要なのでしょうか。OneDrive for Businessと組み合わせた利用を考えてみましょう。これまでユーザーは、手元のPC内にファイルをため込んできました。しかし、こうした情報は本質的には組織としてのナレッジであり資産です。しかし、こうしたナレッジが埋もれてしまい、うまく共有できないでいるのが組織としての長年の課題でもあります。しかし、OneDrive for BusinessとDelveにより、状況を改善できる可能性が高まります。たとえば、自分で作成したファイルはOneDrive for Businessを中心に格納するようにし、必要に応じてOneDrive for Business内の共有フォルダーに格納しておきます。場合によっては、このフォルダーは同期クライアントを使ってローカルPC上に同期をしておき、編集作業は手元のPC内で行います。すると、最新情報が自動的に他のメンバーに共有されていきます。しかし、あくまでも個人ストレージであるため、情報は全体的に見れば各ユーザーごとに散らばってしまいます。これを機械学習などによりうまく情報を精査して、他のユーザーの目に触れるようにするしくみが、Delveの主たるメリットだと言えます。

DelveとOneDrive for Businessを組み合わせた利用イメージ

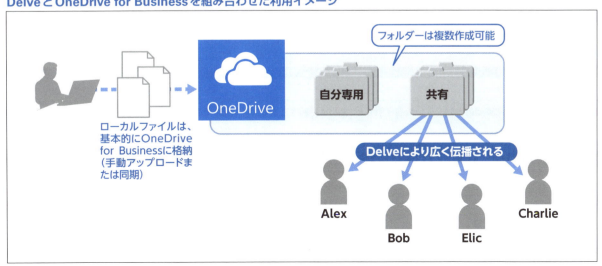

そもそも情報は増えていく一方で人の手を使って情報を整理するのは限界にきており、共有されていても日の目を見ないファイルもかなりの数に上ることが考えられます。こうした機械的なアプローチは、今後ますます欠かせなくなってくるでしょう。ちなみに、Delveについて懐疑的な意見として「すべてのファイルが見えているようでセキュリティリスクが心配」という声がしばしば上がります。しかし、この機能はあくまでもユーザーに閲覧権限のあるものしか表示していません。つまり、ユーザーが検索する気になればもともと検索できているものが表示されているわけです。セキュリティをしっかりと確保するには、最初からSharePointやOneDrive for Business上でアクセス権限をしっかりと設定しておくようにしましょう。SharePointやOffice 365は、情報を広く伝播することを目的としている製品（サービス）であり、真逆にあたる情報を秘匿したり隠ぺいしたりする方向性での利用は製品（サービス）の趣旨からは逆行するものであるということを再認識しておきましょう。

ここで、プロファイルページとしての機能についても触れておきます。Delveのプロファイルページでは、ユーザーのプロファイルだけでなく、最近使ったファイルの情報が表示されます。Delveには、最近やり取りしたユーザーも表示され、他のユーザーをクリックするとそのユーザーのプロファイルページが表示されます。たとえば、「今、ファイルを更新したから確認してほしい」という場合、メールでリンクを送信したりする必要がありましたが、Delveにアクセスすれば、すぐに最新の更新ドキュメントを確認できます（とはいえ、内部的に検索機能を使っているため、最大15分程度はかかる可能性があります）。

ヒント

Delveの意味は？

Delveという単語は英語の動詞です。辞書を引くと"書物や記録などを掘り下げる、徹底的に調べる"といった意味があります。

OneDrive for BusinessとSharePointの関係を把握しよう

Office 365上で利用できる個人向けのOneDrive for Businessでは、これから新たにファイルをSharePointサイトへコピーする機能が追加されます（執筆時点では開発中であり、一部のテナントではコピーまでは利用できるようになっているようです。ロードマップによると2017年の後半までには移動機能も利用できるようになるとのこと）。この機能の登場により、OneDrive上で下書きしたファイルを社内に公に公開する手続きがスムーズにとれるようになります。

3 新しいUI（リスト、ライブラリ）について把握しよう

　2016年に入り、SharePoint Onlineのリストやライブラリには、新しい見た目としてモダンUIが導入されました。とはいえ、SharePoint Server 2016と同様の見た目も残っており、クラシックUIまたはクラシック表示と呼ばれます。

　新しいUIの特徴は次のとおりです。

- レスポンシブWebデザイン
- モバイルを意識したシンプルな操作画面（リボンメニューはなくなります）
- 列の値の容易な編集

ライブラリのモダンUI

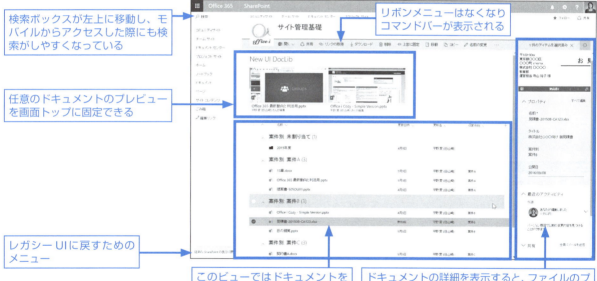

- 検索ボックスが左上に移動し、モバイルからアクセスした際にも検索がしやすくなっている
- 任意のドキュメントのプレビューを画面トップに固定できる
- レガシーUIに戻すためのメニュー
- このビューではドキュメントをグループ化表示している
- リボンメニューはなくなりコマンドバーが表示される
- ドキュメントの詳細を表示すると、ファイルのプレビュー、プロパティ、ユーザーのアクティビティ（最近誰が編集したかなど）が表示される

リストのモダンUI

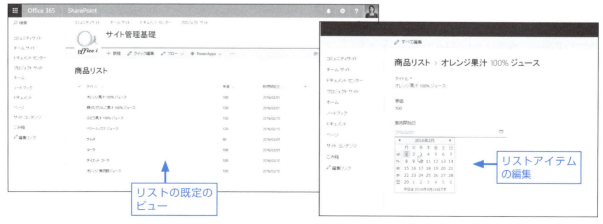

- リストの既定のビュー
- リストアイテムの編集

レスポンシブWebデザインとは、画面の表示幅によってレイアウトを動的に変更するWebデザインのしくみのことであり、最近のインターネット上のWebサイトでは、ほとんどがこのレスポンシブWebデザインになってきています。

レスポンシブWeb UIの例

画面の幅を小さくすると、サイドリンクバーが非表示になり、サイトのロゴも小さくなる

ヒント

ライブラリのモダンUIの詳細

ライブラリのモダンUIの使い方については、筆者がYouTubeに動画を公開しています。

「SharePoint Online - New Document Library Experiences -」
https://youtu.be/dkX5KYveEyU

　サイト管理者は、リストやライブラリごとにどちらにするか指定できるようになっていますが、カスタマイズなどされていない標準的なリストやライブラリは、自動的にモダンUIに変更されています。とはいえ、実際に新しいUIが展開されているサイトの多くは、管理者がクラシックUIに戻していることも少なくありません。従来のUI操作と大幅に異なるので混乱を低減するためです。とはいえ、モダンUIにも新しい機能が追加されたり、改良されたりしてきているため、今後は新しいUIの利用が増えていくことが予想されます。SharePoint Server 2016にもFeature Packという形でOffice 365の新機能を提供できるようにする計画となっており、11月に提供されたFeature PackではOneDrive for BusinessのUIがモダンUIに変更されました。オンプレミス環境でもリストやライブラリについて、こうした新しいUIが提供される可能性が高いです。

4 Office 365グループとSharePointについて把握しよう

　Office 365には、新たに **Office 365グループ**というものが導入されています。そもそも、Office 365で利用できるグループは次のとおりです。

- 配布グループ
- セキュリティグループ
- メールアドレス付きセキュリティグループ
- Office 365グループ

　Office 365グループは、Office 365内の各サービスで共通利用できるグループとして新たに追加されたものであり、この中では新参者です。これは、SharePoint Server 2016にはないOffice 365固有の機能です。

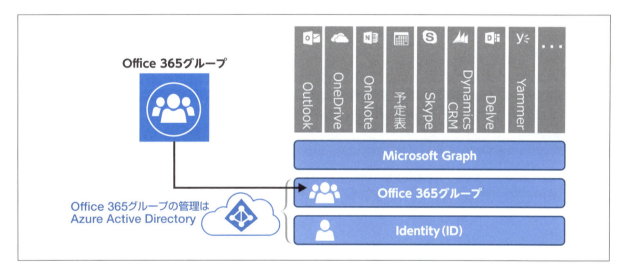

Office 365グループで利用できる新たな共同作業環境を知ろう

　アクセス権限設定に使えるOffice 365グループですが、それ以外にOffice 365におけるグループウェア的な機能を持っています。そのため、マイクロソフトはOffice 365グループの利用を積極的に勧めているようです。従来のグループは、「情報共有の場とこれを利用するグループを別々に作っておき、グループには後からアクセス権限を渡す」という考え方でした。しかし、Office 365グループの場合は「メンバーを募った時点で情報共有の場も自動的に用意される」という新しい考え方になっています（このグループの概念の着想はYammerから得ています）。具体的には、グループを作成するとそのグループ用に次の情報共有機能が同時に用意されます。

- 共有メールボックス（グループアドレス、メンバー間の会話、共有の予定表）
- グループ用のOneDrive for Business（ファイル共有、OneNoteの共有）
- Microsoft Planner（タスク管理）
- SharePointチームサイト（※2016年10月以降順次展開予定）

Office 365 グループの画面

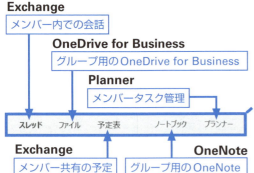

SharePointサイトをエンドユーザーが利用する際の1つのハードルは、アクセス権限設定です。本書でも後の章で説明しますが、SharePointサイトでは自由度の高いアクセス権限設定ができるぶん、かえって設定が複雑になっています。Office 365グループは、既定ではエンドユーザーがビジネスに応じてすばやく自由に作成し、自分たちの手で管理できるようになっています。セキュリティ管理はシンプルであり、メンバーであるか、そうでないかだけを管理します（Office 365のテナント管理者は、一部のユーザーにのみこの機能を開放するように制限することも可能です）。

> **ヒント**
>
> **Office 365グループに含まれるSharePointチームサイトについて**
>
> Office 365グループに含まれるSharePointチームサイト機能は、筆者が利用するOffice 365テナントには執筆時点（2016年9月現在）ではまだ機能がロールアウトされていないため、下記のOffice Blogsの記事を参考にしてください。
>
> 「SharePoint Onlineチームサイトに新機能登場－Office 365グループとの統合など」
> https://blogs.technet.microsoft.com/microsoft_office_/2016/09/09/new-capabilities/

5 仕事管理とPlannerについて把握しよう

　仕事（タスク）管理と言うと、SharePointサイトのタスクリストやOutlookのタスクがありますが、Office 365に新たな仕事管理ツールとしてMicrosoft Plannerという機能が追加されました（2016年6月）。SharePoint Server 2013にはWork Management Serviceという機能があり、これはSharePointサイトやOutlook上などに分散するタスクを個人用サイトに集約表示するものでした。Office 365でもしばらくはこの機能が提供されていましたが、2015年にこの機能は削除され、新たにPlannerという形で登場したという経緯があります。しかし、SharePoint Server 2016にはこの機能はありません（Work Management Serviceもなくなっています）。

　Plannerでは、各タスクをカード形式で作業順に自由に並べ替えて管理します。タスクが終わったところから順に消し込んでいきます。すべてのタスクが消えたら、そのプランは完了します。

Office 365グループとPlannerの関係を把握しよう

Plannerではまずプランを作成し、その中にタスクを追加していきます。

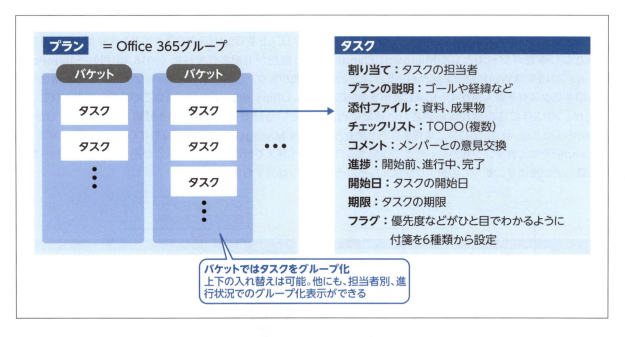

各プランはOffice 365グループに紐づきます。つまり、プランを新規に作るとOffice 365グループが作成されます。逆に言えばOffice 365グループが作られていればプランが作成できているということです（あとはタスクを追加するだけ）。

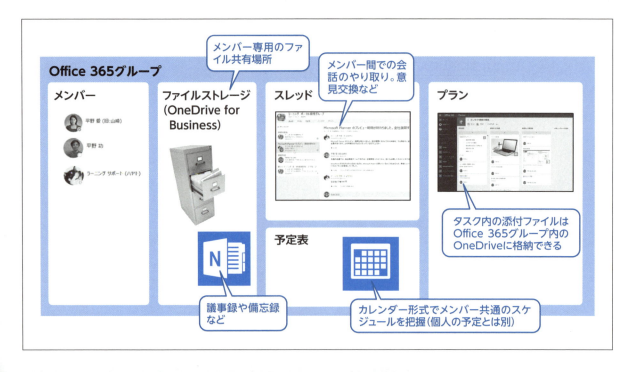

6 カスタマイズや開発について把握しよう

　ここまで説明してきたように、Office 365では大幅な機能の更新が行われているため、カスタマイズや開発に関しても新たな動向があります。

リストやライブライブラリのカスタマイズ方法を把握しよう

　もともとリストやライブラリのビューやフォームのカスタマイズは多くの場合、SharePoint Designer 2013を使うか、JavaScriptでコーディングするJSLinkを用います。たとえば、JSLinkを使うとお知らせリストの見た目を次のようにカスタマイズできます。

業務に関するお知らせ				
重要度	タイトル		お知らせカテゴリ	公開日
重要	[全社連絡] テレワーク週間の実施	...	伝達	2016/11/07
	[オータム イベント]ファミリーディのご参加ありがとうございました	...	報告	2016/11/06
重要	年末調整について	...	通知	2016/11/01
	世田谷営業所の移転先	...	通知	2016/10/20
重要	Office 365 の利活用勉強会の実施	...	その他	2016/10/05

　ただし、リストに関してはこのほかに、Microsoft InfoPathを使ったカスタマイズがよく行われていました。このツールは、ビジネスユーザーでも比較的簡単にリストのカスタマイズができるツールとして利用されてきましたが、InfoPathという製品自体が最近の技術動向からは古さを否めなくなってきており、InfoPath 2013で開発は終了し、最新バージョンはリリースされないことが決定されました。2023年まではメインストリームとしてサポートされますが、延長サポートの期限は2026年7月14日までとなっています。これに代わるビジネスユーザーでも手軽に使える開発ツールとして登場したのが、Microsoft PowerApps（フォーム開発が主となるツール）とMicrosoft Flow（データフローを制御するツール）です。必要に応じて組み合わせて使います。これらのツールの特徴は、基本的にモバイル端末を意識したアプリケーション開発ツールであること。SharePointと連携した機能を提供できる以外にも、OneDriveやDropbox、Dynamics CRM、Salesforceなど様々な外部サービスと連携した機能を基本的にノンコーディングで組み込めます。前に紹介したリストのモダンUIには、PowerAppsとFlowを起動するためのメニューが標準搭載されています。

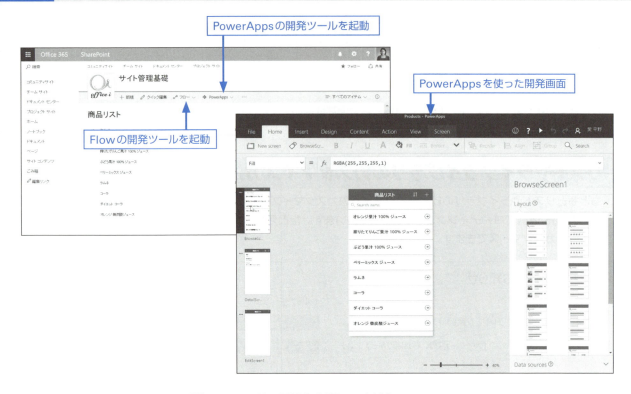

PowerAppsとFlowに関する詳細については、下記を参照してください。

「Microsoft PowerApps」
https://powerapps.microsoft.com/ja-jp/

「Microsoft Flow」
https://flow.microsoft.com/ja-jp/

開発者向けに登場した新たなフレームワークを把握しよう

　また、コーディングを伴う高度な開発ができるエンジニア向けに、新たにSharePoint Framework（2016年9月現在はプレビュー）が公開されています。このフレームワークは、JavaScriptをベースに機能拡張やカスタマイズを行えるようにするものです。SharePoint Frameworkの詳細については、下記を参照してください。

「SharePoint Framework －オープン性と接続性を強化した新しいプラットフォーム」
https://blogs.technet.microsoft.com/microsoft_office_/2016/05/17/the-sharepoint-framework-an-open-and-connected-platform/

第4部
SharePoint サイトの運用管理を行おう

- 第17章 サイトの運用管理の全体像を把握しよう
- 第18章 サイトの基本設定を行おう
- 第19章 コンテンツを共有しよう（アクセス権限管理）
- 第20章 メタデータを応用的に使おう
- 第21章 リストおよびライブラリを管理しよう
- 第22章 高度なドキュメント管理を使おう
- 第23章 サイトコレクションの管理タスクを把握しよう
- 第24章 利用状況を把握しよう
- 第25章 保持期限、監査、コンプライアンス対応機能を把握しよう
- 第26章 フィーチャーを管理しよう
- 第27章 サブサイトを作成しよう

第4部では、サイトの管理者としてサイトを運用するために、具体的にどういった管理が必要なのかを手順も含めて説明していきます。

サイトの運用管理の全体像を把握しよう

第17章

1 運用を考えたサイト設計をしよう
2 サイトの管理者の主な管理タスクを把握しよう

この章では、サイトの管理者が行うべき運用管理タスク全般について説明します。

1 運用を考えたサイト設計をしよう

　SharePoint上に作成するサイトは、日本人は特に組織カットで作りたがる傾向があるようです。しかし、業務効率を上げるためにチームでの作業を支援することに重きを置いていることを考えると、可能な限り業務単位で作成するよう設計した方がSharePointには適しています。そもそも、組織は経営層の判断で半年もしくは一年単位で変更されます。しかし、SharePointは既存のサイト構造を作り変えやすい製品とはなっていないため、サイト間で柔軟にコンテンツを移動したくても、これには非常に多くの手間やコストがかかります。そのため、業務単位で作成しておけば組織変更に左右されにくいわけです。また、サイトは短期的に使うのかまたは長期的に使うのかを見極め、長期的に利用する場合はできるだけ構造を変更しなくてよい単位で構成しましょう。短期利用の場合は、一定期間が過ぎると削除するような運用ルール決めも必要です。

> **ヒント**
>
> **ユーザーが自由裁量で使えるサンドボックスサイトを作ろう**
>
> ユーザーは、SharePointをどのように業務で使えるか自由裁量で試したいと考えます。しかし、業務サイトなどは直接の業務にかかわるため、あまりお試し的な機能を盛り込むのは好ましくありません。そこで、一部の選抜したユーザーに対して自由裁量で試しに使えるサイト（サイトのフルコントロール権限もしくはサイトコレクションの管理者権限を付与）をあらかじめ用意しておくというのも1つの考え方です。自由に使ってもらうぶん、基盤管理者側やIT部門側はバックアップなど手厚くサポートしないことを前提とします。こうした場の提供は、ユーザー教育実施時に併せて用意することが多く、また効果的でもあります。

ビジネスユーザーがサイトを運営しよう

　SharePointサイトは、情報システム部門が運営するのではなく、業務に精通しているビジネスユーザーが対応した方が活用はスムーズです。逆に言えば、ビジネスユーザー自身が運用することを前提にすることで、コーディングを伴うカスタマイズをしないとか、複雑な設定はしないといったルールを設けるといった運用方針が決まります。ひと昔前までは、情報システム部門やサポート部門がいろいろと手厚くお膳立てしてシステムを使うというパターンが多かったのですが、昨今のビジネスの速度と多様性を考えると、各業務の詳細までは把握しきれない情報システム部門やサポート部門がすべてをまかなうことは現実的ではありません。しかも、昔に比べればユーザー側の情報リテラシーも向上してきており、しかもツールもユーザーが簡単に使えるようになってきています。そのため、SharePointサイトに限らず情報共有の場の運用管理は、ビジネスユーザーが担当するというのが今後の傾向です（第16章で説明したOffice 365グループなどは、まさにビジネスユーザーが運用することが前提です）。この傾向はどんどん加速するでしょう。まずは業務チームメンバーで運用し、部分的に情報システム部門やヘルプデスクなどにフォローしてもらうという体制が望ましいと言えます。また、組織改編によって人の入れ替わりが頻繁である場合は、これまでの運用経緯なども含め後任者に引き継げるよう資料などにまとめておくことはもちろん、そもそもの管理タスクをできるだけ簡素化して引継ぎやすくしておくことも大切です。

> **ヒント**
>
> **利活用を進めるにはサイトのテンプレート化よりもユーザー教育を！**
>
> サイト管理者となるユーザーに対して、社内の運用ルールの周知を含め研修なり勉強会を定期的に実施することも重要です。大企業になると、独自のサイトテンプレートを作成する傾向が強いのですが、実際には各業務に確実にフィットするサイトテンプレートは作成が難しいため、結局これだけでは不足します。また、情報システム部門で管理をしっかり対応するぶん、ユーザーに開放する機能を極力少なくしてしまうこともありますが、これはSharePointに対して「これだけしかできない」という使い勝手の悪い印象を植え付けてしまうことも多いようです。弊社の研修に参加する方も、「本来はどこまで使えるのだろう」という疑問と期待を持っている方が多いです。研修では、参加者の方に管理者権限をフルに与え、本書で説明しているような使い方をきちんと説明しますが、受講後は多くの方が「こんな機能があるなら、こんな風に業務に使えそうだな」という手ごたえを感じて帰られます。テンプレート作成に多くの時間とコストを割くよりは、サイト管理者教育を充実させ、基本的な使い方を定期的に教えて自分たちで協力しあって好きなようにサイト設定を変えたり、コンテンツを追加したりできるように支援した方が利活用は進むようです。

サイトの運用サイクルを把握しよう

一般的にSharePointサイトの利活用には次のサイクルがあります。

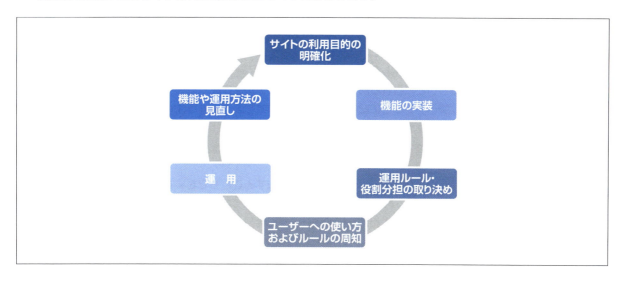

■サイトの利用目的の明確化

利用目的を明確にして、ユーザー間で共通認識を持つようにします。関係者でディスカッションし、SharePointサイトを使って、どういうことを達成したいかをしっかり洗い出し方向性を決めるようにしましょう。ただし、ここにはSharePointの基本機能を知っている人が含まれていることが望ましいです。たとえば、本書をしっかりと熟読している方などがいると心強いです。SharePointでは実現が難しいものや、不向きな使い方もあるので、まずは標準機能だけでどのように業務に当てはめていくかを考えるとよいでしょう。チームサイトでよく使う機能は、第3章でひととおり取り上げています。ここから実際の業務で使いそうな機能を選択してみてください。欲張ってすべての機能を使いこなす必要はありません。しっかりと運用できそうだというものだけを少しずつ取り入れるようにしましょう。

■機能の実装
　サイト内には、リスト、ライブラリ、Wikiページなどのコンテンツを作成します。サイトを構築する場合は、まずはできる限り標準機能を使うようにしましょう。もちろん、SharePointではコーディングを含むようなカスタマイズや機能を拡張する開発も可能であり、これによって利便性が向上できる可能性は高まります。しかし、適用範囲は最小限に留めるよう考慮すべきです。利用者のビジネスニーズは多岐にわたりかつ時間とともに頻繁に変化します。SharePointの場合は特に、組織内のさまざまなユーザーが利用することになるため、ともすると要件がなかなか確定せず、これに伴い開発にかかるコストも高くなりがちです。メンテナンスのコストももちろん発生します。できる限り標準機能を用いることでWebブラウザーによる設定だけで対応できるのであれば、現場のユーザーレベルでも対応ができるようになり運用もしやすくなります。

■運用ルール・役割分担の取り決め
　運用ルールを決め、役割分担します。運用ルールとしてはファイルやフォルダーの名前付け規則やフォルダー構成のルール化、ファイルをアップロードする際にどういったプロパティを設定するかなどを決めます。また、サイトにデータが闇雲に蓄積されていくと後からコンテンツが探しにくくなります。特に不要になったデータがないか、利用頻度が高いものと低いものが混ざっていないかなど、定期的にデータの棚卸しをしていくプロセスは重要です。この点は見落としがちなので注意しましょう。また、ユーザーからの問い合わせに誰が対応するかなども決めておきます。

■ユーザーへの使い方およびルールの周知
　ユーザーにとって使い方が難しいと思われる部分は、適宜マニュアルを作成するなどして使い方を示します。運用上のルールなどはサイトのトップページなどに記載しておくとよいでしょう。また、PCを使った社内ユーザートレーニングを実施して、使い方やルールを周知することも有用です。

■運用
　ユーザーが利用を開始します。いきなりユーザーにサイトを開放することもできますが、場合によっては、段階的な運用を行います。たとえば、最初は限られたメンバーにのみに公開し、フィードバックを収集する期間を設けます。その後、フィードバックを反映してから、本格的に目的のユーザー全員に展開します。

■機能や運用方法の見直し
　運用が始まるととかく忘れがちですが、利用している機能や運用方法は定期的に見直しましょう。不要なコンテンツの削除や使わないナビゲーションのリンクなどを重点的に見直すことをお勧めします。リストアイテムやライブラリ内のファイルには保持期限を設定することもできます。この機能を使えば、たとえば「登録日から1年経過したら自動的に削除する」といった運用が可能です。

2 サイトの管理者の主な管理タスクを把握しよう

　サーバーの管理者は全社に関係するサーバー設定などを行いますが、ユーザーが作成するコンテンツには直接関与しません。ユーザーが作成するコンテンツに対する最高管理権限を持つのはサイトコレクションの管理者です。サイトコレクションの管理者から一部管理権限を委任されたユーザーがサイトの管理者です。

サイト管理者と一般的な管理タスクについて把握しよう

　サイト管理者は、管理範囲によって次の4つに分類できます。各管理者が行えるタスクについては後の章でそれぞれ詳細を説明していきます。ここでは概略を把握してください。

■サイトコレクションの管理者

　サイトコレクションの管理者は特殊な管理者です。明示的なアクセス許可レベルが付与されていなくても、サイトコレクション内の全サイトの全管理権限を持ちます。そのため、サイトコレクションの管理者のみが行える管理タスクがあります。サイトコレクションの管理者は、サーバー管理者がサイトコレクション作成時に指定したユーザーですが、サイトコレクションの管理者は他のユーザーをサイトコレクションの管理者として後から追加登録できます。

■トップレベルサイトの管理者

　通常は、トップレベルサイトに対して**フルコントロール**アクセス許可レベルを付与されたユーザーまたはグループです（通常と言っているのは、サイト管理者に付与するアクセス許可レベルはカスタマイズできるためです。組織によっては必ずしもフルコントロールであるとは限りません）。この管理者はトップレベルサイトのみを管理します。トップレベルサイトには、ユーザーが作成したリストテンプレートなどの情報が格納されます。そのため、サイトコレクション全体に影響する設定が可能であるなど、サブサイトの管理者と比較すると行える管理タスクが若干多くなっています。

■サブサイトの管理者

　通常は、サブサイトに対して**フルコントロール**アクセス許可レベルを付与されたユーザーまたはグループです。サイトのアクセス権限の設定変更のほか、サイト全体にかかわるさまざまな管理タスクを行います。基本的に自サイトのみの管理を行います。

■サイトごとのコンテンツ管理者

　サイトに対して「編集」アクセス許可レベルを持つユーザーです。サイトのアクセス権限設定は変更できませんが、リストやライブラリの追加と設定ができます（リストやライブラリ固有のアクセス権限設定も変更できません）。ちなみに、既定ではチームサイトにユーザーを追加すると「編集」アクセス許可レベルが付与されるため、サイトのユーザーはコンテンツ管理者になっています。

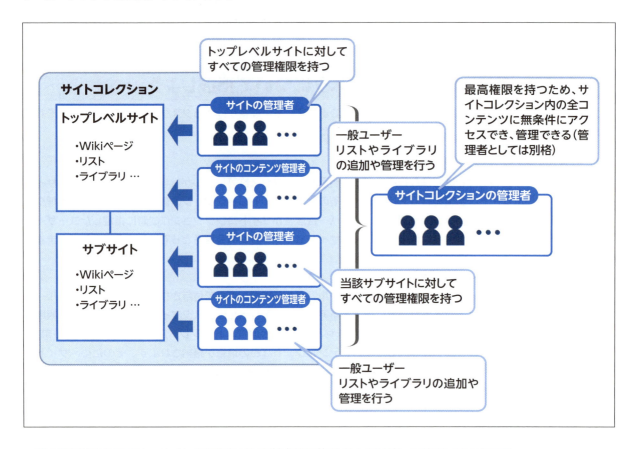

　第4部の以降の章では、サイトの管理者が行う基本的な管理タスクを詳しく説明していきます。

サイトの基本設定を行おう

第18章

1 ［サイトの設定］ページにアクセスしよう
2 地域の設定を行おう
3 多言語UIを設定しよう

この章では、サイト管理者が行うべきサイトの基本設定について説明します。

1 [サイトの設定] ページにアクセスしよう

　サイトの管理者は、[サイトの設定] ページからさまざまな設定を行います。このページには、[設定]（歯車のアイコン）メニューの [サイトの設定] からアクセスできます。次の図は、サイトに対してフルコントロールのアクセス許可レベルを付与されている管理者としてアクセスしています。

　[サイトの設定] ページには、次のセクションが用意されています。下記のうち、特定のセクションの項目しか表示されていない場合は、サイトに対するフルコントロール権限がないことが原因として考えられます。また、トップレベルサイトにサイトコレクションの管理者としてアクセスしている場合は、[サイトコレクションの管理] セクションが表示されます。

セクション	説明	管理者
ユーザーと権限	アクセス権限に関する設定を行う。このセクションのリンクのうち、[サイトコレクションの管理者] のリンクが表示されるのは、サイトコレクションの管理者がサインインしている場合に限定される	サイトコレクションの管理者 サイトの管理者
Webデザイナーギャラリー	サイト列やサイトコンテンツタイプの作成、マスターページの管理などを行う。ある程度SharePointに精通した上級管理者向け	
サイトの管理	現在のサイトに関する基本設定を行う。[地域の設定]、[言語設定]、ユーザーの通知設定の追加や削除などがある	
検索	サイトの検索に関する設定を行う。ただし、サイトの管理者では設定できる内容は一部限定される。サイトコレクションの管理者向けの検索設定もあり、サイトコレクションの管理者であればより柔軟な検索設定などが可能になっている	
外観	現在のサイトのタイトルやロゴの変更、トップリンクバーやサイドリンクバーのナビゲーション設定変更、外観の変更などを行う	
サイトの操作	現在のサイトの削除やサイトの機能の管理を行う	
サイトコレクションの管理	サイトコレクション全体に関する設定を行う。トップレベルサイトにのみ、管理メニューが表示される	サイトコレクションの管理者のみ

　この章では、サイトの管理者としてのサイトの基本設定として [サイトの管理] セクションにある次の2つを説明します。

・地域の設定
・言語設定

地域の設定を行おう

　サイトが利用できるようになったら、[サイトの管理] セクションにある [地域の設定] を確認または設定しましょう。ここでは、タイムゾーンや日付の表示形式、カレンダー表示などの設定を行います。この設定を後から変更すると、予定表リストの日付がずれることもあるため、最初に設定しておくようにしましょう。

項目	内容
タイムゾーン	日本の場合は、[(UTC＋09:00) 大阪、札幌、東京] を選択する。ファイルのアップロード時刻の表示などに影響する
ロケール	ロケールを指定することで、日付や時刻の表記方法が変わる。日本の場合は [日本語] を指定する。たとえば、日本語の場合は「2016/04/10」と表示されるが、英語（米国）に変えると「4/10/2016」と表示される
並べ替え順序	リストとライブラリで使用される並べ替えに使う言語を指定する
カレンダーの設定	予定表リストなどで使用されるカレンダー表示に関する設定を行う。オプションで [日付ナビゲーターに週番号を表示する] よう指定できる。これをオンにすると、カレンダーを週表示または日表示にした場合に、先頭に週番号が表示されるようになる
代替カレンダーの有効化	サイトに設定したカレンダーに追加されるオプションカレンダーを指定する。たとえば、"和暦"を追加すると"平成"表記が追加される
稼働日の定義	稼働日および週の先頭の日付、稼働時間を指定する。ここで指定した内容は、サイトのカレンダーの週表示および日表示に反映される。次の図は既定のカレンダーであり週表示にしている。既定では日曜始まりとなっており、稼働時間は「8:00－17:00」である。稼働時間以外はグレーで表示される。なお、このグレーの色は変更できず土日で色を変えることはできない。Outlookとは異なり、日本の休日を追加する機能などもない
時刻の形式	ファイルの更新日時等の表示形式を、12時間制または24時間制のいずれかで指定する

3 多言語UIを設定しよう

サーバー管理者がSharePointサーバー上に言語パックを適用している場合は、既存のサイトを複数言語で表示できるように設定できます。この設定を多言語UIまたはMUI（Multilanguage User Interface）と呼びます。

サイトの既定の言語を理解しよう

複数言語が利用できるようになっているSharePoint環境では、サイト作成時に既定の言語を指定するようになっています。サイトを作成した後は、既定の言語は変更できません。MUIを利用する場合は、既定の言語以外を第2言語として追加する必要があります。

第2言語を指定しよう

第2言語は、インストールされている言語パックが複数あれば、複数指定できます。第2言語を指定することで、次の図に示すように同一サイトを異なる言語で表示できるようになります。

日本語表示

英語表示

この第2言語の指定は、［サイトの設定］ページにある［言語設定］で行います。

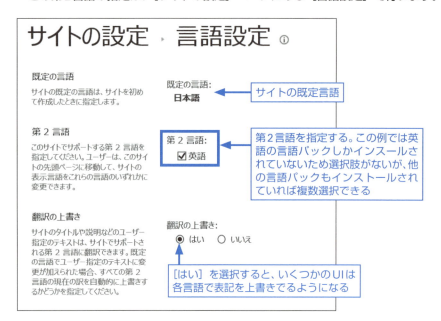

前の図でも示しているように、言語設定ではオプションとして［翻訳の上書き］を指定できます。MUIは、既定のメニューなどをあらかじめシステムが用意している言語表記に自動的に切り替えてくれる機能ですが、自動翻訳してくれる機能ではありません。言語パックにはあらかじめ既定のメニューなどの文言の翻訳が含まれています。しかし、ユーザー自身が指定したサイト名やリスト名、列名などには当然ながら既定の翻訳はないため、MUIが機能していても日本語で表示されてしまいます。このオプションを［はい］にすると、たとえば英語表示されている状態でサイト名などを変更すると、日本語表示の場合は日本語、英語表示の場合は英語でサイト名が表示されるようになります。

MUI機能を使用すると、次のUIの項目などをサイトの既定の言語以外で表示できるようになります（※コンテンツ自体は自動翻訳されません）。

・Webパーツのタイトル
・サイトのタイトルと説明
・SharePoint既定のメニューと操作
・既定の列
・ユーザー設定の列（リスト列、サイト列）
・ナビゲーションバーのリンク
・管理されたメタデータ列で使用する用語セット内の各用語

> **ヒント**
> **複数サイトに対する言語設定は一括で行えるか？**
> MUIの言語の設定は、サイトごとに行います。［サイトの設定］ページから、複数のサイトに対して一括設定することはできません。このような場合、Windows PowerShellを使ってスクリプトを組むか、独自にツールを開発する必要があります。

ヒント

ユーザーごとの優先言語の設定

SharePoint Server 2016では、個人のプロファイル内で優先言語を指定できます（Office 365の場合はDelveから行います）。

ユーザのプロファイル編集画面

表示言語として追加した順が上のものが優先されます。ただし、あくまでも優先言語の設定であるため、サイトの言語が英語だけしか設定されていなければ英語での表示になります。この設定は、同一ファーム内のすべてのSharePointサイトに対して有効です。プロファイルの優先言語が設定されていない場合は、Webブラウザー上の優先言語が有効になりますが、プロファイルに設定されている場合はこれが優先されます。

優先言語設定の例

クライアント側の設定	サイトのMUI設定が日本語のみ	サイトのMUI設定が日本語と英語
Webブラウザーの優先言語が日本語でかつ、プロファイル上での言語設定をしていない	日本語で表示	日本語で表示
Webブラウザー上の優先言語が日本語でかつ、プロファイル上での優先言語が英語	日本語で表示	英語で表示

SharePoint Server 2016の多言語対応機能について

SharePoint Server 2016には、さまざまな多言語対応機能があります。主な機能は次のとおりです。

- バリエーション
- 多言語ユーザーインターフェイス（MUI）
- 機械翻訳

製品のリリースと共に各機能の変遷をたどってみましょう。SharePoint Server 2007で導入された機能が"バリエーション"です。続くSharePoint Server 2010から導入されたのが"多言語ユーザーインターフェイス"です。そして、SharePoint Server 2013では新たに機械翻訳機能が導入され、SharePoint Server 2016でも引き続きこの機能を利用できます。

バリエーション機能を使う場合は、言語ごとにサイトを作成します。このとき、メインで使用する言語サイトを決定しておきます。メイン言語のサイトに新しくWebページが追加されたら、そのページを他の言語のサイトに自動的にコピーするしくみがバリエーション機能です。ユーザーがサイトにアクセスすると、使用しているWebブラウザー上の優先言語によって、適切なサイトに自動的にリダイレクトされます。この機能でコピーされるのは、あくまでも発行ページと呼ばれるWebページのみです。SharePoint Server 2010では、Webページ自体を自動的に機械翻訳できるしくみがなかったため、別途手動での翻訳を行うためのワークフローを組み込むなどの運用が必要でした。しかし、SharePoint Server 2013以降では、機械翻訳機能が利用できるようになっています。

一方のMUIは、既に説明しているとおり、言語ごとに異なるサイトを作成するのではなく、同一のサイトを複数言語で表示できるようにする機能です。ただ、この機能も既存のメニューは自動的に変換されるものの（あらかじめSharePointがシステムとして言語ごとのメニュー表記情報を持っているため）、サイト名、リスト名、Webパーツ名、列名などは、ユーザーが個別に言語表示を切り替えながら上書き設定するなどしない限り、自動的に各言語表記に切り替わるわけではありません。

機械翻訳機能を使う場合、既定ではインターネット上にホストされているマイクロソフトの機械翻訳サービス（Microsoft Translator）と連携して動作します（サーバー側に機械翻訳のための追加設定が必要です）。また、XLIFFファイルとして内容をエクスポートすることもできるため、マイクロソフトのサービスではなく独自の機械翻訳のシステムに渡して処理をし、結果を再びインポートするということも可能です。

機械翻訳の対象は、テキストファイル、Word文書ファイルとWebページファイルです。リストアイテムやWord以外のOfficeドキュメントは対象外です。

■機械翻訳が対象とする拡張子
Word（docx、doc、docm、dotm、dot、rtf）、HTML（html、htm、aspx、xhtml、xhtm）、テキスト（txt）、XLIFF（xlf）

コンテンツを共有しよう
（アクセス権限管理）

第19章

1 コンテンツ共有の基礎知識を身に付けよう
2 サイトの権限継承の状況を確認しよう
3 固有の権限が付与されているサイトのアクセス権限を管理しよう
4 継承を止め固有の権限を付与しよう
5 SharePoint グループを新規に作って権限を付与しよう
6 アクセス許可レベルをカスタマイズしよう
7 アクセス要求の設定を構成しよう
8 リストやライブラリの権限を管理しよう

この章では、他のユーザーとのコンテンツ共有に必要なアクセス権限管理について説明します。

1 コンテンツ共有の基礎知識を身に付けよう

　SharePointサイト上でコンテンツを共有する場合は、ファイルサーバー上で共有するのと同じように「誰が閲覧できるか」「誰が上書き編集できるか」などを管理する必要があります。このために、個々のユーザーやグループに対して適切な"アクセス権限"を付与することで制御します。SharePointサイト上の操作メニューとして表示される"共有"は、誰に共有しているのか、またどんな権限を付与するのかなどを管理するためのものです。
　SharePoint 2016でサイトのアクセス権限を管理するのは、実質的にはサイトの管理者またはサイトコレクションの管理者です。

> **ヒント**
> **本書における認証構成の前提**
> SharePoint 2016ではサーバー管理者がさまざまな認証方法を構成できますが、組織内で最も多く利用されるのはWindows認証であり、最も基本的な認証構成です。この章では、組織内にActive Directoryドメインが構築された環境下にあるSharePointサーバー上でWindows認証が利用できることを前提に説明します。

アクセス権限を管理するうえで次の3つを認識することが重要です。

1. 誰が
2. どのコンテンツに対して
3. どんな操作をすることを許可するのか

共有対象のユーザーまたはグループを把握しよう

　まず、共有対象としてアクセス権限を与える対象となるユーザーやグループ（場合によってはロール）が「1.誰が」に該当します。一般的なシステムでは、最初にシステムへのアクセスが許可されているかどうかを判断するためにユーザー認証（Authentication）を行います。このユーザー認証が通ったら、次はどんな操作を許可するかという承認・認可（Authorization）を行います。SharePointは、ユーザー認証ではなく承認の部分を受け持っています。ユーザー認証は別途、Active Directoryドメインサービスなどの認証システムが担当します。SharePointは、認証されたユーザーに対して、どのコンテンツにどのようにアクセスさせるかを制御します。ですから、「SharePointサイト上にユーザーアカウント（ユーザーのIDに相当するもの）を作成する」という考え方はありません。あくまでも、既存の認証システムに先にユーザーアカウントを登録作成したうえで、SharePoint上にそのユーザーアカウントを借り受け、追加登録して管理するというのが正しい理解です。
　SharePointでは、次のユーザーまたはグループに対して権限を付与できます。

- Windowsユーザーアカウントおよび非Windowsユーザーアカウント
- Active Directoryグループ（セキュリティグループ）または外部認証システムのロール
- SharePointグループ

　ここでのWindowsユーザーアカウントとは、SharePointサーバー上またはActive Directoryドメイン上に作成するユーザーアカウントのことです。通常はActive Directoryドメイン上でアカウントを一元的に管理します。また、SharePointはActive Directory以外の認証サーバーを利用するよう構成することも可能であるため、非Windowsユーザーアカウントも利用可能です。たとえば、ある外部データベースに登録されているユーザーのみア

クセスさせるような構成もできます。SharePointグループは、SharePointサイト上にのみ存在するグループですが、詳細については後ほど説明します。

セキュリティで保護するコンテンツを把握しよう

次は、セキュリティ保護すべき対象となる「2.どのコンテンツに対して」について説明しましょう。この基本はサイト単位です。たとえば「サイトA」に対してユーザー「斎藤」は「閲覧」権限を持つ、といったように設定します。サイト単位で権限を設定すると、基本的にはサイト内のコンテンツ全体に同じ設定が適用されることになります。ですから、サイトに対して"閲覧"権限があれば、サイト内のリストやライブラリなどすべてのコンテンツを閲覧できることになります。

SharePointサイト

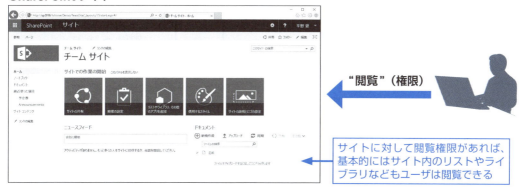

"閲覧"（権限）

サイトに対して閲覧権限があれば、基本的にはサイト内のリストやライブラリなどもユーザは閲覧できる

> **ヒント**
>
> **サイトコレクション全体に一括してアクセス権限は設定できるの？**
>
> サイトコレクション全体でアクセス権限を一括設定できないかという質問をされることがあります。基本的に、サイトコレクション全体でアクセス権限を一括するという考え方はありません。サイトコレクションの管理者は特別な管理グループであり、例外です。SharePointサイトは、あくまでもサイト単位で権限設定をするものです。しかし、サイト構造が階層化されているため、サブサイトは親サイトの権限を継承するように設定できます。サイトコレクション内のすべてのサブサイトが権限を継承するようになっていれば、トップレベルサイトで設定したアクセス権限が全体に適用されるため、見方を変えれば一括管理と言えなくはありません。しかし、サイトごとに権限の継承を止め、固有の権限に設定を変更することができるため、やはり基本はサイト単位だと言えます。

> **ヒント**
>
> **SharePointサイトとセキュリティの考え方を少し掘り下げてみよう**
>
> セキュリティの観点で言えば、SharePointサイトとは「SharePointサーバーで管理される複数のWebページの集まりであり、アクセス権限を設定する単位」と捉えることができます。SharePointでは、ユーザーが作成するコンテンツは必ずどこかのサイト上で管理されます（サイトに従属する）。どこのサイトにも所属しないコンテンツはありません。

基本的にサイト単位でアクセス権限を設定するとはいえ、場合によっては特定のリストやライブラリ、または特定のフォルダなど一部のコンテンツに関してはサイト全体のアクセス権限設定とは個別にしたい要件もあるでしょう。このような場合は、必要に応じてリスト/ライブラリ単位、ファイル、フォルダー、アイテム単位でアクセス権限を個別に指定することもできます。特にアイテム単位やファイル単位での個別の権限設定は、"細かいアクセス権限"（英語では"Fine-grained permissions（FGP）"）と呼ばれており、設定はできるものの多用するとさまざまな課題が生まれるためお勧めしません。もともと情報共有は情報を公開する方向性のものですが、ファイル単位で細かくアクセス権限を設定していくことは鍵を厳重にかけていくこととなり相対するものです。SharePointの根源的

な設計思想を考えてもアクセス権限を細かく設定することを前提とした運用はあまり得意ではありません。これは、セキュリティが担保されなくなるという意味合いではなく、サーバーのパフォーマンス低下を招く恐れがあるという意味であり、また管理負荷の問題でもあります。サイトの数は増え続ける一方であるのに、細かい権限設定を多用していると、アクセス権限の棚卸しや見直しにかかる時間が膨大になっていきます。複雑なセキュリティ設定は見落としを招くことにもなり、セキュリティリスクがかえって高まってしまうこともあります。

権限の継承について知ろう

アクセス権限を把握するには、**アクセス権限の継承**という概念を理解しておく必要があります。SharePointサイトでは、右図に示すようにコンテンツが階層化されています。既定では、上位のアクセス権限設定を下位層は継承するようになっています。

つまり、サイトのアクセス権限を設定すれば、勝手にサイト内の各コンテンツのセキュリティ設定が追従する形になっているわけです。こうすることで、アクセス権限管理はサイトレベルで一括して行うだけで済みます。しかし、要件によっては特定のライブラリだけ固有の権限にしてしまうといったことも可能です。この場合、そのライブラリ内のファイルやフォルダーの親がサイトからライブラリに代わり、ライブラリの固有の権限を継承することになります。

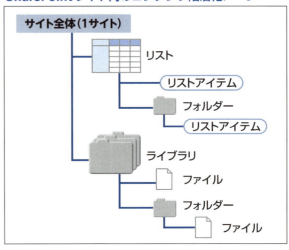

SharePointサイト内のコンテンツ階層化イメージ

また、親子関係にあるサイトは親サイトから子サイト（サブサイト）へとアクセス権限を継承させることもできます。しかし、ビジネス要件によってはサブサイトごと、あるいはサイト内の個別のリストやライブラリ単位でアクセス権限を個別に設定したいというニーズもあるでしょう。その場合は、大元のサイトから継承されるアクセス権限設定を削除し、個別に設定することになります。

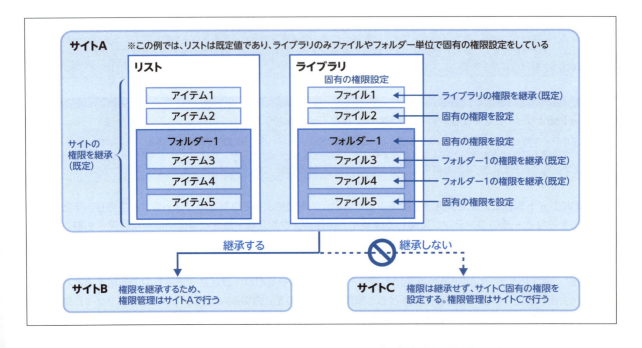

もちろん、再びサイトの権限設定に戻す場合は継承し直すことも可能です。この場合は、個別に指定していたアクセス権限設定は破棄されます。

ベストプラクティス

ベストプラクティスは、権限設定は可能な限りサイトレベルで設定し、継承の概念をうまく使って一元的に簡潔に管理できるように運用することです。そのうえで、どうしても細かく権限設定する必要があるものは、まずはライブラリやリストを追加するなどしてこの単位で個別に権限管理できないか検討します。それでも要件が満たせない場合は、フォルダーに対してアクセス権限を付与するよう運用計画を立て、ファイルやアイテム単位での細かいアクセス権限設定をなるべくしないように心掛けましょう。

アクセス許可レベル（Permission Levels）と権限（Permissions）を把握しよう

最後に、「3. どんな操作をすることを許可するのか」について説明します。これは**アクセス権限**で管理します。SharePointには、既定で複数の権限が用意されています。各権限はあらかじめ組み合わせてあり、これを**アクセス許可レベル**と呼びます。このアクセス許可レベルを、ユーザーやグループなどに割り当てることになります。

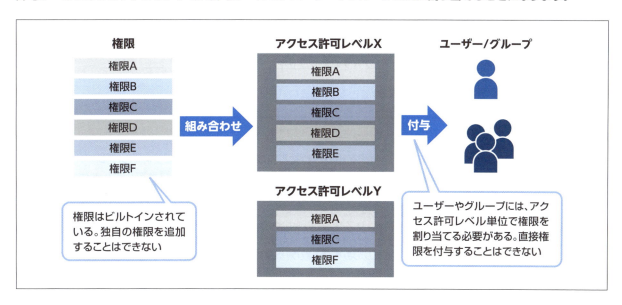

アクセス許可レベルは、サイトコレクションごとに管理されます。既定でいくつかのアクセス許可レベルが用意されています。トップレベルサイトの管理者は、既にある組み合わせではなく、独自の組み合わせを作成して**カスタムのアクセス許可レベル**を作成することもできます。

既定で用意されているアクセス許可レベルは次のとおりです。

主な既定のアクセス許可レベル

アクセス許可レベル	説明	備考
フルコントロール	サイトに対するすべての権限を持つ。サイトの管理者には通常フルコントロールを付与することが多い。既定でアクセス権限の設定ができるのはこのアクセス許可レベルのみである	特殊なアクセス許可レベルでありカスタマイズはできない
デザイン	表示、追加、更新、削除、承認などが可能	

アクセス許可レベル	説明	備考
編集	リストの追加、編集、削除ができる。リストアイテムおよびドキュメントの表示、追加、更新、削除が可能。チームサイトでは多くのユーザーにこの権限を付与する	SharePoint 2013から新たに用意されたアクセス許可レベルである
投稿	リストアイテムおよびドキュメントの表示、追加、更新、削除ができる	SharePoint 2010までは、このアクセス許可レベルがサイトメンバーに対して既定で割り当てられていた
閲覧	ページとリストアイテムの表示、ドキュメントのダウンロードが可能	
制限付きアクセス	サイトより下位レベルで固有のアクセス権限が付与される場合に自動的に付与される特殊なアクセス許可レベルである。したがって、SharePointの内部で利用されるものであり、直接管理者が設定する権限ではない	特殊なアクセス許可レベルでありカスタマイズできない
閲覧のみ	ページ、リスト アイテムの表示ができる。Office OnlineやInfoPath Forms Servicesを使ってOfficeアプリケーションファイルをブラウザー上で表示はできるが、直接のファイルのダウンロードはできない	SharePoint 2010まではOfficeドキュメントに対するダウンロード禁止の効果が期待できたが、Office Online（前身のOffice Web Apps含む）では、ブラウザー表示の印刷機能によりPDF化してダウンロードできてしまう問題があり、"閲覧"権限との差がなくなってしまっている
承認	ページ、リストアイテムとドキュメントの編集やバージョン管理における承認が行える	サイトコレクションの機能で「SharePoint Server発行インフラストラクチャー」がアクティブ化される場合に利用できるアクセス許可レベル
階層の管理	サイトを作成し、ページ、リストアイテムおよびドキュメントを編集できる	
制限付き読み取り	ページとドキュメントの表示はできるが、過去のバージョンまたはユーザー権限は表示できない	

　アクセス許可レベルは、次のような細かい権限を組み合わせて作成されているものです。トップレベルサイトの管理者およびサイトコレクションの管理者は、これらの権限を組み合わせて独自のアクセス許可レベルを作成できます。

権限の種類	権限	説明
リストの権限 ※ライブラリも含まれる	リストの管理	リストの作成や削除、リストの列の追加や削除およびパブリックビューの追加や削除を行える
	リストの動作を無視	別のユーザーにチェックアウトしたドキュメントを破棄またはチェックインする。ユーザーが自分が作成したアイテムのみを読み取り/編集できるように設定していても変更または無視できる ※SharePoint 2010までは「チェックアウトを無視」という権限だったが、SharePoint 2013以降、機能が強化されている
	アイテムの追加	リストに対するアイテムの追加、およびドキュメントライブラリに対するドキュメントの追加を行う
	アイテムの編集	リストアイテムの編集やドキュメントライブラリにあるドキュメントの編集、およびドキュメントライブラリ内のWebパーツページのカスタマイズが行える
	アイテムの削除	リストからアイテムを、ドキュメントライブラリからドキュメントを削除する
	アイテムの表示	リストにあるアイテムおよびドキュメントライブラリにあるドキュメントを表示する（Office Web Appsを使ったブラウザー表示が可能である）。ただし、アイテムを開く権限がなければ、ファイルのダウンロードはできない
	アイテムの承認	マイナーバージョンのリストアイテムまたはドキュメントを承認する
	アイテムを開く	ドキュメントライブラリにあるドキュメントをダウンロードできる。この権限を選択すると、必ずアイテムの表示権限もオンになる
	バージョンの表示	古いバージョンのリストアイテムまたはドキュメントを表示する
	バージョンの削除	古いバージョンのリストアイテムまたはドキュメントを削除する
	通知の作成	通知を作成できる
	アプリケーションページの表示	この権限がないと、リストやライブラリのビューにアクセスできない。サイトコンテンツページにもアクセスできない

権限の種類	権限	説明
サイトの権限	権限の管理	サイトおよびリストやライブラリ単位でのアクセス権限を設定する場合に必要となる権限である。トップレベルサイトに対してこの権限を持っている場合は、アクセス許可レベルのカスタマイズや新規作成、変更などもできる
	Web Analyticsデータの表示	Webサイトの利用状況のレポートを表示する。
	サブサイトの作成	チームサイトやブログサイトなどのサブサイトを作成できる
	Webサイトの管理	Webサイトの管理タスクをすべて実行できる
	ページの追加とカスタマイズ	HTMLページまたはWebパーツページを追加、変更または削除し、SharePoint Designer 2013などのSharePoint Foundation互換エディターを使用してWebサイトを編集できる
	テーマと枠線の適用	Webサイト全体にテーマと枠線を適用する
	スタイルシートの適用	Webサイトにスタイルシート（CSSファイル）を適用する
	グループの作成	SharePointグループを作成できる。ただし、削除できるのはサイトコレクションの管理者のみである
	ディレクトリの参照	SharePoint DesignerおよびWebDAVインターフェイスを使用してWebサイトのファイルとフォルダーを列挙する
	セルフサービスサイト作成の使用	セルフサービスサイト作成機能を使ってWebサイトを作成する
	ページの表示	Webサイトのページを表示する
	権限の一覧	Webサイト、リスト、フォルダー、ドキュメントまたはリストアイテムに対する権限を一覧表示する
	ユーザー情報の閲覧	Webサイトのユーザーに関する情報を表示する
	通知の管理	Webサイトのすべてのユーザーに対する通知を管理する
	リモートインターフェイスの使用	SOAP、WebDAV、クライアントオブジェクトモデル、またはSharePoint Designerのインターフェイスを使用してWebサイトにアクセスする
	クライアント統合機能の使用	クライアントアプリケーションを起動する機能を使用する。この機能があれば、SharePointサイト上に格納されているWord、Excel、PowerPointなどのファイルを直接クライアントコンピューターにインストールされているOfficeアプリケーションで開いて編集できる。この機能がない場合、こうしたファイルを編集するには、一度クライアントコンピューター上にダウンロードしてから編集し、アップロードし直す必要がる
	開く権限	ユーザーが、コンテナー内のアイテムにアクセスするためにWebサイト、リスト、またはフォルダーを開くことができるようにする
個人の権限	個人のユーザー情報の編集	画像の追加など、ユーザーが自分のユーザー情報を編集できるようにする
	個人用ビューの管理	リストの個人用ビューを作成、変更および削除できる
	個人用Webパーツの追加/削除	Webパーツページに個人用Webパーツを追加または削除する
	個人用Webパーツの更新	Webパーツを更新し、個人用設定情報を表示する

> **ヒント**
>
> **ユーザーが複数のグループに所属している場合の権限**
>
> ユーザーが複数のグループに所属しており、いくつかのグループに対して権限が付与されている場合は、ユーザーに適用される権限はOR条件です。つまり、該当するすべての詳細な権限を足した結果が適用されます。たとえば、あるグループは閲覧アクセス許可レベルを持っており、あるグループはフルコントロールアクセス許可レベルを持っている場合、両方のグループに所属するユーザーはフルコントロール権限を持つことになります。なお、SharePointにはサイトコレクション内のアクセス権限管理をするうえでアクセス拒否を明示する設定はありません。ユーザーにアクセスさせたくない場合は、権限を一切付与しないようにします。そのため、グループを使う場合は、アクセスすべきでないユーザーをどのように除外するかを考慮したグループ設計が必要です。

SharePointグループとセキュリティグループの違いを把握しよう

　既に説明したように、SharePoint上ではユーザー以外にSharePointグループとセキュリティグループに対してアクセス許可レベルを付与できます。

　SharePointグループは、サイトコレクション単位で管理されるグループであり、SharePoint上にのみ存在します。SharePointグループには、Windowsユーザー、セキュリティグループ、非Windowsユーザー/ロールを追加できます。メンバーは、SharePointグループの所有者が管理します。SharePointグループどうしを入れ子にすることはできないため注意しましょう。

　一方、セキュリティグループは、Active Directory上に作成するグループの1つです。他に配布グループという種類のグループも作成できますが、このグループはExchangeサーバーと共に利用するものであり、メーリングリストのような使い方ができるグループです。このグループはアクセス権限設定には利用できません。セキュリティグループは、アクセス権限設定に利用できるグループです。SharePointでアクセス権限設定に使用するのはセキュリティグループです。ちなみに、セキュリティグループは入れ子にできますが管理が複雑になり、SharePoint上では想定どおりに機能しない可能性もあるため、原則使用しないように運用を考える方が望ましいです（参考：「SharePoint 2013のセキュリティグループの概要」https://technet.microsoft.com/ja-jp/library/cc261972.aspx）。セキュリティグループの管理者は、Active Directoryドメインの管理者です。

SharePointグループとセキュリティグループの比較

項目	SharePointグループ	セキュリティグループ
作成先	SharePointサイトコレクション上	Active Directoryドメインのドメインコントローラー上
メンバーの管理者	SharePointグループの所有者 ※所有者はSharePointグループ作成時に指定できる	Active Directoryの管理者
追加できるメンバー	Windowsユーザー、非Windowsユーザー/ロール、セキュリティグループ	Windowsユーザー、他のセキュリティグループ

　トップレベルサイトを作成すると、同時に既定でいくつかのSharePointグループが作成されます。既定で作成される主なSharePointグループは次のとおりです。なお、これらのグループには、トップレベルサイトに対して既定でアクセス許可レベルが割り当てられています。

既定で作成される主なSharePointグループ

SharePointグループ	説明
<サイト名>メンバー	既定でサイトに対して"編集"権限を付与されたグループ
<サイト名>所有者	既定でサイトに対して"フルコントロール"権限を付与されたグループ
<サイト名>閲覧者	既定でサイトに対して"閲覧"権限を付与されたグループ
階層管理者	既定でサイトに対して"階層の管理"権限を付与されたグループ。サイト、リスト、リストアイテムおよびドキュメントを作成できる（※サイトコレクションの拡張機能である「SharePoint Server発行インフラストラクチャ」機能がアクティブ化されると作成される）
承認者	既定でサイトに対して"承認"権限を付与されたグループ。ページ、リストアイテム、ドキュメントを編集および承認できる（※サイトコレクションの拡張機能である「SharePoint Server発行インフラストラクチャ」機能がアクティブ化されると作成される）
制限付き閲覧者	既定でサイトに対して制限付き読み取り権限を付与されたグループ。ページとドキュメントを表示できるが、過去のバージョンを表示したり、ユーザー権限情報を確認することはできない（※サイトコレクションの拡張機能である「SharePoint Server発行インフラストラクチャ」機能がアクティブ化されると作成される）

SharePointグループ	説明
編集者	既定でサイトに対して"デザイン"権限を付与されたグループ。サイトのリスト、ドキュメントライブラリおよびページを編集できる。マスターページギャラリーでマスターページやページレイアウトを作成したり、マスターページやCSSファイルを使用してサイトコレクションの各サイトの動作および表示を変更したりできる（※サイトコレクションの拡張機能である「SharePoint Server発行インフラストラクチャ」機能がアクティブ化されると作成される）

　SharePointグループはサイトコレクション内で共有されるものであり、同一サイトコレクション内で使いまわせます。次の図はSharePointグループの全体的な利用イメージを示したものです。

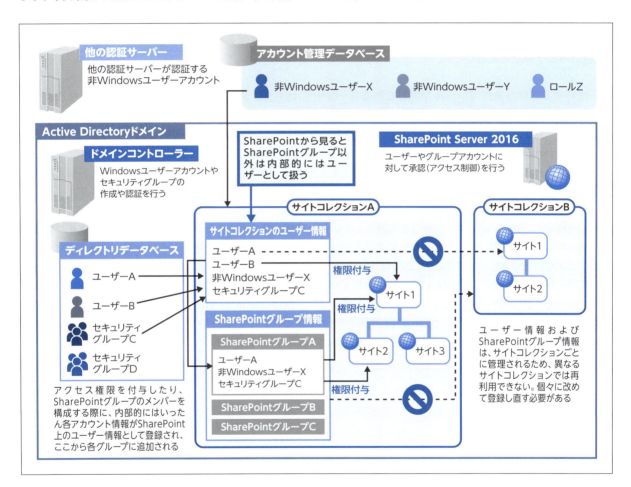

グループの使い分けを考えよう

　サイトレベルのアクセス権限管理は、先ほど紹介したとおり既定で用意されている所有者、メンバー、閲覧者の3つのSharePointグループを利用すればたいていの場合、こと足ります。そのため、サイトの管理者はSharePointグループのメンバーの追加や削除だけ行えばよいように運用するとよいでしょう。

　ユーザー数が非常に多い場合は、SharePointグループ内にセキュリティグループを追加するようにすると管理が簡単です。しかし、セキュリティグループ内のメンバーはSharePoint側からは確認できないので注意しましょう。ドメインの管理者に確認するなど別の方法を考える必要があります。

　このように説明していると、グループ管理はSharePointグループを使うべきなのかセキュリティグループを使う

べきなのか判断に迷う方も多くいらっしゃると思います。ベストプラクティスは組織での運用状況に応じて変化するので、単にこうすればよいという指針はありません。そのため、運用に際してはグループをどのように使うのかという基本指針を決めておくようにしてください。

　たとえば、Active Directoryの管理者が作成するセキュリティグループの多くは組織単位で作成されます。こうしたグループが既に存在するのであれば、SharePointグループのメンバーとして利用するようにします。セキュリティグループのメンバーはドメインの管理者が構成するため、SharePointサイトの管理者は最初に適切なSharePointグループにセキュリティグループを追加しておくだけで済みます。あるいは、セキュリティグループはあるけれど、どんなグループがあるかは把握できず、そう易々とActive Directoryドメインの管理者にグループ作成を依頼できない、またグループメンバーは必ずしも組織に紐づかないのでSharePoint上で独自に管理したいということもあります。このような場合は、SharePointグループを新規に作成して運用することになります。SharePointグループの運用ポイントは次のとおりです。

- 付与するアクセス許可レベルが同じであるユーザーやセキュリティグループをまとめて管理できるようにSharePointグループを作成します。したがって、付与したいアクセス許可レベルと対象ごとにグループを作成します。たとえば、あるリストのみ管理できるグループを作成したい場合には、「○○リストの管理者」という名前のSharePointグループを作成するなどです。
- 組織やチーム単位でSharePointグループを作成する場合は、組織変更があるたびにメンバーの入れ替えが発生します。どのタイミングで、誰がこうした設定をするのかといった運用ルールを決めるようにします。

　SharePointグループは、よくわからずに使用していると非常に多くのグループが作成されてしまいます。同じメンバーなのに名前が違うグループがやたらにあるといったケースも見受けられます。かといって、直接ユーザーごとにアクセス権限を付与してしまうと、さらに管理が煩雑になります。セキュリティの管理が煩雑であることは、ヒューマンエラーが起こりやすく、望ましいことではありません。サイトの利用が始まる前にその組織で運用管理しやすいルールを決め、使い始めるようにすることが大切です。また、既存のSharePointグループを定期的に見直し、不要なグループは削除しましょう。さらに、直接権限を付与しているユーザーやセキュリティグループがあれば、SharePointグループにまとめて管理を簡素化できないかなども定期的に検討すべきです。

> **ヒント**
>
> **特殊なセキュリティグループ：" すべてのユーザー "**
>
> アクセス権限を付与する際にユーザー名やグループ名を指定する代わりに「すべてのユーザー」と入力すると、認証されるすべてのユーザーが含まれます。

2 サイトの権限継承の状況を確認しよう

　サイトがトップレベルサイトの場合は、必ず権限は固有の権限になっています。しかし、サブサイトの場合は継承されている可能性があります。継承されている場合は、アクセス権限の管理は上位サイトで行うことになります。サイトの管理者は、必要に応じて継承を削除し、固有の権限を設定することになります。

　サイトのアクセス権限の継承状況を確認するには、[設定] メニュー（歯車のアイコン）から [サイトの設定] をクリックし、[ユーザーと権限] セクションにある [サイトの権限] をクリックします。次の図のように、リボンメニューの [権限] タブに [親Webサイトの管理] や [権限の継承を中止] メニューが表示されます。

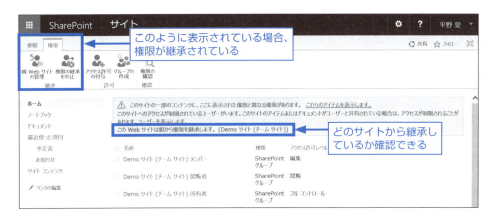

　一方の固有の権限になっている場合は、次の図に示すようになります。

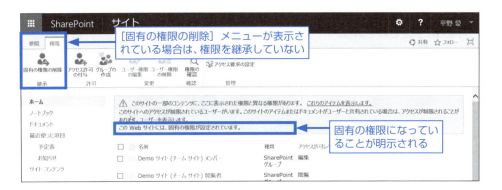

3 固有の権限が付与されているサイトのアクセス権限を管理しよう

　固有の権限が付与されているサイトの場合は、新規にユーザーやグループを追加し、権限管理する場合は次のいずれかで運用します。

- 既存のSharePointグループにメンバーを追加する
- ユーザーやグループに直接権限を付与する

すばやくユーザーやグループを追加しよう

　サイトの上部に表示されている［共有］メニューからすばやく権限管理ができるようになっています。ただし、ここから設定するとSharePointグループへのメンバー追加しかできないので注意しましょう。

❶ サイトの右上部に表示される［共有］をクリックする。

❷ ［ユーザーの招待］で、追加したいユーザーを指定する。

❸ ［オプションの表示］をクリックする。

❹ ［グループまたは権限レベルの選択］から追加先となるSharePointグループを選択する。グループ名の後に表示される角かっこ内は既に設定されているアクセス許可レベルである。

❺ ［共有］をクリックする。

詳細な権限管理を行おう

SharePointグループへのメンバー追加ではなく、個別に権限を付与する手順は次のとおりです。

❶ サイトの右上部に表示される［共有］をクリックする。

❷ ［共有相手］をクリックする。

❸ ［詳細］をクリックする。

❹ リボンメニューの［権限］タブから［アクセス許可の付与］をクリックする。

❺ ［ユーザーの招待］で、追加したいユーザーやグループを指定する。

❻ ［オプションの表示］をクリックする。

ヒント

［サイトの設定］ページからのアクセス

サイトのアクセス権限管理は、［サイトの設定］ページの［ユーザーと権限］セクションにある［サイトの権限］からアクセスしても行えます。覚えやすい方からアクセスしましょう。

❼ [グループまたは権限レベルの選択]から SharePointグループまたは権限を選択する。末尾が"[＜権限＞]"という表記になっているのが SharePointグループである。先ほどの簡易設定と異なり、直接アクセス許可レベルを付与することもできることに注目する。

❽ [共有]をクリックする。

SharePointグループのメンバーとして追加した場合は、グループ名をクリックするとメンバーを確認できます。

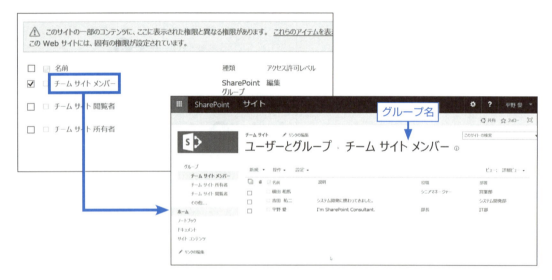

ちなみに、既存のアクセス権限の変更などもこの詳細画面から行えます。

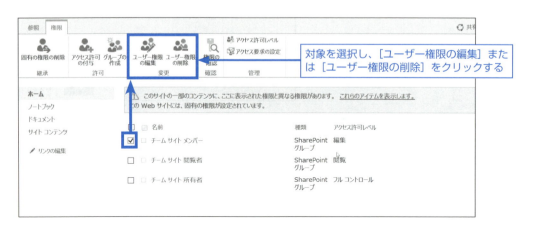

4 継承を止め固有の権限を付与しよう

アクセス権限を継承しているサイトの場合は、固有の権限に切り替えて管理することもできます。

権限の継承を止めよう

❶ [設定]（歯車のアイコン）をクリックし、[サイトの設定]をクリックする。

❷ [ユーザーと権限]セクションにある[サイトの権限]をクリックする。

❸ リボンメニューの[権限]タブから[権限の継承を中止]をクリックする。

❹ 右図のようなメッセージが表示されたら、[OK]をクリックする。

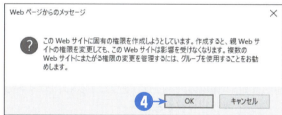

❺ このサイトのアクセス権限の初期設定をどうするのか指定する。[このサイトの閲覧者]では"閲覧"、[このサイトのメンバー]では"編集"、[このサイトの所有者]では"フルコントロール"のアクセス許可レベルを付与することになるが、対象となるのはSharePointグループのみである。SharePointグループは、サイトコレクション内の既存グループを再利用することもできるし、新規に作成することもできる。既定は[既存のグループの利用]であり、ドロップダウンメニューからサイトコレクション内にあるSharePointグループを選択する。[新しいグループの作成]を選択した場合は、SharePointグループを新規に作成し、グループ名と初期メンバーの設定も同時に行う。

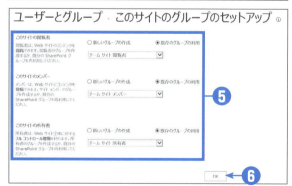

❻ [OK]をクリックする。

❼ アクセス権限設定を確認するために、[サイトの権限]ページにアクセスするが、最短クリックでアクセスするために次の手順をとる。まず、[設定]（歯車のアイコン）をクリックし、[共有相手]をクリックする。

❽ [詳細] をクリックする。

❾ 固有の権限になっていることを示すメッセージが表示される。なお、継承時の設定がコピーされるため、不要なユーザーやグループ権限を削除したり（[ユーザー権限の削除]）、権限を変更したり（[ユーザー権限の編集]）する必要がある。

権限を継承しよう

　固有の権限設定になっているサイトは、上位サイトから権限を継承するよう設定変更できます。このとき、サイトに設定した既存の権限はすべて破棄されることになるので注意しましょう。

❶ [設定]（歯車のアイコン）をクリックし、[サイトの設定] をクリックする。

❷ [ユーザーと権限] セクションにある [サイトの権限] をクリックする。

❸ リボンメニューの [権限] タブから [固有の権限の削除] をクリックする。

❹ 右図のようなメッセージが表示されたら、[OK] をクリックする。

❺ 必要に応じて画面をリフレッシュし、サイトが継承されていることを示すメッセージが表示されることを確認する。

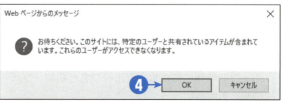

5 SharePointグループを新規に作って権限を付与しよう

固有の権限になっているサイトでは、SharePointグループを新たに作成したうえで、サイトに対して改めてアクセス権限を付与できます。

サイトコレクション内のSharePointグループを確認しよう

新たにSharePointグループを作成する場合、サイトコレクション内の既存のグループ名と名前が重複することがないようにします。また、意図するグループと同じようなグループがあれば、新規に作成せずに再利用するようにしましょう。

サイトコレクション内に作成されているすべてのSharePointグループを一覧する手順は次のとおりです。

❶ ［設定］（歯車のアイコン）をクリックし、［サイトの設定］をクリックする。

❷ ［サイトの設定］ページの［ユーザーと権限］セクションにある［ユーザーとグループ］をクリックする。

❸ サイドリンクバーから［その他］をクリックする。

❹ 既存のSharePointグループが表示される。この中にはActive Directoryのセキュリティグループも含まれるが、このグループは"ドメイン名¥グループ名"で表示されるため区別できる。

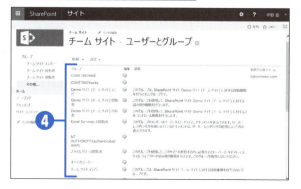

SharePoint グループを新規に作成しよう

再利用できそうなグループがなく、これから作成予定の名前に重複がないことを確認したら、SharePoint グループを新規に作成します。

> **ヒント**
> **グループ作成に必要な権限は？**
> SharePoint グループを新規に作成することができるのは、"グループの作成" 権限が含まれるアクセス許可レベルを持っているユーザーとサイトコレクションの管理者です。この権限が既定で含まれているのは、フルコントロールアクセス許可レベルだけです。

SharePoint グループを作成するときは、グループの所有者を必ず指定します。グループの所有者またはサイトコレクションの管理者しか、このグループの削除はできません。所有者に指定できるのは、1 ユーザーまたは 1 グループのみです。グループの場合は、セキュリティグループおよび既存の SharePoint グループも指定できます。ちなみに SharePoint グループ作成時にサイトへの権限も同時に設定できますが、必須ではありません。とりあえずグループだけ作成しておいて、後から必要なサイトやライブラリ、リストなどの権限付与に使うこともできます。

❶ [設定](歯車のアイコン)をクリックし、[共有相手]をクリックする。

❷ [詳細]をクリックする。

❸ リボンメニューの[権限]タブから[グループの作成]をクリックする。

❹ [名前]にSharePointグループ名を入力する。

❺ 必要に応じて、[説明]にグループの説明を記述する。

❻ [グループの所有者]で、ユーザーまたはグループを指定する。既定値は作成者が所有者となるので注意する。

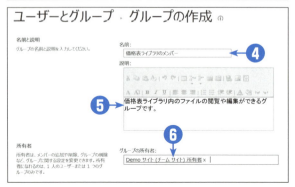

第19章　コンテンツを共有しよう（アクセス権限管理）

❼ ［グループ設定］では、メンバーシップを表示できるユーザーおよび編集できるユーザーを指定する。

❽ ［メンバーシップ要求］では、必要に応じてグループへの参加や脱退をユーザー自身が要求できるよう指定する。また、要求を許可するだけでなく、自動的に参加を承認または脱退できるよう構成することもできる。併せて、メンバーシップ要求の送信先メールアドレスを指定する。

❾ ［このサイトのグループ権限の付与］では、サイトに対して付与したいアクセス許可レベルを指定する。ただし、必ずしもここで指定する必要はない。後からグループに対してアクセス権限を個別に付与できるためである。

❿ ［作成］をクリックする。

⓫ ［ユーザーとグループ］ページが表示され、作成したSharePointグループが表示される。既定では作成者が初期メンバーになっているが、必要に応じて削除する。

SharePointグループをサイトの既定のグループとして構成しよう

各サイトには「既定のSharePointグループ」が設定されます。サイトの既定のグループとして指定すると、サイトの共有設定を行う場合、招待するユーザーは既定のグループのメンバーとして追加されるようになります。サイトの既定のSharePointグループは1グループだけ指定でき、通常は"＜サイト名＞メンバー"というSharePointグループです。任意のSharePointグループを既定のグループとして構成できます。

サイトを共有する際に、［オプション表示］をクリックしたときに表示される最初のグループが「既定のグループ」となる。オプションを表示せずにユーザを招待するときも、このグループに追加することになる。

既定のグループとして構成するSharePointグループは、当該サイトに対して何らかのアクセス許可レベルを持っている必要があるので注意しましょう。

❶ ［設定］（歯車のアイコン）をクリックし、［サイトの設定］をクリックする。

❷ ［ユーザーと権限］セクションにある［ユーザーとグループ］をクリックする。

❸ サイドリンクバーから目的のグループ名をクリックする。サイドリンクバーに表示されていない場合は、［その他］をクリックしてから目的のグループ名のリンクをクリックする。

❹ ［設定］メニューから［既定グループの作成］をクリックする。

❺ 右図のメッセージが表示されたら、［OK］をクリックする。

SharePointグループ設定を編集または削除しよう

　SharePointグループ設定を変更する場合、メンバーを編集するためのオプション設定を変更したり、名前を変更したり、削除したりします。この設定は、サイトコレクションの管理者またはSharePointグループの所有者が行います。サイトの管理者ではないので注意してください。

❶ ［設定］（歯車のアイコン）をクリックし、［サイトの設定］をクリックする。

❷ ［ユーザーと権限］セクションにある［ユーザーとグループ］をクリックする。

❸ サイドリンクバーから目的のグループ名をクリックする。サイドリンクバーに表示されていない場合は、［その他］をクリックしてから目的のグループ名のリンクをクリックする。

❹ ［設定］メニューから［グループ設定］をクリックする。

❺ 適宜、グループ名や説明、所有者などを変更する。

❻ 変更内容を保存する場合は［OK］をクリックする。SharePointグループを削除する場合は、［削除］をクリックする。

付与されている権限を一覧表示しよう

SharePointグループに付与されているアクセス権限の一覧を確認できます。

❶ ［設定］（歯車のアイコン）をクリックし、［サイトの設定］をクリックする。

❷ ［ユーザーと権限］セクションにある［ユーザーとグループ］をクリックする。

❸ サイドリンクバーから目的のグループ名をクリックする。サイドリンクバーに表示されていない場合は、［その他］をクリックしてから目的のグループ名のリンクをクリックする。

❹ ［設定］メニューの［グループ権限の表示］をクリックする。

❺ 権限が一覧表示される。

6 アクセス許可レベルを カスタマイズしよう

　アクセス許可レベルのカスタマイズは、トップレベルサイトに対してフルコントロールアクセス許可レベルを付与されたユーザーまたはサイトコレクションの管理者が行います。カスタマイズしたアクセス許可レベルは、同一サイトコレクション内のサブサイトでも利用できます。

新しいアクセス許可レベルを作成しよう

新規にアクセス許可レベルを作成する手順は次のとおりです。

❶ ［設定］（歯車のアイコン）をクリックし、［サイトの設定］をクリックする。

❷ ［ユーザーと権限］セクションにある［サイトの権限］をクリックする。

❸ リボンメニューの［権限］タブから［アクセス許可レベル］をクリックする。

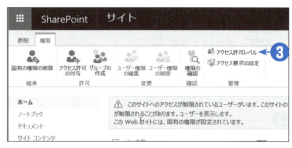

❹ アクセス許可レベル一覧が表示される。

❺ サブサイトの場合は、サイドリンクバーに［親Webサイトでのアクセス許可レベルの管理］リンクが表示されるのでこれをクリックする。トップレベルサイトの場合は、次のステップに進む。

❻ トップレベルサイトにあるアクセス許可レベル一覧が表示される。チェックボックスがグレーアウトされているアクセス許可レベルは削除や編集はできない。それ以外は削除や編集をできる。とはいえ、いったん削除すると復元はできず、同じようなアクセス許可レベルを再作成する必要があるため、基本的には既定で用意されているアクセス許可は削除しないようにした方が無難である。

❼ ［アクセス許可レベルの追加］をクリックする。

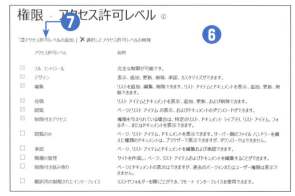

❽ アクセス許可レベルの名前と説明を入力する。名前は必須だが、説明はオプションである。

❾ 必要な権限を選択する。

❿ [作成] をクリックする。

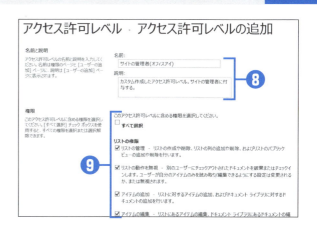

既存のアクセス許可レベルをコピーしてカスタマイズしよう

既存のアクセス許可レベルを少しだけ変更して独自のアクセス許可レベルを作成する場合は、既存のアクセス許可レベルをコピーして作成します。

❶ [設定] (歯車のアイコン) をクリックし、[サイトの設定] をクリックする。

❷ [ユーザーと権限] セクションにある [サイトの権限] をクリックする。

❸ リボンメニューの [権限] タブから [アクセス許可レベル] をクリックする。

❹ アクセス許可レベル一覧が表示される。

❺ サブサイトの場合は、サイドリンクバーに [親Webサイトでのアクセス許可レベルの管理] リンクが表示されるのでこれをクリックする。トップレベルサイトの場合は次のステップに進む。

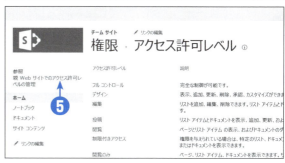

❻ トップレベルサイトにあるアクセス許可レベル一覧が表示される。

❼ コピーしたいアクセス許可レベルをクリックする。たとえば、フルコントロールをクリックする。

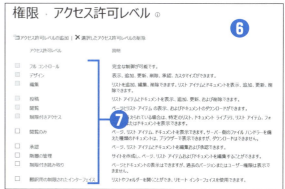

❽ 画面最下部までスクロールし、[アクセス許可レベルのコピー]をクリックする。

❾ 権限をコピーした新しいアクセス許可レベルの登録画面が表示される。アクセス許可レベルの名前と説明（オプション）を入力する。

❿ 権限を適宜編集する。たとえば、[サブサイトの作成]をオフにして自由にサブサイトを作ることができないように制御できる。

⓫ [作成]をクリックする。

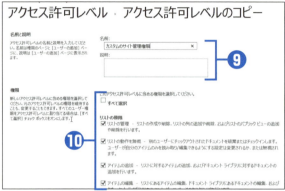

既存のアクセス許可レベルを変更しよう

標準で用意されているアクセス許可レベルのうち、いくつかは権限の編集が可能です。当然新規に作成したアクセス許可レベルも編集可能です。

❶ [設定]（歯車のアイコン）をクリックし、[サイトの設定]をクリックする。

❷ [ユーザーと権限]セクションにある[サイトの権限]をクリックする。

❸ リボンメニューの[権限]タブから[アクセス許可レベル]をクリックする。

❹ アクセス許可レベル一覧が表示される。

❺ サブサイトの場合は、サイドリンクバーに[親Webサイトでのアクセス許可レベルの管理]リンクが表示されるのでこれをクリックする。トップレベルサイトの場合は次のステップに進む。

❻ トップレベルサイトにあるアクセス許可レベル一覧が表示される。

❼ チェックボックスがグレーアウトされていない目的のアクセス許可レベルの名前をクリックする。

❽ 適宜名前や説明、権限構成を変更し、[送信] をクリックする。

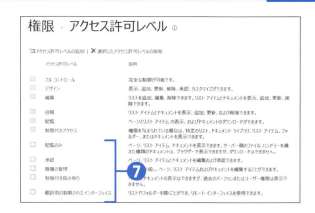

アクセス許可レベルを削除しよう

アクセス許可レベルは削除できます。ただし、標準で用意されているアクセス許可レベルのうち、**フルコントロール**と**制限付きアクセス**など一部は削除できません。また、削除したアクセス許可が付与されていたユーザーまたはグループは、付与されていたアクセス許可レベルが削除されるので注意してください。アクセス許可レベルは削除してもごみ箱には移動しません。削除してしまったアクセス許可レベルを復活させることはできず、新たに同じ権限の組み合わせになるアクセス許可レベルを作成する必要があります。

❶ [設定](歯車のアイコン)をクリックし、[サイトの設定] をクリックする。

❷ [ユーザーと権限] セクションにある [サイトの権限] をクリックする。

❸ リボンメニューの [権限] タブから [アクセス許可レベル] をクリックする。

❹ アクセス許可レベル一覧が表示される。

❺ サブサイトの場合は、サイドリンクバーに [親Webサイトでのアクセス許可レベルの管理] リンクが表示されるのでこれをクリックする。トップレベルサイトの場合は次のステップに進む。

❻ トップレベルサイトにあるアクセス許可レベル一覧が表示される。

❼ チェックボックスがグレーアウトされていない目的のアクセス許可レベルのチェックボックスを選択する。

❽ ［選択したアクセス許可レベルの削除］をクリックする。

❾ 右図のようなメッセージが表示されたら［OK］をクリックする。

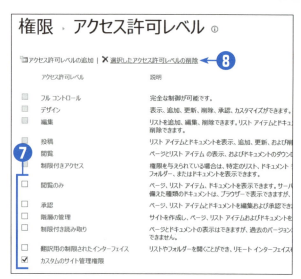

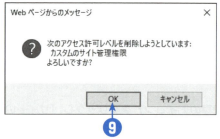

7 アクセス要求の設定を構成しよう

アクセス権限を持たないユーザーは、サイトにアクセスすると次のようなメッセージが表示され、アクセス拒否されますが、同時に権限付与の依頼メッセージを送信できます。

メッセージを入力し、[依頼の送信] をクリックすると、サイトの管理者に電子メールが送信されます。管理者はこのメールから承諾または却下が行えます。

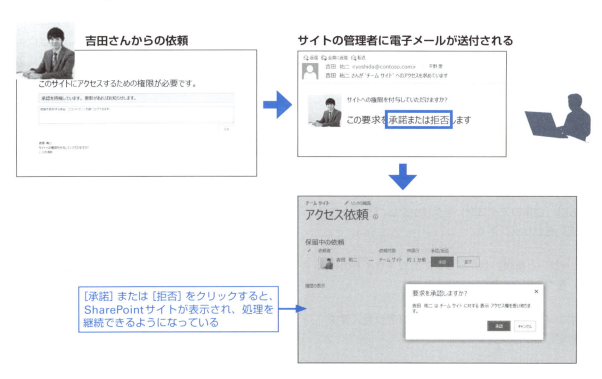

この要求は、[サイトの設定] ページの [ユーザーと権限] セクションにある [アクセス依頼と招待状] から確認できます。電子メールに記載されているリンクは、このページへのリンクです。このページから承認や却下を行う場合は、アクセス許可レベルを詳細に指定できます。電子メールから単純に承認すると、既定のグループにメンバー追加されることとなり、通常は"編集"アクセス許可レベルが付与されます。

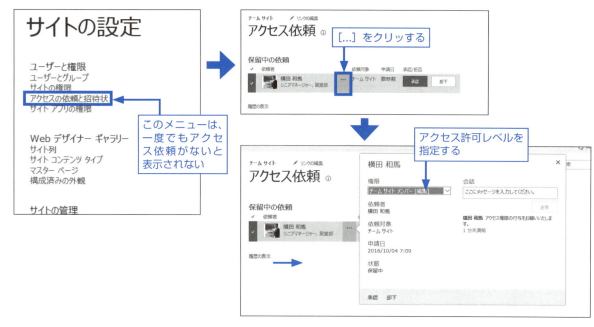

さて、アクセス権限がないユーザーが権限付与を依頼できるということと、サイト管理者が依頼に応じて権限を付与する手順の流れが確認できたと思います。しかし、ここで重要なポイントがあります。実は、電子メールの送信先は既定ではサイト作成者となっており、1名にしかメールが送信されません。依頼の送信先は個別に管理しておく必要があります。また、場合によってはアクセス権限の付与依頼をさせないようにしたいケースもあるでしょう。Webページ上から依頼をさせないように設定することも可能です。

アクセス権限の付与依頼を構成しよう（アクセス要求の設定）

アクセス権限の付与依頼の設定は、固有の権限になっているサイト単位で行います。

❶ [設定]（歯車のアイコン）をクリックし、[サイトの設定] をクリックする。

❷ [ユーザーと権限] セクションにある [サイトの権限] をクリックする。

❸ リボンメニューの [権限] タブから [アクセス要求の設定] をクリックする。

❹ アクセス要求を許可したくない場合は [アクセス要求の許可] をオフにする。逆にアクセス要求を許可しつつ複数のメールアドレスに要求が送信されるようにする場合は、各メールアドレスをコンマ（,）区切り（セミコロンではない）で指定する。

❺ [OK] をクリックする。

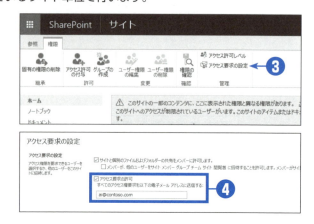

第19章　コンテンツを共有しよう（アクセス権限管理）

アクセス要求の設定には、他に次のオプションがあります。

・サイトと個別のファイルおよびフォルダーの共有をメンバーに許可します。
・メンバーが、他のユーザーをサイトのメンバーグループ＜既定のグループ名＞に招待することを許可します。メンバーがサイトを共有できるようにするには、この設定を有効にする必要があります。

［サイトと個別のファイルおよびフォルダーの共有をメンバーに許可します。］をオンにすると、サイトに対してアクセス権限のないユーザーに代わってサイトの既存ユーザーが、アクセス要求を依頼できます（［アクセス要求の許可］がオンになっている必要があります）。サイトのトップにある［共有］をクリックして、他のユーザーを招待できます。

**吉田さんは横田さんの代理で
アクセス権限付与を依頼**

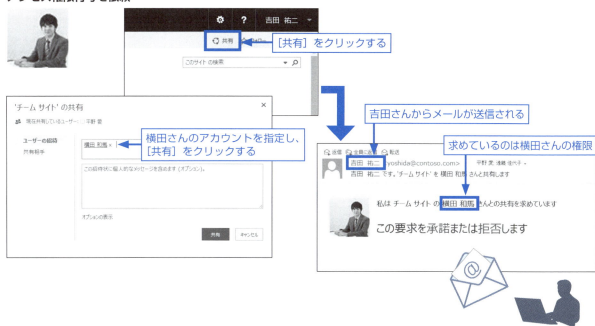

これと併せて、［メンバーが、他のユーザーをサイトのメンバーグループ＜既定のグループ名＞に招待することを許可します。メンバーがサイトを共有できるようにするには、この設定を有効にする必要があります。］をオンにすると、既定のグループに属しているユーザーは、他のユーザーを既定のグループのメンバーとして追加登録できるようになります。もし、ユーザーが既定のグループメンバーでなかった場合は、代理での権限付与の依頼を行うことになります。

8 リストやライブラリの権限を管理しよう

サイトの管理者は、リストやライブラリに対して固有のアクセス権限を付与できます。

リストまたはライブラリの権限を管理しよう

リストやライブラリでは、サイトのアクセス許可レベルを既定で継承します。リストやライブラリごとに固有の許可レベルを構成する場合は、権限の継承を削除する必要があります。基本的な権限の継承や削除の手順はサイトの設定とほぼ同じです。

❶ [リスト] または [ライブラリ] タブをクリックし、[リストの設定] または [ライブラリの設定] をクリックする。

❷ [権限の管理] セクションにある [このリストに対する権限] または [このドキュメントライブラリに対する権限] リンクをクリックする。

❸ リボンメニューの [権限] タブから [権限の継承を中止] をクリックする。

❹ 右図のようなメッセージが表示されたら [OK] をクリックする (画面はライブラリの場合)。

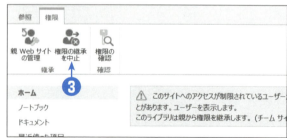

❺ 不要なユーザー権限がある場合は、対象となるユーザーやグループを選択し、リボンメニューの［権限］タブにある［ユーザー権限の削除］をクリックして削除する。

❻ ユーザーやグループを追加する場合は、リボンメニューの［権限］タブにある［アクセス許可の付与］をクリックし、必要な権限を付与する。

❼ たとえば、先ほど作成したSharePointグループである「価格表ライブラリのメンバー」グループとサイトの管理者のみアクセス許可レベルを付与することで、特定のメンバーしか価格表ライブラリ内を閲覧できず、中のファイルを編集できないようになる。

ヒント
アンケートの管理メニュー
アンケートの場合は、管理メニューがリボンメニューに表示されません。［設定］→［アンケートの設定］をクリックし、［権限と管理］セクションにある［このアンケートに対する権限］から権限の管理を行います。

リストアイテム、ドキュメント、フォルダー単位での権限の継承を管理しよう

リストアイテム、ドキュメント、フォルダー単位で固有の権限管理ができます。既定では権限を継承しているため、固有権限を設定するためには権限継承を削除する必要があります。ただし、下記の手順では必要に応じて自動的に権限削除まで行ってくれます。

❶ Webブラウザーを使って、目的のリストまたはライブラリにアクセスする。

❷ ビュー内で目的のアイテム、ドキュメント、フォルダーの左端の［✔］をクリックする。

❸ ［共有］をクリックする。

❹ ［ユーザーの招待］で、ユーザーまたはグループを指定する。

❺ ［編集可能］または［表示可能］を選択する。
※より詳細にアクセス許可レベルを指定する場合は、［共有相手］→［詳細］の順にアクセスする。

❻ ［共有］をクリックする。

❼ 権限設定を確認するため、再びファイルを選択した状態で［共有］をクリックする。

❽ ［共有相手］をクリックする。

❾ ［詳細］をクリックする。

❿ アイテムやファイル、フォルダーが継承していた権限と異なる権限付与が行われると、自動的に固有の権限が付与される。右図では、固有の権限になっていることがわかる。必要に応じて、この画面からより詳細な権限設定を行う。

リストの詳細設定を利用しよう

　リストでは、リストアイテムの作成者のみがアイテムの表示をしたり編集したりできるよう設定できます。この設定は、あくまでもリストおよびリスト内のアイテムに対してアクセス権限設定を行ったうえでのプラスアルファのセキュリティだと考えてください。たとえば、何らかの申請を行うリストでは、リスト単位でユーザーに対して編集アクセス許可レベルを付与します。これで、ユーザーは全員アイテムの追加ができるようになりますが、編集権限にはアイテムの読み取り権限も含まれるため、既定では他のユーザーが作成したアイテムを表示したり編集したりできます。そのため、作成者のみに対して読み取りもしくは作成/編集権限を許可するように追加設定を行うことで、追加した人だけが内容を編集できるようになります。

　この設定は、既定ではフルコントロールアクセス許可レベルを持つユーザーが行えます（厳密には"権限の管理"権限を持つユーザー）。この設定により、一般ユーザーは自分が作成したもの以外は非表示になります。しかし、サイトコレクションの管理者および"リストの動作を無視"権限と"リストの管理"を付与されたユーザーは、アイテムの表示や編集が可能です。このような設定はライブラリでは構成できないため注意しましょう。

　設定手順は次のとおりです。

❶ リボンメニューの［リスト］タブにある［リストの設定］をクリックする。

❷ ［全般設定］セクションにある［詳細設定］をクリックする。

❸ ［アイテムごとの権限］セクションで、［読み取りアクセス権］および［作成/編集のアクセス権］を構成する。読み取りアクセス権設定は、既定では［すべてのアイテム］が選択されている。これを［ユーザー本人が作成したアイテム］に変更すると、アイテムの作成者とサイトコレクションの管理者および"リストの動作を無視"権限を持つユーザーのみが表示できるようになる。また、作成/編集のアクセス権設定も、既定では［すべてのアイテム］が選択されている。これを［ユーザー本人のアイテム］に変更すると、アイテムの作成者とサイトコレクションの管理者および"リストの動作を無視"権限を持つユーザーのみが編集できるようになる。また、［なし］に変更すると、サイトコレクションの管理者および"リストの動作を無視"と"リストの管理"権限を持つユーザーのみがアイテムの追加および編集ができるようになる。

❹ ［OK］をクリックする。

ヒント
ライブラリに対してファイルをアップロードする前にドキュメント固有の権限を付与できるか
SharePointのしくみ上、ファイルのアップロード前に固有の権限付与をすることはできません。セキュリティ保護すべき対象がSharePoint上に存在しない状態では権限は付与できません。アップロード後は必ず、ライブラリまたはフォルダーのアクセス権限が既定で継承されます。

ヒント
ビューおよびフィールド単位ではアクセス権限を付与できない
ビューに対してアクセス権限を付与することはできません。またフィールド（列）単位でアクセス権限を設定することもできません。

メタデータを応用的に使おう

第20章

1. 「管理されたメタデータ」を把握しよう
2. 用語ストアと用語セットを理解しよう
3. 用語セットを作成しよう
4. コンテンツタイプを利用しよう

この章では、「管理されたメタデータ」と「コンテンツタイプ」について説明します。

1 「管理されたメタデータ」を把握しよう

　第11章の1節でもメタデータについて説明しました。この章で最初に扱うのは、もう1つのメタデータである「管理されたメタデータ」です。まずは、これまで説明してきたメタデータとの違いについて説明していきましょう。

　メタデータは、蓄積されるデータを分類および識別するために重要な情報です。データ分類には、**タクソノミー**と**フォークソノミー**という2つのアプローチがあり、SharePointでは両方のアプローチを兼ね備えています。「タクソノミー」とは、分類法（taxonomy）のことであり、生物や図書の分類のようにあらかじめ体系化された分類に情報を当てはめていくというトップダウン式のアプローチです。一方のフォークソノミーは、分類システムを表現するための造語であり、folk（民衆）とtaxonomy（タクソノミー）を組み合わせたものです。タクソノミーのように誰かがあらかじめ分類方法を決めるのではなく、利用者がタグを使って自由に体系化していく、ボトムアップ式のアプローチです。Twitterなどでみられるハッシュタグはフォークソノミーです。

SharePointで利用できるメタデータを把握しよう

　SharePointで利用できるメタデータは次のとおりであり、これらはタグとしてビューのフィルターや検索時の絞り込み条件として利用できます。

メタデータ	
一般的なメタデータ	管理されたメタデータ
・ファイル自体のプロパティ ・リストやライブラリに追加する任意の列の値 ・リストアイテムやファイルなどが既定で持っている内部的なSharePointの列（登録日時、登録者、ID、ファイルサイズなど）	・SNS機能内で使用するハッシュタグ ・用語セット ・エンタープライズキーワード ・ユーザープロファイルの一部（部署、役職、得意分野、勤務先所在地、スキル、学歴、以前のプロジェクト、興味など）

　管理されたメタデータのうち、「用語セット」は特定のサイトコレクション内またはSharePointファーム全体（全社的に）で利用できるようあらかじめ作成しておくタグ体系であり、共有して利用するタクソノミーです。これ以外はユーザーが任意で作成できるため統一性はなく、フォークソノミーと捉えてよいでしょう。

　これまでの章で説明してきたのは「一般的なメタデータ」であり、本章では「管理されたメタデータ」を説明します。"管理された"とありますが、これはSharePointサーバー管理者が設定するManaged Metadata Serviceによって管理されていることを意味します。このサービスはSharePoint特有のサービスです。

2 用語ストアと用語セットを理解しよう

「管理されたメタデータ」は、SharePointファーム全体で管理している**用語ストア**という場所に格納されます。

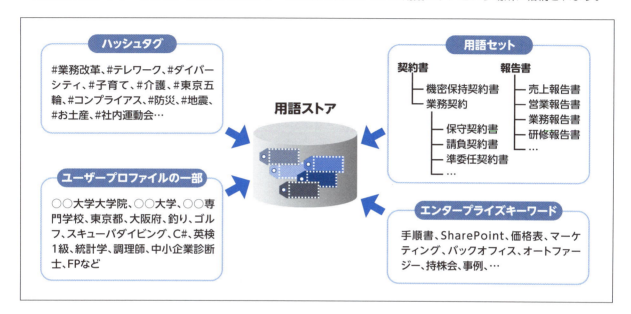

　用語ストアの管理は、**用語ストアの管理者**として指定されたユーザーが行います。既定では誰も指定されていないため、サーバーの管理者は、用語ストアの管理者を最低1名以上指定しておく必要があります。詳細な手順は「第31章　サービスアプリケーションとサーバーサービスを管理しよう」で説明します。

用語セットの考え方を把握しよう

用語ストアには、**用語セット**を複数作成できるようになっています。用語セットとは、複数のタグを用語としてまとめて管理する入れ物（コンテナー）です。用語セットは要件に応じてグループに分けられます。グループには、グループ管理者や投稿者を個別に設定できます。

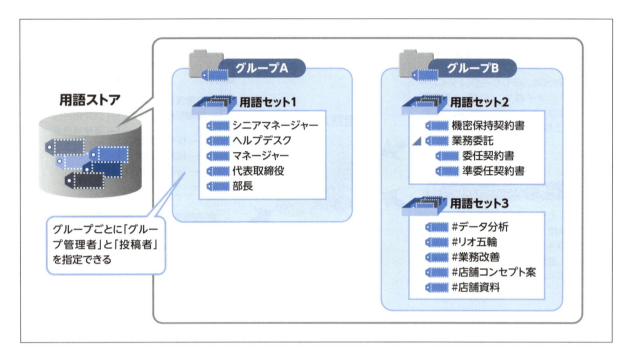

グループ管理者は、管理者自身が用語セットの用語や用語の階層を編集できるほか、他のユーザーを共同編集者として追加できます。投稿者は用語や用語の階層の編集のみが可能です。

用語ストア内には、既定で次の用語セットが作成されており、既定の用語セットに関しては、ユーザーがハッシュタグを使ったり、ユーザープロファイルの項目を埋めたりすることで、各用語が自動的に収集されるようになっています。

既定の用語セット

用語セットのグループ	用語セット名	説明
ユーザー	場所	ユーザープロファイル内の情報
	部署	
	役職	
検索辞書	除外するスペル	検索の追加設定である"検索辞書"として使用
	除外する会社	
	追加するスペル	
	追加する会社	
システム	キーワード	用語セットのグループである「ユーザー」に含まれないユーザープロファイルの項目、エンタープライズキーワードなど
	ハッシュタグ	ハッシュタグ
	独立した用語	複数の用語セットで再利用されている用語のうち、大元となっている用語セットから用語が削除されていて、用語の所有権があいまいになっている用語

用語ストアの管理画面

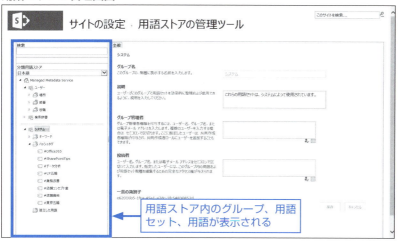

各用語の統廃合は、用語ストアの管理者が管理します。既定の用語セット以外にも新たに用語セットを作成することもできるため、たとえば、キーワードのいくつかが体系立てて整理できそうなのであれば、新たに用語セットを作成し、用語を移動してタグ体系を形成するといったことが可能です。

用語セット内のタグの移動や廃止などの追加設定

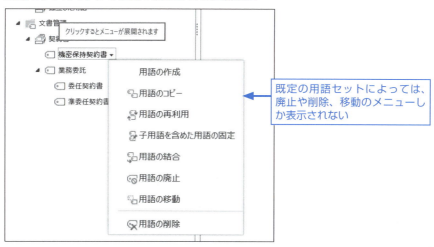

ちなみに、用語セットの作成は、用語ストアの管理者だけでなくサイトコレクションの管理者やサイトの管理者も行えます。

3 用語セットを作成しよう

　用語セットの特徴の1つが用語を階層化できることです。もちろん無理に階層化する必要はありませんが、大項目、中項目、小項目というようにタグを体系化できます。
　通常のリストやライブラリに選択肢列を追加すると、選択肢は1段階までしか表示できず、階層化はできません。しかし、「管理されたメタデータ」という種類の列を追加することで用語セットを指定できるようになり、選択肢が階層化表示できるようになります。

階層化することの意味合いを考えよう

　用語は階層化できるようになっているため、同じ用語であっても異なる意味であることを明確にできます。極端な例として "月" という用語があった場合、それが天体の月なのか、年月日の月なのか、月曜日の意味の月なのか意味合いはさまざまです。階層化管理できれば、同じ月でも文脈を添えられます。こうした概念はデータ分析などでも使われています。

"月"という用語の階層化イメージ

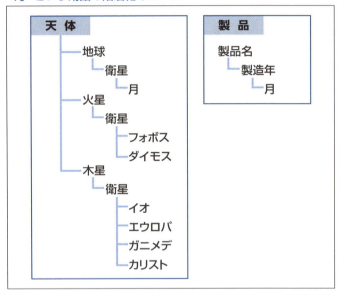

グローバル用語セットとローカル用語セットを使い分けよう

　用語セットには、**グローバル用語セット**と**ローカル用語セット**の2種類があります。グローバル用語セットは、ファーム全体（全社レベル）で共有される用語群です。この用語セットは、ファーム管理者が指定した用語ストアの管理者が作成できます。一方のローカル用語セットは、特定のサイトコレクションでのみ利用できる用語群です（ただし、ローカル用語セットは、他のサイトコレクションから読み取りのみのアクセスを許可することもできます）。サイトに対して編集アクセス許可レベルやフルコントロールアクセス許可レベルを持つユーザーが、この用語セットを作成できます。

> **ヒント**
>
> **使いやすいのはどっち？**
>
> グローバル用語セットとローカル用語セットのうち、導入しやすいのはローカル用語セットです。グローバル用語セットは全社レベルで共有されるタグ体系となるため、利害関係者との調整に時間がかかります。一方のローカル用語セットは、サイトコレクション内で閉じた形で利用できるため、テスト的な運用が始めやすいです。まずは小規模で試してみてうまく運用できそうであれば、後から用語ストアの管理者がグローバル用語セットに用語を移動させるといったことも可能です。

用語ストアにローカル用語セットを作成しよう

サイトの管理者レベルで作成できるローカル用語セットの作成手順を説明します。

ローカル用語セットは、列を作成する際に同時に作成できます。列はリスト固有の列でもサイト列でもどちらでもかまいません。サイト列の場合は、サイトに対してフルコントロールアクセス許可レベルを持つユーザーだけが作成できます。以下の手順を試す際に、あらかじめ任意のチームサイトに"契約書ライブラリ"と名付けたライブラリを作成しておいてください。このライブラリに用語セットを参照する列を追加し、そこから同時に用語セットを作成します。

❶ 任意のリストまたはライブラリにアクセスする。ここでは"契約書ライブラリ"という名前のライブラリにアクセスする。

❷ リボンメニューの［ライブラリ］タブから［列の作成］をクリックする。

❸ ［列名］に「契約書の種類」と入力する。

❹ ［この列の情報の種類］で、［管理されたメタデータ］を選択する。

❺ ［説明］に「契約書の種類を指定してください」と入力する。

❻ ［表示する値］で、［用語への完全なパスをフィールドに表示します］を選択する。

❼
［用語セットの設定］で、［用語セットのカスタマイズ］を選択する。

❽
［説明］に「契約書の分類です」と入力する。

❾
手順❼で［用語セットのカスタマイズ］を選択すると、列名と同名の用語セットが既定で用意される。この用語セットをクリックし、［用語の作成］をクリックする。

❿
「契約書の種類」用語セット内に用語を複数作成する。

⓫
［OK］をクリックする。

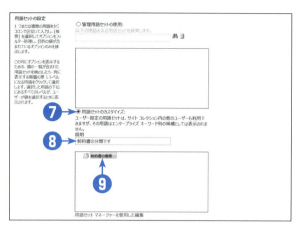

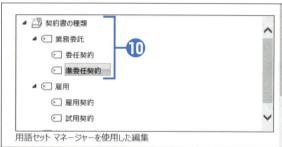

　上記の手順では、「管理されたメタデータ」列をドキュメントライブラリに追加しましたが、リストに追加することも可能です。ユーザーは列やプロパティの編集時に用語セット内の用語から値を選択することになります。

契約書の種類の列の値を用語セットから選択する

ファイルのプロパティから編集

クイック編集ビュー上で編集

第20章　メタデータを応用的に使おう

管理されたメタデータを利用していると、列のフィルター項目は次のように階層化表示されるようになります。

またメタデータナビゲーション構成で「管理されたメタデータ」列を表示するように構成すると、サイドリンクバーに用語が階層形式で表示されます。

「管理されたメタデータ」列をメタデータナビゲーションに表示すると、フィルター項目も階層化表示される

ローカル用語セットを管理しよう

サイトの管理者は、[サイトの設定] ページから [サイトの管理] セクションにある [用語ストアの管理] をクリックすることで、[用語ストアの管理ツール] ページにアクセスできます。このページでは、作成したローカル用語セット内の用語の編集や削除はもちろん、多言語設定（言語パックがサーバーに適用されている場合）などが可能です。

用語ストアの管理ツールページ

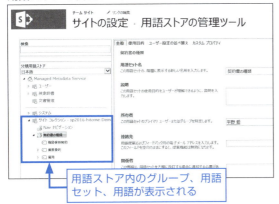

用語ストア内のグループ、用語セット、用語が表示される

用語ごとに表示言語を指定できる
例：日本語 → 機密保持契約
　　英語　 → NDA

ローカル用語セットを再利用しよう

　ローカル用語セットは各サイトコレクションのグループ内に作成されますが、用語ストアの管理者はグループごとに他のサイトコレクションでも利用できるよう設定できます（これを行うには、先にローカル用語セットの管理者を用語ストアの管理者として設定しておく必要があります）。ローカル用語セットは、作成したサイトコレクション以外に他のサイトコレクションと共有できるわけです。この場合、この用語セットを利用するユーザーは、作成元のサイトコレクションのサイトに対してアクセス権限を持っている必要はありません。

サイトコレクション
http://sp2016/hitome/demo

［用語ストアの管理ツール］ページ上で、ローカル用語セットを格納しているグループを選択し、［サイトコレクションへのアクセス］で再利用を許可する他のサイトコレクションのURLを指定する

サイトコレクション
http://sp2016/hitome/demo2

再利用する側のサイトコレクションで「管理されたメタデータ」列を追加する際に、［管理用語セットの使用］を選択すると、他のサイトコレクションの用語セットが選択できる

ヒント

用語セットをCSVファイルからインポートする

　用語ストアの管理者は、用語セットの基となる情報をCSV形式で作成し、インポートできます。CSV形式ファイルのサンプルを入手したい場合は、［用語ストアの管理ツール］ページで左側の［Managed Metadata Service］を選択し、右側に表示される［サンプルインポートファイルの表示］をクリックします。インポートする場合は、［グループ］を選択し、［用語セットのインポート］をクリックします。ただし、作成した用語セットをCSV形式でエクスポートする機能は標準では搭載されていません。

サンプルのインポートファイルを入手する

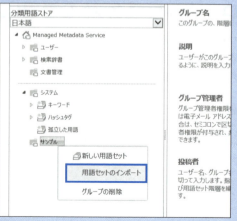

既定のグループ以外の任意のグループに用語セットをインポートする

エンタープライズキーワードを利用しよう

　エンタープライズキーワードは、リストおよびライブラリに追加できるフィールドであり、リストまたはライブラリごとに1つだけ追加できます。このフィールドを追加すると、ユーザーは各リストアイテムやファイルに対して組織全体で共有されるタグ（ハッシュタグを含む）を新規作成または再利用できるようになります。たとえば、他のユーザーが以前"コンプライアンス"などの"コン"で始まるキーワードを追加している場合、ユーザーがこのフィールドに"コン"まで入力すると自動的にキーワード候補が表示されます。もちろん、希望するキーワードでなければ、直接入力することで新たにキーワードとして登録されます（複数キーワードを指定する場合はセミコロンで区切ります）。このようにして、一貫したキーワードをユーザーどうしで作り上げていけます。

　エンタープライズキーワードの設定手順は次のとおりです。

❶ Webブラウザーを使って、エンタープライズキーワードを設定したいライブラリまたはリストにアクセスする。今回はライブラリに追加する手順として説明するが、リストも基本的には同じ手順となる。

❷ リボンメニューの［ライブラリ］タブから［ライブラリの設定］をクリックする。※リストの場合は［リスト］タブの［リストの設定］をクリックする。

❸ ［権限と管理］セクションにある［エンタープライズメタデータとキーワードの設定］をクリックする。

❹ ［このリストにエンタープライズキーワード列を追加し、キーワードの同期を有効にします］をオンにする。

❺ ［OK］をクリックする。

❻ ファイルのプロパティ（またはアイテムの列）を編集する際に、エンタープライズキーワード列が使えるようになる。

> **ヒント**
>
> **エンタープライズキーワードの利用の難しさとメンテナンス体制の重要性**
>
> 　エンタープライズキーワードは、ユーザーがリストアイテムやファイルに対して自由にタグ付けできるしくみであり、フォークソノミーのアプローチです。しかし、"自由"という部分に運用の難しさがあります。後から検索しやすいようにキーワードを入れてもらえればよいのですが、この考え方に慣れていないユーザーはまず何を記載していいのか迷います。また、半角カタカナと全角カタカナは区別されます。類似キーワードが増えることもあるでしょう。不快なキーワードを入力するユーザーもいるかもしれません。これはハッシュタグにも言えることです。このため、こうしたキーワードを有効に利用するには、タグを定期的に見直す担当者グループを決めて、タグの廃止や統合などのメンテナンス体制作りも考慮しましょう。

4 コンテンツタイプを利用しよう

コンテンツタイプは、次のメタデータをまとめて管理するための管理単位です。

・サイト列
・ドキュメントテンプレート（※ライブラリの場合）
・SharePointワークフローエンジンを使ったワークフロー
・情報管理ポリシー（保持期限、監査）

SharePointには、既定で複数のコンテンツタイプが用意されており、リストやライブラリで利用されています。

主なリスト/ライブラリとコンテンツタイプ

リスト/ライブラリ	既定のコンテンツタイプ
ドキュメントライブラリ	ドキュメント
画像ライブラリ	画像
Wikiページライブラリ	Wikiページ、Webパーツページ
お知らせ	お知らせ
予定表	イベント
タスク	タスク
ディスカッション掲示板	ディスカッション、メッセージ

　コンテンツタイプは、サイトの管理者が「サイトコンテンツタイプ」として新規に作成することも可能です。たとえば、製品資料ファイルと営業報告書ファイルを共有するとき、それぞれ次のような付加情報も一緒に管理したいと考えます。

付加情報の種類	製品情報ファイル	営業報告書ファイル
プロパティ（列）	・製品名 ・型番 ・価格 ・リリース日	・担当営業 ・顧客名 ・報告日
ドキュメントテンプレート	製品情報テンプレート.xlsx	営業報告書テンプレート.docx
ワークフロー	レビューワークフロー	承認ワークフロー
情報管理ポリシー	・保持期限：7年 ・監査	・保持期限：3年

　こうした設定はライブラリやリスト単位で設定できます。たとえばライブラリごとに設定すれば、ライブラリに格納するどのファイルにも共通情報が付加されます。しかし、特定のライブラリに依存せず、異なるライブラリに格納する場合でも共通情報を付加したいこともあるでしょう。また、同じライブラリであってもファイルの種類によっては設定すべきプロパティを分けて管理したいケースもあるはずです。しかし、ライブラリ（リストを含む）ごとに設定する必要があるため、同じような列の追加作業をリストやライブラリごとに繰り返し行わなければなりません。これでは一元的な管理が難しくなり、運用が煩雑になります。このようなときに役立つのが、**コンテンツタイプ**というしくみです。
　コンテンツタイプは、サイト列やワークフロー、情報管理ポリシーなどといった関連するメタデータ（付加情報）をひとまとめに管理するための概念です。コンテンツタイプを使うことで、異なるライブラリ間でも共通の情報をファイルに付加できます。

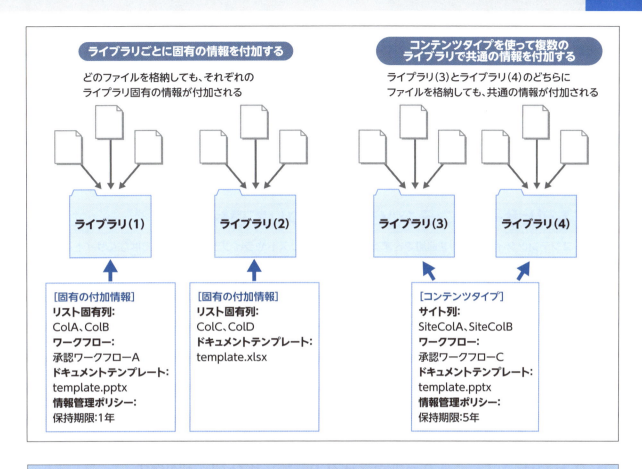

コンテンツタイプの作り方の概要を把握しよう

　独自のコンテンツタイプは、サイトの管理者がサイトごとに単独で作成します。その後、必要に応じてリストやライブラリに追加して利用します。そのため、サイト単位で作成するコンテンツタイプを**サイトコンテンツタイプ**と呼びます。特定のサイトに作成したコンテンツタイプは、サイトの階層構造を利用して、サブサイトに継承させることができます。つまり、サイトコレクションのトップレベルサイトに作成すると、同一サイトコレクション内の全サブサイトで利用できるようになるのです。特定のサイト以下で使いたいサイトコンテンツタイプを定義することも可能です。

　SharePointサイト上には、既定で複数のコンテンツタイプが用意されています。新たにコンテンツタイプを作成する場合は、既存のコンテンツタイプをベースに派生させます。なお、ライブラリでしか利用できないコンテンツタイプがあるので注意しましょう。最も標準的なコンテンツタイプは次の2つです。作成手順は後ほど説明しますが、まずはこの2つから理解していくとよいでしょう。

適用対象	ベースとして利用するビルトインのコンテンツタイプ
カスタムリスト	アイテム
ドキュメントライブラリ	ドキュメント

　あらかじめ用意されているコンテンツタイプの多くは、この2つのコンテンツタイプからの派生形として作成されています。たとえば、メディアライブラリに既定で設定されているイメージコンテンツタイプは、"ドキュメント＞リッチメディア＞イメージ"の順にコンテンツタイプを派生させて作成されたものです。

ビルトインのサイトコンテンツタイプは、直接編集することも可能ですが、既存のリストやライブラリに影響するため直接カスタマイズすることはお勧めしません。必ず、独自のコンテンツタイプを作成して利用するようにしてください。

> **ヒント**
> **コンテンツタイプを他のサイトコレクションでも利用する**
> サイトコンテンツタイプは、トップレベルサイトで作成すれば、同一サイトコレクション内で利用できますが、サイトコレクションを越えた利用はできません。サイトコレクションを越えてコンテンツタイプを利用するには、**コンテンツタイプシンジケート**という機能を使う必要があります。

サイト列とサイトコンテンツタイプについて理解しよう

サイトコンテンツタイプには列を追加できますが、この列はリストやライブラリ固有の列ではなくサイト列である必要があります。サイト列は、同一サイトもしくはサブサイト内のリストやライブラリで再利用できる列であり、サイトの管理者が作成します。たとえば、複数のライブラリで共通する選択肢を利用させたい場合などは、同じ選択肢を持つ列を都度ライブラリごとに追加するのは非常に手間ですし、一括修正もできません。また、同じ値を入力させるのに列の名前がライブラリごとに違ってしまうこともあります。このようなときにサイト列は有用です。一度、作成してしまえば、同一の選択肢を持つ列を複数のライブラリにそのまま追加できます。サイト列の選択肢を修正することで、一括修正も可能です。ただし、既に作成しているリストやライブラリ固有の列を後からサイト列に変換することはできないので注意しましょう。

サイト列も既定で複数用意されています。新規にサイト列を追加する場合は、［サイトの設定］ページの［Webデザイナーギャラリー］セクションにある［サイト列］から作成します。なお、サイトコンテンツタイプの作成中にサイト列を追加することもできるため、必ずしも先にサイト列を用意する必要はありません。

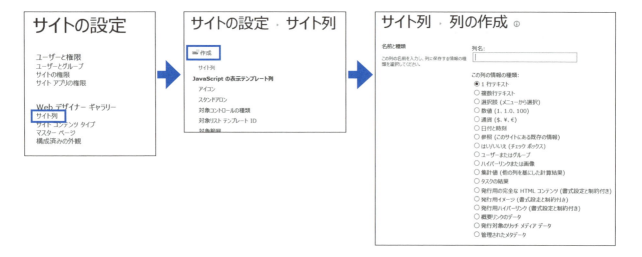

サイト列は、コンテンツタイプを作成せずに直接ライブラリやリストに追加することも可能です。サイト列を追加するには、［リストの設定］ページまたは［ライブラリの設定］ページを開き、［列］セクションにある［サイト内の既存の列から追加］をクリックします。

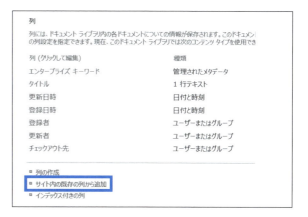

追加する列の数が少ない場合は、このようにサイト列を直接リストやライブラリに追加してもよいでしょう。しかし、複数の列をひとまとめにして複数のリストやライブラリに一括して追加したい場合は、サイトコンテンツタイプを作成する方が効率的です。

サイトコンテンツタイプを作成しよう

サイトコンテンツタイプは、サイトに対してフルコントロール権限を持つユーザーでないと作成できません。サイトコンテンツタイプの作成手順を説明するために、次のようなコンテンツタイプを例に作成します。ここでは、ドキュメントテンプレートとして使うファイルは事前に作成しているものとします。

コンテンツタイプ名	営業報告書
ドキュメントテンプレート	営業日報テンプレート.docx
サイト列	・報告日 ・報告者

❶ Webブラウザーを使って、目的のサイトにアクセスする。

❷ ［設定］（歯車のアイコン）をクリックし、［サイトの設定］をクリックする。

❸ ［Webデザイナーギャラリー］セクションにある［サイトコンテンツタイプ］をクリックする。

❹ ［作成］をクリックする。

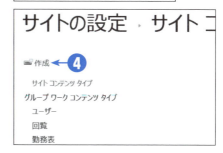

❺ [名前]に「営業報告書」と入力する。[説明]に「営業日報です」と入力する。[親コンテンツタイプの選択元]で、[ドキュメントコンテンツタイプ]を選択する。[親コンテンツタイプ]で、[ドキュメント]を選択する。

❻ [グループ]セクションでは、作成するコンテンツタイプを管理上見つけやすくするためにグループを指定する。ここでは[新しいグループ]を選択し、「報告書」と入力する。

❼ [OK]をクリックする。これでコンテンツタイプの新規作成は完了するが、引き続きコンテンツタイプに対する詳細設定などを行うことになる。

❽ ドキュメントテンプレートを指定するため、表示された画面で[詳細設定]をクリックする。

❾ [新しいドキュメントテンプレートをアップロードする]を選択し、[参照]をクリックする。

❿ ローカルコンピューター上に用意している"営業日報テンプレート.docx"を指定する。

⓫ [OK]をクリックする。

⓬ 次にサイト列を追加するために、[列]セクションで、[サイト内の新しい列から追加]をクリックする。

⓭ [列名]に「報告日」と入力し、[この列の情報の種類]で[日付と時刻]を選択して、[OK]をクリックする。

⓮ 再び[サイト内の新しい列から追加]をクリックする。

⑮ [列名]に「報告者」と入力し、[この列の情報の種類]で[ユーザーまたはグループ]を選択して、[OK]をクリックする。

⑯ 列が2つ追加されたことを確認する。

⑰ 報告日を必須項目として指定するため、[報告日]のリンクをクリックする。

⑱ [列の設定]を[必須]に変更し、[OK]をクリックする。

⑲ [報告日]の状態が「必須」になったことを確認する。

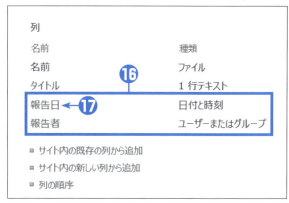

　以上でサイトコンテンツタイプの作成は完了です。次に、既存のライブラリに追加する手順を説明します。なお、作成したサイトコンテンツタイプは後から変更できますが、親コンテンツタイプは変更できないので注意しましょう。変更する場合は、サイトにアクセスし、[設定]（歯車のアイコン）メニューの[サイトの設定]をクリックします。[Webデザイナーギャラリー]セクションにある[サイトコンテンツタイプ]をクリックし、目的のコンテンツタイプのリンクをクリックします。

ライブラリに作成したコンテンツタイプを追加しよう

　サイトコンテンツタイプは、ライブラリに追加することでユーザーが利用できるようになります（リストも同様にコンテンツタイプを追加できます）。

　ライブラリへの追加手順は次のとおりです。ドキュメントライブラリは既定ではコンテンツタイプの設定画面が非表示になっているため、表示するよう設定変更してからコンテンツタイプを追加します。

① Webブラウザーを使って、任意のドキュメントライブラリにアクセスする。

② リボンメニューの[ライブラリ]タブから[ライブラリの設定]をクリックする。

③ [全般設定]セクションにある[詳細設定]をクリックする。

④ [コンテンツタイプ]セクションで[コンテンツタイプの管理を許可する]を[はい]に変更し、[OK]をクリックする。これにより、[ライブラリの設定]ページにコンテンツタイプの管理セクションが表示されるようになる。

⑤ [コンテンツタイプ]セクションの[既存のサイトコンテンツタイプから追加]をクリックする。なお、ドキュメントライブラリには既定で"ドキュメント"コンテンツタイプが追加されている。

⑥ [サイトコンテンツタイプの選択元]からサイトコンテンツタイプを作成した際に指定したグループである[報告書]を選択する。

⑦ [利用可能なサイトコンテンツタイプ]で[営業報告書]を選択する。

⑧ [追加]をクリックする。

⑨ [OK]をクリックする。

⑩ [コンテンツタイプ]セクションに新たに追加したコンテンツタイプが表示されていることを確認する。

❶ 以上でコンテンツタイプの追加は終了である。ライブラリの［新規作成］メニューに営業報告書のテンプレートが追加されていることが確認できる。

❷ また、ファイルの［アップロード］メニューからアップロードする際にコンテンツタイプの選択メニューが表示され、コンテンツタイプを切り替えると表示される入力項目も切り替わるようになる（ドラッグアンドドロップの場合は、アップロード後にファイルのプロパティを編集するときに指定できる）。

ヒント

サイトコンテンツタイプとリストコンテンツタイプ

サイトコンテンツタイプをライブラリやリストに追加すると、ライブラリやリスト側では、名称が**リストコンテンツタイプ**になります。リストコンテンツタイプは、サイトコンテンツタイプのコピーです。そのため、ライブラリやリストにコンテンツタイプを追加した後は、個々のリストやライブラリごとにコンテンツタイプをカスタマイズできます。ただし、これは単なるコピーではなく、オリジナルのサイトコンテンツタイプの参照情報を持っているため、サイトコンテンツタイプの方を更新するとそのコンテンツタイプから作成した既存の全リストコンテンツタイプを更新できます。このようなコンテンツタイプは、**継承されたコンテンツタイプ**と呼ばれます。たとえば、選択肢に新しい項目を追加するといったような既定値を変える操作を大元から一括で行えます。もちろん、これから新たにリストやライブラリに追加した場合にのみ、新しい設定を適用するよう指定することも可能です。

サイトコンテンツタイプとリストコンテンツタイプの関係を表すイメージ

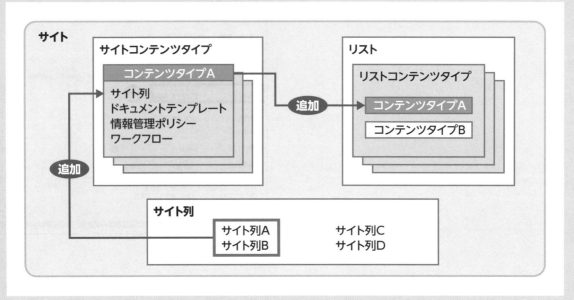

ヒント

コンテンツタイプの削除

サイトコンテンツタイプを削除するには、先にリストまたはライブラリからコンテンツタイプを削除しておく必要があります。［リストの設定］ページまたは［ライブラリの設定］ページから対象となるコンテンツタイプをクリックし、［設定］セクションにある［このコンテンツタイプの削除］をクリックします。ここで削除するのは、リストコンテンツタイプです。一方のサイトコンテンツタイプの削除は、［サイトの設定］ページの［サイトコンテンツタイプ］をクリックし、削除したいサイトコンテンツタイプをクリックします。次に［設定］セクションにある［このコンテンツタイプの削除］をクリックします。なお、あらかじめ用意されているビルトインのコンテンツタイプは削除できません。また読み取り専用に設定しているコンテンツタイプも削除できません。
さらに、リストやライブラリにサイトコンテンツタイプを追加していて、そのままリストやライブラリをごみ箱に移動した状態にしていると、まだ利用されているとみなされ、サイトコンテンツタイプを削除できません。もちろん、既定の30日が経過したり、サイトコレクションの管理者がごみ箱から完全にリストやライブラリを削除したりしてしまえば、サイトコンテンツタイプを削除できるようになります。
そもそも、サイトコンテンツタイプがどのリストやライブラリに追加されたかを簡単に追跡できる機能は備わっていないため、サイトコンテンツタイプとリストやライブラリの関連性を示す文書を用意するといった運用上の工夫が必要です。

リストおよび
ライブラリを管理しよう

第21章

1 リストまたはライブラリの名前や説明を変更しよう
2 リストアイテムの公開承認を設定しよう
3 リストやライブラリをテンプレート化して再利用しよう
4 大きなリストまたはライブラリの管理に注意しよう
5 リストでフォルダーを作成できるようにしよう
6 リストアイテムまたはファイルを移動しよう
7 列のインデックスを作成してビューの表示速度を向上させよう
8 特定の列をアイテムの新規作成や編集時に非表示にしよう

これまでリストやライブラリについて使い方を中心に説明してきましたが、ここではその他の管理設定について説明します。

1 リストまたはライブラリの名前や説明を変更しよう

リストやライブラリの作成後に名前や説明を変更できます。下記の手順は、リストを例にしていますが、ライブラリでも基本的な手順は同じです。必要に応じてリストをライブラリに置き換えて読み進めてください。

① Webブラウザーを使って、目的のリストにアクセスする。

② リボンメニューの［リスト］タブから［リストの管理］をクリックする。

③ ［全般設定］セクションにある［リスト名、説明、ナビゲーションの列挙］をクリックする。

④ 名前や説明などを変更する。

⑤ ［OK］をクリックする。

ちなみに、説明の内容は次のいずれかの方法で確認できます。

リストのタイトル部分の［i］マークをクリックする

［サイトコンテンツ］ページ上で目的のリストの［...］をクリックする
※マウスオーバーしないと［...］は表示されない

2 リストアイテムの公開承認を設定しよう

　ライブラリだけでなく、リストでもバージョン管理の承認機能を利用できます。この設定を行うとユーザーがアイテムを追加しても承認者が承認しない限り、ユーザーに表示されません。承認者は、ライブラリのバージョン管理と同様に"承認"権限を持つユーザーであり、既定ではフルコントロールアクセス許可レベルを持つユーザーです。この機能をうまく使えば、お知らせリストやブログのコメントリストなどで内容のチェック後に公開するという体制が組めます。これ以外にも下書き的に利用し、公開できるタイミングになったら承認するという使い方もできます。ただし、ファイルの場合と異なり公開後にアイテムを編集すると未承認状態になり、すぐにアイテムが非表示になります。運用には注意してください。

❶ Webブラウザーを使って、目的のリストにアクセスする。

❷ リボンメニューの［リスト］タブから［リストの管理］をクリックする。

❸ ［全般設定］セクションにある［バージョン設定］をクリックする。

❹ ［送信されたアイテムに対してコンテンツの承認を必須にする］を［はい］にする。

❺ ［このリストの下書きアイテムを表示できるユーザー］が［アイテムの作成者およびアイテムを承認できるユーザー］になっていることを確認する。

❻ ［OK］をクリックする。

❼ リストの既定のビューにアクセスすると、"承認の状況"列が追加され、既存のアイテムがあれば「承認済み」になっていることがわかる。また、次のビューが追加される。
　・自分の送信したアイテム
　・承認/却下アイテム

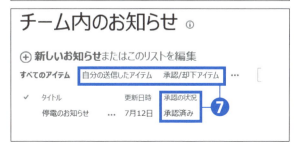

新規にアイテム追加をすると、承認の状況は「承認待ち」となります。承認権限のあるユーザーがこれらを承認することで、アイテムは他のユーザーに公開されるようになります。

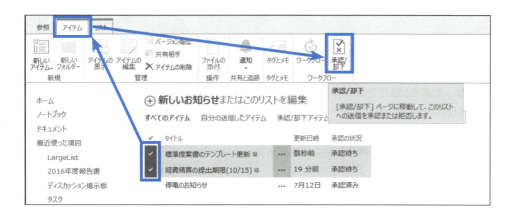

ヒント
通知設定との組み合わせ利用
リストに通知設定を行うと、一般ユーザーには承認済みのアイテム情報のみが電子メール送信されます。

3 リストやライブラリをテンプレート化して再利用しよう

　ビューや列をカスタム作成したリストやライブラリは、テンプレート化することで、新たにリストを作成する際に再利用できます。

テンプレート化する前にしくみを理解しよう

　リストをテンプレート化すると、リストテンプレート情報を格納する*.stpファイルがトップレベルサイトの**リストテンプレートギャラリー**（URLは「＜サイトコレクションのURL＞/_catalogs/lt/」）に格納されます。リストテンプレートギャラリーはライブラリの一種であり、トップレベルサイトにのみ存在しています。このようなしくみであるため、リストのテンプレート化をする管理者はトップレベルサイトにあるこのギャラリーに対して少なくとも書き込み権限を持っていなければいけません。既定では、このギャラリーはトップレベルサイト全体に対するアクセス権限を継承しているので、トップレベルサイトの管理者であればリストのテンプレート化が可能です。

　保存したリストテンプレートのファイルは、ダウンロードおよびアップロードが可能です。ダウンロードしたテンプレートファイルを同一ファーム内の異なるサイトコレクションのリストテンプレートギャラリーにアップロードすることで、組織内のユーザーに対してテンプレートを幅広く利用させることも可能です（別のファームではテンプレートは利用できないので注意しましょう）。

リストテンプレートの管理イメージ

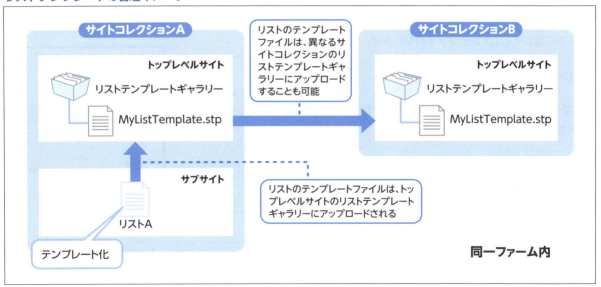

　テンプレート化するとき、既存のリスト内のコンテンツを含めることができますが、テンプレートファイルの最大サイズは既定では50MB（52428800バイト）となっています。これを超える場合はコンテンツを含めることはできないので注意しましょう。

申し訳ございません。何らかの問題が発生しました。

リストは大きすぎるため、テンプレートとして保存できません。テンプレートのサイズは 52428800 バイト以下にする必要があります。

技術的な詳細

サイトに戻る

← 50MBを超えるサイズのテンプレートを保存しようとするとエラーとなる

リストのテンプレート化を行おう

リストをテンプレート化する方法は次のとおりです。

❶ Webブラウザーを使って、テンプレート化したいリストにアクセスする。

❷ リボンメニューの［リスト］タブから［リストの設定］をクリックする。

❸ ［権限と管理］セクションにある［リストをテンプレートとして保存］をクリックする。

❹ テンプレート化をするために、ファイル名、テンプレート名、テンプレートの説明を入力する。また、必要に応じて、［コンテンツを含む］をオンにする。

❺ ［OK］をクリックする。

❻ 「操作は正常に完了しました」というメッセージが表示されたら、［OK］をクリックする。

ヒント
コンテンツを含むオプションについて

既存コンテンツを含める機能は、基本的にサンプルデータを追加しておくなどの用途に限定されます。この機能を簡易的なリストのバックアップ用に使えないかと考える方がいますが、サイズの制約以外にも、セキュリティ情報もテンプレートには含まれないことから本来の用途ではありません。

第21章　リストおよびライブラリを管理しよう　447

リストをテンプレート化すると、新規にアプリを追加するときに新たにそのリストのテンプレートを利用できるようになります。

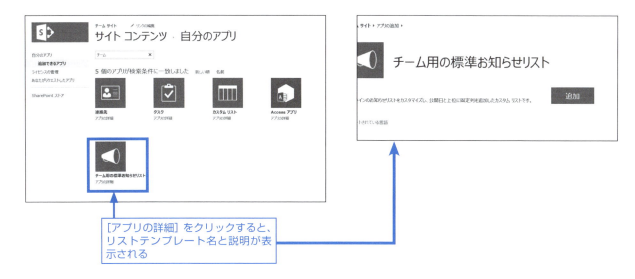

[アプリの詳細]をクリックすると、リストテンプレート名と説明が表示される

保存したリストテンプレートを編集または削除しよう

テンプレートのファイル名や名前、説明は変更できます。保存したリストテンプレートのファイルはトップレベルサイトのリストテンプレートギャラリーに格納されます。リストテンプレートの編集や削除は、このギャラリーに対する権限が必要であることを忘れないでください。

リストテンプレートを削除しても、既にこのテンプレートを使って作成したリストが勝手に削除されることはありません。このテンプレートから新規にリストを作成できなくなるだけです。また、テンプレートを削除すると一時的にごみ箱に移動します。ごみ箱では既定で30日間保管されるため、誤って削除してしまった場合は慌てずにごみ箱から復元するとよいでしょう。

❶ Webブラウザーを使って、トップレベルサイトにアクセスする。

❷ [設定]（歯車のアイコン）をクリックし、[サイトの設定]をクリックする。

❸ [サイトの設定]ページの[Webデザイナーギャラリー]セクションにある[リストテンプレート]をクリックする。

❹ テンプレートの[編集]をクリックする。

❺ 名前、タイトル、説明を必要に応じて編集する。[名前]はファイル名であり、[タイトル]はテンプレート名である。

❻ 編集が終わったら、[保存]をクリックする。

❼ 削除する場合は、リボンメニューから[アイテムの削除]をクリックする。

テンプレートのダウンロードとアップロードを行おう

作成したテンプレートのダウンロードやアップロードは、リストテンプレートギャラリーから行います。

既存のリストテンプレートをアップロードするには、[ドキュメントのアップロード]をクリックする

テンプレートファイルをダウンロードするには、リンクをクリックする

4 大きなリストまたはライブラリの管理に注意しよう

　1つのリストあたり、最大3,000万アイテムまで格納できるようサポートされています（参考URL：https://technet.microsoft.com/en-us/library/cc262787(v=office.16).aspx）。このことはライブラリにも当てはまります。理論上はこれだけ大量のデータを格納できるにもかかわらず、リストビューのしきい値という上限値が設定されているため注意が必要です。この既定値は、管理者以外のユーザーは5,000アイテム、管理者および監査権限を持つユーザーは20,000アイテムです。一般的に、5,000アイテムを超えるようなデータを格納するリストは「**大きなリスト（Large List）**」と呼ばれます。大きなリストでは、このしきい値を考慮した管理が求められます。なぜこのような値があるのかと言うと、SharePointがデータ管理に使用するバックエンドのデータベースサーバーに起因しています。リスト内のデータ量が多い場合、ユーザー操作によってはデータベースサーバーに影響し、これがサイトアクセスのパフォーマンス低下を招く可能性があるため、影響を最小限に抑えるためにこのようなしきい値が設けられています。この値を超えると、ユーザー操作が一部制限されます。

　単一リスト内で3,000アイテムを超えると、[リストの設定]ページには次のように警告メッセージが表示されます。

　さらにしきい値を超えると、[リストの設定]ページには次のように表示され、一部の機能が制限されることが示されます。

しきい値を超えると、アイテムが表示されなかったり、フィルター設定が利用できなくなったり、グループ化表示ができなくなったりします。また、大きなリストの値を参照列として追加している場合、参照列に選択肢が表示されなくなります。

機能制限の一例

　大きなサイズになるリストは、サイトの運用設計時に考慮しておきましょう。たとえば、最初からリストを複数作成することを検討するのもよいでしょう。また、ビューのフィルター条件を使って1つのビューに表示できるアイテム数がリストビューのしきい値を下回るようにすれば、この制約はクリアできます。その他にもフォルダーを作成し、各フォルダー内でリストビューのしきい値を超えないように運用するという方法もあります。ちなみに、リストのビューは1ページに30アイテムずつ表示されるようになっていますが、これはしきい値とは直接関係ありません。ページ遷移したとしても、そのビューにトータルで何個のアイテムが表示されるかが関わってきます。

> **ヒント**
>
> **リストビューに関するその他のしきい値**
>
> リストビューのその他のしきい値は次のとおりであり、しきい値以内であれば設定できます。
>
> ・列インデックスの追加または削除 20,000アイテムまで
> ・リストまたはフォルダーの削除............................100,000アイテムまで
> ・同一ライブラリ内のフォルダーの名前変更........100,000ファイルまで

5 リストでフォルダーを作成できるようにしよう

リストでは、既定でフォルダーを作成できないようになっていますが、リストの詳細設定でフォルダーを利用できるように指定できます。フォルダーを利用することで、大きなリストを運用する場合にリストのしきい値を超えたときの制約を受けないように制御しやすくなります。

リストでフォルダーを利用できるようにするには、次のように設定します。

❶ Webブラウザーを使って、目的のリストにアクセスする。

❷ リボンメニューの［リスト］タブから［リストの設定］をクリックする。

❸ ［全般設定］セクションにある［詳細設定］をクリックする。

❹ ［フォルダー］で、[［新しいフォルダー］コマンドを表示する］を［はい］に変更する。

❺ ［OK］をクリックする。

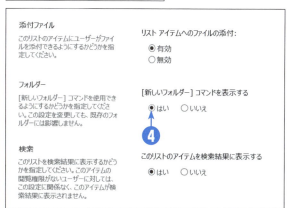

ヒント
リストのフォルダー利用の注意点
リストでフォルダーを使う場合の難点は、ライブラリのようにエクスプローラー表示できないためフォルダー間の移動が手軽にできないことです。なるべく移動しなくて済むように設計しましょう。どうしても移動が必要になった場合の手順は次節で説明しています。

以上の設定で、リストであっても［アイテム］タブをクリックするとフォルダーが作成できるようになります。

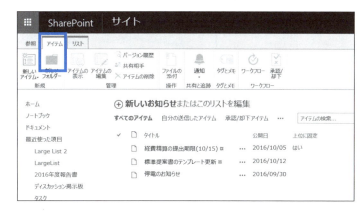

6 リストアイテムまたはファイルを移動しよう

　サイトコレクションの拡張機能の1つである「SharePoint Server発行インフラストラクチャ」機能がアクティブ化されている場合は、[コンテンツと構造] ページからアイテムやファイルのコピーや移動ができます。コピーおよび移動では、更新者や更新日時は移動先でも保持されます。とはいえ、一部サポートされていないものもあります（たとえば、ディスカッション掲示板の内容は移動やコピーができません）。この機能は非常に便利ですが、以下の点に気を付けて利用してください。

・同じリストまたはライブラリのテンプレートで作成したリスト間で移動またはコピーすること（可能な限り列の構成が同一であること。同一でない場合は、列がコピーされることがある）
・一度に移動またはコピーするアイテム数は100アイテムまで
・同一サイトコレクション内に限る

ちなみに、この機能はライブラリを対象に利用することも可能です。

❶ Webブラウザーを使って、目的のサイトにアクセスする。

❷ [設定]（歯車のアイコン）をクリックし、[サイトの設定] をクリックする。

❸ [サイトの管理] セクションにある [コンテンツと構造] をクリックする。
※このメニューが表示されていない場合は、サイトコレクションの管理者によって「SharePoint Server発行インフラストラクチャ」機能がアクティブ化されていないことが原因として考えられる。

❹ 目的のリストがあるサイトをクリックし、リストを選択する。

❺ [操作] メニューから [移動] または [コピー] をクリックする。

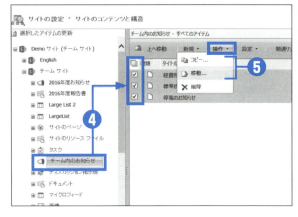

第21章　リストおよびライブラリを管理しよう

❻ 移動先のリストを選択する。

❼ ［OK］をクリックする。

❽ 移動またはコピーが開始される。

7 列のインデックスを作成してビューの表示速度を向上させよう

　リストやライブラリには、最大20個の列にインデックスを作成できます。インデックスを作成することで、フィルターや並べ替えの処理を高速化できます。特に大きなリストでフィルターを行う場合は、必ずフィルター指定する列に対してインデックスを生成します。そうしなければ、いくらビュー設定でしきい値以下のアイテム数しか表示しないようにフィルターしても、リストアイテム自体が表示されません。既定ではビューにはフィルター条件がないため、5,000アイテムを超えている場合はビューの表示対象はリスト内の全アイテムです。しかしたとえば、「2016年度ビュー」などを作成し、登録日付でフィルター条件を構成し、「2016/4/1以上で2017/3/31以下」といった指定をすることで、条件に合致するアイテム数を5,000アイテム以内に抑えられます。

　インデックスを生成することは重要なことですが、反面データベースサーバーのリソース消費が増えサーバー負荷が増すことになるため、むやみに追加すればよいというものではありません。必要な列にのみインデックスを作成するようにします。とはいえ固有の値を持つよう指定した列を追加すると、この列は必ずインデックスが生成されます。

　インデックスを作成できる列の種類は限られています。

インデックスを作成できる列の種類

インデックスを作成できる列の種類	インデックスを作成できない列の種類
1行テキスト	複数行テキスト
選択肢（単一選択）	選択肢（複数選択）
数値	集計値
通貨	ハイパーリンクまたは画像
日付と時刻	独自開発した列の種類（※開発者が作成した独自の列の種類の定義のこと。SharePoint上での高度な開発では、ビルトインの列の種類以外に独自の列の種類を開発できる）
参照列（単一値）	参照列（複数値） ※参照先のリスト側で列にインデックスを設定しても、参照側のパフォーマンスは改善しないので注意する
ユーザーまたはグループ（単一値）	ユーザーまたはグループ（複数値）
はい/いいえ	外部データ
管理メタデータ	

ビューのフィルター条件と列インデックスの例の効果を把握しよう

よく利用されるビューのフィルター条件とインデックスを追加すると効果的な列は次のとおりです。ただし、あくまでこれは一例です。

表示したい状態	ビューのフィルター条件	インデックスを追加する列
1週間以内に更新されたアイテム		更新日時
1週間以内に新規に追加されたアイテム		登録日時
自分が追加したアイテム		登録者

ヒント

フォルダーに対するフィルター条件

ライブラリなどにフォルダーがある場合、フィルター条件を設定する際のビューの設定の[フォルダー]セクションに[フォルダーなしですべてのアイテムを表示する]オプションがあります。

これを有効にすることで、任意のフォルダーを含め条件に合致するアイテムを取得できるようになります。このように設定すると、フォルダー内に格納されているファイルであってもフォルダーは表示されず、ファイルのみが一覧表示できるため、ユーザーはいちいちフォルダー構造をたどっていく必要がありません。ただし、この設定にすることで取得するアイテム量が5,000を超えると機能制限がかかるため、注意が必要です。

インデックスの自動生成について知ろう

　SharePoint 2016から、列インデックスの自動生成機能が加わっています。SharePointにはタイマージョブと呼ばれるバッチ処理が既定で登録されていますが、この1つに「大規模リストの列インデックスの自動管理ジョブ（Large list automatic column index management job）」が追加されています。このジョブは、既定では毎日0：00～0：30の間に一度実行されるようにスケジュールされています。このジョブは、2,500アイテムを超えるリストまたはライブラリのビューのうち、フィルター条件が指定されているビューに対して、いずれか1つの列に自動的にインデックスを追加します。自動生成されたインデックスは、インデックスの追加画面に"自動作成"された旨と共に表示されます。

自動生成された場合は、「自動作成されたインデックス」と表示される

　既定では、リストはインデックスの自動生成が有効になっています。これは［リストの設定］または［ライブラリの設定］ページの［全般設定］セクションにある［詳細設定］をクリックすると確認できます。

手動でインデックス作成を行おう

　自動生成されるとはいえ、あくまでも2,500件を超えた場合であり、必要に応じて手動で追加設定した方が表示速度が向上することがあります。手動でインデックスを追加する手順は次のとおりです。

❶ Webブラウザーを使って、目的のリストまたはライブラリにアクセスする。

❷ リボンメニューの［リスト］タブから［リストの設定］をクリックする。ライブラリの場合は、［ライブラリ］タブから［ライブラリの設定］をクリックする。

❸ ［列］セクションにある［インデックス付きの列］をクリックする。

❹ ［新しいインデックスの作成］をクリックする。

❺ ［このインデックスのプライマリ列］からフィルターに使用する列を選択する。必要に応じてセカンダリ列を指定する。セカンダリ列は、フィルター条件として2つ以上の列を使っている場合に組み合わせて利用すると有効である。ただし、プライマリ列に指定した列の種類によって、セカンダリ列として指定できるものや指定できないものもあるので注意する。

❻ ［作成］をクリックする。

❼ インデックスが作成されたことがわかる。なお、この画面に表示される既存のインデックスをクリックすることで、インデックスを削除することも可能である。

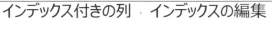

8 特定の列をアイテムの新規作成や編集時に非表示にしよう

　タイトル列など特定の列を、アイテムの新規作成や編集時に非表示にしたいことがあります。特にタイトル列は削除できない列であり、列の種類も1行テキストから変更できません。そのため、不要であれば非表示にするといったことも場合によっては必要になってくるわけです。もちろん、タイトル列以外も非表示にできます。ただし、タイトル列の非表示設定はライブラリでは使わないようにしましょう。タイトル列は、ファイルのプロパティにタイトルが入力されていると値がコピーされるしくみになっています。そのため、ファイルをコピーして使いまわしていると、気付かないうちに顧客名やプロジェクト名がタイトル列に入っているといったこともありえます。しかも、タイトル列は既定で検索対象となっているため、検索時にこうした情報がユーザーに見えてしまうことになり好ましくありません。こうした事態にすばやく気付けるように、ライブラリではタイトル列は非表示にしないことをお勧めします。

列の既定値を設定しよう

　列を単純に非表示にするだけでなく、既定値を組み合わせた利用もよく行います。ここでは作業報告を行うための次の項目を持つカスタムリストを題材にタイトル列に既定値を設定する手順を説明します。

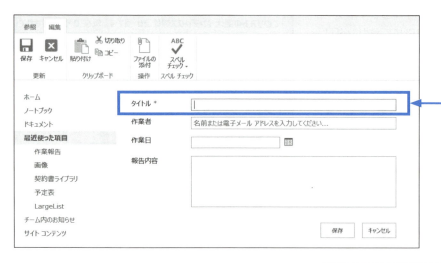

タイトル列に既定値を設定し、その後編集時には非表示になるよう設定する

❶ Webブラウザーを使って、任意のリストにアクセスする。

❷ リボンメニューの［リスト］タブから［リストの設定］をクリックする。

❸ ［列セクション］にある［タイトル］列をクリックする。

❹ 既定値を任意に指定する。

❺ [OK] をクリックする。

特定の列を新規作成や編集時に非表示にしよう

先ほどの手順に続き、タイトル列を例に列を非表示にします。

❶ [全般設定] セクションにある [詳細設定] をクリックする。

❷ [コンテンツタイプの管理を許可する] を [はい] に指定する。
※この設定によって、リストやライブラリの設定ページに [コンテンツタイプ] セクションが表示されるようになる。ただし、ディスカッション掲示板など一部のリストでは最初からこの設定が [はい] になっている。

❸ [OK] をクリックする。

❹ 既存のコンテンツタイプのリンクをクリックする。カスタムリストの場合は [アイテム] をクリックする。

❺ [列] セクションにある [タイトル] をクリックする。

❻ [列設定]で、[非表示（フォームに表示しない）]を選択する。

❼ [OK]をクリックする。

　以上の設定により、アイテムの新規作成や編集時にはタイトル列は非表示になります。ただし、ビューには表示できます。

アイテムの新規作成や編集時にタイトル列は非表示になっている

ビュー上にはタイトル列を表示できる

ヒント

クイック編集ビュー機能を無効化する

ビューに対象の列が含まれている場合は、クイック編集ビューを使うと非表示に設定していても編集できてしまいます。そのため、ビューには非表示の列を追加しないようにするか、もしくはクイック編集ビューを無効にします。クイック編集ビューは、リストやライブラリの設定ページにある［詳細設定］から無効にできます。

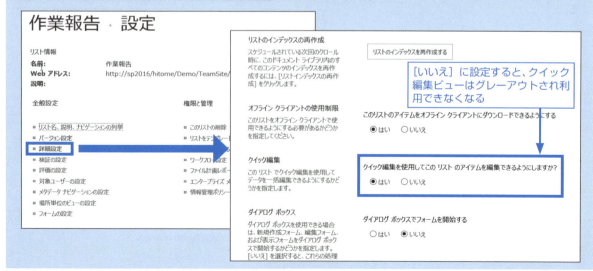

［いいえ］に設定すると、クイック編集ビューはグレーアウトされ利用できなくなる

高度なドキュメント管理を使おう

第22章

1 ドキュメントに一意なIDを自動生成しよう
2 ドキュメントを自動仕分けしよう
3 複数のドキュメントをまとめて管理しよう

この章では、ドキュメントライブラリを中心とした、高度なドキュメント管理機能について説明します。

1 ドキュメントに一意なIDを自動生成しよう

　SharePointでは、リストやライブラリごとにアイテムに対して内部的にIDを付与します。このIDは、ビューを編集する際にID列を表示するよう構成すると確認できます。必ず1から順に番号が増加していきます。しかし、この番号は、あくまでも個々のリストまたはライブラリ内で固有のIDというだけであり、ファーム全体では一意にはなりません。特にライブラリに格納しているドキュメントは、コンテンツオーガナイザー（この機能は次節で詳しく説明します）を使って別の場所に移動できるため、場所に依存しない一意なIDが必要になるケースもあります。こうした場合に利用できる拡張機能が、**Document ID Service** です。この機能により、SharePoint標準機能を使った自動採番が行えます（一意な番号を取得することをコンピューター用語で **採番** と言います）。

　Document ID Serviceは、サイトコレクションの拡張機能の1つです。この機能では、ドキュメントに対してライブラリに依存しない一意なIDが自動的に設定され、別の場所に移動したとしても追跡できます。この一意なIDは **ドキュメントID** と呼ばれます。たとえば、検索センターサイトでこのドキュメントIDを使った検索を行うことで、移動したドキュメントも探し出せます。

ライブラリ内のファイルにドキュメントID列が自動的に生成される

　この機能が利用できるのは、次のいずれかのコンテンツタイプが追加されているライブラリだけです。あくまでもライブラリ内のドキュメントが対象であり、リストの添付ファイルは対象外です。

・ドキュメントコンテンツタイプ
・ドキュメントセットコンテンツタイプ

Document ID Serviceをアクティブ化しよう

　トップレベルサイトを作成する際に［チームサイト］サイトテンプレートで作成すると、既定では「ドキュメントIDサービス」機能は有効になっていないため、アクティブ化する必要があります。この操作はサイトコレクションの管理者が行います。この機能を利用したいサイトコレクションごとにそれぞれ1回行います。この機能がアクティブ化されると、［サイトの設定］ページの［サイトコレクションの管理］セクションに［ドキュメントIDの設定］メニューが表示されるようになります。

❶ Webブラウザーを使って、目的のサイトコレクションのトップレベルサイトにアクセスする。

❷ [設定]（歯車のアイコン）をクリックし、[サイトの設定]をクリックする。

❸ [サイトコレクションの管理]セクションにある[サイトコレクションの機能]をクリックする。

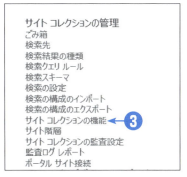

❹ [Document ID Service]の[アクティブ化]をクリックする。

❺ [Document ID Service]の状態がアクティブになったことを確認する。

Document ID Serviceを構成しよう

　Document ID Service機能をアクティブ化したら、次にIDを構成します。[サイトの設定]ページの[サイトコレクションの管理]セクションにある[ドキュメントIDの設定]をクリックします。既定では、[ドキュメントIDの割り当て]がオンになっています。ここでは、IDの先頭に付ける文字（接頭辞）を指定します。

※IDは自動生成されるが、IDの接頭辞はサイトコレクションごとに一意に指定できる

　このように接頭辞を指定するのは、異なるサイトコレクションで生成されるドキュメントIDが重複することを防ぐためです。各サイトコレクションで一意な文字を4〜12文字の組み合わせで設定します。

ドキュメントIDが付与されるタイミングを把握しよう

　Document ID Service機能をアクティブ化した場合でも、すぐにはドキュメントにIDは付与されません。SharePointが内部で定期的に実行している処理（タイマージョブ）が複数あり、このジョブのうち「ドキュメントIDの有効化/無効化ジョブ」が1日1回（既定では21：30から21：45の間）動作します。この処理が実行されると、[ドキュメントIDの割り当て]がオンになっているサイトコレクション上でようやくこの機能が動き始め、サイトコレクション内の既存のすべてのライブラリにドキュメントID列が追加されます。この列は、プロパティ編集画面上では非表示であり直接編集することはできず、プロパティの表示画面やビューに列として表示できるようになっています。

　ドキュメントID列が追加されれば、後は自動的にIDが付与されるので直接操作は不要です。新しいファイルをライブラリに追加したタイミングでIDが付与されます（イベントレシーバーと呼ばれる拡張機能が内部的に利用されます）。

　既存のファイルについては、同じくタイマージョブの1つである「ドキュメントIDの割り当てジョブ」が1日1回（既定では22：00から22：30の間）実行され、このタイミングで一括してドキュメントIDが付与されます。ちなみに、サーバー管理者は各タイマージョブを手動で即時実行できます。

> **ヒント**
> **IDの先頭に付ける文字（接頭辞）**
> 接頭辞はサイトコレクション単位で設定するため、特定のライブラリやフォルダー単位で個別指定はできません。独自の採番ルールを適用したい場合は、C#やVBなどの言語を用いてカスタムのDocument IDプロバイダーを開発する必要があります。

ドキュメントIDによる検索Webパーツを利用しよう

　Document ID Serviceがアクティブ化されると、[ドキュメントIDによる検索]Webパーツが利用できるようになります（このWebパーツは[検索]カテゴリにあります）。このWebパーツをサイト上の任意のページに追加しておくことで、ユーザーはいつでもドキュメントIDを使って、目的のドキュメントを検索できるようになります。

ドキュメントIDを入力して検索すると、結果ファイルがOffice Online上で開く

> **ヒント**
> **ドキュメントのリンクの変化**
> Document ID Serviceがアクティブ化されると、そのサイトコレクション内のすべてのライブラリ内でファイルの[...]をクリックしたときに表示されるファイルへのURLの形式が、次のようにドキュメントIDで追跡するよう変化します。
> http(s)://＜サイトのURL＞/_layouts/15/DocIdRedir.aspx?ID=＜ドキュメントID＞
>
> このURLであれば、ファイルがどこに移動しても直接ファイルにアクセスできます。

2 ドキュメントを自動仕分けしよう

　ライブラリ内のファイルに設定したプロパティ値に基づいて、自動的に適切な場所（任意のライブラリやフォルダー）に転送する機能があります。この機能は、**コンテンツオーガナイザー**と呼ばれます。この機能を使うことで、ドキュメントを別サイトに転送することも可能です。保持期限と組み合わせた自動仕分けのしくみを作ることもできます。

　この機能は、サイトコンテンツタイプの列情報を利用して仕分けるため、あらかじめどういったサイトコンテンツタイプを使用するかを事前に考えておく必要があります。また、この機能の対象はあくまでもライブラリのみであり、リストは対象外となるので、当然リストアイテムに添付したファイルも対象外です。

コンテンツオーガナイザー機能をアクティブ化しよう

　コンテンツオーガナイザー機能はサイトの拡張機能の1つです。サイトの管理者は最初にこの機能をアクティブ化する必要があります。

　この設定を行うには［サイトの設定］ページの［サイトの操作］セクションにある［サイト機能の管理］をクリックします。続いて、サイトの機能一覧に表示される［コンテンツオーガナイザー］の［アクティブ化］ボタンをクリックします。

［サイトの設定］ページ

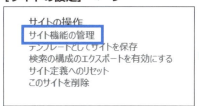

［サイト機能の管理］ページ

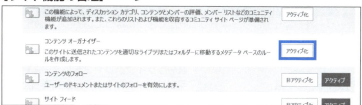

　コンテンツオーガナイザー機能をアクティブ化すると、［サイトの設定］ページにある［サイトの管理］セクションに［コンテンツオーガナイザーの設定］と［コンテンツオーガナイザーのルール］の2つの管理メニューが追加されます。また、サイト内に"**自動仕分けライブラリ**"が自動作成されます。

> **ヒント**
>
> **自動生成されるアクセス許可レベルとSharePointグループ**
>
> コンテンツオーガナイザー機能をアクティブ化すると、"**レコードセンター Web サービス送信者**"アクセス許可レベルが追加されます。同時に、"レコードセンター Web サービス送信者"または"＜サイトのURL＞名レコードセンター Web サービス送信者"という名前のSharePointグループが自動的に作成され、当該サイトではこのグループに対して"レコードセンター Web サービス送信者"アクセス許可レベルが付与されます。このグループは、別サイトにドキュメントを転送する場合などに内部的に使われるため、削除しないようにしましょう。

コンテンツオーガナイザーを設定しよう

コンテンツオーガナイザー機能をアクティブ化したら、次にコンテンツオーガナイザーの設定を行います。これもサイトの管理者が行います。[サイトの設定] ページの [サイトの管理] セクションにある [コンテンツオーガナイザーの設定] をクリックします。

[サイトの設定] ページ

サイトの管理
地域の設定
言語設定
サイトのライブラリとリスト
ユーザー通知
RSS
サイトとワークスペース
ワークフロー設定
コンテンツ オーガナイザーの設定
コンテンツ オーガナイザーのルール
サイトのクローズと削除
用語ストアの管理
人気の傾向

[コンテンツオーガナイザー：設定] ページ

サイトの設定 › コンテンツ オーガナイザー: 設定

ユーザーを自動仕分けライブラリにリダイレクト
別サイトへの送信
フォルダーのパーティション分割
送信アイテムの重複

コンテンツオーガナイザーの設定

項目	説明
ユーザーを自動仕分けライブラリにリダイレクト	既定でオンになっている。この設定がオンになっていると、このサイト内のライブラリがコンテンツオーガナイザーのルールの適用対象になっている場合は、ユーザーがファイルをアップロードするときいったん自動仕分けライブラリに送信され、さらにそこから適切なライブラリやフォルダーに振り分けられるようになる
別サイトへの送信	異なるサイトにファイルを転送したい場合に利用する。たとえば、あるサイトで処理が終わったら別のサイトに転送し、他のユーザーが次の処理を行うケースがある。また、ドキュメント保管用のサイトを専用のサイトコレクションに用意しておき、作成されてから一定期間が経ったドキュメントをこのサイトのライブラリに転送するという場合もある
フォルダーのパーティション分割	送信先のアイテム数が指定した数を超えたときに自動的にフォルダーを作成できる
送信アイテムの重複	送信されたドキュメントと同名のファイルが既に送信先にあり、重複する場合に、バージョン管理機能を利用するか、ファイルに固有の文字列を追加するかを指定する。ただし、バージョン管理を利用する場合は送信先のライブラリでバージョン管理できるように構成されていることが前提である。もし、バージョン管理が構成されていない場合は固有の文字列を追加する
コンテキストの保持	送信したドキュメントの監査ログとプロパティ情報を一緒に格納できるようになる
ルール管理者	コンテンツオーガナイザーのルールを管理できるユーザーまたはグループを指定する。オプションで [提出されたアイテムがどのルールにも一致しない場合、ルール管理者に電子メールで通知する] ことや [コンテンツが自動仕分ライブラリに残っている場合、ルール管理者に電子メールで通知する] ように指定することもできる
送信ポイント	WebサービスのURLが表示される。カスタムワークフロー開発など、プログラムからこの機能を利用する際に使うためのものである。

コンテンツオーガナイザーのルールを追加しよう

コンテンツオーガナイザーの設定が終わったら、転送するためのルールを作成します。これを**コンテンツオーガナイザーのルール**と呼びます。これもサイトの管理者が行います。このルールを作成するには、転送条件に使うプロパティを事前に定義しておく必要があります。このプロパティは、サイトコンテンツタイプとして定義します。

ここではルール設定例として、契約書を格納するライブラリにファイルをアップロードすると、契約締結日の年ごとにフォルダーに振り分けるようにします。そのため、事前に契約書という名前のサイトコンテンツタイプを次のように作成しておきます（作り方は第20章の4節を参照してください）。

サイトコンテンツタイプ名	契約書	
親コンテンツタイプの選択元	ドキュメントコンテンツタイプ	
親コンテンツタイプ	ドキュメント	
列	列名	契約日
	列の種類	日付と時刻（日付のみ表示）

契約書の保管庫として、"契約書保管庫"という名前のドキュメントライブラリを作成し、フォルダーに仕分けるため[FY2016]、[FY2017]というフォルダーを作成しておきます。"契約書保管庫"ライブラリに"契約書"コンテンツタイプを追加しておきます。このとき、既定の"ドキュメント"コンテンツタイプは削除しておいてください。今回構成する全体イメージは次のとおりです。

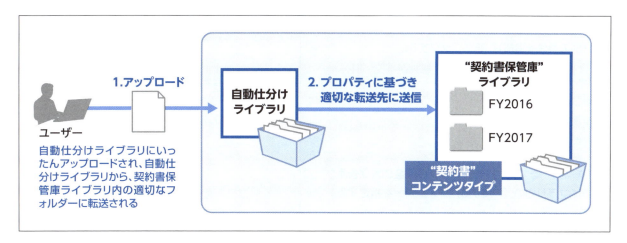

コンテンツオーガナイザーのルール設定手順は次のとおりです。

❶ Webブラウザーを使って、目的のサイトにアクセスする。

❷ ［設定］（歯車のアイコン）をクリックし、［サイトの設定］をクリックする。

❸ ［サイトの管理］セクションにある［コンテンツオーガナイザーのルール］をクリックする。

❹ [新しいアイテム] をクリックする。

❺ [名前] に「2016年度の契約書仕分けルール」と入力する。

❻ [ルールの状態および優先順位] は既定値にする。ちなみに、この設定は複数のルールが重複する場合の優先度を決めるものである。ルールは作成するものの、一時的に利用しないようにする場合は、非アクティブに変更する。

❼ [提出アイテムコンテンツタイプ] では、"契約書"コンテンツタイプを指定する。

❽ [条件] を次のように追加する。
● プロパティ：契約日
● 演算子：が次の値以上
● 値：2016/04/01

❾ [(別の条件を追加)] をクリックする。

❿ [条件] を次のように追加する。
● プロパティ：契約日
● 演算子：が次の値以下
● 値：2017/03/31

⓫ [送信先] で [参照] をクリックし、"契約書保管庫"ライブラリ内の [FY2016] フォルダーを指定する。

⓬ [OK] をクリックする。

⓭ ❹から⓬までの手順を繰り返し、「2017年の契約書仕分けルール」という名前のルールを作成する。転送条件は「契約日が2017/04/01以上」、「契約日が2018/03/31以下」とし、送信先は"契約書保管庫"ライブラリ内の [FY2017] フォルダーを指定する。

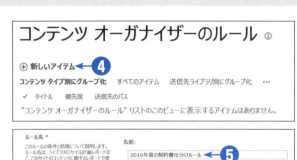

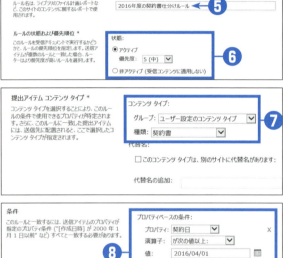

❶❹ ２つのルールが作成されたことを確認する。

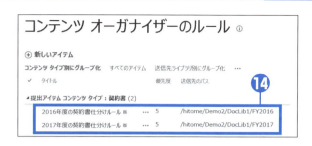

コンテンツオーガナイザーを実際に使ってみよう

　では、上記の設定結果を確認するためにファイルをアップロードしてみましょう。アップロード先は、"契約書"コンテンツタイプが割り当てられているライブラリです。ちなみに、コンテンツオーガナイザー機能をアクティブ化すると自動作成される自動仕分けライブラリには、コンテンツオーガナイザーのルールを設定するタイミングでコンテンツタイプが割り当てられます。そのため、自動仕分けライブラリにファイルをアップロードすれば、自動的に仕分けられます。

　ファイルのアップロードは、[アップロード] メニューから行うようにしてください。ドラッグアンドドロップの場合、コンテンツオーガナイザーが正常に動作しません。

❶ 自動仕分けライブラリにアクセスし、[アップロード] メニューをクリックする。

❷ [ドキュメントの送信] 画面が表示される。[参照] をクリックし、アップロードするファイルを選択する。

❸ [OK] をクリックする。

❹ [契約日] に日付を指定する。

❺ [送信] をクリックする。

❻ ドキュメントが正常に送信されたことと、送信先のURLが表示される。

❼ [OK] をクリックする。

❽ 契約書保管庫ライブラリを確認し、想定したフォルダーに転送されていることを確認する。

❾ ファイルのプロパティを確認すると、プロパティ情報も保持されていることがわかる。

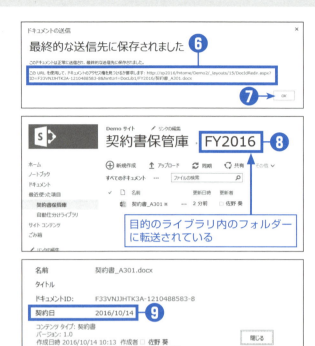

一度仕分けられたファイルは、プロパティを変更したとしても、再び自動的にコンテンツオーガナイザーが呼び出されることはありません。新規にアップロードしたときにだけ動作します。

コンテンツオーガナイザーを使って独自の [送信] メニューを追加しよう

既定では、コンテンツオーガナイザーの呼び出しは、自動仕分けライブラリなどにファイルをアップロードするタイミングでしたが、既にアップロードされているファイルに対してコンテンツオーガナイザーを呼び出すよう設定することもできます。ただし、この設定はサーバー管理者が行う必要があります。

最初にコンテンツオーガナイザー Web サービスの URL をサーバーの管理者に伝える必要があるため、サイトの管理者がこれを確認します。

❶ [設定]（歯車のアイコン）をクリックし、[サイトの設定] をクリックする。

❷ [サイトの管理] セクションにある [コンテンツオーガナイザーの設定] をクリックする。

❸ [送信ポイント] に表示されている Web サービスの URL を書き留め、サーバー管理者に伝える。

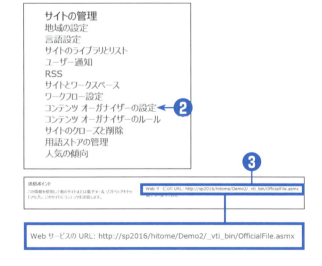

サーバーの管理者は、次の設定を行います。

❶ ［SharePoint 2016サーバーの全体管理］サイトにアクセスする。

❷ サイドリンクバーから［アプリケーションの全般設定］をクリックする。

❸ ［外部サービス接続］セクションにある［送信接続の構成］をクリックする。

❹ ［表示名］に「契約書を保管庫へ保存」と入力する。

❺ ［送信先URL］にコンテンツオーガナイザーWebサービスのURLを入力する。

❻ ［(テストするにはここをクリックしてください)］をクリックする。

❼ 「検証成功」と表示されたら、［OK］をクリックする。失敗した場合はURLを見直す。

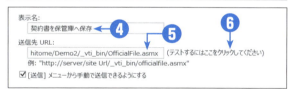

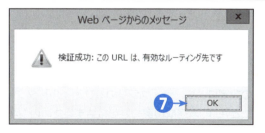

⑧ [[送信]メニューから手動で送信できるようにする]チェックボックスがオンになっていることを確認する。

⑨ [送信アクション]で[移動]を選択する。その他に[コピー]や[移動してリンクを保持]といったオプションもあるので、必要に応じて選択すること。

⑩ [説明]は必要に応じて入力する。

⑪ [接続の追加]をクリックする。

⑫ [送信接続]に追加した送信先が表示されていることを確認する。

⑬ [OK]をクリックする。

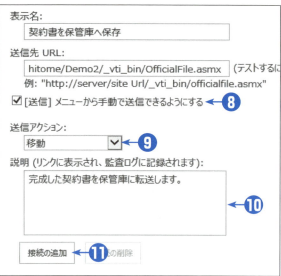

ヒント
Office 365環境でも設定できる?

[送信]メニューの追加はOffice 365でも同様の設定が可能です。テナントの管理者は、SharePoint管理センターの[レコード管理]で設定します。

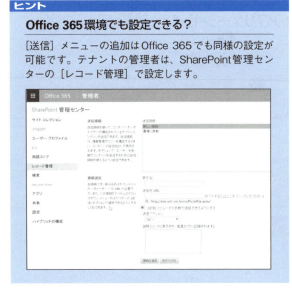

上記の設定により、ライブラリの[ファイル]タブの[送信]メニューに追加した送信先が表示されるようになります。たとえば、未完成の契約書を格納するための"契約書ドラフト"ライブラリを作成しておきます。このライブラリにはドキュメントの状態が把握しやすいように選択肢列として"契約書の状態"列を追加し、ドラフトなのか完成なのか確認できるようにしておきます。また先ほど作成した"契約書"コンテンツタイプを割り当てておきます。ライブラリ内の契約書の状態が完成になったらファイルを選択し、[送信]メニューから[契約書を保管庫へ保存]をクリックします。これで保管庫にファイルが転送されます。

[契約書を保管庫へ保存]メニューをクリックすると"契約書保管庫"ライブラリに自動的に転送される

3 複数のドキュメントをまとめて管理しよう

　ライブラリ内の複数のドキュメントをまとめて管理する場合に便利なのが**ドキュメントセット**です。ライブラリはファイルサーバーに似ているため「複数のファイルをまとめて管理したい」というとフォルダーを使うことを思いつく方が多いでしょう。しかし、フォルダーではフォルダーごとにファイル共通のプロパティを持たせることができません。また検索結果も、フォルダーで仕分けている場合は結局ファイルごとに検索されることになり、関連ファイルが1セットで表示されるわけではありません。

　ドキュメントセットは、紙で管理する簿冊式ファイリングの発想です。簿冊の表紙にタイトルや件名などを記載するのと同様に、ドキュメントセットであればプロパティを中のファイルと共有できます。検索結果もドキュメントセット単位で表示されます。必要があれば、ドキュメントセット内のファイルを個別に検索することもできます。

ドキュメントセット内に既定のファイルを用意しよう

　ドキュメントセットを作成するとき、単純にフォルダーのような入れ物を作るだけでなく、必要なファイルのひな型もプリセットできます。たとえば、プロジェクトを立案する際にドキュメントセットを作るとします。立案時には、通常、プレゼン資料とプランニング資料など一連のファイルを提出する必要があります。ドキュメントセットでは、こうしたドキュメントのテンプレートをプリセットできます。ドキュメントセットを作成すると、ドキュメントセット内には自動的にテンプレートから生成した各ドキュメントが用意されます。もちろん、ユーザーはあらかじめ用意されたドキュメントを削除することも、新たなドキュメントを追加することも可能です。

ドキュメントセット機能がアクティブであることを確認しよう

　ドキュメントセットは、サイトコレクションの拡張機能の1つです。サイトコレクションのトップレベルサイトがチームサイトのテンプレートで作成されている場合は、既定でドキュメントセット機能はアクティブ化されています。ドキュメントセット機能がアクティブ化されているかどうかは管理画面から確認できますが、この手順はサイトコレクションの管理者しか行えません。サイトコレクションの管理者は、Webブラウザーを使ってトップレベルサイトの［サイトの設定］ページにアクセスします。次に、［サイトコレクションの管理］セクションにある［サイトコレクションの機能］をクリックすると、一覧の中に［ドキュメントセット］があることがわかります。この機能の状態がアクティブになっていれば、ドキュメントセットは利用できます（※アクティブ化されていなければ［アクティブ化］ボタンをクリックします）。

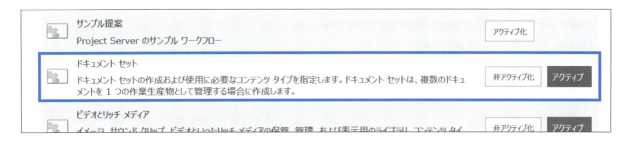

ドキュメントセットコンテンツタイプを準備しよう

　ドキュメントセットを利用するには、あらかじめサイトコンテンツタイプを用意する必要があります。ドキュメントセットコンテンツタイプから派生させたコンテンツタイプを作成します。このコンテンツタイプは特殊なコンテンツタイプであり、複数のドキュメントコンテンツタイプから派生したコンテンツタイプを入れ子にできます（※ドキュメントセットコンテンツタイプにドキュメントセットコンテンツタイプを追加することはできません）。

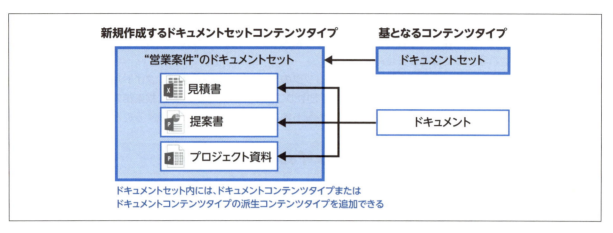

　ドキュメントセットコンテンツタイプの追加手順は次のとおりです。

❶ ［設定］（歯車のアイコン）をクリックし、［サイトの設定］をクリックする。

❷ ［Webデザイナーギャラリー］セクションにある［サイトコンテンツタイプ］をクリックする。

❸ ［作成］をクリックする。

❹ コンテンツタイプの名前、親コンテンツタイプなどを指定する。ここでは［名前］に「営業案件のドキュメントセット」と入力する。［説明］に「営業案件に必要なドキュメントを作成します」、［親コンテンツタイプの選択元］で［ドキュメントセットのコンテンツタイプ］を選択し、［親コンテンツタイプ］で［ドキュメントセット］を選択する。

❺ ［OK］をクリックする。

❻ 以上で新しいコンテンツタイプが作成される。[列]セクションを見ると、既定でタイトル、名前、説明の3つの列が追加されていることがわかる。

❼ 続いて追加設定を行う。まず、このコンテンツタイプで共有する列を定義するため、[列]セクションの[サイト内の新しい列から追加]をクリックする。

❽ [列名]に「案件ステータス」と入力する。

❾ [この列の情報の種類]で[選択肢（メニューから選択）]を指定する。

❿ 選択肢として次の項目を入力する。
● ヒアリング/提案準備中
● 提案済/顧客検討中
● 受注としてクローズ
● 失注としてクローズ

⓫ [OK]をクリックする。

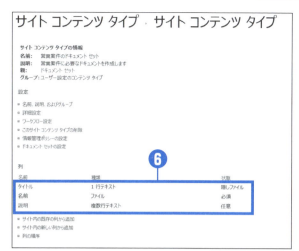

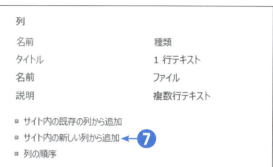

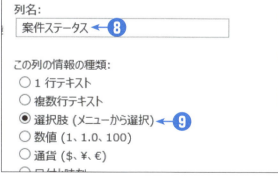

⓬ [列]セクションに"案件ステータス"列が追加されていることを確認する。

⓭ もう1つ列を追加するため、[サイト内の新しい列から追加]をクリックする。

⓮ [列名]に「顧客名」と入力する。

⓯ [この列の情報の種類]で[1行テキスト]を選択する。

⓰ [OK]をクリックする。

⓱ 続いて[設定]セクションにある[ドキュメントセットの設定]をクリックする。

⓲ [既定のコンテンツ]セクションでは、ドキュメントセットが作成されるときにあらかじめ作成したいドキュメントを指定する。[参照]をクリックし、見積書テンプレートなどを指定する。

⓳ 他にもファイルを追加する場合は[新しい既定のコンテンツを追加する...]をクリックする。

⓴ 同様の手順で提案書などのテンプレートを追加しておく。

㉑ [共有列]セクションでは、[案件ステータス]と[顧客名]をオンにする。これにより、このドキュメントセット内の全ドキュメントにこの列が必ず追加され、一括管理できるようになる。

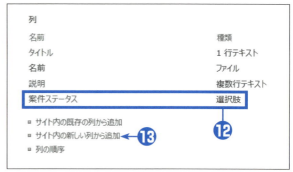

㉒ ［ウェルカムページの列］では、［顧客名］と［案件ステータス］の順に列を追加する。

㉓ ［OK］をクリックする。

㉔ ドキュメントライブラリに作成したコンテンツタイプを関連付ける。ここでは"営業案件ライブラリ"という名前のドキュメントライブラリを作成するため、［設定］（歯車のアイコン）メニューをクリックし、［アプリの追加］をクリックする。

㉕ ［ドキュメントライブラリ］を選択する。

㉖ ［名前］に「営業案件ライブラリ」と入力する。

㉗ ［作成］をクリックする。

㉘ 営業案件ライブラリの［...］をクリックし、［設定］をクリックする。

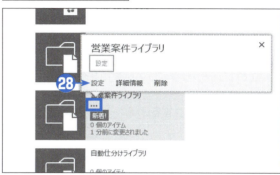

㉙ ［全般設定］セクションにある［詳細設定］をクリックする。

㉚ ［コンテンツタイプの管理を許可する］を［はい］にする。

㉛ ［OK］をクリックする。

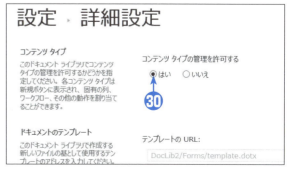

㉜ [既存のサイトコンテンツタイプから追加] をクリックする。

㉝ [サイトコンテンツタイプの選択元] で、[ユーザー設定のコンテンツタイプ] を選択する。

㉞ [営業案件のドキュメントセット] を追加する。

㉟ [OK] をクリックする。

㊱ 既定のドキュメントコンテンツタイプは不要であるため、削除してもよい（必要があれば、残しておくことも可能）。削除するには、ドキュメントをクリックする。

㊲ [このコンテンツタイプの削除] をクリックする。

㊳ [OK] をクリックする。

以上で必要な設定は終わりです。ドキュメントセットが利用できるようになると、ライブラリの［新規作成］をクリックすることで、メニューにドキュメントセットが表示されます。このメニューをクリックし、ドキュメントセットを作成します。既に説明したように、ドキュメントセット内にはあらかじめ既定のドキュメントが用意されますが、これを削除したり、新しいドキュメントを追加したり、フォルダーを作成したりできます。

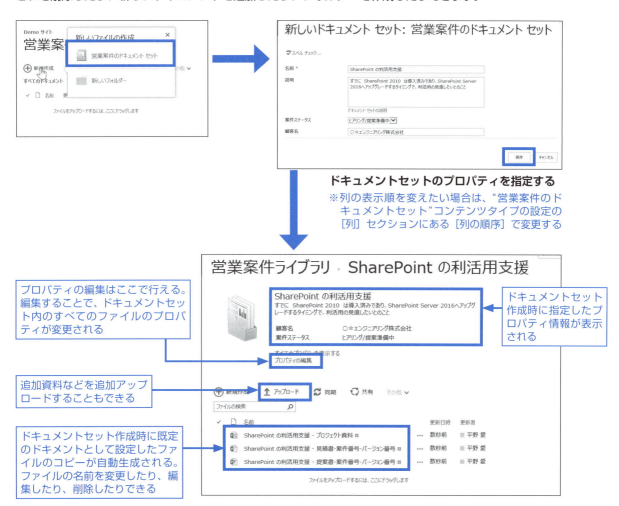

ドキュメントセット内の各ファイルのプロパティを見ると、ドキュメントセットのプロパティと同じ内容になっていることが確認できます。

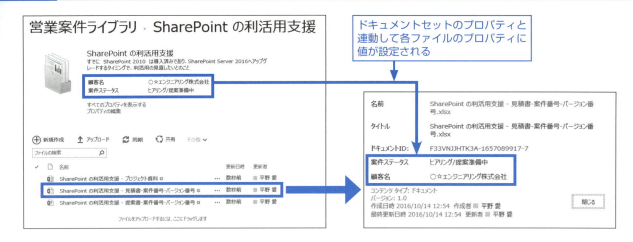

上記はドキュメントセットの内容を説明しましたが、肝心のライブラリ自体のビューを見ると次のように表示され、ドキュメントセットはドキュメントを格納するボックスのアイコンで表示されます。

ドキュメントセットを検索すると、検索結果はフォルダーアイコンと共に表示されます。もちろん、キーワードが合致すれば個々のファイルも検索結果に表示されます。ドキュメントセットだけを対象にキーワード検索する必要があれば、検索キーワードに「ContentType: ドキュメントセット」と追加入力すると絞り込まれます。

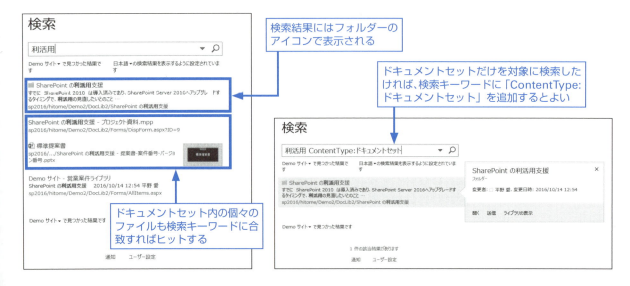

サイトコレクションの管理タスクを把握しよう

第23章

1 ごみ箱を管理しよう
2 サイトコレクション内のコンテンツ容量を確認しよう
3 サイトの自動削除スケジュールを設定しよう(サイトポリシー)
4 SharePoint Designer設定を確認しよう
5 埋め込みコードで利用できるドメインを管理しよう

サイトコレクションの管理者が行えるさまざまなタスクの中から、把握しておくべき管理タスクについて説明します。

1 ごみ箱を管理しよう

　第3章でも説明したとおり、ごみ箱はユーザーごとに用意されているものです。ユーザーは、次のいずれかの場所からごみ箱にアクセスします。

- サイドリンクバー（※「SharePoint Server発行インフラストラクチャ」機能が非アクティブの場合）
- ［サイトコンテンツ］ページ

　サイトコレクションの管理者は、サイトコレクション内の全ユーザー分のごみ箱を一覧できます。そのため、必要に応じてユーザーが行うべきコンテンツの復元作業を手伝えます。

ごみ箱の管理概念

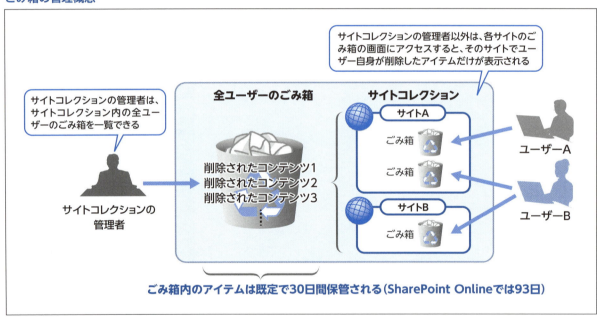

　サイトコレクションの管理者が全ユーザーのごみ箱を確認する手順は次のとおりです。

❶ ［設定］（歯車のアイコン）をクリックし、［サイトの設定］をクリックする。

❷ ［サイトコレクションの管理］セクションにある［ごみ箱］をクリックする。

❸ サイトコレクション内の全ユーザーのごみ箱を一覧できる。ここから削除済みアイテムを選択し、復元することも可能。

2段階のごみ箱機能を把握しよう

　ごみ箱の内容は2段階で削除されるようになっています。リストやライブラリを削除するといったんごみ箱に移動しますが、これが1段階目です。ごみ箱に移動したコンテンツは、そのまま放置すれば30日以上経過すると自動的に完全削除されます（SharePoint Onlineでは93日）。しかし、ユーザーはごみ箱からさらに削除することもできます。このような削除をすると、ユーザーは自分のごみ箱から当該コンテンツを復元できなくなりますが、実際にユーザーがごみ箱から削除したコンテンツは、さらにサイトコレクションの管理者しかアクセスできない**サイトコレクションのごみ箱**（SharePoint Onlineでは"第2段階のごみ箱"と表示されます）に移動します。

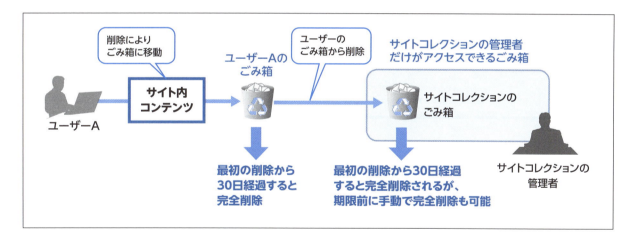

　そのため、復元しようと思って間違って削除してしまったような場合でも、サイトコレクションの管理者に依頼すれば保存期間内であれば復元できる可能性があります。サイトコレクションの管理者は、こうした管理タスクを担います。なお、サイトコレクションのごみ箱から削除すると完全削除となります。
　サイトコレクションのごみ箱にアクセスするには、前項で説明した全ユーザーのごみ箱の一覧ページの最下部にあるリンクをクリックします。

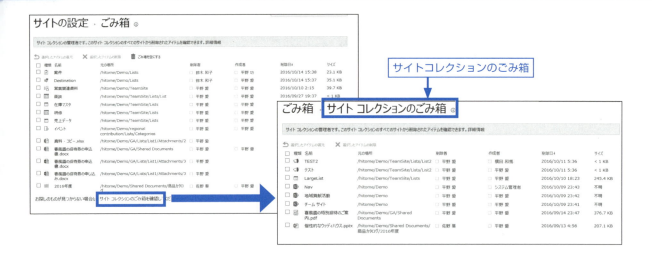

サイトを復元しよう

サブサイトを削除すると、サイトコレクションの管理者のごみ箱に移動します。そのため、サイトもごみ箱の保存期間内であれば、サイトコレクションの管理者の権限で復元できます。

> **ヒント**
> **トップレベルサイトを削除するとどうなるのか？**
> トップレベルサイトを削除すると、サイトコレクションが丸ごと削除となります。復元はファーム管理者しか行えません。

2 サイトコレクション内のコンテンツ容量を確認しよう

　現在のサイトコレクションに割り当てられているクォータ（記憶域容量）設定と現在使用済みの容量などを一覧できるページが、**記憶域メトリックス**です。特定のコンテンツばかりがデータ領域を占有することのないように、各コンテンツが占めるデータ量の割合を定期的に確認し、容量分配の調整を図る目安として利用できます。

❶ [設定]（歯車のアイコン）をクリックし、[サイトの設定]をクリックする。

❷ [サイトコレクションの管理]セクションにある[記憶域メトリックス]をクリックする。

❸ [記憶域メトリックス]ページが表示される。

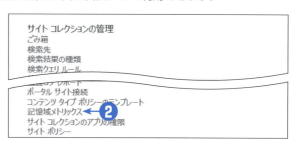

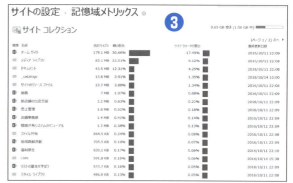

　[記憶域メトリックス]ページでは、サイトコレクション全体の使用容量だけでなく、リスト、ライブラリ、サイトごとの細かい使用容量も確認できます。

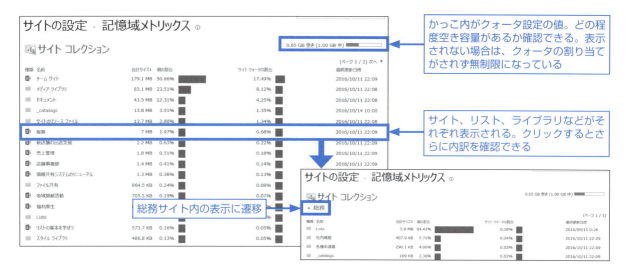

かっこ内がクォータ設定の値。どの程度空き容量があるか確認できる。表示されない場合は、クォータの割り当てがされず無制限になっている

サイト、リスト、ライブラリなどがそれぞれ表示される。クリックするとさらに内訳を確認できる

総務サイト内の表示に遷移

　ちなみに、[記憶域メトリックス]ページに表示されるデータは、SharePointサーバー上で定期的に実行されるタイマージョブと呼ばれる処理によって既定では5分おきに再計算されます。そのため、ページに表示されるデータは最新でない可能性もあります。あくまでも目安として参考にするようにしましょう。

3 サイトの自動削除スケジュールを設定しよう（サイトポリシー）

　SharePointサイトが自動的に削除されるようスケジューリングすることも可能です。この設定が**サイトポリシー**です。不要なサイトが複数残っていると、記憶域を無駄に消費するうえ、コンプライアンスの観点からも好ましい状態とは言えません。無駄なサイトの増加を抑制する意味でも、この新しいサイトポリシーを適切に構成することが重要です。

どのように削除されるのかを把握しよう

　ポリシーでは、サイトをいきなり削除するよう指定するのではなく、まず"サイトのクローズ（閉鎖）"をしてから"サイトの自動削除"を行うという順番で、タイミングをスケジュールします。サイトのクローズを行うと、サイトの情報を集約して表示するような場所には表示されなくなりますが、サイトが削除されるまではコンテンツの表示や編集などを引き続き行えます。なお、サイトコレクションのトップレベルサイトに対して閉鎖を行う場合は、オプション設定でサブサイトをすべて読み取り専用にしてしまうように構成することもできます。また、いったん閉鎖されたサイトは削除前であれば再度オープンにする（この操作を"**サイトを開く**"と呼びます）ことも可能です。

サイトポリシーを作成しよう

　サイトポリシーを利用するには、まずサイトコレクションの管理者がサイトポリシーを作成し、次に各サイト単位で適用するポリシーを指定します。サイト単位でのポリシー指定は、サイトの管理者またはサイトコレクションの管理者が行います。既定では、サイトポリシーは何も作成されていません。
　サイトポリシーのオプション設定では、次の3つのいずれかを指定できます。

オプション	説明
サイトを自動的にクローズも削除もしない	既定値であり、管理者がサイトを削除しない限り自動的にサイトが閉じられることも削除されることもない。そもそもサイトポリシーを適用しない限り、サイト管理者はサイトを閉じることはできない
サイトを自動的に削除する	サイト管理者のタイミングでサイトをクローズし、クローズ後に自動的にサイトを削除する
サイトを自動的に閉じて削除する	サイトを自動的にクローズするタイミングおよび削除するタイミングを指定する

　サイトポリシーを作成する手順は次のとおりです。この設定は、サイトコレクションの管理者が行います。

❶　［設定］（歯車のアイコン）をクリックし、［サイトの設定］をクリックする。

❷　［サイトコレクションの管理］セクションにある［サイトポリシー］をクリックする。

第23章 サイトコレクションの管理タスクを把握しよう

❸ [サイトポリシー] ページが表示される。新規にポリシーを作成するため [作成] をクリックする。

❹ ポリシーの名前、説明を入力する。

❺ サイトのクローズと削除のオプションを指定する。選択肢は次の3つである。
● サイトを自動的にクローズも削除もしない。
● サイトを自動的に削除する。
● サイトを自動的に閉じて削除する。
ここでは [サイトを自動的に削除する] を選択している。

❻ 削除イベントのタイミングや通知のタイミング、サイトを閉鎖した場合の延長期間などを指定する。

❼ トップレベルサイトが閉鎖された場合に、サイトコレクション全体を読み取り専用にするかどうかを指定する。

❽ [OK] をクリックする。

❾ 作成したポリシーが表示される。

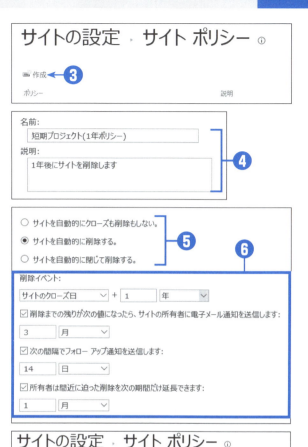

ヒント

サイトポリシーを複数のサイトコレクションに展開する

サイトポリシーはサイトコレクションごとに作成しますが、複数のサイトコレクションに展開することも可能です。これを行うには、コンテンツタイプハブという機能を利用します。サイトコレクションをコンテンツタイプハブとして指定すると、このサイトコレクションを中心に他のサイトコレクションにも共通のサイトポリシーを配布できます。サイトポリシーの管理自体は、コンテンツタイプハブとなっているサイトコレクション上で一元的に行います。

コンテンツハブとして構成されたサイトコレクション上でのサイトポリシーの管理画面

[サイトポリシー] ページに [このポリシーの発行を管理] リンクが追加される

ポリシーの発行や再発行、発行取り消しができる。この設定内容は、1時間おきに実行されるジョブを待つことで反映される

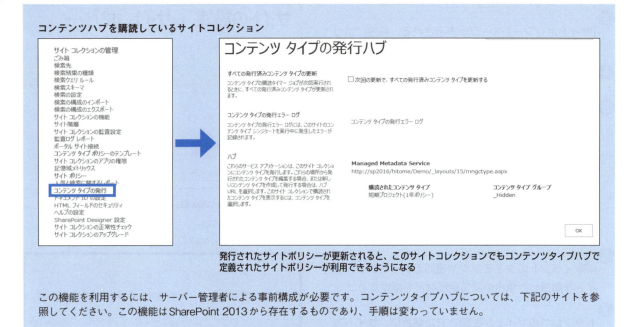

この機能を利用するには、サーバー管理者による事前構成が必要です。コンテンツタイプハブについては、下記のサイトを参照してください。この機能はSharePoint 2013から存在するものであり、手順は変わっていません。

「用語セットおよびコンテンツタイプの共有を計画する（SharePoint Server 2013）」
http://technet.microsoft.com/ja-jp/library/ee519603.aspx

サイトポリシーを適用しよう

　サイトコレクション内には複数のサイトポリシーを作成できますが、適用するのはサイト単位であり、適用できるのは1ポリシーのみです。ポリシーを適用したサイトが削除されるときはサブサイトも削除されます。そのため、トップレベルサイトに適用するとサイトコレクション内の全サイトが削除されます。

　サイトごとのサイトポリシーの適用は、サイトの管理者またはサイトコレクションの管理者が行います。

❶ Webブラウザーを使って、ポリシーを適用するサイトにアクセスする。

❷ [設定]（歯車のアイコン）をクリックし、[サイトの設定]をクリックする。

❸ [サイトの管理]セクションにある[サイトのクローズと削除]をクリックする。

❹ [サイトのクローズと削除]ページで、[サイトポリシー]を[サイトポリシーなし]から任意のサイトポリシーに変更する。

❺ [OK]をクリックする。

サイトを手動で閉鎖する場合は［サイトの設定］→［サイトのクローズと削除］をクリックし、［今すぐこのサイトをクローズする］ボタンをクリックします。クローズすると、サイトの削除日時およびサイトの有効期限を延長するためのボタンが表示されるようになります。またSharePointサイトの上部にサイトの削除予定日が表示されるようになります。

サイトのクローズ

手動でクローズするには、［今すぐこのサイトをクローズする］をクリックし、［OK］をクリックする

再び［サイトのクローズと削除］ページを開くと、クローズの取り止め、または削除期限の延長ができる

削除期限が近い場合は、サイトの上部に削除日が表示される

また、トップレベルサイトに対して［サイトコレクションを閉じると読み取り専用になります］オプションを指定したサイトポリシーを適用し、サイトをクローズすると、サイトコレクション内の全サイトが読み取り専用になります（トップレベルサイトをクローズできるのはサイトコレクションの管理者だけです）。画面の上部にも、読み取り専用になったことを知らせるメッセージが表示されます。

サイトコレクションが読み取り専用になっていることを知らせるメッセージが表示される

ファイルのダウンロードや既存アイテムの表示などはできるが、新規追加や削除はできない（サイトコレクションの管理者も例外ではない）

削除期限が近づくと、SharePointサイトの所有者グループ（SharePointグループ）のメンバーに対して電子メールが送信されます。

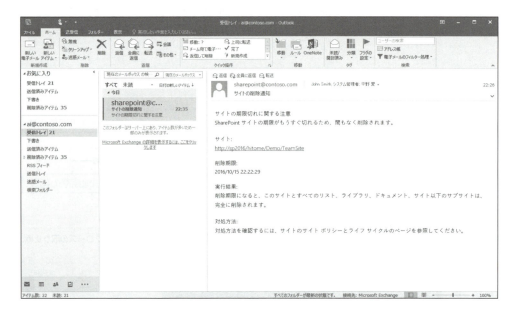

> **ヒント**
>
> **実際にサイトが削除されるタイミング**
>
> サイトの有効期限が来ても、実はいきなりサイトが削除されてしまうわけではありません。削除のタイミングのカギを握るのは、SharePointサーバー上のタイマージョブです。「有効期限ポリシー」ジョブが、有効期限が切れたサイトおよびサイトコレクションを実際に削除します。そのため、有効期限が切れても、このジョブが動作するまでの期間は、ユーザーはサイトにアクセスでき、サイトコレクションごと読み取り専用に設定されない限りコンテンツの更新なども可能です。このジョブの既定の実行スケジュールは毎週土曜の23：00です。サーバーの管理者は必要に応じてスケジュールを変更できます。
>
>

4 SharePoint Designer 設定を確認しよう

　サイトコレクションの管理者は、サイトの所有者と編集者に SharePoint Designer 2013 を利用させるかどうかを制御できます。サイトコレクションの管理者はいつでも、SharePoint Designer 2013 を使ってサイトの管理やカスタマイズができます（逆に、サイトコレクションの管理者に対して SharePoint Designer 2013 の利用を制限することはできません）。

❶ Web ブラウザーを使って、トップレベルサイトにアクセスする。

❷ ［設定］（歯車のアイコン）をクリックし、［サイトの設定］をクリックする。

❸ ［サイトコレクションの管理］セクションにある［SharePoint Designer 設定］をクリックする。

❹ サイトの所有者および編集者に付与したい権限を選択する。既定では［SharePoint Designer を有効にする］のみがオンになっている。

❺ ［OK］をクリックする。

ヒント

SharePoint Designer 2013 とは？

SharePoint Designer 2013 は、SharePoint 用の無償の開発ツールの1つです。マイクロソフトのダウンロードセンターから自由にダウンロードして利用できます。主にサイトの外観の大幅な変更、リストのビューなどのカスタマイズ、簡易ワークフロー作成などに使われます。SharePoint Designer 2013 は、SharePoint Designer 製品の最後のバージョンであり、今後最新バージョンはリリースされないことが正式にアナウンスされています。しかし、SharePoint Server 2016 や SharePoint Online では引き続き利用できます。当初は2023年までのサポートとアナウンスされていましたが、SharePoint Server 2016 との互換性を維持するためサポート期限は延長されることとなり、現在は特に設定されていません。ただし、SharePoint Online の動向からも、SharePoint のリストのカスタマイズは Microsoft PowerApps や SharePoint Framework といった新たなしくみに代わっていくことが予想されますし、ワークフローに関しては Microsoft Flow が多くを担うことになりそうです。すぐにこうしたしくみに移行する必要はありませんが、今後に備え SharePoint Designer だけに頼らず広く視野に入れておきましょう。

埋め込みコードで利用できるドメインを管理しよう

SharePoint 2016では、Wikiページ上やリストのリッチテキスト形式となっている複数行テキストの列などに手軽にコード（iframeタグ）を埋め込めるようになっています。そのため、インターネット上の動画サイトのYouTubeやBingの地図情報などの外部サイトのコンテンツをSharePointサイト上に掲載できます。

この設定に深くかかわりがあるのが、**HTMLフィールドのセキュリティ**設定です。この設定ページには次のオプションが用意されています。必要に応じて、オプション設定を変更して管理しましょう。

・外部ドメインからこのサイトのページのiframeの挿入を投稿者に許可しません。
・任意の外部ドメインからこのサイトのページへのiframeの挿入を投稿者に許可します。
・次のリストの外部ドメインからこのサイトのページへのiframeの挿入を投稿者に許可します（既定）
- youtube.com
- youtube-nocookie.com
- player.vimeo.com
- bing.com
- office.microsoft.com
- officeclient.microsoft.com
- store.office.com
- skydrive.live.com

利用状況を把握しよう　第24章

1 サイトの利用状況と検索レポートを確認しよう
2 ライブラリ内のコンテンツの人気傾向を確認しよう

この章では、サイトの利用状況などの確認方法について説明します。

1 サイトの利用状況と検索レポートを確認しよう

サイトコレクション単位またはサイト単位で、使用状況や使用頻度、検索レポートをExcelレポートとして出力できます。

利用状況は検索機能の副産物？

SharePoint Server 2010までは、利用状況の分析にWeb Analyticsという単独サービスアプリケーションが利用されていました。SharePoint Server 2013以降では、これが検索サービスのコンポーネントの一部（"分析処理コンポーネント"と呼ばれます）として実装されています。たとえば、検索結果のランキング調整のための情報として利用分析結果（ユーザーがドキュメントを何回クリックしたかなどの情報）が提供されています。

SharePointは利用状況レポートを生成しますが、あまり詳細ではありません。一日当たり何ユーザーアクセスがあったかといった概要レポートであり、アクセスピークタイムなどは取得できないので注意しましょう。その代わり、検索機能の一部が提供している情報だけあり、検索関係のレポートは比較的充実しています。

使用頻度の傾向をレポート表示しよう

使用頻度は、使用状況イベントの種類ごとに毎日および毎月のヒット数および一意のユーザー数をExcelレポートとして出力できます。レポートには、直前の14日間の日単位のカウントと最近3年間の月単位のカウントが表示されます。**サイトコレクションの使用頻度の傾向**レポートの出力はサイトコレクションの管理者が行います。

❶ Webブラウザーを使って、トップレベルサイトにアクセスする。

❷ ［設定］（歯車のアイコン）をクリックし、［サイトの設定］をクリックする。

❸ ［サイトコレクションの管理］セクションにある［人気と検索に関するレポート］をクリックする。

❹ ［利用状況のレポート表示］ページの［利用状況レポート］セクションにある［利用状況］をクリックする。

❺ Excelファイルが生成されると、Webブラウザー上にダイアログが表示される。ファイルを直接開く場合は［ファイルを開く］、保存する場合は［保存］をクリックする。

第24章　利用状況を把握しよう

上記の手順で生成されたレポートは次のとおりです。

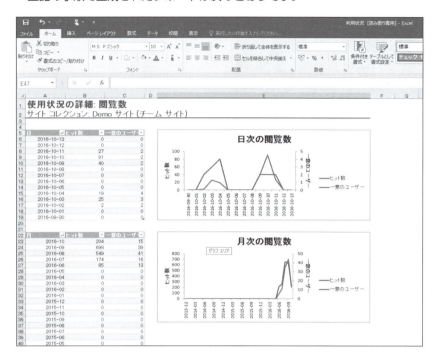

なお、サイトコレクションの［人気と検索に関するレポート］ページでは検索に関するレポートも出力できるようになっています。

［利用状況レポート］ページで出力できるレポート

レポートの種類	レポート名	説明
利用状況レポート	利用状況	表示数や一意のユーザー数、検索クエリ数など、サイトコレクションに関する過去の利用情報が出力される。利用状況を識別し、高および低アクティビティの時間を判定できる
	クエリの数	実行された検索クエリの数が出力される。検索クエリ数の傾向を確認したり、検索処理が多い時間帯と少ない時間帯を確認したりできる
検索レポート	上位のクエリ（日単位）	最もよく使われる検索クエリが日単位で出力される。どのような情報を訪問者が求めているかを把握できる
	上位のクエリ（月単位）	最もよく使われる検索クエリが月単位で出力される
	放棄されたクエリ（日単位）	クリックスルーの低い、人気がある検索クエリが日単位で出力される。ユーザーに不満を感じさせる検索クエリを特定することや、ユーザーが目的のコンテンツを探し出せていない可能性があるため、クエリルールの見直しの材料として利用できる
	放棄されたクエリ（月単位）	クリックスルーの低い、人気がある検索クエリが月単位で出力される
	結果のないクエリ（日単位）	検索の結果が返されなかった人気のクエリが日単位で出力される。ユーザーに不満を感じさせる検索クエリを特定することや、ユーザーが目的のコンテンツを探し出せていない可能性があるため、クエリルールの見直しの材料として利用できる
	結果のないクエリ（月単位）	検索の結果が返されなかった人気のクエリが月単位で出力される。
	クエリルールの利用状況（日単位）	クエリルールが使われた頻度、使った辞書用語の数、昇格した結果をユーザーがクリックする頻度が日単位で出力される
	クエリルールの利用状況（月単位）	クエリルールが使われた頻度、使った辞書用語の数、昇格した結果をユーザーがクリックする頻度が月単位で出力される

検索結果レポートのうち、[上位のクエリ（月単位）]を出力したのが次の図です。どういった検索キーワードがよく利用されたのかを月ごとに確認できます。

サイトの使用頻度の傾向をレポート表示しよう

サイトの使用頻度の傾向をレポート表示するには、サイトの所有者グループメンバーまたはサイトに対してフルコントロールを持つユーザーである必要があります。

① Webブラウザーを使って、任意のサイトにアクセスする。

② [設定]（歯車のアイコン）をクリックし、[サイトの設定]をクリックする。

③ [サイトの管理]セクションにある[人気の傾向]をクリックする。

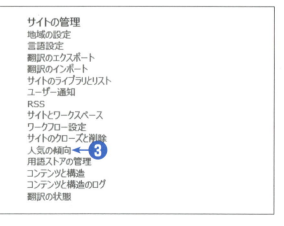

④ ［利用状況のレポート表示］ページの［利用状況レポート］セクションにある［利用状況］をクリックする。

⑤ Excelファイルが生成されると、Webブラウザー上にダイアログが表示される。ファイルを直接開く場合は［ファイルを開く］、保存する場合は［保存］をクリックする。

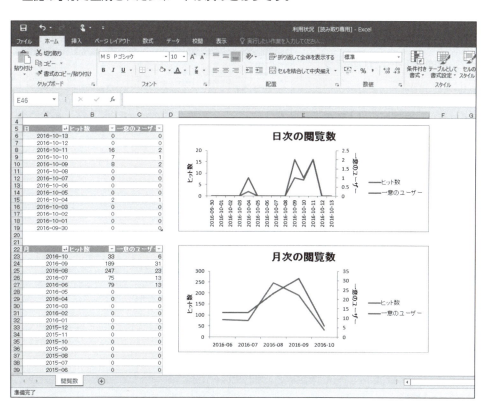

上記の手順で生成されたレポートは次のとおりです。

2 ライブラリ内のコンテンツの人気傾向を確認しよう

　サイト内のライブラリでは、ファイル単位で使用頻度の傾向をExcelレポートとして出力できます。ちなみに、利用状況分析はリスト単位では利用できません。

最もよく利用されるアイテムレポートを表示しよう

　ライブラリ内で最もよく表示されたアイテムを人気順に一覧表示できます。このレポートは、検索結果として表示されます（そのため、最新情報が反映されるまで最大15分程度かかります）。サイトの閲覧者グループのメンバーまたは閲覧アクセス許可レベルを持つユーザーがこのレポートを出力できます。

❶ Webブラウザーを使って、目的のライブラリにアクセスする。

❷ リボンメニューの［ライブラリ］タブから［人気のあるアイテム］をクリックする。

❸ 人気順にコンテンツが検索結果として一覧表示される。各検索結果には、人気の傾向レポートを表示するリンクも併せて表示される。

ヒント　サイトコレクションの「レポート」機能

サイトコレクションの拡張機能の1つである「レポート」機能がアクティブな状態になっている場合に、「人気と検索に関するレポート」、「人気の傾向」や「人気のあるアイテム」が利用できます。チームサイトのテンプレートからサイトを作成した場合は、この機能は既定でアクティブな状態となっています。フィーチャーの詳細については、「第26章　フィーチャーを管理しよう」で説明します。

ドキュメントおよびフォルダーごとの人気傾向を表示しよう

ドキュメントまたはフォルダーごとに人気の傾向を表示できます。これは、サイトの閲覧者グループのメンバーまたは閲覧アクセス許可レベルを持つユーザーが出力できます。

❶ Webブラウザーを使って、目的のライブラリにアクセスする。

❷ 目的のアイテムを選択する（左端の［✔］をチェックする）。

❸ リボンメニューの［ファイル］タブから［人気の傾向］をクリックする。

❹ Excelファイルが生成されると、Webブラウザー上にダイアログが表示される。ファイルを直接開く場合は［ファイルを開く］、保存する場合は［保存］をクリックする。

上記の手順で生成されたレポートは次のとおりです。

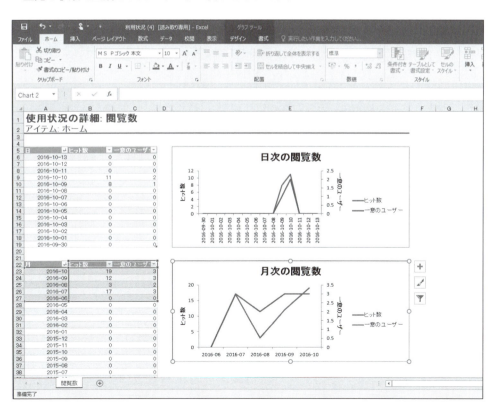

第25章 保持期限、監査、コンプライアンス対応機能を把握しよう

1 コンテンツの保持期限を管理しよう
2 監査を設定しよう
3 コンプライアンス対応の新機能を把握しよう

この章では、保持期限、監査、コンプライアンス対応機能について説明します。

1 コンテンツの保持期限を管理しよう

リストやライブラリに対して「保持期限」設定をすることで、一定期間が経過するとコンテンツを自動的にごみ箱に移動したり、削除したりできます（この他に第22章で説明したコンテンツオーガナイザーの呼び出しも可能です）。

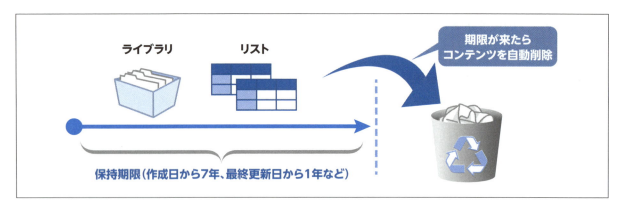

情報管理ポリシーについて知ろう

第23章では、サイトの自動削除機能として「サイトポリシー」を説明しました。このポリシーは、サイト全体のコンテンツの保持期限を一括設定するしくみでした。これ以外に**情報管理ポリシー**という設定があります。このポリシーを使うことで、ライブラリ/リスト、フォルダー、コンテンツタイプといったサイトよりも細かい単位でコンテンツの保持期限をコントロールできます。

ちなみに、「情報管理ポリシー」という設定はSharePoint上のコンテンツに適用するルールであり、ライブラリ/リストまたはコンテンツタイプに対して保持期限（Retention）と監査（Auditing）を設定できます。

> **ヒント**
>
> **情報管理ポリシーで構成すべきではない設定**
>
> 情報管理ポリシーで構成できる項目は次のとおりです。
>
> | 項目 | 説明 |
> |---|---|
> | 保持期限 | アイテムの保持期限を設定する。保持期限を越えた場合の動作なども指定できる |
> | 監査 | アイテムに対する監査ログを収集する |
> | バーコード生成（※廃止予定） | アイテムに対してバーコードを生成する |
> | ラベル生成（※廃止予定） | 電子データとして保持されているプロパティを基に値にラベルを生成する。バーコードはCode 39標準（ANSI/AIM BC1-1995, Code 39）に準拠している。 |
>
> 上記のうち、ラベル生成とバーコード生成については今後廃止される予定であることが既に発表されており、下位互換のために残っている機能であるため新たに利用することはお勧めしません。そのため、本書では保持期限と監査の2つに絞って機能を説明しています。

情報管理ポリシーは、次の3つのレベルで指定できます。

・サイトコレクション
・コンテンツタイプ（サイトコンテンツタイプまたはリストコンテンツタイプ）
・リスト/ライブラリ（保持期限のみ）

　サイトコレクションポリシーは、そのまま適用するのではなく、コンテンツタイプポリシーとしてサイトコレクション全体で広く利用するためのテンプレートです。このポリシーを作成しただけでは意味がなく、各コンテンツタイプレベルから参照して再利用することではじめて効果を発揮します。このポリシーだけがエクスポート可能です。これを他のサイトコレクションにインポートすれば、共通のポリシーを複数のサイトコレクションに展開することもできます。

サイトコレクションポリシーの利用イメージ

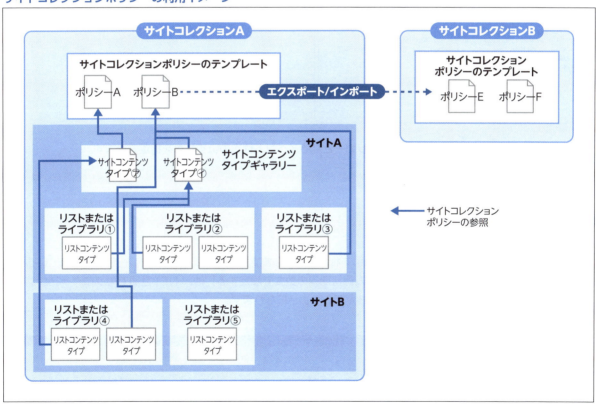

保持期限の設定内容を確認しよう

保持期限の設定画面は次のとおりです。

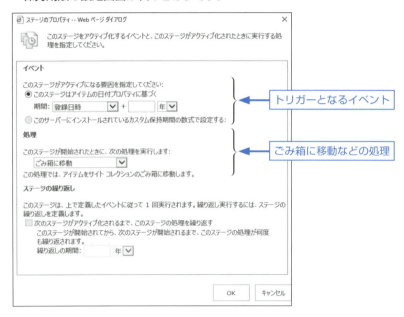

情報管理ポリシー上で、自動削除などのトリガーとなるイベントは次のいずれかを指定できます。

・コンテンツの最終更新日
・登録日
・レコード宣言した日

これらの日付にプラス何日、何か月、何年のいずれかを指定します。ちなみに、既定でグレーアウトされている［このサーバーにインストールされているカスタム保持期間の数式で設定する］は、.NET言語でのプログラミングにより作成したカスタムの保持期限を使う場合に指定できるようになります。

> **ヒント**
>
> **SharePoint上でのレコード管理**
>
> "レコード管理"は、一般的な用語としても使われている言葉であり、レコードマネージメント（記録情報管理）と呼ばれることもあります。これは、経営者の意思決定、業務遂行プロセスなどの記録（レコード）が改ざんされたり、隠滅されることのないようにするためのしくみのことを言います。従来は紙文書が対象でしたが、現在は電子記録情報も範疇に含まれます。レコード管理はただのファイリングではなく、どういったプロセスでデータが保管されているかという点も重視されます。
> 組織では、法律上の義務として、組織が行った活動の証拠を電子データを含め一定期間保持する必要があるものがあります。たとえば、コンプライアンス違反を例にとると、粉飾会計などが発覚した場合は、その証拠となるデータを改ざんすることなく速やかに提出する必要があります（特に米国では、かつてのエンロンやワールドコムの粉飾決算や破たん以降、こうした対応が重要になっています）。こうした事態に備えて、SharePointでもレコード管理を備えており、レコード管理の対象となったドキュメントは、一定期間編集や削除などが一切できないようコントロールすることなどが可能です。
> レコード管理機能については、下記の情報を参照してください。SharePoint 2013/SharePoint Onlineと共通です。
>
> 「レコード管理」
> https://technet.microsoft.com/ja-jp/library/dn790613.aspx

第25章　保持期限、監査、コンプライアンス対応機能を把握しよう

保持期限を迎えた場合の処理は、既定で次の8つが用意されています。

- ・ごみ箱に移動
- ・完全に削除
- ・別の場所に転送
- ・ワークフローの開始
- ・次のステージにスキップ
- ・レコード宣言
- ・以前の下書きを削除
- ・以前のバージョンをすべて削除

　基本的に処理は1回ですが、下書きの削除やバージョン削除などの処理は繰り返すこともできます。こうした処理は、複数の"ステージ（段階）"を指定できるため、たとえば、ドキュメントライブラリでバージョン管理を設定している場合は、第1ステージでは一定期間経過するまで下書きの削除を繰り返し、第2ステージでは数年経過したドキュメントは廃棄承認のフローを開始し、処理を決定するといった設定が可能です。ちなみに、「別の場所に転送」処理はコンテンツオーガナイザーを使った処理であり、一定の日数が経過したら削除ではなくドキュメントの保管庫となる別サイトに転送するといったしくみを設定することもできます（この機能を利用するには、第22章の2節で説明した"コンテンツオーガナイザーを使った独自の［送信］メニュー"を設定しておく必要があります）。また、ワークフローを使って、特定のユーザーに対して承認するかどうかの判断を仰ぐことも可能です。ちなみに、「レコード宣言」処理は「インプレースレコード管理」の追加設定が必要です（インプレースレコード管理設定については本書の範疇外です）。
　こうした保持期限は、前述したとおり、コンテンツタイプ、ライブラリやリスト、フォルダー単位で設定できます。なお、実際の削除は、第23章の「サイトポリシー」でも説明したように「保持期限ポリシー」タイマージョブが実行されるときに一括削除されます。このジョブは、既定では土曜の23：00に実行されるため、これまで待つ必要があります。

リストやライブラリ単位で保持期限を設定しよう

　特定のライブラリやリストごとに保持期限を設定する手順は次のとおりです。リストにも適用できるため、お知らせリストなどに適用し、1年以上経過したお知らせの内容は自動削除するよう設定することも可能です。以下はライブラリを例に手順を説明します。

❶ Webブラウザーを使って、目的のライブラリにアクセスする。

❷ ［ライブラリ］タブから［ライブラリの設定］をクリックする。リストの場合は［リスト］タブから［リストの設定］をクリックする。

❸ ［権限と管理］セクションにある［情報管理ポリシーの設定］をクリックする。

❹ ［ライブラリベースの保持スケジュール］セクションにある［ポリシーソースの変更］をクリックする。

❺ [アイテム保持ポリシーのソース]で[ライブラリとフォルダー]を選択する。

❻ 右図のようなメッセージが表示されたら、[OK]をクリックする。

❼ このドキュメントライブラリ全体に適用する保持期限を設定するために、[保持ステージを追加する]をクリックする

❽ ここでは、[イベント]で登録日時から3年経過した場合を指定する。

❾ [処理]は[ごみ箱に移動]を指定する。

❿ [OK]をクリックする。

⓫ [適用]をクリックする。

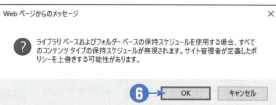

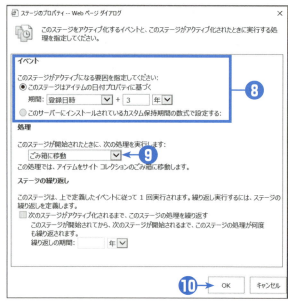

❶❷ フォルダー単位で設定を変更したい場合は、画面の左側に表示されるフォルダー階層から目的のフォルダーをクリックする。この例では［見積書］フォルダーをクリックしている。

❶❸ フォルダーに個別の保持スケジュールを設定にしたい場合は、［アイテムを期限切れにしない］または［保持ステージの定義］を選択する。ここでは［保持ステージの定義］を選択する。

❶❹ ［保持ステージを追加する］をクリックする。

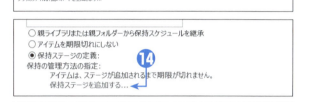

❶❺ ここでは、［見積書］フォルダーへの登録日時から7年経過したらごみ箱に移動するように指定する。

❶❻ ［OK］をクリックする。

❶❼ 必要に応じて、説明を入力する。

❶❽ ［適用］をクリックする。

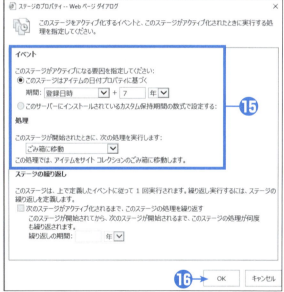

⓳ 特定のフォルダーに対して個別に保持期限を設定すると、当該フォルダーに緑の歯車のアイコンが追加される。

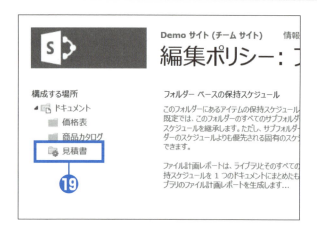

設定したライブラリにある既存のファイルを確認してみましょう（もちろん新規にアップロードしてもかまいません）。ドキュメントを右クリックし、[詳細] → [ポリシー準拠の詳細] の順にクリックすると、[ポリシー準拠の詳細] 画面がポップアップ表示されます。ここで保持期限の設定が反映されていることが確認できます。

サイトコンテンツタイプに保持期限を設定しよう

　サイトコンテンツタイプに保持期限を設定すると、該当するコンテンツタイプを持つリストやライブラリすべてに保持期限を一括設定できます。ただし、ビルトインのサイトコンテンツのうち、ドキュメントコンテンツタイプとアイテムコンテンツタイプは直接保持期限を設定することはできません（アイテムコンテンツタイプはカスタムリストで利用されます）。それぞれのコンテンツタイプを基に、ユーザー設定のコンテンツタイプを新規作成する必要があるので注意しましょう。この設定はサイトの管理者が行います。ここでは、ドキュメントコンテンツタイプをベースにコンテンツタイプを新規に追加して保持期限を設定する手順を説明します。

第25章 保持期限、監査、コンプライアンス対応機能を把握しよう

❶ Webブラウザーを使って、目的のサイトにアクセスする。

❷ [Webデザイナーギャラリー] セクションにある [サイトコンテンツタイプ] をクリックする。

❸ [作成] をクリックする。

❹ [名前] に「有効期限のあるドキュメント」と入力する。

❺ [親コンテンツタイプの選択元] で [ドキュメントコンテンツタイプ] を選択する。

❻ [親コンテンツタイプ] で [ドキュメント] を選択する。

❼ [OK] をクリックする。

❽ [設定] セクションにある [情報管理ポリシーの設定] をクリックする。

❾ [保持を有効にする] チェックボックスをオンにする。

⑩
[保持ステージを追加する] をクリックする。

⑪
[イベント] と [処理] を任意に指定する。

⑫
[OK] をクリックする。

⑬
[OK] をクリックする。

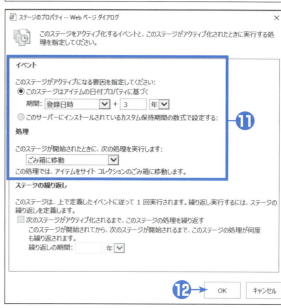

　以上でコンテンツタイプに対する保持期限の設定は完了です。後は作成したコンテンツタイプを任意のライブラリに追加して利用します。

サイトコレクションポリシーを作成しよう

　サイトコレクションポリシーは、サイトコレクションの管理者が作成します。サイトコレクションポリシーを作成する手順は次のとおりです。

❶
Webブラウザーを使って、トップレベルサイトにアクセスする。

❷
[設定]（歯車のアイコン）メニューをクリックし、[サイトの設定] をクリックする。

❸
[サイトコレクションの管理] セクションにある [コンテンツタイプポリシーのテンプレート] をクリックする。

❹
[作成] をクリックする。

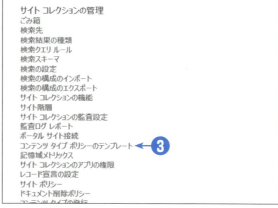

第25章　保持期限、監査、コンプライアンス対応機能を把握しよう

❺ ポリシーの名前とポリシーステートメントを指定する。

❻ [保持を有効にする] チェックボックスをオンにする。

❼ [保持ステージを追加する] をクリックする。

❽ 任意の保持期限を指定する。

❾ [OK] をクリックする。

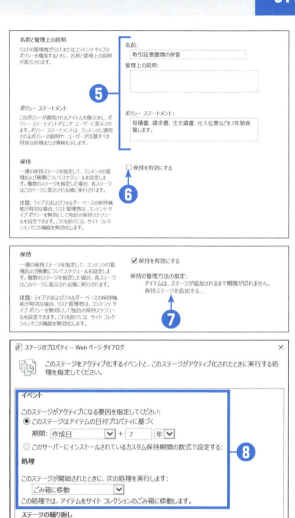

作成後は、サイトコレクションポリシーのテンプレート一覧に表示されたポリシーのリンクをクリックすれば、画面の最下部に [エクスポート] ボタンが表示され、エクスポートできるようになります。同じ画面から削除もできます。インポートする場合は、サイトコレクションのポリシーテンプレート一覧ページの [インポート] をクリックします。

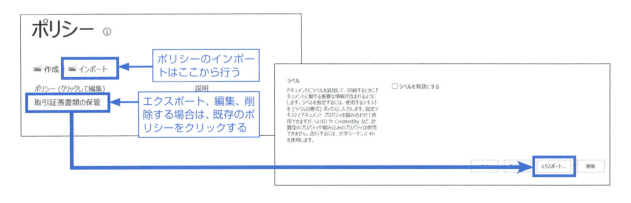

サイトコレクションポリシーをリストやライブラリに適用しよう

作成したサイトコレクションポリシーは、リストやライブラリごとに適用する必要があります。手順は次のとおりです。

❶ Webブラウザーを使って、目的のライブラリまたはリストにアクセスする。

❷ [ライブラリ] タブから [ライブラリの設定] をクリックする。リストの場合は [リスト] タブから [リストの設定] をクリックする。

❸ [権限と管理] セクションにある [情報管理ポリシーの設定] をクリックする。

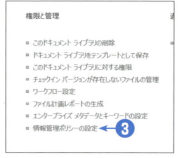

❹ [コンテンツタイプのポリシー] セクションにある [ドキュメント] をクリックする。

❺ [ポリシーの指定] で [サイトコレクションポリシーを使用する] を選択し、任意のサイトコレクションポリシーを選ぶ。

❻ [OK] をクリックする。

❼ コンテンツタイプにポリシーが適用されたことを確認する。

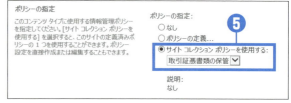

ヒント
情報管理ポリシーの説明内容はどこに表示されるのか

情報管理ポリシーを設定したライブラリ内のファイルをOfficeデスクトップアプリケーションで開くと、次の図のように情報管理ポリシーがアクションバーに表示され、内容の説明が表示されます。

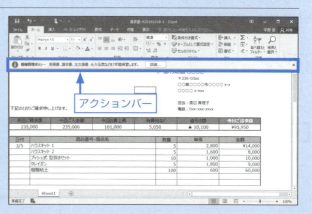

2 監査を設定しよう

　監査設定を構成することで、ユーザーが行った操作を追跡できるようになります。監査設定は、コンテンツタイプごとの情報管理ポリシーで構成できますが、サイトコレクション全体で監査のみ一括構成することも可能です。
　サイトコレクション全体での監査設定では、ドキュメントやアイテムレベルのイベントの監査だけでなくリスト、ライブラリ、サイト単位でのイベントの監査を構成できます。一方のコンテンツタイプごとの監査設定では、特定のライブラリやリストに対してのみ監査を指定できます。監査ログはExcelベースの監査ログレポートに記録されます。
　監査対象は次のとおりです。

監査対象	監査対象のイベント	設定できるレベル
ドキュメント、アイテム	ドキュメントを開く、ドキュメントのダウンロード、リスト内のアイテムの表示、アイテムのプロパティの表示	サイトコレクション全体 各コンテンツタイプ
	アイテムの編集	
	アイテムのチェックインまたはチェックアウト	
	サイト内の別の場所へのアイテムの移動またはコピー	
	アイテムの削除または復元	
リスト、ライブラリ、サイト	コンテンツタイプと列の編集	サイトコレクション全体
	サイトコンテンツの検索	
	ユーザーと権限の編集	

　上記のうち、[ドキュメントを開く、ドキュメントのダウンロード、リスト内のアイテムの表示、アイテムのプロパティの表示]イベントについては、必要な場合にのみ選択するようにします（SharePoint Onlineにはこのオプションはありません）。このオプションをオンにすると、大量のイベントが生成され、その結果としてサイトコレクションのパフォーマンスが低下するなどの影響があるためです。たとえば、サイトコレクションレベルではこの設定は有効にせず、必要なコンテンツタイプに対してのみこの設定を選択するといった方法が考えられます。

リストやライブラリ単位で監査設定を行おう

❶ Webブラウザーを使って、目的のライブラリまたはリストにアクセスする。

❷ [ライブラリ]タブから[ライブラリの設定]をクリックする。リストの場合は[リスト]タブから[リストの設定]をクリックする。

❸ [権限と管理]セクションにある[情報管理ポリシーの設定]をクリックする。

権限と管理
- このドキュメント ライブラリの削除
- ドキュメント ライブラリをテンプレートとして保存
- このドキュメント ライブラリに対する権限
- チェックイン バージョンが存在しないファイルの管理
- ワークフロー設定
- エンタープライズ メタデータとキーワードの設定
- ファイル計画レポートの生成
- 情報管理ポリシーの設定 ←❸
- レコード宣言の設定

❹ 目的のリストまたはライブラリのコンテンツタイプをクリックする。ここでは［ドキュメント］をクリックする。

❺ サイトコレクションポリシーがある場合は［ポリシーの定義］および［サイトコレクションポリシーを使用する］を選択できる。ない場合は手順❼に進む。ここでは［ポリシーの定義］を選択する。
※今回はこのライブラリ用に個別に設定するが、サイトコレクションポリシー上で監査設定を事前に行っておいてもよい。

❻ ［OK］をクリックする。

❼ ［監査を有効にする］チェックボックスをオンにし、必要な監査対象となるイベントを指定する。

❽ ［OK］をクリックする。

サイトコレクション全体での監査設定を行おう

　サイトコレクション全体での監査設定を行う手順は次のとおりです。ちなみに、監査ログを自動的にトリミングする場合は、監査レポートの格納先となるライブラリを事前に作成しておく必要があります。これは任意のドキュメントライブラリでかまいません。

❶ サイトコレクションの管理者として、Webブラウザーを使って、目的のサイトコレクションのトップレベルサイトにアクセスする。

❷ ［設定］（歯車のアイコン）メニューをクリックし、［サイトの設定］をクリックする。

❸ ［サイトコレクションの管理］セクションにある［サイトコレクションの監査設定］をクリックする。

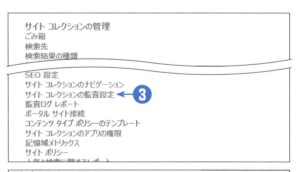

❹ 監査ログのトリミングを必要に応じて設定する。

❺ ［ドキュメント、アイテム］で、監査対象イベントを指定する。

第25章　保持期限、監査、コンプライアンス対応機能を把握しよう

❻ [リスト、ライブラリ、サイト]で、監査対象イベントを指定する。

❼ [OK]をクリックする。

❽ [OK]をクリックする。

　監査ログはデータベースに蓄積されていくため、大量のイベントが発生するとそれだけディスク容量を消費することになります。サイトコレクションレベルで監査設定する場合は、必ずトリミングを指定するようにしましょう。

　また、"自動的にトリミングする"ように設定すると、SharePointサーバーに組み込まれているタイマージョブが毎月月末にトリミングを行います。監査レポートの保存場所を指定している場合は、トリミングする前に指定したライブラリにレポートがアーカイブされます。監査ログデータの保持日数を指定できますが、前述のとおり毎月アーカイブされるため特に指定は不要です。どうしても月末ではない方がよいというビジネスニーズがある場合にのみ、指定するようにします。

監査ログレポートを生成しよう

　サイトコレクションの管理者は、監査ログのレポートを直接生成できます。レポートを生成するには、トップレベルサイトの[サイトの設定]ページの[サイトコレクションの管理]セクションにある[監査ログレポート]をクリックします。既定でいくつかのレポートが用意されています。独自に期間や取得したいイベントをカスタマイズする場合は、[カスタムレポートの生成]をクリックして、出力します。

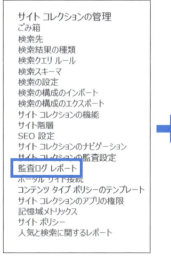
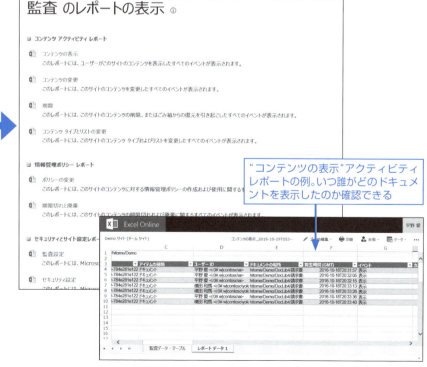

"コンテンツの表示"アクティビティレポートの例。いつ誰がどのドキュメントを表示したのか確認できる

Office 365/SharePoint Onlineの場合の監査について知っておこう

　SharePoint Onlineでは、肝心の［ドキュメントを開く、ドキュメントのダウンロード、リスト内のアイテムの表示、アイテムのプロパティの表示］アクティビティの選択肢が表示されません。SharePointの監査に代わって、2016年10月現在では、Office 365内の［セキュリティ/コンプライアンスセンター］サイト内で**Office 365監査ログレポート**が利用できるようになっており、このレポートでは、SharePoint OnlineだけでなくOffice 365全体の詳細なログを取得できます。

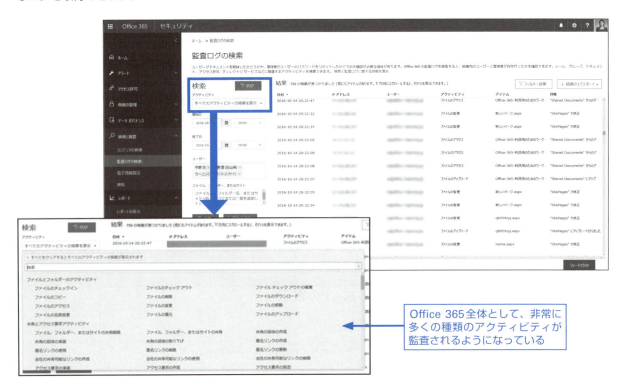

Office 365全体として、非常に多くの種類のアクティビティが監査されるようになっている

　Office 365の監査ログの詳細に関しては、次の記事を参照してください。

「Search the audit log in the Office 365 Security & Compliance Center」
https://support.office.com/en-us/article/Search-the-audit-log-in-the-Office-365-Security-Compliance-Center-0d4d0f35-390b-4518-800e-0c7ec95e946c?ui=en-US&rs=en-US&ad=US&fromAR=1

※日本語ページもありますが、URLが長いため英語のページを紹介しています。日本語ページに切り替える場合は、URLの「en-us」部分を「ja-jp」に変更してください。ちなみに、日本語ページのタイトルは「Office 365のセキュリティセンターとコンプライアンスセンターで監査ログを検索する」です。

3 コンプライアンス対応の新機能を把握しよう

　SharePoint Server 2016 Enterprise Editionを利用している場合は、コンプライアンス機能として"電子情報開示（eDiscovery）センター"と"コンプライアンスポリシーセンターサイト"が利用できます。

　各サイトの用途は次のとおりです。それぞれサイトテンプレートが用意されており、これらを利用するには、サーバー管理者がそれぞれ新規のサイトコレクションとして事前に作成しておく必要があります。

サイト	用途
電子情報開示センター	SharePointまたはExchangeのメールボックスを対象にコンテンツを検索し、コンテンツの保留やエクスポートを行う
コンプライアンスポリシーセンター	ドキュメントの自動削除ポリシー（ドキュメント削除ポリシー）とコンプライアンス上問題のあるファイルアクセスのブロック（データ損失防止：DLP）など

　コンプライアンスポリシーセンターサイトは、SharePoint 2016の新機能です。電子情報開示センターはSharePoint 2013にもありましたが、新たに「データ損失防止クエリ」が利用できるようになっています。

　コンプライアンスポリシーセンターは、Office 365ではいち早く取り入れられたものです（Office 365 Enterprise E3やE5で利用できます）。2016年10月時点では「セキュリティ/コンプライアンスセンター」という名前で提供されています。なお、コンプライアンスポリシーセンターで提供されるDLP機能は、Office 365上のものと比較すると機能がかなり限定されています。たとえば、利用できるDLPテンプレートは次のとおりです。

- ・米国の個人情報（PII）データ
- ・米国グラムリーチブライリー法（GLBA）
- ・PCIデータセキュリティ基準（PCI DSS）
- ・英国財務データ
- ・米国財務データ
- ・英国の個人情報（PII）データ
- ・英国データ保護法
- ・英国プライバシーと電子通信に関する規則
- ・米国社会保障番号の機密保持に関する法律
- ・米国州侵害通知法

　各DLPテンプレートには、機密情報を検出するための設定が含まれています。日本国内で利用できるものとしては、クレジットカード番号情報を保護するための「PCIデータセキュリティ基準」があります。Office 365の場合は、このテンプレートの数がより豊富であり、カスタマイズも可能です。しかし、SharePoint 2016の場合は執筆時点ではカスタマイズはサポートされていません。

「**DLPポリシーテンプレートに含まれるもの**」
https://support.office.com/ja-jp/article/DLP-ポリシー-テンプレートに含まれるもの-c2e588d3-8f4f-4937-a286-8c399f28953a

　この節では、新機能であるデータ損失防止（Data Loss Prevention：DLP）機能とドキュメント削除ポリシーを中心に、基本的にどのようなことができるのかについて説明します。

> **ヒント**
> **電子情報開示（eDiscovery）とは？**
> 電子情報開示（eDiscovery）とは、民事訴訟時に証拠として使用する電子的情報の特定と提供をするためのプロセスです。

> **重要**
> **コンプライアンスポリシーセンターサイトのバグについて**
> 執筆時点の2016年10月現在、更新プログラムであるOctober 2016 CUが公開されており、これを適用して検証を進めています。しかし、コンプライアンスポリシーセンターサイトにはバグがあるようです。そもそもAugust 2016 CUでは「サイト作成時にシステム時刻をUTC＋0時にしておかないと、うまくポリシーが反映されない」という問題のバグフィックスが含まれています。しかし、October 2016 CUでも正常には解決していないようです。今後の更新プログラムでの完全修正を待ちたいところです。Office 365上では同等の機能が正常に動作しているため、これと比較しながら本書では想定されている動作を記載しています。

コンプライアンス管理者を決めよう

法務担当者などを巻き込んでSharePoint環境でのコンプライアンス管理チームを組み、電子情報開示センターやコンプライアンスポリシーセンターサイトの管理者として事前に指定しておく必要があります。

機密コンテンツを検索しよう

電子情報開示センターサイトでは、DLPクエリを作成することで、機密情報が含まれるファイルを検索し、必要に応じて結果をエクスポートできます。エクスポートする結果には当該ファイルが含まれます。SharePointの全文検索機能を利用し、コンテンツ内に機密情報が含まれていないか見つけ出すため、対象となるコンテンツは事前にクロールされている必要があります（つまり、通常の検索ができる状態であること）。

電子情報開示センターサイト

次の手順では、クレジットカード番号が含まれているドキュメントを検索します。あらかじめクレジットカード番号が入力されたサンプルファイルを用意して検索できるようにしておくとよいでしょう。検証用に使えるクレジットカード番号については、インターネット検索をするといくつか見つかります。

❶ Webブラウザーを使って、電子情報開示センターサイトにアクセスする。

❷ サイトリンクバーから［データ損失防止クエリ］をクリックする。

❸ ［新しいアイテム］をクリックする。

❹ [PCIデータセキュリティ基準（PCI DSS）]を選択する。

❺ 今回は検出する機密情報のインスタンス数を既定の「9」から「1」に変更する。

❻ [次へ]をクリックする。

❼ [名前]に任意の名前を入力する。

❽ [ソース]の[クエリ範囲の変更]をクリックする。

❾ [ソースを選択する]をクリックする。

❿ [場所を追加します]をクリックする。

⓫ 目的のサイトのURLを指定し、■をクリックする。

⓬ サイト名が正常に表示されたら、[OK] をクリックする。

⓭ [ソース] セクションに追加したサイトが表示されていることを確認する。

⓮ [検索] をクリックする。

⓯ 機密情報が含まれるファイル（ここではクレジットカード番号）が検索結果に表示されることを確認する。

⓰ 結果をエクスポートする場合は、[エクスポート] をクリックする。

⓱ 検索条件を保存する場合は [保存] をクリックする。

⓲ [閉じる] をクリックする。

ドキュメント削除ポリシーを適用しよう

　ドキュメントの生成、共有、保管、削除までのライフサイクルを管理する一環として、SharePoint 2016では新たに**ドキュメント削除ポリシー**を利用できます。そもそもドキュメントが不用意に長期間保管されていると、場合によっては顧客に関する機密情報などが含まれているかもしれず、コンプライアンス上の問題となる可能性があります。ドキュメント削除ポリシーは、サイトコレクション全体の既定のドキュメントの削除設定を一括管理するためのものです。OneDrive for Businessも対象です。この章では先に情報管理ポリシーについて説明しましたが、この設定はあくまでもライブラリごとまたはコンテンツタイプごとに個別に設定するものです。ドキュメント削除ポリシーは、サイトコレクション全体の既定のドキュメントの削除期限を設けられます。ただし、この機能の対象はライブラリに限られます。これらの設定を受け入れるかどうかはサイトの管理者が任意に選択できます。もちろん、ポリシーによってはコンプライアンス管理者が定めたルールを強制することもできます。

　いずれにしても、不要になったデータの削除というのは案外ユーザーまかせでは行われないものであるため、こうした自動化ルールをうまく利用し、コンプライアンスを維持することは重要です。

　ドキュメント削除ポリシーは、「コンプライアンスポリシーセンター」サイトから適用します。

コンプライアンスポリシーセンターサイト

　既定ではサンプルの削除ポリシーとして2つのポリシーが用意されています。そのまま利用できますが、必要に応じてカスタマイズもできます。

ポリシー名	説明
個人用サイトポリシーサンプル	OneDrive for Business用のポリシーのサンプル。次のルールが1つ含まれている 	名前	処理	期間	既定のルール	 |---|---|---|---| | 長期的リサイクル	再利用	更新日 + 5 年	はい |
ドキュメントポリシーサンプル	標準的なドキュメント用のポリシーのサンプル。次の3つのルールが含まれている | 名前	処理	期間	既定のルール | |---|---|---|---| | 長期的リサイクル	再利用	更新日 + 5 年	はい | | 中期的リサイクル	再利用	更新日 + 3 年	いいえ | | 短期的リサイクル	再利用	更新日 + 1 年	いいえ |

ドキュメント削除ポリシーの全体的な設定の流れは次のとおりです。

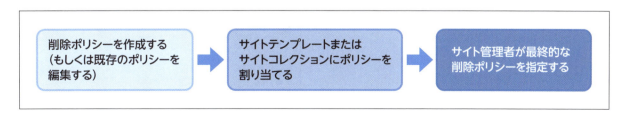

削除ポリシーの作成手順は次のとおりです。ポリシーは1つのサイトコレクションに1つだけ適用できます。

❶ Webブラウザーを使って、コンプライアンスポリシーセンターサイトにアクセスする。

❷ 最初に新規に削除ポリシーを作成するため、サイドリンクバーから[削除ポリシー]をクリックする。

❸ [新しいアイテム]をクリックする。

❹ [ポリシー名]にポリシー名を入力する。

❺ [このポリシーのルール]で[新規作成]をクリックする。

❻ 任意の削除ルールを指定する。

❼ [保存]をクリックする。

❽ [保存]をクリックする。

特定のサイトテンプレートから新規に作成するサイトコレクションにポリシーを適用する手順は次のとおりです。

❶ サイドリンクバーから［テンプレートへのポリシーの割り当て］をクリックする。

❷ ［新しいアイテム］をクリックする。

❸ ［まずテンプレートを選びます］をクリックする。

❹ OneDrive for Businessまたは目的のサイトテンプレートを選択する。

❺ ［保存］をクリックする。

❻ ［割り当てられたポリシーの管理］をクリックする。

❼ 割り当てたいポリシーを必要に応じて1つまたは複数選択する。また既定のポリシーを指定する。

❽ [保存]をクリックする。

❾ ポリシーを強制適用する場合は、[ポリシーを必須としてマークする]をオンにする。

❿ [保存]をクリックする。

既存の特定のサイトコレクションにポリシーを適用する手順は次のとおりです。

❶ サイドリンクバーから[サイトコレクションへのポリシーの割り当て]をクリックする。

❷ [新しいアイテム]をクリックする。

❸ [まずサイトコレクションを選びます]をクリックする。

❹ 目的のサイトを検索し、選択する。

❺ [保存]をクリックする。

❻ [割り当てられたポリシーの管理]をクリックする。

❼ 割り当てたいポリシーを必要に応じて複数選択する。また既定のポリシーを選んでおく。

❽ ［保存］をクリックする。

❾ ポリシーを強制適用する場合は、［ポリシーを必須としてマークする］をオンにする。

❿ ［保存］をクリックする。

　以上の設定が完了したら、ポリシー関係のタイマージョブが実行されるまで待つ必要があります。最大24時間かかります。即時実行したい場合は、検証用の環境であればサーバー管理者はSharePoint管理シェルから次のコマンドを実行し、一連のタイマージョブを実行してみましょう。その後数分待つことでポリシーが適用されます。

```
Get-SPTimerJob | Start-SPTimerJob
```

　適用されたことを確認するには、当該サイトの［サイトの設定］ページにアクセスし、［ドキュメント削除ポリシー］のリンクが表示されているかどうかで判断します。［サイトコレクションの管理］セクションにある［ドキュメント削除ポリシー］では、適用されるポリシー一覧を確認できます。［サイトの管理］セクションにある［ドキュメント削除ポリシー］では、複数のポリシーのうちどれを受け入れるか、または受け入れないかを指定できます。

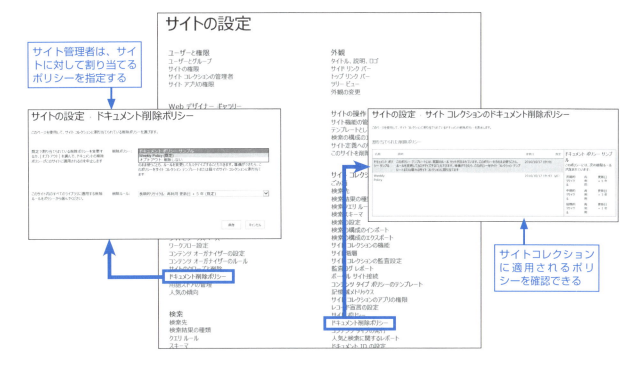

> **ヒント**
> **ドキュメント削除ポリシーと情報管理ポリシー（保持期限）の重複**
> ドキュメント削除ポリシーは、強制設定になっていなければあくまでも既定値であるため、リストやライブラリごとまたはフォルダー単位で設定される情報管理ポリシーの保持期限が設定されていれば、これらが優先されます。平たく言えば、大雑把な設定より細かい設定の方が優先されると考えておきましょう。

データ損失防止（DLP）機能を使って機密情報へのアクセスをブロックしよう

ファイルによっては、個人のクレジットカード番号や銀行の口座番号など個人情報が含まれていたり、取引先の口座に関する情報が含まれていたりするケースがあります。**データ損失防止（DLP）** 機能を使えば、こうしたドキュメントを特定し、必要に応じてアクセスを禁止するといった対応が可能です。この機能は、もともとはExchange Server 2013およびExchange Onlineに先に導入されたものであり、主にメール保護を行うための機能でした。これが現在はSharePointにも拡大されており、SharePoint Online/OneDrive for Business（Office 365）およびオンプレミスのSharePoint 2016上のデータ保護もできるようになっています。

DLPポリシーの作成や適用は、コンプライアンスポリシーセンターサイトから行います。利用手順は次のとおりです。

❶ DLPポリシーを作成するために、コンプライアンスポリシーセンターサイトにアクセスする。

❷ サイドリンクバーから［DLPポリシー管理］をクリックする。

❸ ［新しいアイテム］をクリックする。

❹ ［名前］に名前を入力する。ここでは「クレジットカード」と入力している。

❺ テンプレートから［PCIデータセキュリティ基準（PCI DSS）］を選択する。

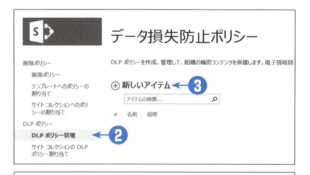

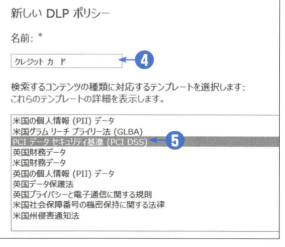

❻ 機密情報のインスタンス数は既定では「9」だが、検証のため「1」に変更しておく。

❼ インシデントレポートの送信先メールアドレスを指定する。

❽ [機密情報が含まれているドキュメントが保存または編集されると、ユーザーにポリシーのヒントを通知します。] をオンにする。

❾ [コンテンツへのアクセスは禁止されますが、ユーザーはコンテンツを上書きして共有できます。アクセス権はサイト管理者、コンテンツの所有者、最終変更者に限定されます。] をオンにする。

❿ [保存] をクリックする。

⓫ 続いて、サイトコレクションに作成したポリシーを割り当てるために、サイドリンクバーから [サイトコレクションのDPLポリシー割り当て] をクリックする。

⓬ [新しいアイテム] をクリックする。

⓭ [まずサイトコレクションを選びます] をクリックする。

⓮ サイトコレクションを検索し、選択する。

⓯ [保存] をクリックする。

⓰ [割り当てられたポリシーの管理] をクリックする。

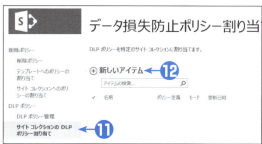

⑰ 割り当てるポリシーを選択する。

⑱ [保存]をクリックする。

⑲ [保存]をクリックする。

結果を確認するには、ドキュメント削除ポリシーの場合と同様にポリシー関係のタイマージョブが実行されるまで待つ必要があります。最大24時間かかります。即時実行したい場合は、検証用の環境であればサーバー管理者はSharePoint管理シェルから次のコマンドを実行し、一連のタイマージョブを実行してみましょう。その後数分待つことでポリシーが適用されます。

```
Get-SPTimerJob | Start-SPTimerJob
```

首尾よく適用されると機密情報が含まれるドキュメントはアイコンが変更され、アクセスがブロックされていることをメッセージが表示されます。

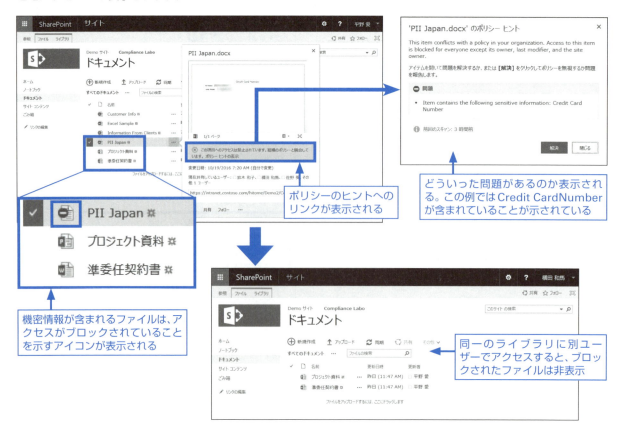

フィーチャーを管理しよう

第26章

1 フィーチャー（機能）の概要を把握しよう
2 サイトコレクションの管理者として最低限把握しておこう
3 サイトの管理者として最低限把握しておこう
4 フィーチャーのアクティブ化と非アクティブ化の手順を把握しよう

この章では、サイトの拡張機能であるフィーチャーの管理について説明します。

1 フィーチャー（機能）の概要を把握しよう

　フィーチャーはSharePointサイトの拡張機能であり、さまざまなフィーチャーが既定で用意されています。ただし、基本的な考え方として「不必要なフィーチャーはオフ」にすることが前提です。サイトテンプレートごとに既定で有効（アクティブ化）になるフィーチャーは決められており、最低限必要な機能だけが利用できるようになっています。そのため、SharePointサイトではビジネスニーズによっては、複数のフィーチャーを追加する必要があります。

フィーチャーの種類を知ろう

　フィーチャーは、既定で用意されているもの以外にオンプレミス環境ではVisual Studioなどを使って独自に開発することも可能です。たとえば、独自に作成したWebパーツやカスタムワークフローなどをフィーチャーとして展開できます。フィーチャーの適用範囲は次の4つに分かれています。

適用範囲	説明	主な管理者
ファーム	ファーム全体に展開する。既定ではすべてのファーム機能が有効になっている	ファーム（SharePointサーバー群）の管理者
Webアプリケーション	SharePoint Webアプリケーションごとに適用する	
サイトコレクション	サイトコレクションごとに適用する	サイトコレクションの管理者
サイト	サイトごとに適用する	サイトの管理者

　上記のうち、一般的によく利用するのは「サイトコレクション」と「サイト」レベルのフィーチャーです。これらは、サイトコレクションの管理者およびサイトの管理者が管理します。なお、一部のフィーチャーには依存関係があり、たとえばサイトコレクションレベルのあるフィーチャーがアクティブ化されていないと、あるサイトレベルのフィーチャーはアクティブ化できない、といったこともあるので注意しましょう。

> **ヒント**
> **フィーチャーと機能**
> フィーチャーは、英語ではFeatureと表記します。Featureの日本語訳は辞書などでは"特徴/特長"といった意味合いがあります。意訳すれば、SharePointサイトを特徴付けるものがフィーチャーです。SharePoint上のメニューでは、日本語訳は"機能"として統一表記されていますが、"Function"も機能であり、これをあえて英語では区別していますから、ニュアンスを考えるとしっくりとくる日本語訳とは言いがたいところがあります。そのため、本書ではもともとの用語のニュアンスを考慮し、あえてカタカナで"フィーチャー"と表記し区別するようにします。

サイトコレクションで利用できるビルトインのフィーチャーを把握しよう

　サイトコレクションレベルで利用できる既定のフィーチャーを次の表に示します。SharePoint Server 2016 StandardライセンスとEnterpriseライセンスとでは、利用可能なフィーチャーは異なります。また、既定でアクティブ化されるフィーチャーはサイト作成時に指定するサイトテンプレートによって異なります。

> **ヒント**
> **Project Server機能の統合**
> これまでは別に提供されてきたMicrosoft Project Serverですが、SharePoint Server 2016からはSharePointの一機能として搭載されるようになりました。そのため、フィーチャーもProject Serverに関係するものが追加されています。

フィーチャー名	Standard	Enterprise
3段階の状態管理ワークフロー	○	○
Document ID Service	○	○
Excel Web App更新用のProject Web Appの権限（※1）	○	○
PerformancePoint Servicesサイトコレクション機能	−	○
Project Server承認コンテンツタイプ（※1）	○	○
Project Web Appの設定（※1）	○	○
Project Web Appのリボン（※1）	○	○
Search ServerのWebパーツおよびテンプレート	○	○
SharePoint 2007のワークフロー	○	○
SharePoint Server Enterpriseサイトコレクション機能	−	○
SharePoint Server Standardサイトコレクション機能	○	○
SharePoint Server発行インフラストラクチャ	○	○
インプレースレコード管理	○	○
クロスサイトコレクションの発行	○	○
コンテンツタイプシンジケートハブ	○	○
コンテンツ展開ソース機能	○	○
サイトポリシー	○	○
サンプル提案（※1）	○	○
ドキュメントセット	○	○
ビデオとリッチメディア	○	○
ユーザー設定のサイトコレクションヘルプ	○	○
ライブラリおよびフォルダーベースの保持	○	○
レポート	○	○
レポートとデータの検索サポート	−	○
ワークフロー	○	○
既定でクライアントアプリケーションでドキュメントを開く	○	○
検索エンジンサイトマップ	○	○
制限付きアクセスのユーザーのアクセス許可ロックダウンモード	○	○
廃棄承認のワークフロー	○	○
発行承認のワークフロー	○	○

※1　SharePoint 2016の新機能

> **ヒント**
>
> **SharePoint 2016で利用できなくなったフィーチャー**
>
> SharePoint Server 2013までは存在し、SharePoint 2016で利用できなくなったサイトコレクションのフィーチャーは次のとおりです。
>
> ・ファーム間でのサイト権限

サイトで利用できるビルトインのフィーチャーを把握しよう

サイトレベルで利用できる既定のフィーチャー一覧を次に示します。

フィーチャー名	Standard	Enterprise
Accessアプリ	−	○
BICenterデータ接続機能	○	○
Content Management Interoperability Services (CMIS) プロデューサー	○	○
PerformancePoint Servicesサイト機能	−	○
Project Web Appで作業を開始（※1）	○	○
Project Web App接続（※1）	○	○
SharePoint Server Enterpriseサイト機能	−	○

フィーチャー名	Standard	Enterprise
SharePoint Server Standardサイト機能	○	○
SharePoint Server 発行機能	○	○
Wikiページのホームページ	○	○
お知らせタイル（※1）	○	○
コミュニティサイト機能	○	○
コンテンツオーガナイザー	○	○
コンテンツのフォロー	○	○
サイトフィード	○	○
サイトメールボックス	○	○
サイトのノートブック	○	○
ダウンロードの最小化戦略	○	○
チームのグループ作業リスト	○	○
プロジェクト機能	○	○
プロジェクト提案ワークフロー（※注1）	○	○
メタデータナビゲーションとフィルター処理	○	○
モバイルブラウザービュー	○	○
ワークフロータスクのコンテンツタイプ	○	○
ワークフローでアプリの権限を使える	○	○
外部システムのイベント	○	○
外部リストのオフライン同期	○	○
検索構成データのコンテンツタイプ	○	○
検索構成データのサイト列	○	○
検索構成テンプレート機能	○	○
検索リストインスタンス機能	○	○
作業の開始	○	○
保持	○	○

※1　SharePoint 2016の新機能

> **ヒント**
>
> **SharePoint 2016で利用できなくなったフィーチャー**
>
> SharePoint Server 2013までは存在し、SharePoint 2016で利用できなくなったサイトのフィーチャーは次のとおりです。
>
> ・クラスのWebの種類
> ・クラスの個人用サイトホストのコンテンツ

> **ヒント**
>
> **各フィーチャーの簡易説明**
>
> 各フィーチャーの簡易的な説明は下記URLを参照してください。ただし、主なフィーチャーに関しては次節以降で説明します。
>
> 「サイトコレクションの機能を有効または無効にする」
> http://office.microsoft.com/ja-jp/office365-sharepoint-online-enterprise-help/enable-or-disable-site-collection-features-HA102772720.aspx
>
> 「サイトの機能をアクティブ化する」
> http://office.microsoft.com/ja-jp/sharepoint-server-help/activate-features-for-sites-HA102772224.aspx

2 サイトコレクションの管理者として 最低限把握しておこう

　サイトコレクションで利用できるフィーチャー一覧で示したように、フィーチャーは数多く存在します。しかし、サイトコレクションの管理者が必ずしもすべてを把握する必要はありません。まずは、次に紹介する基本的なフィーチャーを把握するようにしましょう。各機能について理解したら、フィーチャーをアクティブ化または非アクティブ化することで、サイトコレクションに対して必要な機能を追加したり削除したりしましょう。

主なサイトコレクションのフィーチャー

フィーチャー名	説明
Document ID Service	ライブラリ内のドキュメントに一意なIDを付与するための機能。詳細については第22章の1節で説明している
SharePoint Server Enterprise Edition サイトコレクション機能	SharePoint Server 2016 Enterpriseライセンスでのみ利用できる次のサービスを有効にする ・InfoPath Forms Services ・Visio Services ・Access Services
SharePoint Server Standard Edition サイトコレクション機能	SharePoint Server 2016 Standardライセンスで利用できる次のサービスを有効にする ・User Profile Service ・Search Service
SharePoint Server発行インフラストラクチャ	サイト単位で「SharePoint Server発行機能」フィーチャーをアクティブ化するために事前に必要となるフィーチャー。また、いくつかの機能が利用できるようになるため、筆者としてはぜひ設定しておきたいお勧めのフィーチャーである。ただし、このフィーチャーは一度アクティブ化するとそのサイトコレクションでは「サイトのテンプレート化」が二度とできなくなる。再び非アクティブ化しても、である。サイトのテンプレートを作成する場合は、専用のサイトコレクションを用意し、このフィーチャーはアクティブ化しないようにするとよい
サイトポリシー	サイトの有効期限を管理するサイトポリシーを利用できるようにする。詳細については第23章の3節で説明している
ドキュメントセット	ライブラリ内で複数のドキュメントをまとめて管理するための機能である「ドキュメントセット」を利用可能にする。詳細については第22章の3節で説明している
ライブラリおよびフォルダーベースの保持	ライブラリ内のドキュメントを一定期間保持し、破棄するための機能を有効にする。詳細については、第25章の1節で説明している
レポート	利用状況レポートを利用できるようにする。詳細については、「第24章　利用状況を把握しよう」で説明している
ワークフロー	SharePointに標準搭載されているSharePoint 2010ベースのワークフローテンプレートを利用できるようにする

3 サイトの管理者として最低限把握しておこう

サイトの管理者の方がサイトに適用できるフィーチャーも、サイトコレクションのフィーチャー同様数多くありますが、ここでもまずは基本的なフィーチャーを把握するようにしましょう。

主なサイトのフィーチャー

フィーチャー名	説明
SharePoint Server Enterprise Editionサイト機能	SharePoint Server Enterpriseライセンスに含まれるVisio Service、Access Serviceなどの機能が利用できるようになる
SharePoint Server Standard Editionサイト機能	SharePoint Server Standardライセンスに含まれるユーザープロファイルや検索などの機能を利用できるようになる
SharePoint Server発行機能	Webコンテンツ管理機能が利用できるようになる。たとえば、マスターページをWebブラウザーから変更する、またナビゲーション設定に管理メタデータが利用できるようになる。見栄え重視のポータルサイトを作成する際には欠かせないフィーチャーである。ただし、単純な情報共有を行うサイトでは基本的には必要ない
Wikiのホームページ	このフィーチャーがアクティブ化されている場合にのみ、Wikiページをサイトのトップページ（ホームページ）として指定できるようになる。チームサイトのテンプレートから作成したサイトでは既定でアクティブになっている。このフィーチャーが非アクティブになると、default.aspxというページがホームページとして用意されるが、このページはWebパーツページとなっておりWikiページではない。このフィーチャーがアクティブ化されると、「サイトのページ」という名前のページライブラリが自動的に作成される（このフィーチャーを非アクティブ化してもこのライブラリが自動的に削除されることはない）。このライブラリ内には"ホーム"と"このライブラリの使用方法"という名前の2つのファイルが生成され、このうち"ホーム"がサイトの既定のホームページになるよう変更される
コミュニティサイトの機能	コミュニティサイトの機能を利用できるようにする。コミュニティサイトテンプレートからサイトを作成する場合は、既定でこのフィーチャーがアクティブ化される。詳細については「第15章　コミュニティサイトを使おう」で説明している
コンテンツオーガナイザー	ドキュメントをメタデータに基づいて自動的に適切なライブラリやフォルダーに転送できるようにする、コンテンツオーガナイザーを利用できるようになる。詳細については第22章の2節で説明している
コンテンツのフォロー	ユーザーがコンテンツをフォローできるようになる。詳細については「第12章　ソーシャルネットワーク機能を活用しよう」で説明している
サイトフィード	ユーザーがサイトをフォローできるようになる。サイトのフィードの詳細については「第12章　ソーシャルネットワーク機能を活用しよう」で説明している
サイトのノートブック	サイトに紐づくOneNote Onlineが利用できるようになる。詳細については第5章の8節で説明している
ダウンロードの最小化戦略	サイトの表示速度を向上化するためのしくみである。このフィーチャーがアクティブな場合、サイトにアクセスするとURLが"http://＜サイト名＞/_layouts/15/start.aspx#/～"（httpまたはhttps）となり、サイト内でページ遷移する際にはページ間での差分データのみをできるだけダウンロードしようとする。チームサイトのテンプレートからサイトを作成するとこのフィーチャーは既定でアクティブになる。英語名称はMinimum Download Strategyであり、しばしばMDSと略される。現在、SharePoint Onlineは新しいUIの導入が進んでいるが、モダンUIではMDSがサポートされないため、現時点でのSharePoint 2016と同等の画面であるクラシックUIを利用していたとしても無効化されている
チームのグループ作業リスト	この機能がアクティブ化されていないとリストやライブラリといった基本的なアプリを追加できない。「発行サイト」テンプレートから作成したサイトでは既定で非アクティブになっている
メタデータナビゲーションとフィルター処理	ライブラリ内にメタデータナビゲーションおよびフィルター処理機能を追加できるようになる。詳細については第11章の1節で説明している

4 フィーチャーのアクティブ化と非アクティブ化の手順を把握しよう

サイトコレクションおよびサイトのフィーチャーのアクティブ化と非アクティブ化の方法について説明します。

サイトコレクションのフィーチャー一覧にアクセスしよう

サイトコレクションのフィーチャーは、サイトコレクションの管理者だけが管理できます。サイトコレクションのフィーチャーの管理ページにアクセスするには、まずWebブラウザーを使って目的のサイトのトップレベルサイトにアクセスし、次に［設定］→［サイトの設定］の順にクリックします。［サイトの設定］ページが表示されたら、［サイトコレクションの管理］セクションにある［サイトコレクションの機能］をクリックします。

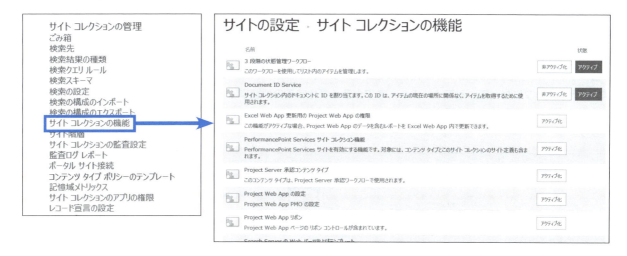

サイトのフィーチャー一覧にアクセスしよう

サイトのフィーチャーは、サイトの管理者（サイトの所有者グループのメンバーまたはサイトに対してフルコントロールアクセス許可レベルを持つユーザー/グループ）が管理します。もちろん、サイトコレクションの管理者も管理できます。サイトのフィーチャーの管理ページにアクセスするには、まずWebブラウザーを使って目的のサイトにアクセスし、次に［設定］→［サイトの設定］の順にクリックします。［サイトの設定］ページが表示されたら、［サイトの操作］セクションにある［サイト機能の管理］をクリックします。

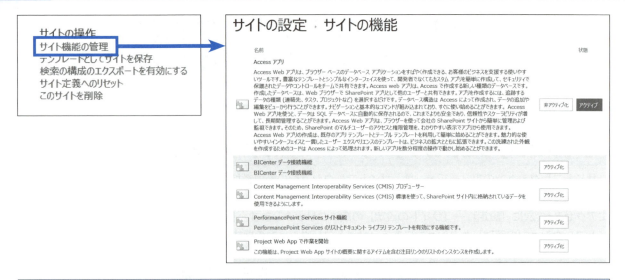

フィーチャーをアクティブ化または非アクティブ化しよう

　各フィーチャー一覧ではアクティブ化されているフィーチャーは、[状態] 列に青色で「アクティブ」と表示されます。非アクティブになっているフィーチャーをアクティブ化するのは簡単で、各フィーチャーの [アクティブ化] ボタンをクリックするだけです。ボタンをクリックしてしばらくすると、[状態] 列に「アクティブ」と表示されるようになります。

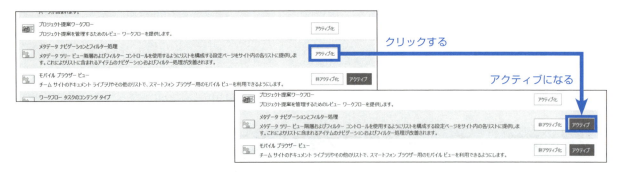

　また、既にアクティブ化されているフィーチャーを非アクティブ化するには、各フィーチャーの [非アクティブ化] ボタンをクリックします。続いて「<フィーチャー名>を非アクティブ化しようとしています」という警告画面が表示されますが、ここで [この機能を非アクティブ化] リンクをクリックします。しばらく待ち、[状態] 列に表示されていた「アクティブ」が非表示になっていることを確認します。

サブサイトを作成しよう

第27章

1 サブサイトを作成しよう

2 サイトを削除しよう

3 サイトをテンプレート化しよう

この章では、サブサイトの作成と削除について説明します。

1 サブサイトを作成しよう

サイトの作成手順は次のとおりです。なお、この手順ではサイトのアクセス権限設定は親サイトから継承するものとします。サイトの作成は、既定ではサイトに対してフルコントロールアクセス許可レベルを付与されているユーザーが実行できます（実際に必要な詳細なアクセス権限は、「**サブサイトの作成**」権限です）。

❶ Webブラウザーを使って、これから作成するサイトの親に当たるSharePointサイトにアクセスする。

❷ ［設定］（歯車のアイコン）をクリックし、［サイトコンテンツ］をクリックする。

❸ 画面の下部にある［新しいサブサイト］をクリックする。

❹ ［タイトルと説明］セクションでサイトのタイトルと説明をそれぞれ入力する。

❺ ［Webサイトのアドレス］セクションでWebサイトのアドレスを指定する。半角英数字の入力を推奨する。

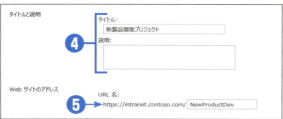

❻ ［テンプレートの選択］セクションでは、既定の言語とサイトのテンプレートを選択する。なお、既定の言語を選択する［言語の選択］は、サーバーに言語パックがインストールされている場合にのみ表示される。

❼ ［権限］セクションでは、サイトの権限を親サイトから継承するか、固有にするのかを指定する。この設定は後から変更可能であるため、ここでは既定の［親サイトと同じ権限を使用する］を選択する。

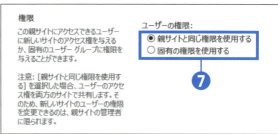

❽ [ナビゲーション］および［ナビゲーションの継承］セクションでは、ナビゲーションと継承を設定する。
※サイトコレクションのフィーチャーである「SharePoint Server発行インフラストラクチャ」がアクティブ化されている場合は、[ナビゲーション］セクションは表示されない。

❾ [作成］をクリックする。

> **ヒント**
>
> **サブサイト作成時の考慮点**
> サブサイトの作成は簡単に行えますが、既存のサイトに新しくライブラリやリストを追加し、ライブラリやリストごとに個々にアクセス権限を管理する方が関連する情報が1箇所にまとまるため利便性は増すかもしれません。サブサイトを作成するべきか、新たにライブラリやリストを既存サイトに作成すべきかを判断するための基準を組織内で作成するのが望ましいと言えます。また、サブサイトは階層化できますが、あまり階層が深いとURLも長くなり、管理上煩雑になりがちです。何階層まで作成するかなどの基本指針も併せて決定しておくことをお勧めします。

2 サイトを削除しよう

　サイトの管理者はサイトを削除できます。削除したサイトは、サイトコレクションのごみ箱に移動するためごみ箱の保持期間内であればサイトコレクションの管理者が復元できます。ただし、トップレベルサイトはサーバーの管理者でないと復元できません。また、サブサイトがある場合はサブサイトを削除してからでないと親のサイトは削除できません。

　ここではサブサイトを削除する手順を説明します。サイトの削除は既定ではサイトに対して**フルコントロールアクセス**許可レベルを付与されているユーザーが実行できます（実際に必要な詳細なアクセス権限は「**Webサイトの管理**」権限です）。

① Webブラウザーを使って、これから削除するサイトにアクセスする。

② [設定]（歯車のアイコン）をクリックし、[サイトの設定]をクリックする。

③ [サイトの設定]ページが表示される。[サイトの操作]セクションにある[このサイトを削除]をクリックする。

④ [削除]をクリックする。

⑤ 右のメッセージが表示されたら、[OK]をクリックする。

⑥ 画面に「Webの削除」と表示されたら、削除完了である。[サイトに戻る]をクリックすると親サイトにアクセスできる。

親サイト側から直下にあるサイトを削除することもできます。まず、Webブラウザーを使って削除予定のサイトの親のサイトにアクセスし［設定］→［サイトの設定］をクリックします。次に［サイトの設定］ページの［サイトの管理］セクションにある［サイトとワークスペース］をクリックします。するとサブサイトが一覧表示されます。目的のサイト名の右端にある［×］をクリックするとサイトを削除できます。複数のサブサイトを削除する必要がある場合は、いちいちサブサイトにアクセスする必要がないため、この画面から操作した方が便利です。ちなみにこのページにも［作成］リンクがあり、新たにサブサイトを作成することも可能です。

3 サイトをテンプレート化しよう

　各サイトはテンプレート化できます。テンプレート化したサイトは、他のサイトコレクションにインポートして利用することも可能です。テンプレート化した場合にサポートされる対象は次のとおりです（主なもの）。

- リスト、ライブラリ
- リストのビュー
- カスタムフォーム
- コンテンツタイプ
- ナビゲーション

サポート対象外は次のとおりです。

- カスタマイズしたアクセス許可レベル
- SharePointグループ
- SharePointアドイン
- リストやライブラリのバージョン履歴
- ユーザーとグループ列の値

　サイトコレクションのフィーチャーである「SharePoint Server発行インフラストラクチャ」がアクティブ化されていると、サイトのテンプレート化は行えません。注意しましょう。

サイトをテンプレート化しよう

　テンプレート化すると、そのサイトコレクション内で新規にサブサイトを作成する際に利用できるようになります。ちなみに、テンプレート化するとwspという拡張子を持つファイルが生成されます。このファイルは、トップレベルサイトの「ソリューションギャラリー」に格納されます。そのため、サブサイトをテンプレート化する場合はトップレベルサイトの管理権限も必要です。

❶ Webブラウザーを使って、目的のサイトにアクセスする。

❷ ［設定］（歯車のアイコン）をクリックし、［サイトの設定］をクリックする。

❸ ［サイトの操作］セクションにある［テンプレートとしてサイトを保存］をクリックする。

❹ ［ファイル名］を入力する。

❺ ［テンプレート名］と［説明］を入力する。

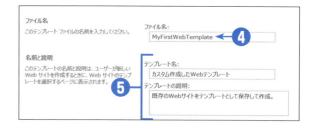

❻ 必要に応じて、[コンテンツを含む]をオンにする。これにより、既存サイト内のリストやライブラリ内のコンテンツも含めてテンプレート化できる。ただし、最大ファイルサイズは50MBまでであり、セキュリティ情報などは保持されない。利用するなら、サンプルデータを入れておく程度に留める必要がある。

❼ [OK]をクリックする。

❽ [OK]をクリックする。

作成されたテンプレートを確認するには、トップレベルサイトにアクセスし、[サイトの設定]ページの[Webデザイナーギャラリー]セクションにある[ソリューション]をクリックして、「ソリューションギャラリー」にアクセスします。

ヒント

テンプレートは削除できる？

テンプレートは、ソリューションギャラリーから削除できます。サイト作成時に利用するだけであり、作成後は参照されません。そのため、テンプレートを削除しても、そのテンプレートから作成したサイトには影響しません。

別のサイトコレクションにテンプレートをアップロードしよう

ソリューションギャラリーからサイトテンプレートをダウンロードしたら、別のサイトコレクションのソリューションギャラリーにアップロードできます。こうすることで、別のサイトコレクションでもこのテンプレートが利用できるようになります。

アップロードは、リボンメニューの［ソリューション］タブの［ソリューションのアップロード］から行えます。

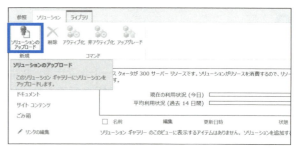

アップロードしたら［アクティブ化］をクリックします。これで、このテンプレートが利用できるようになります。

以上で、サブサイト作成時に新しいテンプレートが選べるようになります。このテンプレートは［ユーザー設定］タブに表示されます。

> **ヒント**
>
> **トップレベルサイトを作成するときにテンプレートを適用するには？**
>
> サーバー管理者がトップレベルサイトを作成する際にカスタム作成したテンプレートを使用するには、テンプレートを選択する際に［ユーザー設定］タブから［＜テンプレートを後で選択＞］を選びます。
>
>
>
> このようにして作成すると、サイトコレクションにアクセスしたときにソリューションギャラリーにアクセスできるようになります。テンプレートファイルをアップロードした後に、サイトテンプレートを選択し直します。
>
>

第5部

SharePointサーバーの基本的な管理を行おう

第28章　サーバー構築に必要な基本事項を確認しよう
第29章　管理ツールを把握しよう
第30章　ファームの基本情報を確認しよう
第31章　サービスアプリケーションとサーバーサービスを管理しよう
第32章　メール送信を構成しよう
第33章　Webアプリケーションを管理しよう
第34章　サイトコレクションを管理しよう
第35章　サーバーの監視機能を把握しよう
第36章　バックアップと復元方法の基本を把握しよう
第37章　更新プログラムの適用方法を確認しよう
第38章　Office 365とのハイブリッド構成の概要を把握しよう

本書の最後となる第5部では、これからサーバーを保守・メンテナンス・管理する立場の方に向け、サーバー管理者向けに最低限把握しておいてほしいサーバー構築の流れと主な管理タスクについて説明します。ただし、キャパシティプランニングについては本書の対象外とします。

サーバー構築に必要な基本事項を確認しよう

第28章

1. サーバートポロジーを把握しよう
2. システム要件を確認しよう
3. サーバーセットアップの流れを確認しよう
4. セットアップ後の主な管理タスクを把握しよう
5. アップグレードと移行について把握しよう

この章では、これからサーバー環境を構築する方はもちろん既にサーバーが構築済みの場合でも最低限把握しておくべき基本事項を説明します。

1 サーバートポロジーを把握しよう

SharePointサーバー上にはさまざまなサービスが動作しており、ごく小規模の場合は単一サーバーで構成しますが、多くの場合は複数サーバー構成にして負荷分散や冗長化を行います。そのため、サーバートポロジーについて知っておく必要があります。決定したサーバートポロジーによって、サーバーのシステム要件も若干変わってきます。

SharePointサーバーとSQLサーバーの関係を把握しよう

SharePointは、必ずSQL Serverと共に動作する製品です。ユーザーが作成したリストやライブラリのデータは、すべてSQL Serverのデータベースに格納されます。たとえば、Officeドキュメントや画像などのファイルは、バイナリ形式（BLOB）でデータベースに格納されます。ユーザーがアクセスするのはSharePointサーバーですが、内部的にはSharePointとSQL Serverの間でさまざまな処理が行われています。

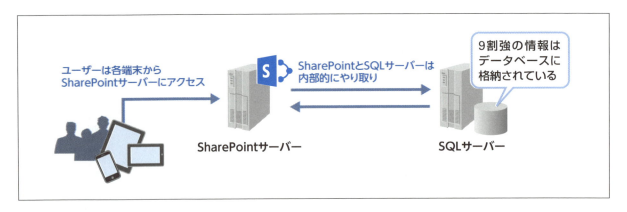

ところで、SharePoint Server 2013までは、インストール時に［スタンドアロン］または［完全］のいずれかを選ぶオプションがありました。［スタンドアロン］を指定すると、SharePoint Server 2013のインストーラーに付属するSQL Server 2008 R2 Express Edition SP1（英語版）も自動的にインストールされます。このSQL Serverは無償版であり、データベースの最大容量に制限などがあります。一方の［完全］を指定する場合は、別途SQL Serverを事前にインストールしておく必要があります。運用環境では［完全］を選択するのが一般的です。しかし、SharePoint Server 2016からは［スタンドアロン］オプション指定がなくなり、無償版のSQL Serverが自動的にセットアップされることはなくなっています。そのため、SharePointサーバーを構築する場合は、必ず先にSQL Serverを構築しておく必要があります。

SharePoint Server 2013
セットアップ時に［サーバーの種類］タブと［ファイルの場所］タブが表示され、［サーバーの種類］タブから［完全］または［スタンドアロン］オプションが選択できるようになっている

SharePoint Server 2016
SharePoint 2013とは異なり、［サーバーの種類］タブは表示されず、［ファイルの場所］タブのみになっている

ファーム構成を理解しよう

　SharePointは、複数サーバーが協働して動作するSharePointサーバーファームとして構築します。一般的に、負荷分散や冗長化の目的でWebサーバーを複数台構築して稼働させる環境はWebファームと呼ばれますがSharePointも同様です。そのためサーバー管理者も複数のサーバーを管理する意味合いから**ファーム管理者**と呼ばれます。

　SharePointのサーバーファームは組織内に複数作成できます。たとえば、次のように目的別に複数構築したりします。

- 検証用ファーム
- 開発用ファーム
- 運用ファーム（英語だと、Production Farmと呼ばれます）

　ファーム構成についてもう少し詳細を見てみましょう。複数サーバーが連関しあって動作するわけですが、「何をもってファームと呼ぶのか？」という点が非常に重要です。SharePointは、前述したとおりSQL Serverがなければ動作しないシステムであり、データベースが要となっています。SharePointは、SQL Serverに対してさまざまなデータベースを作成します。主に次の3種類に分かれます。

データベースの名称	説明	既定のDB名
構成データベース	ファーム内の全サーバーで共有する構成情報を格納。ファーム内には必ず1つだけ存在する	SharePoint_Config
コンテンツデータベース	サイトコレクション内にユーザーが作成するコンテンツ（主にリストやライブラリなどのデータ）を格納する。これ以外にもアクセス制御リストも保持する	WSS_ContentまたはWSS_Content_＜GUID＞
各サービスアプリケーション用のデータベース	各サービスアプリケーションが必要とするさまざまなデータを格納する	各サービスアプリケーションによって異なる

サーバー構成の要になるのが"構成データベース"です。SharePointのセットアップ時に「SharePoint 2016製品構成ウィザード」を必ず実行しますが、このウィザードはSharePointサーバーファームの1台目を作成する際に構成データベースを作成します。2台目以降のサーバーをファームに追加する際には新規には作成せず、既存の構成データベースを共有していくことになります。つまりは、構成データベースを共有するサーバー群が"SharePointサーバーファーム"であると言えます。

なお、ファーム内のすべてのサーバーは同一バージョンでなくてはなりません。同一ファーム内に1台だけSharePoint Server 2013が混じっているとか、他がSharePoint Server 2016Enterprise Editionなのに1台だけStandard Editionが混じっているといった構成にはできません。

SharePointサーバーファームの概要イメージ

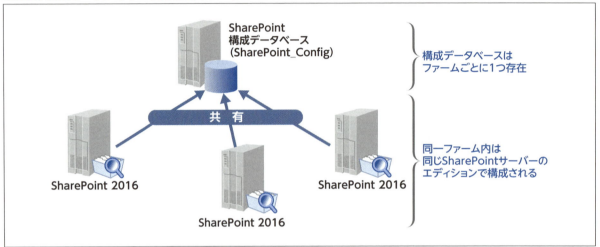

サーバーサービスとMinRoleについて把握しよう

SharePoint Server 2016には、SharePoint固有のサービスが複数あります。主に次のようなサービスがあります（管理UI上はHiddenとなっているサービスもあるためすべてではありません）。SharePointサーバーのセットアップ完了後に、これらのサービスをどのサーバーで開始するのかを、ファーム管理者は事前に決定しておく必要があります。

- Access Service 2010
- Access Services
- App Management Service
- Application Discovery and Load Balancer Service
- Business Data Connectivity Service
- Claims to Windows Token Service
- ロータスノーツコネクタ
- Machine Translation Service
- Managed Metadata Web Service
- Microsoft SharePoint Foundation Administration
- Microsoft SharePoint Foundation Incoming E-mail

- Microsoft SharePoint Foundation Outcoming E-mail
- Microsoft SharePoint Foundation Sandboxed Code Service
- Microsoft SharePoint Foundation Subscription Settings Service
- Microsoft SharePoint Foundation Timer
- Microsoft SharePoint Foundation Web Application
- Microsoft SharePoint Foundation Workflow Timer Service
- Microsoft SharePoint Insights
- PerformancePoint Service
- PowerPoint変換サービス
- Project Server Application Service
- Request Management
- Search Administration Web Service
- Search Host Controllerサービス
- 検索クエリおよびサイト設定サービス
- Secure Store Service
- SharePoint Server Search
- User Profile Service
- Visio Graphics Service
- Word Automation Services
- サーバーの全体管理

　SharePoint Server 2013までは、ファーム管理者が個別にサーバーごとにサービスの開始や停止を指定しており、このための指標として次のようなトポロジーを参考にしていました。

トポロジー	説明
従来のトポロジー	SharePoint Server 2007、2010などで利用されてきた構成であり、主に次の3層構成となる ・フロントエンド（WFE：Web Front-endとも呼ばれる）サーバー ・アプリケーションサーバー ・データベースサーバー
簡略化されたトポロジー（Streamlined Topology）	SharePoint Server 2013から新たに導入された概念であり、主に次の3層構成となる ・フロントエンド（WFE：Web Front-endとも呼ばれる）サーバー ・バッチ処理サーバー ・データベースサーバー

　前の表にあるように、SharePointサーバーを複数構築する際にはそれぞれ役割を分け、開始するサービスを分けていたわけです。ユーザー数や検索対象のコンテンツが多い大規模ファームの場合は、フロントエンド、アプリケーションまたはバッチ処理だけでなく、検索や分散キャッシュ専用の役割を持つサーバーを追加することもあります。しかし、結局のところ複数あるサービスをどのサーバーで開始するかは自由裁量であり、管理者によってばらつきがありました。
　SharePoint Server 2016からは、**MinRole**という概念が導入されました。これにより、サーバーの役割が明確に分かれ、役割によって必要なサービスが自動的に開始されるようになっています。Office 365環境でのノウハウを生かし、役割ごとにパフォーマンスや信頼性が最適化された状態でサービスが開始されます。これまで人によってばらつきのあったサーバーの役割設定がようやく統一されたと言えます。MinRoleで提供される役割は次のとおりです。

サーバーの役割	説明
フロントエンド	ユーザー要求を処理するサービスアプリケーション、サービス、コンポーネントは、フロントエンドWebサーバーに属する。これらのサーバーは、待ち時間が短くなるように最適化されている
アプリケーション	バックエンド要求（バックグラウンドジョブや検索クロールの要求など）を処理するサービスアプリケーション、サービス、コンポーネントは、アプリケーションサーバーに属する。これらのサーバーは、スループットが高くなるように最適化されている
分散キャッシュ	分散キャッシュに必要なサービスアプリケーション、サービス、コンポーネントをホストする
検索	検索に必要なサービスアプリケーション、サービス、コンポーネントをホストする
ユーザー設定（英語表記はCustom）	サードパーティ製品の多くがMinRoleに対応していないため、下位互換として用意されている。これを選択すると、従来どおりサービスを手動で構成しなければならず、MinRoleの利点は享受できない
単一サーバーファーム	すべてのサービスを1台にインストールする。従来のインストール方法にあった［スタンドアロン］インストールモードに代わる選択肢である。ただし、従来のスタンドアロンオプションとは異なり、SQL Server Express Editionは自動インストールされない。これを選択すると、同一ファームに新たなSharePointサーバーを追加できなくなるので注意する

各役割は、後述する「SharePoint製品構成ウィザード」を実行する際に指定できます。これ以外にも、PSConfig.exeコマンドラインツールやWindows PowerShellコマンドレットを使うことも可能です。また、後から役割を変更することも可能です。

SharePoint製品構成ウィザードの実行

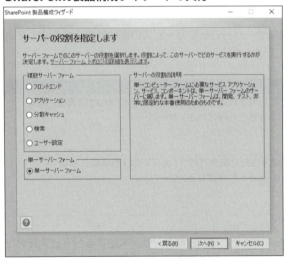

MinRoleを使ってサーバーを構成する場合は、サーバー台数は主に次の3パターンに分かれます。

- **シングルサーバーファーム（1台）**：データベースサーバーのほかに、SharePointを"単一サーバーファーム"の役割で1台で構成する（※この構成では、同一ファームにSharePointサーバーは追加できない）。
- **最小限の複数サーバーMinRoleファーム（4台）**：データベースサーバーのほかに、フロントエンド、アプリケーション、分散キャッシュ、検索の4台を追加する。冗長化しない。
- **大規模な高可用性MinRoleファーム（8台）**：冗長化のためにフロントエンド、アプリケーション、分散キャッシュ、検索をそれぞれ各2台構成にする。

なお、2016年11月にリリースされたSharePoint Server 2016 Feature Pack 1では新たに次のMinRoleが追加されています。

- Front-end with Distributed Cache（フロントエンド＋分散キャッシュ）
- Application with Search（アプリケーション＋検索）

SharePoint Server 2016 Feature Pack 1で提供された新たな役割（英語版の画面例）

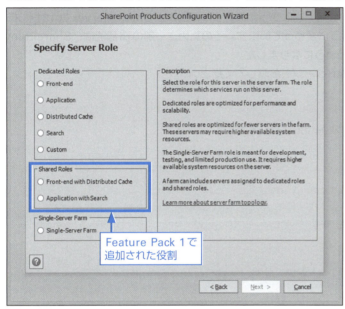

これにより、小規模および中規模のファームで次のパターンが加わります。

- **小規模な高可用性のないMinRoleファーム（2台）：**
  "Front-end with Distributed Cache"と"Application with Search"の2台構成
- **最小の高可用性MinRoleファーム（4台）：**
  "Front-end with Distributed Cache"と"Application with Search"を各2台の計4台構成
- **中規模の高可用性MinRoleファーム、検索に最適化（6台）：**
  "Front-end with Distributed Cache"と"アプリケーション"と"検索"を各2台の計6台構成
- **中規模の高可用性MinRoleファーム、ユーザーに最適化（6台）：**
  "分散キャッシュ"と"フロントエンド"と"Application with Search"を各2台の計6台構成

> **ヒント**
> **各役割に関連するサービスを確認する**
> 各役割に関連するサービスを確認したい場合は、次のWebページを参照してください。
>
> 「SharePoint Server 2016のMinRoleと関連付けられているサービスの説明」
> https://technet.microsoft.com/js-jp/library/mt667910(v=office.16).aspx

Office Online Server 2016について把握しよう

　Office OnlineのサービスはSharePoint Online環境では標準で利用できる機能ですが、オンプレミス環境の場合はSharePoint Server 2016とは別にOffice Online Server 2016を構築する必要があります。また、Office Onlineを利用するには、Officeアプリケーション利用のボリュームライセンス契約が必要です。

　SharePoint Server 2013 SP1より前は、Office Web Apps Serverという名称で提供されていたこのサーバーですが、Office Online Server 2016で大きく異なっているのがExcel Servicesです。この機能は、従来はSharePoint ServerのEnterprise Editionでしか利用できなかったのですが、Office Online Server 2016側に機能が移管され、Excel Onlineの機能に含まれるように変わっています。そのため、一部のBI機能は、SharePoint Server 2016 Standard Editionであっても使えるようになりました。

　Office Online Serverの詳細については次のWebページを参照してください。

「Office Online Server」
https://technet.microsoft.com/en-us/library/jj219456(v=office.16)

Office Online Server 2016の変遷

　Office Online Serverの前身はOffice Web Apps Serverです。SharePoint Server 2013のRTM版がリリースされた時点ではOffice Web Apps Serverという名前でした。これがSharePoint Server 2013のサービスパック1以降からOffice Online Serverという名称に変わります。Office Onlineという呼び名を先に使ったのは、コンシューマー向けのサービスであるOneDriveが先であり、後からオンプレミス環境が追従する形で名称が変わりました。

　ところで、Office Web Apps自体は、SharePoint Server 2010から利用できるサービスです。SharePoint Server 2010まではSharePointサーバー自体に追加インストールしていました。しかしSharePoint Server 2013になってから、SharePoint Serverとは別に専用サーバーを構築するように変わりました。Office Web Appsサーバーが独立したサービスとなったことで、ExchangeサーバーやLyncサーバー/Skype for Businessサーバーなどからも共通してこのしくみを利用できるようになったという経緯があります。ちなみに、さらにさかのぼるとOffice Web Appsよりも前の名称があり、Office Web Application Componentsと呼ばれていた頃もあります。この時代の名残でサーバー名などにWACと設定しているケースも時々見られます。

2 システム要件を確認しよう

　SharePoint Server 2016の「ハードウェアおよびソフトウェアのシステム要件」については、最初に下記のWebページを確認するようにしましょう。日本語のページもありますが、翻訳更新が遅れがちであるためまずは英語のページを参照することをお勧めします。

「Hardware and software requirements for SharePoint Server 2016」
https://technet.microsoft.com/en-us/library/cc262485(v=office.16).aspx

　この節では、主要な情報および関連情報をコンパクトにピックアップして掲載します。

ハードウェア要件を確認しよう

複数サーバーで構成されるファームを想定した、ハードウェアに関する推奨最小要件は次のとおりです。

サーバー	用途	RAM	プロセッサ	ハードディスク領域
SQL Server	最小の推奨サービスのみを稼働する開発環境や評価インストール	16GB	64ビット、4コア	システムドライブに80GB、2番目のドライブに100GB
	開発で利用できるすべてのサービスを稼働するパイロット環境など	24GB		システムドライブに80GB、2番目のドライブと追加ドライブに100GB
SharePoint Server	最小限のサービスのみを稼働させた開発や評価インストール	12GB		システムドライブに80GB、2番目のドライブに80GB
	すべてのサービスを稼働させたパイロット、ユーザー承諾テスト、運用展開インストール	16GB		システムドライブに80GB、2番目のドライブと追加ドライブに80GB

> **ヒント**
>
> **SQL Serverのキャパシティプランニングと構成に関する情報**
>
> SharePoint Server 2016で使用するSQL Serverのキャパシティプランニングと構成にかかわる詳細情報は、次のWebページを参照してください。
>
> 「ストレージおよびSQL Serverの容量計画と構成（SharePoint Server 2016）」
> https://technet.microsoft.com/ja-jp/library/cc298801(v=office.16).aspx

ソフトウェア要件を確認しよう

　データベースサーバーは次のいずれかが必要です。SQL Server Expressはサポートされません。各サーバーはWindows Server 2012 R2 Standard（64ビット版）/Datacenter Edition（64ビット版）、Windows Server 2016のいずれかで稼働している必要があります。

・SQL Server 2014 Service Pack 1（64ビット版）
・SQL Server 2016 RTM

SQL Serverのレポーティング機能やビジネスインテリジェンス（BI）機能を利用したい場合、SharePoint Server 2016は次の2つをサポートしています。BI機能の一部はSharePoint Server 2016 Enterprise CALが必要となります。

- SQL Server 2016 Reporting Services（SSRS）
- SQL Server 2016 Analysis Services（SSAS）

> **ヒント**
>
> **Standard CALとEnterprise CALとの機能差**
>
> StandardとEnterpriseのCALの違いにより、利用できる機能に違いがあります。詳細については次のWebページを参照してください。
>
> 「**SharePointオンプレミスの各プランで利用できる機能**」
> https://technet.microsoft.com/ja-jp/library/sharepoint-online-service-description.aspx#bkmk_FeaturesOnPremise

SharePointサーバーは、次のいずれかのオペレーティングシステム上にインストールします。いずれもServer Coreはサポートされません。

- Windows Server 2012 R2 StandardまたはDatacenter（64ビット版）
- Windows Server 2016

> **ヒント**
>
> **ReFSのサポート**
>
> SharePoint Server 2016では、ファイルシステムとしてNTFSだけでなく、新たにReFS（Resilient File System）をサポートしています。ReFSは、Windows Server 2012から導入されたファイルシステムです。

3 サーバーセットアップの流れを確認しよう

SharePoint Server 2016のセットアップの大まかな作業の流れは次のとおりです。

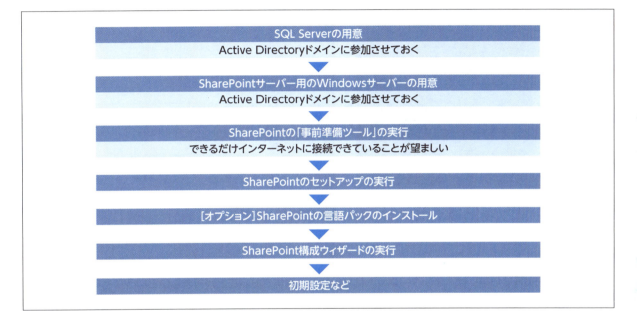

SharePointのインストール前に必要なアカウントの準備などについては、次のWebページを参照してください。

「Prepare for installation of SharePoint Server 2016」
https://technet.microsoft.com/en-us/library/ff608031(v=office.16).aspx

また、SharePointのインストール手順の詳細については、次のWebページを参照してください。

「Install SharePoint Server 2016」
https://technet.microsoft.com/en-us/library/cc303424(v=office.16).aspx

日本語の資料として「SharePoint Server 2016評価の為のインストール・構成・新機能ガイド」も下記のURLからダウンロードできます。

https://www.microsoft.com/ja-jp/download/details.aspx?id=53319

この節では、各手順のうち把握しておくべきポイントを重点的に解説します。先にこれらを読んでから、マイクロソフトの各TechNetのページを参照するとより理解が深まります。

事前準備ツールの実行についてポイントを押さえよう

SharePoint Server 2016をインストールするWindowsサーバーが用意できたら、最初に実行するのが「Microsoft SharePoint 2016製品準備ツール（prerequisiteinstaller.exe）」です。これは、SharePointのセットアップ前に実行する準備ツールです。

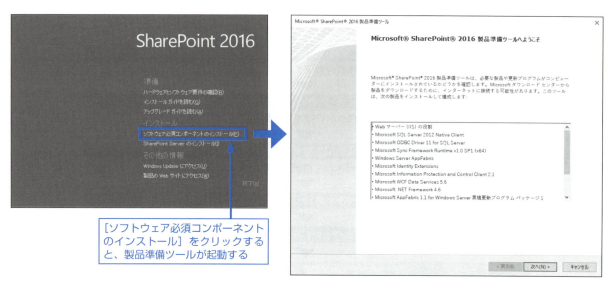

［ソフトウェア必須コンポーネントのインストール］をクリックすると、製品準備ツールが起動する

このツールを実行する際には、インターネットに接続できる環境であることが望ましいということを覚えておきましょう。既定では、ウィザードが必要なコンポーネントの一部をインターネットからダウンロードしてくるためです。このウィザードにより、次のソフトウェアが順にインストールされます。

1. アプリケーションサーバーの役割、Webサーバー（IIS）の役割
2. Microsoft SQL Server 2012 SP1 Native Client
3. Microsoft ODBC Driver 11 for SQL Server
4. Microsoft Sync Framework Runtime v1.0 SP1（x64）
5. Windows Server AppFabric 1.1
6. Windows Identity Foundation（KB974405）
7. Windows Information Protection and Controlクライアント2.1
8. Microsoft WCF Data Services 5.6
9. Microsoft .NET Framework 4.6
10. Windows ServerのMicrosoft AppFabric 1.1の累積的更新プログラムパッケージ7（KB3092423）
11. Visual Studio 2012のVisual C++再頒布可能パッケージ
12. Visual Studio 2015のVisual C++再頒布可能パッケージ

インターネットに直接接続できない場合は、事前に必要なコンポーネントをダウンロードしてからウィザードを実行する方法もあります。ただし、オフラインでのセットアップはコンポーネントの事前ダウンロードに手間がかかるうえ、エラーが出やすいためその対応に時間がとられがちです。インターネット接続できている方が、セットアップをすばやく進められます。

とはいえ、どうしてもインターネット接続が困難である場合はオフラインでのセットアップが必要です。日本マイ

クロソフトの「Japan SharePoint SupportTeam Blog」にも当該記事が掲載されていますので、これを参照するとよいでしょう。

「**SharePoint Server 2016のオフラインインストール**」
https://blogs.technet.microsoft.com/sharepoint_support/2016/04/05/sharepoint-server-2016- のオフライン-インストール/

セットアップの実行についてポイントを押さえよう

　事前準備ツールを実行したら、次にセットアップを開始します。インストーラーのスプラッシュ画面から[SharePoint Serverのインストール]をクリックすると、開始されます。サーバーのプロダクトキーが必要となるため、事前に準備しておきます。その他、「マイクロソフトソフトウェアライセンス条項」への同意、インストール先の指定を経て、インストールを行います。これにより、必要なファイルのコピーなどが行われます。

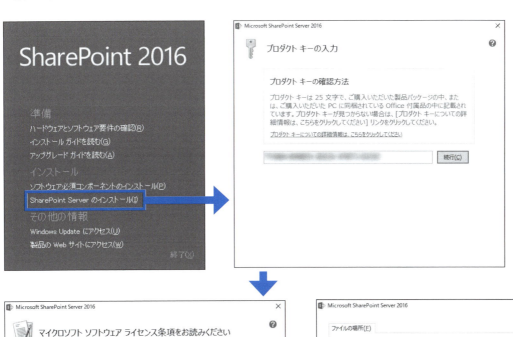

セットアップが終わると、続いて「製品構成ウィザードの実行」を促されます。これは後から実行できるため、チェックボックスをオフにしてセットアップのみを終了させてもかまいません。

言語パックの適用やサーバーのイメージ作成を行う場合はオフにして、[閉じる] をクリックする

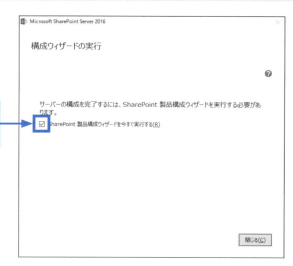

　この段階であれば、システムイメージを作成できます。イメージを作成しておけば、そのコピーから複数のSharePointサーバーをすばやく追加できます。この後に実行する「SharePoint製品構成ウィザード」実行後は、イメージ作成はできないので注意しましょう。セットアップのみを終了させた後は、必要に応じて言語パックを適用するなどしてイメージ作成の準備をしておきます。これが完了したら、Sysprep.exeなどを使ってイメージを作成します。

> **ヒント**
>
> **SharePointの言語パック**
> サイトをMUI（多言語UI）で構成するには、言語パックのインストールが必要です。下記のURLから対象となる言語の言語パックをダウンロードしてインストールしましょう。
>
> 「SharePoint Server 2016の言語パック」
> https://www.microsoft.com/ja-jp/download/details.aspx?id=51492

製品構成ウィザードの実行についてポイントを押さえよう

　セットアップが完了したら、「SharePoint 2016製品構成ウィザード」（PSConfigui.exe）を実行します。このウィザードは［スタート］メニューから起動できます。

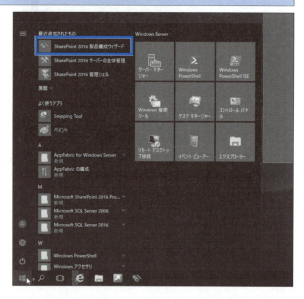

初めてSharePointファームを作成する場合は、このウィザードによって構成データベースが作成されます。また、サーバー管理用のWebサイトである「サーバーの全体管理サイト」も作成されます。既にファームが作成されており、追加のSharePointサーバーをセットアップする場合もこのウィザードの実行が必要です。

新たにファームを作成する際に「構成データベースの設定」を行います。このときに指定する「データベースアクセスアカウント」は、既定のファームアカウントやシステムアカウントとも呼ばれる重要なアカウントです。このアカウントは、Active Directory上の特権を持たない一般ユーザーアカウントでよく、事前に作成しておきます。ウィザード内でこのアカウントを指定することで、SQL ServerやSharePoint内のデータに対して必要な特権が付与されるようになっています。

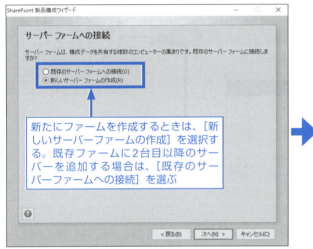

新たにファームを作成するときは、［新しいサーバーファームの作成］を選択する。既存ファームに2台目以降のサーバーを追加する場合は、［既存のサーバーファームへの接続］を選ぶ

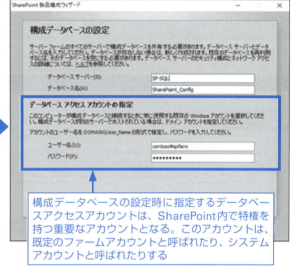

構成データベースの設定時に指定するデータベースアクセスアカウントは、SharePoint内で特権を持つ重要なアカウントとなる。このアカウントは、既定のファームアカウントと呼ばれたり、システムアカウントと呼ばれたりする

また、ウィザードを進めていくと、前述したMinRoleの指定画面が表示されます。ここで必要な役割を指定します。

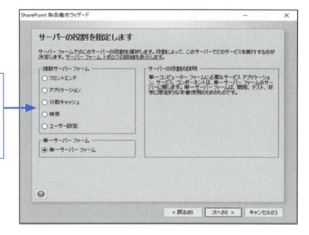

［単一サーバーファーム］を選択すると、負荷分散や冗長化などのためにSharePointサーバーを追加できない。サーバーを追加するのであれば、［複数サーバーファーム］内のいずれかの役割を指定すること

単一サーバーファームを選択すると、同一ファーム内にはSharePointサーバーを追加できません。そのため、負荷分散や冗長化をする場合は、［複数サーバーファーム］のいずれかの役割を選択します。ただし、単一サーバーファームを指定しても、後から複数サーバーファームの役割に変換することは可能です（後述する「ファーム構成ウィザード」実行前に変更すると最もトラブルが少ない）。詳しくは次のWebページを参照してください。

「Managing a MinRole Server Farm in SharePoint Server 2016」
https://technet.microsoft.com/en-us/library/mt743705(v=office.16)

ウィザードが完了するとWebブラウザーが起動し、サーバーの全体管理サイトが表示されます。

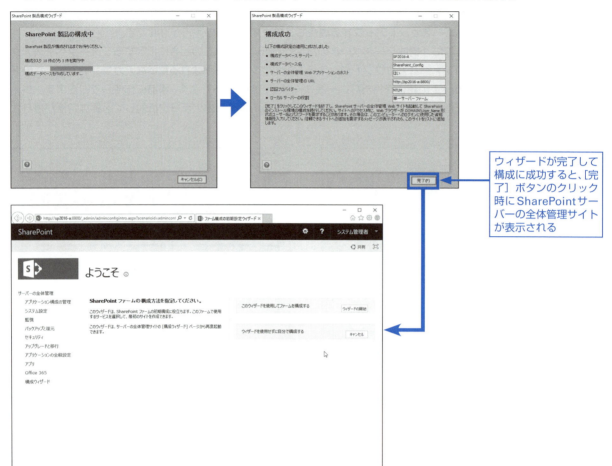

この後、「サーバーの全体管理サイト」またはWindows PowerShellなどを使ってさまざまな初期設定や追加構成を行っていくことになります。

4 セットアップ後の主な管理タスクを把握しよう

セットアップ完了後には、ファーム管理者は主に次のような基本的な管理タスクを行う必要があります。

管理タスク	説明
電子メールの送信設定	SharePointサーバーから電子メールを送出できるよう構成する。受信設定はオプションだが、送信メールの設定は必須である。この設定が構成されていないと、アクセス権限管理などを行う際に不具合が生じることがある
サービスアプリケーションの構成と管理	SharePoint上ではユーザーに対してサービスを提供できるようになっているが、これは「サービスアプリケーション」として管理する。たとえば、検索サービスやユーザープロファイルサービス、管理メタデータサービスなどがある
Webアプリケーションの管理	Webアプリケーションの新規作成や拡張を行う。その他にもWebアプリケーションに対して関連付けられているコンテンツデータベースの管理などもある
サイトコレクションの管理	サイトコレクションの作成を行う。また、クォータテンプレートの管理と適用、サイトコレクションの管理者の設定なども行う
セキュリティに関する設定	サービスアカウントの管理やアップロードできるファイルの種類の指定、認証設定、SharePoint上で動作するカスタムソリューションに関するセキュリティ構成を行う
更新プログラムの適用	製品に不具合やセキュリティに関する問題が見つかった場合に更新プログラムがマイクロソフトから提供される。これは毎月提供されている
サーバーの監視	SharePointに搭載されている健康診断ツールであるHealth Analyzerが、サーバー構成に関して問題がある場合に定期的に警告を表示する。この情報を参考に構成の見直しなどを行える。また、SharePointログの構成を行う。Windowsサービスの監視、SQL Serverの監視なども含まれる。Microsoft System Center 2012 - Operations Manager以降を使っている場合は、System Center Management Pack for SharePoint Server 2016を利用した管理もできる
データベースの管理	データベースは、既定ではトランザクションログが肥大化する可能性があるため、定期的にログの切り捨てを行う必要がある。また、データベースの初期サイズを定期的に見直し、データベースの自動拡張が行われていないか確認する。データベースの自動拡張が行われると処理オーバーヘッドが増大するため、ユーザーに対するレスポンスが低下する可能性がある
バックアップと復元	バックアップ計画を立てて実行する。サードパーティ製品を使ったバックアップや復元なども含まれる

> **ヒント**
>
> **SSLによるデータ保護**
>
> SharePoint 2016では、SSLを使って通信データを保護できます。サポートされるTLSプロトコルは次のとおりです。
>
> ・TLS 1.0、TLS 1.1、TLS 1.2
>
> SSL 3.0は完全にはサポートしていません。セキュリティの脆弱性の問題により、SSL 3.0プロトコルは完全に無効化することが推奨されています。詳細については次のWebページを参照してください。
>
> 「SharePoint 2016でサポートされるSecure Sockets Layer（SSL）およびトランスポート層セキュリティ（TLS）プロトコル」
> https://technet.microsoft.com/ja-jp/library/mt757255(v=office.16).aspx

5 アップグレードと移行について把握しよう

　この節では、SharePoint Server 2013以前のバージョンのSharePointサーバーからのアップグレードについて基本事項を説明します。

アップグレードパスについて知っておこう

　SharePoint Server 2010以前のバージョンからの直接アップグレードはできません。必ず、次に示すように1つ前のバージョンから次バージョンへの段階的なアップグレードステップを踏むことになります。SharePoint Server 2016へ直接アップグレードできるのは、SharePoint Server 2013のみです。

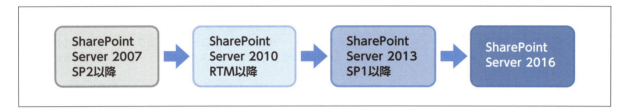

　これ以外にも、サードパーティ製品を使ってコンテンツだけ移動する方法もあります。

> **ヒント**
>
> **SharePoint Server 2016で利用できなくなった機能**
>
> SharePoint Server 2016から利用できなくなったり削除されたりした機能があります。次のWebページで詳細を確認するようにしましょう。
>
> 「SharePoint Server 2016で使用されなくなった機能と削除された機能」
> https://technet.microsoft.com/ja-jp/library/mt346112(v=office.16).aspx

アップグレード方法を把握しよう

　アップグレード手順は、SharePoint Server 2010からSharePoint Server 2013へアップグレードする場合とほとんど変わりません。インプレースアップグレードはサポートされていないため、必ず新バージョンのSharePointサーバーファームを別途構築し、必要なデータベースのみをアタッチすることでアップグレードします。

　SharePoint Server 2013には、サイトコレクションに"SharePoint 2013"モードと"SharePoint 2010"モードの2つが存在していました。SharePoint 2010モードは俗に14.5モードとも呼ばれます。この14.5モードはSharePoint 2016ではサポートされていないため、SharePoint 2013モードに変換しておく必要があります。

　アップグレードがサポートされるデータベースは次のとおりです。

- すべてのコンテンツDB
- サービスアプリケーションの一部
    - Business Connectivity Services
    - PerformancePoint
    - Managed Metadata
    - Secure store
    - User Profileデータベース
    - 検索管理（インデックスデータベースやプロパティデータベースは含まない）

ポイント　SharePointの開発コードネームと番号の関係

　SharePointに携わっていると、12、14、15、16といった数字にさまざまな場所で出くわします。たとえばURLなどに見つけることがあるでしょう。これらはSharePointの開発コードネームに関係があります。主なSharePointの開発コードネームは次のとおりです。

製品	開発コードネーム
SharePoint Server 2007	Office Server 12
SharePoint Server 2010	Office Server 14
SharePoint Server 2013	Office Server 15

※13は欧米では忌み数となっているため使われなかった模様

　SharePoint 2010モードのサイトコレクションは、14と15の中間にあたるという意味で14.5となっているようです。

トポロジーについて再考しよう

　SharePoint 2016では新たにMinRoleが導入されているため、トポロジーの考え方が大きく異なります。SharePoint 2013までのトポロジーは適宜見直し、SharePoint 2016に適するようにしましょう。サードパーティ製品を導入している場合は、対応状況なども確認しておく必要があります。

アップグレードに関する詳細情報を確認しよう

　SharePoint 2016へのアップグレートに関する情報は、次のWebページから確認するようにしてください。

「Upgrade to SharePoint Server 2016」
https://technet.microsoft.com/en-us/library/cc303420(v=office.16).aspx

管理ツールを把握しよう 第29章

1 サーバーの全体管理サイトの概要を把握しよう
2 Windows PowerShellによる管理方法の概要を把握しよう

この章では、SharePoint 2016に標準搭載されている管理ツールについて説明します。

1 サーバーの全体管理サイトの概要を把握しよう

SharePoint Server 2016のインストールが終わり製品構成ウィザードの実行が完了すると、サーバー管理者はさまざまな管理が行えるようになります。SharePoint標準の管理ツールは次の2つに大別できます。

- **Webベース（GUIベース）の管理ツール**
  - サーバーの全体管理サイト
- **スクリプトベースの管理ツール**
  - Windows PowerShell

最もよく利用されるのが「サーバーの全体管理（Central Administration）」サイトです。コマンドラインベースのツールに比べると、直感的に作業が開始しやすいためです。このサイトは、SharePointサーバーファームを構築する際に選択するMinRoleでの役割は関係なく、最初に構築したSharePointサーバーに必ずインストールされます（より具体的に言うと、当該サーバー上のIISサイト上にこのサイトがホストされることになります）。

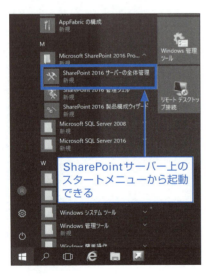

SharePointサーバー上のスタートメニューから起動できる

サーバーの全体管理サイト

URLがわかれば、リモートからでもWebブラウザーを使って直接アクセスできる

SharePointサーバー上からアクセスする場合は、[スタート]メニューから[SharePoint 2016サーバーの全体管理]をクリックすれば、Webブラウザーが起動しサイトにアクセスできます。もちろん、URLがわかっていればリモートからでも直接アクセスできます。

> **ヒント**
> **サーバーの全体管理サイトをホストするサーバーの追加や削除**
> サーバーの全体管理サイトをホストするサーバーの追加や削除は、次のいずれかで行えます。
>
> - サーバーの全体管理サイトの[システム設定]カテゴリにある[サーバーサービス]
> - Windows PowerShell コマンドレット（New-SPCentralAdministration/Remove-SPCentralAdministration）
> - psconfig.exe -cmd adinvs の実行

主な管理タスクを把握しよう

このサイトから主に次のような管理タスクが行えます。

・送信メール設定
・Webアプリケーションの作成と管理
・サイトコレクションの作成
・コンテンツデータベースの管理
・サーバーサービスの管理
・サービスアプリケーションの管理と構成
・ファーム全体の正常性の監視

サーバーの全体管理サイトにアクセスできるユーザーを把握しよう

　サーバーの全体管理サイトもSharePointサイトの1つであり、サイトにはFarm Administratorsという名前のSharePointグループが用意されています。このグループは、「ファーム管理者グループ」とも呼ばれます。このグループにメンバー追加すれば、サイト上からさまざまな管理タスクを実行できるようになります。このグループへのメンバー追加の手順は次のとおりです。

❶ サーバーの全体管理サイトにアクセスする。

❷ トップページの［セキュリティ］セクションにある［ファーム管理者グループの管理］をクリックする。

❸ ［新規］をクリックし、［ユーザーの追加］をクリックする。

❹ メンバーを指定する。

❺ ［共有］をクリックする。

管理者によって異なる権限の違いを知ろう

ファーム管理者グループのメンバーは、「サーバーの全体管理」サイトからさまざまなタスクが行えるとはいえ、ユーザーによっては管理メニューが表示されなかったり、グレーアウトしてメニューが利用できなかったりすることがあります。一部の操作には、実際にはSharePointサーバーのローカル管理者権限を必要とするものがあるためです。サーバーの全体管理サイト内のファーム管理者グループに追加しただけでは、こうした権限は付与されません。そのため、たとえばWebアプリケーションの新規作成やサービスアプリケーションの作成などは、必要な権限を満たしていないと実行できません。

> **ヒント**
>
> **スタートメニューからのサーバーの全体管理サイトの起動**
>
> SharePointサーバー上でスタートメニューから［SharePoint 2016 サーバーの全体管理］を起動する場合は、内部的には次のようなコマンドが実行されます。
>
> `%ProgramFiles%¥Common Files¥microsoft shared¥Web Server Extensions¥16¥BIN¥psconfigui.exe -cmd showcentraladmin`
>
> これにより、レジストリに格納されているサーバーの全体管理サイトのURLにアクセスできるようになっています。そのため、スタートメニューから起動する場合はローカルの管理者権限が必要になっています。ちなみに、PSConfigui.exeはSharePoint製品構成ウィザードの実体でもあります。

サーバーの全体管理サイトには、もう1つのビルトインのSharePointグループとして"Delegated Administrators"グループがあります。このメンバーは、サービスアプリケーションの管理タスクだけを実行できます。

Delegated Administratorsのメンバーがサーバーの全体管理サイトにアクセスすると、［サービスアプリケーションの管理］メニューしか表示されない

2 Windows PowerShellによる管理方法の概要を把握しよう

SharePointサーバーの全体管理サイトでもさまざまな管理タスクを実行できますが、リモートアクセスを前提としているため、セキュリティ上一部の機能が制限されています。そもそもSharePointサーバーの全体管理サイトは、直感的に操作できるとはいえ、繰り返し処理などには不向きでもあります。そのため、一部のタスクはWindows PowerShellによる管理が可能です。この場合、Windows PowerShellはSharePoint上で直接実行することが前提となります。

> **ヒント**
>
> **Windows PowerShellとは**
>
> Windows PowerShellは、マイクロソフトが提供するCUIベースの管理シェルです。SharePoint 2016のインストール対象であるWindows Server 2012 R2 SP1およびWindows Server 2016に標準搭載されています。Windows PowerShellは、.NET Frameworkで提供されているほとんどの機能を呼び出すことができ、プログラムを実行できます。また、管理対象のスナップインを読み込むことで、ローカルサーバーやActive Directory、Exchange Server、Skype for Business Serverなどの管理もできます。Windows PowerShellで使用する構文は「動詞＋名詞」となっており、理解しやすくなっています。また、C#とよく似た言語記述方式となっており、簡単なプログラム処理ができます。たとえば、条件分岐や繰り返し処理なども記述できます。

SharePoint 2016上には、Windows PowerShellでの管理用にコマンドレットが数多く用意されており、Webアプリケーション、サイトコレクション、サイト、リストなどを操作できます。ただし、Windows PowerShellからすぐにSharePoint用のコマンドレットが利用できるわけではありません。事前にMicrosoft.SharePoint.PowerShellと名付けられたスナップインを読み込む必要があります。SharePointをインストールすると、スタートメニューに［SharePoint 2016管理シェル］が追加されますが、このツールは起動時に前述のスナップインを自動的に読み込むように設定されています。ゼロからスクリプトを作成する場合はWindows PowerShell ISEを使いますが、この場合は次のコマンドレットを実行して、SharePointのスナップインを追加しておく必要があります。

```
Add-PSSnapin Microsoft.SharePoint.PowerShell
```

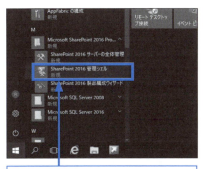

SharePoint 2016の管理シェルはSharePointサーバー上で実行できる

「Get-Command –Verb Get –Noun "SP*"」を実行し、Getで始まるSharePoint関連のコマンドレット一覧を取得している

Windows PowerShellを実行できるユーザーを確認しよう

　Windows PowerShellによる管理権限は、既定ではSharePointのセットアップアカウントに割り当てられますが、このアカウント以外のファーム管理者は既定では管理権限を持ちません。たとえば、サーバーの全体管理サイトにしかアクセス権限のないユーザーがSharePoint 2016管理シェルを起動しても、次のようなメッセージが表示されコマンドレットを利用できません。

　PowerShellでの管理を許可するには、Add-SPShellAdminコマンドレットを実行し、必要なユーザーを追加する必要があります。詳細は次の資料を参照してください。

「Add-SPShellAdmin」
https://technet.microsoft.com/ja-jp/library/ff607596(v=office.16).aspx

参考資料について

　Windows PowerShellを使ったSharePointサーバーの管理の基本は、SharePoint 2013と変わりません。初めてPowerShellで管理を行う方は次の資料を参照するとよいでしょう。

「Windows PowerShellを使用してSharePoint 2016を管理する」
https://technet.microsoft.com/ja-jp/library/ee806878(v=office.16).aspx

　SharePoint Server 2016用のコマンドレットのリファレンスは、次の資料を参照してください。

「SharePoint Server 2016用のWindows PowerShell」
https://technet.microsoft.com/ja-jp/library/ee662539(v=office.16).aspx

 もう1つの管理ツール"STSADM.exe"について

　SharePointの古いバージョンから提供されているコマンドラインベースの管理ツールがSTSADM.exeです。Windows PowerShellが登場するまではこれが主流でした。しかし、現在はWindows PowerShellの利用が推奨されており、将来的にこのツールは利用できなくなることがマイクロソフトにより告知されています。ちなみに、頭の"STS"は、昔SharePointがSharePoint Team Servicesと呼ばれていた頃の頭文字を取っており、このAdministrationツールとしてSTSADMという名称になっているようです。

ファームの基本情報を確認しよう

第30章

1 ファーム内の基本構成を把握しよう
2 ファーム内のサーバー情報を確認しよう
3 サーバーの役割を変更しよう

この章では、ファーム内の基本構造や各サーバーに関する各種情報の基本的な確認方法について説明します。

1 ファーム内の基本構成を把握しよう

ファーム内の各サーバーの情報などを確認していく前に、ファーム内の基本構成を確認しましょう。

IISと.NET FrameworkとSharePointの関係を把握しよう

　SharePointでは、ユーザーがWebブラウザーを使いさまざまな端末からアクセスできるようになっていますが、これを支えているのはInternet Information Services（以下、IIS）です。IISは、Windows 2000以降に搭載されているWebサーバー機能であり、SharePointはWindows OSに搭載されているIISを利用して動作します。そのため、SharePointサーバーのセットアップ時には、「事前準備ツール」を実行するときにIISがインストールされるようになっています。たとえば、フロントエンドWebサーバーの役割となっているSharePointは、ユーザーからのサイトへのアクセス要求を受け取ると、ローカルにインストールされているDLLなどを呼び出し、バックエンドのSQL Serverとやり取りします。9割強の情報はSQL Serverのデータベースに格納されているため、適宜SQLなどを発行してその結果をSharePointが受け取り処理し、ユーザーにデータを返します。また、SharePoint上の各ページはASP.NETで構成されており、これもまた、SharePointがインストールされているWindowsサーバー上のランタイム環境である.NET Framework 4.6と連関して動作しています。.NET Framework 4.6も、「事前準備ウィザード」の実行でインストールされます。

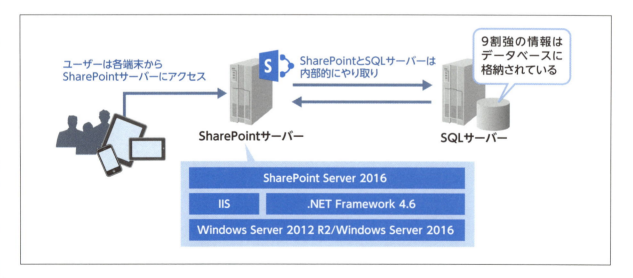

Webアプリケーションの概念を把握しよう

　SharePointファームを管理するうえで把握しておく必要がある概念の1つが、「Webアプリケーション」です。一般的にイメージするWebアプリケーションとは意味が異なるため注意しましょう。SharePointのWebアプリケーションとは、簡単に言えばIIS Webサイトとコンテンツデータベースを関連付けた論理的な管理単位です。そもそもフロントエンドの役割のサーバーでは、Microsoft SharePoint Foundation Web Applicationというサービスを開始する必要があり、MinRoleで役割を指定すれば自動的にこのサービスが開始されます。サービスが開始される

と、SharePointをホストするIIS Webサイトが自動作成されます。ユーザーは、このIISサイトを経由してさまざまな情報にアクセスすることになりますが、フロントエンドは負荷分散のために複数サーバー構成にできるので、どのサーバー経由でも同一のコンテンツを参照できる必要があります。また、関連する複数のIISサイトを一括管理できるようになっている必要もあります。Webアプリケーションでは、こうしたIISサイトと関連するコンテンツデータベースを結び付けて管理できるようにしています。Webアプリケーションは複数作成できるため、URLで識別できるようになっています。

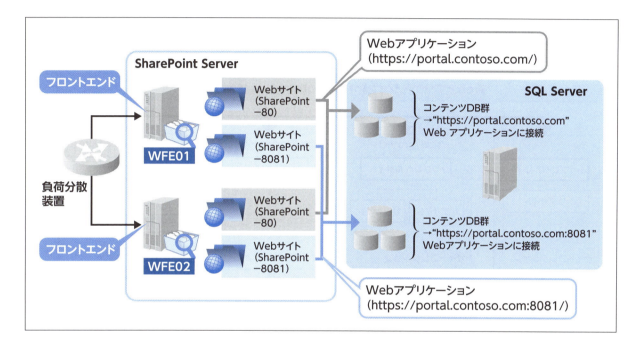

　Webアプリケーションは、後述する「ファーム構成ウィザード」を使うか、または手動で作成します。既定ではコンテンツデータベースは1つだけ作成されます。標準的な使い方では、サポートされるコンテンツデータベースの上限は200GBとなっており、必要に応じて複数のコンテンツデータベースを追加できるようになっています。
　コンテンツデータベースのサイズに関する詳細は次の資料を参照してください。

「Software boundaries and limits for SharePoint Server 2016」
https://technet.microsoft.com/en-us/library/cc262787(v=office.16).aspx

　上記ページは英語ですが、下記のとおり日本語のページも存在します。ただし、日本語のページの方は情報が古い場合があるため、比較して参照することをお勧めします。

「ソフトウェアの境界と制限（SharePoint Server 2016）」
https://technet.microsoft.com/ja-jp/library/cc262787(v=office.16).aspx

コンテンツデータベースとサイトコレクションの関係を把握しよう

　サイトコレクションおよびサイトの情報は、Webアプリケーション配下のコンテンツデータベースに格納されます。リストやライブラリ、ファイルなどはもちろん、アクセス権限の情報などもコンテンツデータベース内に格納されます。

　コンテンツデータベース内には複数のサイトコレクションを作成できますが、サイトコレクションの情報が複数のコンテンツデータベースに分散されることはありません。

サイトコレクションとコンテンツデータベースの関係イメージ

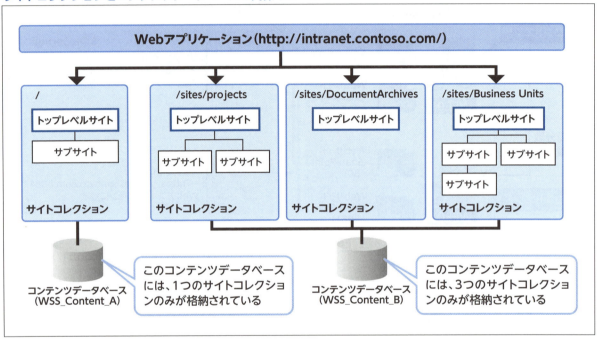

2 ファーム内のサーバー情報を確認しよう

　ファームを構成しているサーバーの情報を確認するには、「サーバーの全体管理」サイトの［システム設定］にある［このファームのサーバーの管理］をクリックします。

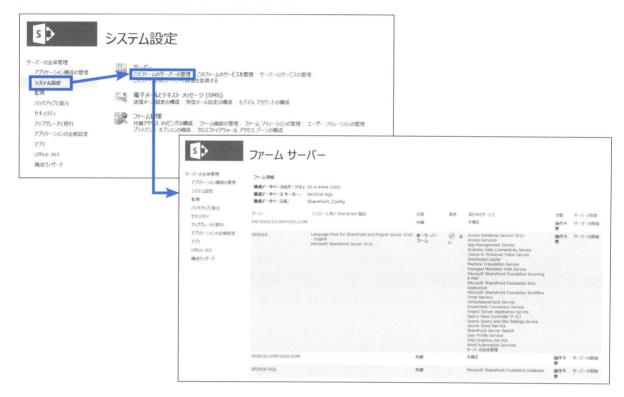

このページでは、主に次の情報を確認できます。

・構成データベースに関する情報
・構成しているサーバー名（SharePointだけでなく、利用している電子メールサーバー名やSQL Server名なども確認できる）
・インストール済みのSharePoint製品
・サーバーの役割
・MinRoleへの準拠状況
・実行中のサーバーサービス
・サーバーの状態

このページ内では、SQL ServerやSharePointからのメール配信に利用するSMTPサーバーについては役割が「外部」と表示されます。「準拠」はMinRoleとして指定したサーバーの役割に準拠しているかどうかを示します。サーバーサービスの構成などが準拠していない場合は「いいえ（修正）」と表示されます。この［修正］のリンクをクリックすることで、準拠する状態に自動修正することも可能です。

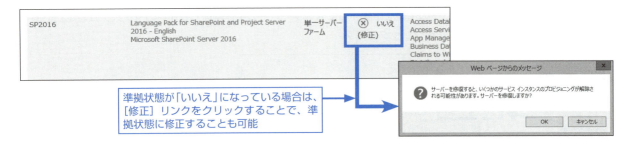

構成データベースに関する情報について知っておこう

構成データベースに関しては、データベースのバージョン、サーバー名、データベース名を確認できます。

このうち構成データベースのバージョン番号は、SharePointの更新プログラムを適用後に「製品構成ウィザード」を実行すると、たいていの場合は更新されます。ただし、必ずしも更新プログラム適用後にバージョンが更新されるわけではないので注意しましょう。更新プログラムの適用に関しては、「第37章　更新プログラムの適用方法を確認しよう」で説明します。

サーバーの状態で把握できることを知っておこう

サーバーの「状態」列には、SharePointが利用しているデータベースが正しくアップデートされていない場合に、「アップグレードを利用可能」といったメッセージが表示されます。たとえば、更新プログラムの適用後は製品構成ウィザードの再実行が必要ですが、これが実行されていない場合などに表示されます。

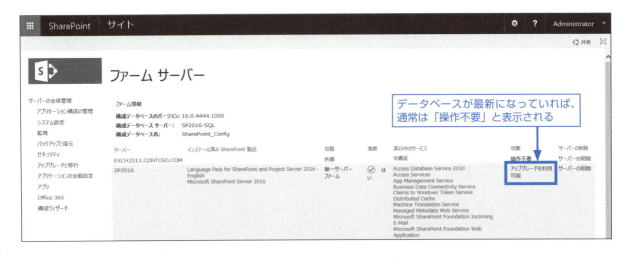

ただし、場合によっては製品構成ウィザードを実行していても特定のデータベースが更新されないケースがあるため注意が必要です。SharePointでは、複数のデータベースを使用しますが、どのデータベースに問題があるのかをすばやく確認するには、サーバーの全体管理サイトの［データベースのアップグレード状態の管理］ページから各データベースの状態を確認します。このページにアクセスするには、サイドリンクバーから［アップグレードと移行］→［データベースの状態の確認］をクリックします。

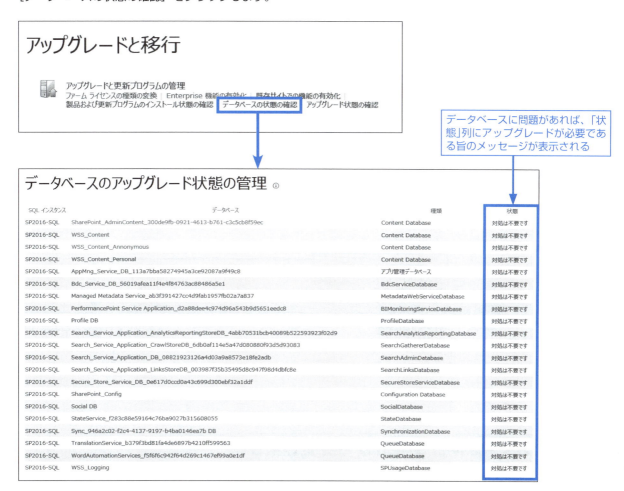

特定のデータベースのみのアップデートは、Windows PowerShellから行います。たとえば、コンテンツデータベースに問題がある場合は、次のコマンドレットをSharePoint 2016管理シェルから実行します。

```
Get-SPWebApplication ＜WebアプリケーションのURL＞ | Get-SPContentDatabase | Upgrade-SPContentDatabase
```

3 サーバーの役割を変更しよう

　サーバーのセットアップ時に指定したサーバーの役割は、後から変更できます。サーバーの全体管理サイトまたはWindows PowerShellから実行できます。ちなみに、筆者が検証した限りではサーバーの役割変更は後述する「ファーム構成ウィザード」実行前に行うべきです。これ以外の場合は、スムーズに切り替わりません。

サーバーの全体管理サイトから変更しよう

　サーバーの全体管理サイトから変更する場合は、サイドリンクバーの［システム設定］→［このファーム内のサーバーの役割を変換する］をクリックします。

Windows PowerShellから変更しよう

　Windows PowerShellから変更することも可能です。SharePoint 2016管理シェルを起動し、次のコマンドレットを実行します。

```
Set-SPServer -Role <役割名> -Identity <サーバー名>
```

指定する役割名は次のとおりです。

- フロントエンド：WebFrontEnd
- アプリケーション：Application
- 分散キャッシュ：DistributedCache
- 検索：Search
- 単一サーバーファーム：SingleServerFarm
- ユーザー設定：Custom

サービスアプリケーションとサーバーサービスを管理しよう

第31章

1. サービスアプリケーションの概念を把握しよう
2. SharePointで利用するサービス用のアカウントを確認しよう
3. ファーム構成ウィザードを使おう
4. サーバーサービスを確認しよう
5. ユーザープロファイルサービスを管理しよう
6. 検索サービスを管理しよう
7. Managed Metadata Serviceを管理しよう
8. SharePointのワークフロー機能について概要を把握しよう

この章では、サービスアプリケーションとサーバーサービスの管理について説明します。

1 サービスアプリケーションの概念を把握しよう

　SharePoint 2016では、特定のサイトに依存せずファーム全体で共通の機能が利用できるようになっています。たとえば、検索、ユーザープロファイル、用語セットなどさまざまな機能が用意されています。こうした機能群は、**サービスアプリケーション**と呼ばれ、Webアプリケーションに紐付けて管理できるようになっています。そのため、Webアプリケーションごとに必要な機能をチョイスできます。この紐付けは、アプリケーションプロキシを通じて設定します。

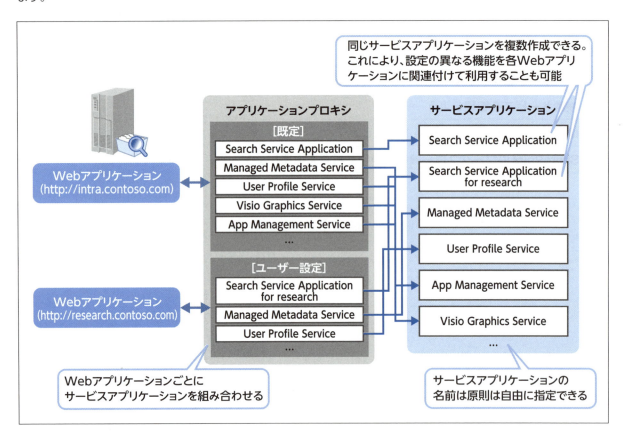

主なサービスアプリケーションを把握しよう

SharePoint Server 2016 で利用できる主なサービスアプリケーションは次の通りです。これらは後述する「ファーム構成ウィザード」で作成できるものです。なお、Standard エディションと Enterprise エディションでは利用できるサービスアプリケーションが異なります。

サービスアプリケーション	説明	Standard	Enterprise
Access Services 2010	SharePoint Server 2010で提供されていたAccess Servicesを継続して利用できるようにする	―	○
Access Services	Access 2013のWebデータベースまたはAccess 2016のAccessアプリをSharePointに作成し、Webブラウザー上で表示、編集、対話操作できるようにする	―	○
App Management Service	SharePointアドインをSharePointストアまたはアプリカタログから追加できるようにする	○	○
Business Data Connectivity Service	外部データと連携し外部リストなどを作成できるようにする。Business Connectivity Service（BCS）が使用する	○	○
機械翻訳サービス（Machine Translation Service）	Wordファイルやテキストファイルなどの自動機械翻訳を行えるようにする	○	○
管理メタデータサービス（Managed Metadata Service）	用語セットやエンタープライズキーワード、ソーシャルタグなどのメタデータを使用できるようにする	○	○
PerformancePoint Service	BI機能の1つ。ダッシュボードページを作成し、データ分析などを行えるようにする	―	○
PowerPoint変換サービス（PowerPoint Conversion Service）	PowerPointファイルをPDFなどの他の形式のファイルに変換する（※この機能を利用するには別途開発が必要）	○	○
Project Server Service	SharePoint 2016からの新機能。従来別サーバーとして提供されてきたProject Server機能を提供する（※利用するには別途Project Server用のライセンスが必要）	○	○
検索サービス（Search Service）	SharePointサイト内のコンテンツだけでなく、他のサイトコレクションを横断的に検索できるようにするほか、ファイルサーバー等のSharePoint以外のコンテンツを検索できるようにする	○	○
Secure Store Service	SharePoint上で動作するアプリケーションに対してシングルサインオンの機能を提供する	○	○
State Service	SharePoint Serverコンポーネント用にユーザーのセッションデータの一時保管場所を提供する	○	○
Usage and Health data collection	ファーム全体での利用状況データと正常性データを収集し、各種レポートを提供する	○	○
ユーザープロファイルサービス（User Profile Service）	OneDrive for Business、プロファイルページ、ソーシャルタグなどソーシャル機能を提供する	○	○
Visio Graphics Service	Visio図面をWebブラウザー上で表示および更新できるようにする	―	○
Word Automation Service	WordファイルをPDFなどの他の形式のファイルに変換する（※この機能を利用するには開発が必要）	○	○
Workflow Service Application	SharePointを外部のワークフローサービスに接続できるようにする。SharePoint 2013ベースのワークフロー開発に必要	○	○

> **ヒント**
>
> **SharePoint 2016から廃止されたサービス**
>
> サービスアプリケーションの概念や管理方法は、SharePoint 2013と基本的には変わりません。ただし、次のサービスアプリケーションがSharePoint 2016から廃止されています。
>
> ・Excel Service
> ・Work Management Service
>
> Excel Serviceは、このバージョンから機能がOffice Online Server 2016に移ったためSharePoint 2016上にはなくなりました。また、Work Management Serviceも利用できなくなっています。この機能はSharePoint Onlineでも当初はしばらく提供されていましたが、2015年後半以降利用できなくなり、これに代わるサービスとしてMicrosoft Plannerが2016年6月にリリースされています。

サービスアプリケーションの作成方法を理解しよう

　ファーム内にサーバーをセットアップした後、次に実行するのがサービスアプリケーション作成です。サービスアプリケーションによっては独自のデータベースを持つものがあるなど、個々に設定は異なります。そのため、サービスアプリケーションの作成を簡略化するために「**ファーム構成ウィザード**」が用意されています。サーバーセットアップで説明した製品構成ウィザードとは異なるため注意しましょう。このウィザードは、サービスアプリケーションを作成するだけでなく、Webアプリケーションの作成なども行います。このとき、HTTPの80番ポートを利用するIIS Webサイトをフロントエンドサーバーに作成します。ウィザードを使うと構成は簡単に行えますが、次のようなデメリットもあります。

・専用データベースを必要とするサービスアプリケーションの場合、データベース名の末尾にGUIDが設定され一意なデータベース名が担保されるが、管理上は名前が長く扱いにくい。
・ユーザープロファイルサービスをホストするWebアプリケーションの多くがHTTPの80番ポート以外を指定するが、ウィザードではこのポートに構成されてしまう。

　サービスアプリケーションは、一部はサーバーの全体管理サイトから手動作成できます。また、Windows PowerShellを通じても作成できます。上記の理由により、ユーザープロファイルサービスはこのウィザードを使わずに作成するのが一般的です。

2 SharePointで利用する サービス用のアカウントを確認しよう

サービスアプリケーションを構成する前に、セットアップアカウントが別に必要となる主なアカウントは次のとおりです。

アカウントの種類	説明
サービスアカウント	各サービスアプリケーションで使用するアプリケーションプールIDとして利用する
既定のコンテンツアクセスアカウント	検索サービスを構成する際に指定するアカウント。既定では、このアカウントを使ってSharePointサイト内のコンテンツやファイルサーバーに対してクロールする
ユーザープロファイルサービス用のアカウント	ユーザープロファイルをActive Directoryなどと同期する際に使用する

サービスによっては、ファーム管理者グループに追加されているアカウントは利用できないため、最低限この2種類のアカウントを用意しておくとよいでしょう。サービスに使用するアカウントを細かく分けすぎても、かえってアカウント管理が煩雑になります。各アカウントは、事前にActive Directory上に一般ユーザーアカウントとして作成しておきます。

その他、アカウントに必要な詳細な権限等については次の記事を確認してください。

「Account permissions and security settings in SharePoint Server 2016」
https://technet.microsoft.com/en-us/library/cc678863(v=office.16).aspx

ファーム構成ウィザードを使おう

　SharePointサーバーのセットアップ時に「製品構成ウィザード」の実行が完了すると、サーバーの全体管理サイトが起動しますが、最初に表示されるのが「ファーム構成ウィザード」の実行画面です。ただし、このウィザードは後から実行することも可能です。後から起動する場合は、サーバーの全体管理サイトのサイドリンクバーにある［構成ウィザード］をクリックします。

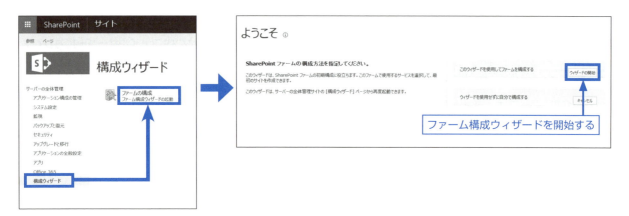

　ファーム構成ウィザードは、次の2つのステップで構成されています。

・実行するサービスアプリケーションとサービスの指定
・サイトコレクションの作成

　サイトコレクションの作成はスキップできます。ひととおり設定が終わってから作成しても、特に問題はありません。

実行するサービスとサービスアプリケーションを指定しよう

　最初に、サービスアプリケーションで使用するサービスカウントを指定します。次の図ではあらかじめ用意しているcontoso¥spserviceというアカウントを指定しています。その他に、サービスアプリケーションとサーバーサービスを指定します。

サービスアプリケーションを作成する際には、[User Profile Service Application] はチェックをオフにしておくようにしましょう。これは、別途手動で設定した方がよいためです。画面をスクロールしていくと、下部にサービスを指定するセクションが表示されます。

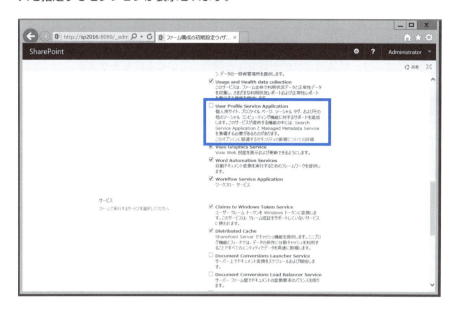

[次へ] をクリックすると、サービスアプリケーションの作成等の処理が開始されます。処理が終わると、続いてサイトコレクションの作成画面が表示されますが、スキップも可能です。

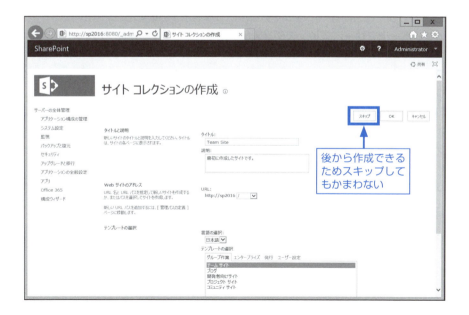

後から作成できるためスキップしてもかまわない

4 サーバーサービスを確認しよう

各SharePointサーバー上では、複数のサーバーサービスが開始されます。役割ごとにホストするサーバーサービスが異なります。サーバーサービスの中には、サービスアプリケーションと関係しているものもあります。

ファーム内のサービスを確認しよう

SharePoint 2016から、ファーム内の各サービスの状態を確認できる［ファームのサービス］ページが追加されました。このページへアクセスするには、サーバーの全体管理サイトの［システム設定］カテゴリから［このファームのサービスを管理］をクリックします。

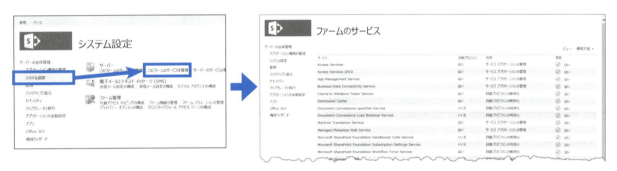

［**自動プロビジョン**］列は、ファーム内でサービスが有効になっているかどうかを示すものであり、値が「はい」の場合はファーム内の当該する役割のサーバー上でサービスインスタンスが自動開始されます。逆に「いいえ」の場合は停止されます。

［**処理**］列では、関連するサービスアプリケーションがあればその管理ページにアクセスしたり、自動プロビジョンの有効化または無効化を指定したりします。

［**準拠**］列は、ファーム内のすべてのサーバーがMinRoleに準拠しているかどうかを示します。準拠していなければ［修正］リンクが表示されます。これをクリックすると、役割のサーバーとして期待する状態にサービスが自動修正されます。なお、［修正］リンクを利用できるのは、サーバーの全体管理をホストするサーバー上のローカルのAdministratorsグループのメンバーだけです。

ちなみに、既定では構成可能なサービスのみが一覧表示されますが、ビューを［すべて］に切り替えると全サービスが表示されるようになります。

サーバーごとにサービスを管理しよう

サーバーごとのサービスの管理は、[サーバーのサービス]ページで行います。このページにアクセスするには、サーバーの全体管理サイトの[システム設定]カテゴリから[サーバーのサービスの管理]をクリックします。

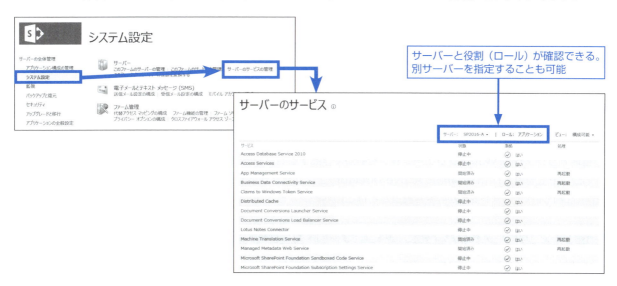

このページは、SharePoint 2013まではサーバーの全体管理サイトをホストしているSharePointサーバーのローカルAdministratorsグループのメンバーだけがアクセスできましたが、SharePoint 2016からはSharePoint Farm Administratorsグループのメンバーは全員アクセスできるようになりました。

【準拠】列は、現在のサーバーの役割にサービスインスタンスが準拠しているかどうかを示します。準拠していない場合は[修正]リンクが表示されます。これをクリックすることで、準拠状態に自動修正します。なお、[修正]リンクを利用できるのはサーバーの全体管理をホストするサーバー上のローカルのAdministratorsグループのメンバーだけです。

【操作】列では、サービスの開始、再起動や停止ができます。この操作ができるのも、サーバーの全体管理をホストするサーバー上のローカルのAdministratorsグループのメンバーだけです。

各サービスのアカウントを確認しよう

　各サービスやアプリケーションプールに使用されているアカウントを確認するには、［セキュリティ］カテゴリにある［サービスアカウントの構成］をクリックします。

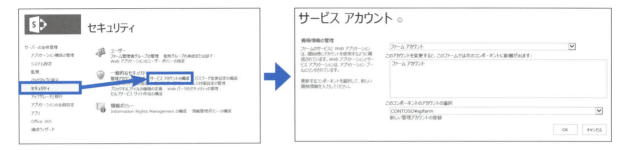

　このページからサービスアカウントを変更することも可能です。ただし、サービスアカウントによっては別途権限がデータベース側などに必要なケースもあるため、安易に変更するのはトラブルの元です。まずは確認のみにとどめておき、各サービスに必要なアカウントが明確な場合にのみ変更するようにしましょう。また、各サービスアカウントはWindows PowerShellからも取得できるため、何かトラブルが発生したときのために、現在のアカウントの状態をファイルに一覧として書き出しておくなどの対応も考慮しておきましょう。

管理アカウントを管理しよう

　サービスアカウントやアプリケーションプールなどで使用するアカウントは、SharePointの**管理アカウント**として登録する必要があります。ただし、ウィザードによりファームアカウントなどのように自動登録されるものもあります。管理アカウントとして登録することで、サービスアカウントのパスワードを組織のアカウントポリシーに準ずるタイミングで自動生成したり、パスワード変更の時期を通知したりできます。なお、この機能はあくまでもSharePoint上のサービスが使用するアカウントの管理ができるということであり、SQL Server上のサービスアカウントなどは管理できません。

　管理アカウントは、Webアプリケーションを新規に作成する場合や検索サービスを構成する場合に必要です。管理アカウントを登録するには、事前にActive Directory上にユーザーアカウントを作成しておきましょう。登録後は、アカウントのパスワード変更が必要な場合などはこのページから変更できます。

管理アカウントの登録、パスワード変更や削除を行おう

　管理アカウントの登録やパスワード変更、アカウントの削除は、サーバーの全体管理サイトの［セキュリティ］カテゴリにある［管理アカウントの構成］からアクセスできる［管理アカウント］ページで行います。

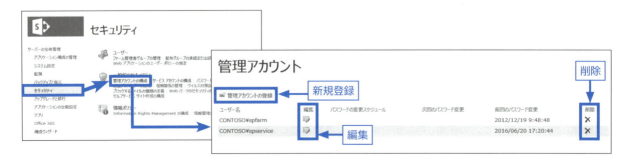

新規登録時には、Active Directoryに事前に作成してあるアカウントとパスワードを指定します。また、管理アカウントはパスワードを定期的に自動生成することも可能です。自動生成されたパスワード自体は確認できないので注意しましょう。

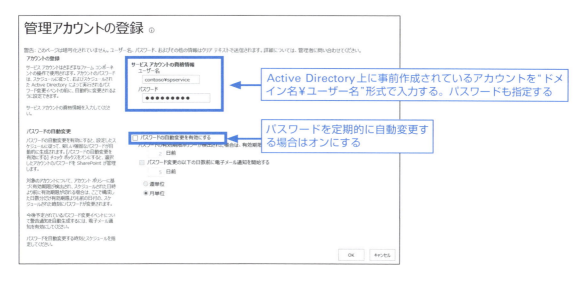

既存の管理アカウントのパスワードを変更する場合は、[すぐにパスワードを変更する] チェックボックスをオンにしたうえで、次の3つのオプションのいずれかを指定します。

- **新しいパスワードを生成する:**
  すぐにパスワードを自動生成する
- **アカウントパスワードに新しい値を設定する:**
  新しいパスワードを手入力で指定する。これによりActive Directory側のパスワードを変更できる
- **既存パスワードを使用する:**
  Active Directory側で先にアカウントのパスワードを変更している場合は、そのパスワードをここに入力する

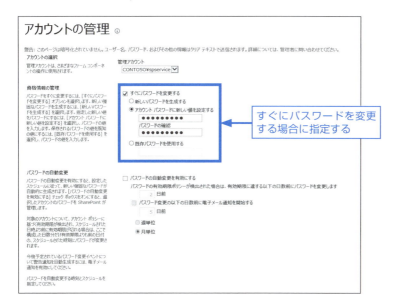

パスワード管理を設定しよう

　Active Directory上のアカウントのパスワードの有効期限が近づくと、自動的に通知メールを送るように設定することも可能です。パスワード管理設定は、同じく［セキュリティ］セクションの［パスワード変更設定の構成］から行い、通知先の電子メールアドレスや通知するタイミングを指定します。

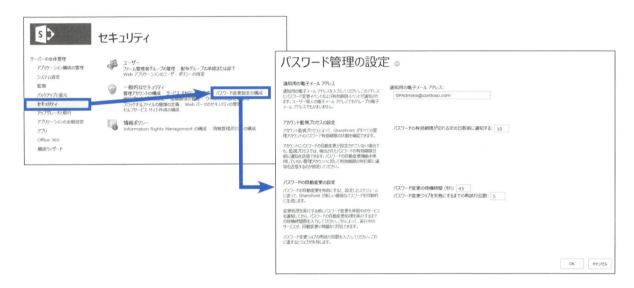

5 ユーザープロファイルサービスを管理しよう

ユーザープロファイルサービスの基本的な構成や設定について説明します。ユーザープロファイルは、SNS機能やOneDrive for Businessを利用するために必要ですが、これ以外にもSharePointアドインを実行したり、サーバー間認証を構成するためにも必要です。

ユーザープロファイルサービスアプリケーションを構成しよう

　User Profile Serviceアプリケーションは、ファーム構成ウィザードでも作成できます。しかしウィザードを使用すると、既定ではユーザーが既定のIIS Webサイト（HTTP 80番ポート）を利用することになります。個人用サイトは、一般的に利用するWebアプリケーションとは別のWebアプリケーションでホストすることが推奨されています。Webアプリケーションを分けることで、ユーザーごとのOneDrive for Businessを格納するコンテンツデータベースと一般業務で使用するコンテンツデータベースも仕分けやすくなります。こうしたことから、ファーム構成ウィザードで作成した場合はいったんUser Profile Serviceアプリケーションを削除して改めて構成するか、最初からウィザードを使用せず手動で（またはWindows PowerShellでスクリプト化もできます）構成します。

　ユーザープロファイルやOneDrive for Businessを利用できるようにするためには、大まかには次のような作業が必要です。ちなみに、OneDrive for Businessはユーザー向けの名称であり、管理者向けの設定には"個人用サイト"という名称になっています（以前のSharePointではOneDrive for Business相当の機能を個人用サイトと呼んでおり、その名残です）。

1. 個人用サイトをホストするためのWebアプリケーションを新規に作成する（このとき、セルフサービスサイト作成の機能を有効化する）
2. 個人用サイトをホストするために作成したWebアプリケーション内に個人用サイトをホストするためのサイトコレクションを作成する
3. User Profile Serviceアプリケーションを作成する
4. User Profile Serviceアプリケーションで個人用サイトの構成を設定する
5. 同期を構成し、同期する

　上記手順の詳細は、次の記事を参照してください。

「SharePoint Server 2016オンプレミス環境にOneDrive for Businessをセットアップする」
https://technet.microsoft.com/ja-jp/library/dn921902(v=office.16).aspx

OneDrive for Businessと主なページの関係を把握しよう

ユーザープロファイルサービスが構成されると、ユーザーは主に次のような情報にアクセスできるようになります。

・自分のニュースフィード
・各ユーザーのプロファイル
・OneDrive for Business

このうちニュースフィードとプロファイルは、「個人用サイトのホスト」という名前のサイトテンプレートから作成したサイトコレクション内のトップレベルサイト内のページです。

個人用サイトのホスト構成のイメージ図

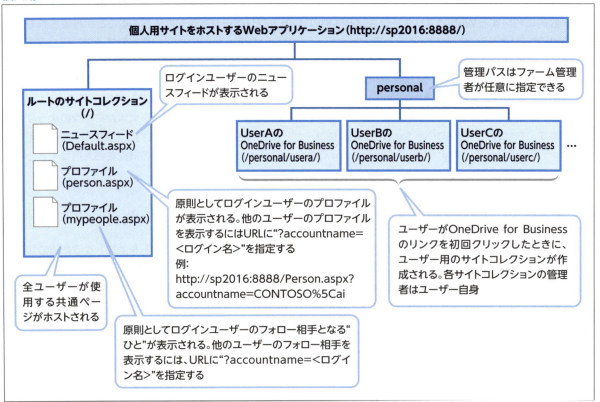

　OneDrive for Businessは、既定ではユーザーが初回アクセスしたときにユーザーのサイトコレクションが作成されます。これと同時に、このトップレベルサイトにドキュメントライブラリである"ドキュメント（Documents）"が用意され、アプリランチャーからOneDrive for Businessをクリックするとこのライブラリに直接にアクセスできるようになります。

ユーザープロファイルの同期について把握しよう

ユーザープロファイルサービスで重要なのがユーザープロファイルです。ユーザープロファイルの情報の一部は、Active Directoryなどのディレクトリサービスからインポートできます。よく誤解されますが、ユーザープロファイルはアクセス権限管理には使われません。アクセス権限に使われるユーザーの情報は、ユーザープロファイルとは別にコンテンツデータベースごとに管理されています。

ところで、SharePoint 2013まではユーザープロファイルの同期方法には次の3つがありました。

1. SharePoint用のForefront Identity Manager（FIM）を使った双方向同期
2. Active Directoryからのダイレクトインポート
3. BCSを使った同期

しかし、SharePoint 2016からは1のFIMを使った同期機能と3のBCSを使った同期はなくなり、標準では2のActive Directoryからの直接インポートのみとなっています。1や3と同等の機能を利用するには、別途Microsoft Identity Manager（MIM）を構築して連携する必要があります。MIMの利用については、次の資料を参照してください。

「SharePoint Server 2016でユーザープロファイル用にMicrosoft Identity Managerをインストールする」
https://technet.microsoft.com/ja-jp/library/mt627723(v=office.16).aspx

> **ヒント**
>
> **MIMを使った同期構成に関するトラブルシューティング情報**
>
> MIMを使った同期構成に関するトラブルシューティング情報が、SharePoint Escalation Services Team Blogにいくつか上がっています。執筆現在での主なものを掲示しておきます。
>
> 「SharePoint 2016：Issues due to Switching Between Synchronization Types in UPA AD Import / External Identity Manager（MIM）」
> https://blogs.msdn.microsoft.com/spses/2016/07/18/sharepoint-2016-issues-due-to-switching-between-synchronization-types-in-upa-ad-import-external-identity-manager-mim/
>
> 「SharePoint 2016：Audience Compilation & Manager Population issues with External Identity Manager Configuration」
> https://blogs.msdn.microsoft.com/spses/2016/07/18/sharepoint-2016-audience-compilation-manger-population-issues-external-identity-manager-configuration/

既定でActive Directoryから同期される主なプロパティとSharePoint固有のプロパティの対応関係は次の表のとおりです（すべてではありません）。なお、Active Directory上のプロパティ名とSharePoint上のプロパティ名は必ずしも一致しません。"マップされている"が○になっている行のプロパティには、Active Directory上の当該プロパティ値がSharePoint側に定期的にインポートされます（既定では5分間隔）。既定でActive Directoryからインポートするように設定されているユーザープロファイルのプロパティは、ユーザーが直接編集できないように既定では設定されています。

Active Directory 上の ユーザーオブジェクトの属性名	ユーザープロファイルのプロパティ名（SharePoint）	マップされている
sAMAccountName	アカウント名（※実際には"ドメイン名¥samAccoutName"形式となる）	○
sn	姓	○
givenName	名	○
displayName	名前	○
telephoneNumber	勤務先の電話番号	○
department	部署	○
title	役職	○
manager	上司	○
mail	勤務先電子メール	○
	携帯電話	－
	得意分野	－
	スキル	－
	以前のプロジェクト	－
	誕生日	－
	趣味	－
	画像	－
	説明	－

プロファイルの同期を構成しよう

同期を開始するまでに次の作業を行います。

1. 同期設定の構成
2. 同期接続の作成
3. 同期のタイマージョブの構成

上記の作業は、［プロファイルサービスの管理］ページから行います。このページへのアクセス手順は次のとおりです。

❶ サーバーの全体管理サイトにアクセスする。

❷ サイドリンクバーから［アプリケーション構成の管理］をクリックする。

❸ ［サービスアプリケーション］セクションにある［サービスアプリケーションの管理］をクリックする。

❹ ［User Profile Service Application］のタイトル部分のリンクをクリックする。

❺ ［プロファイルサービスの管理］ページが表示される。

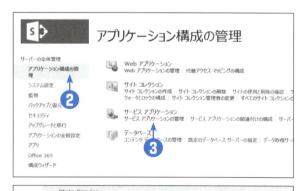

以降の説明は、[プロファイルサービスの管理] ページでの操作説明です。

最初に [同期設定の構成] をクリックし、同期のオプションを確認します。既定値は [SharePoint Active Directory インポートを使用する] となっていますが、Microsoft Identity Manager を使う場合は [外部の個人情報管理を有効にする] を選択します。

続いて、Active Directory のどのオブジェクトと接続するのかを指定します。最初に [同期接続の構成] をクリックし、[新しい接続の作成] をクリックします。

新しい接続の作成画面では、次のような項目を指定していきます。

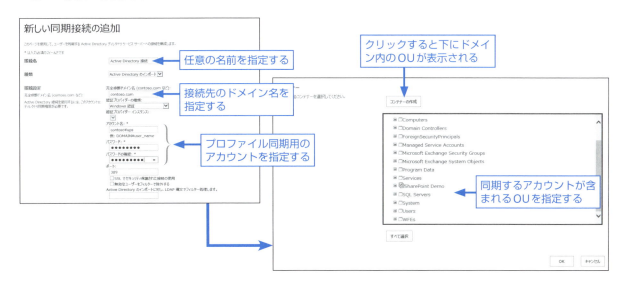

同期に使用するアカウントはActive Directory上に事前に作成しておきます。このアカウントに必要なアクセス権限の付与方法については、SharePoint 2013と同様であるため次の資料の「ドメインに対するディレクトリの変更のレプリケートアクセス許可を付与する」項を参照してください。

「SharePoint Server 2013でプロファイルを同期するためにActive Directoryドメインサービスのアクセス許可を付与する」
https://technet.microsoft.com/ja-jp/library/hh296982.aspx

　接続先が決まったら、タイマージョブを構成して同期のタイミングのスケジュールを確認します。これには、[同期タイマージョブの構成]をクリックして、「User Profile ServiceApplication - ユーザープロファイルActive Directoryインポートジョブ」タイマージョブの設定画面を表示します。既定では、5分間隔でインポートされるように指定されています。

　同期は、タイマージョブによって自動的に定期的に実行されますが、手動でも即時実行できます。[プロファイルの同期の開始]をクリックし、増分または完全同期のいずれかを指定します。基本的には"増分"を指定しますが、OUの追加、同期するプロパティマッピングの変更、接続フィルター設定の変更などを行った場合は、完全インポートが必要です。

グローバル対象ユーザーについて把握しよう

　グローバル対象ユーザーは、ユーザープロファイルの情報を使って構成する特殊なグループです。プロパティを条件にメンバーを動的に構成できます。たとえば、プロファイルの役職が"部長"となっているユーザーのみをグループ化することができます。SharePointでは、Webパーツやナビゲーションのリンクにアクセス権限は付与できませんが、その代わりに対象ユーザーを設定できるようになっています。対象ユーザーは、指定されたユーザーに対してのみWebパーツやナビゲーションを表示するための設定です。対象ユーザーには、ユーザーやSharePointグループなどが指定できますが、これに加えてグローバル対象ユーザーを利用することもできます。

　グローバル対象ユーザーの作成手順は次のとおりです。

❶ [プロファイルサービスの管理]ページにアクセスする。

❷ [ひと]セクションにある[対象ユーザーの管理]をクリックする。

❸ [新しい対象ユーザー]をクリックする。

❹ 対象ユーザーの名前、説明と所有者を指定する。名前と説明はユーザーが対象ユーザーを検索する際に表示されるので、わかりやすい名前にすること。

❺ [以下のユーザーを含める]では、[すべてのルールに従っている]または[いずれかのルールに従っている]を指定する。

❻ [OK]をクリックする。

❼ 次の画面では最初のルールを指定する。ここでは、役職が"部長"であるユーザーのみをグループ化するよう指定している。

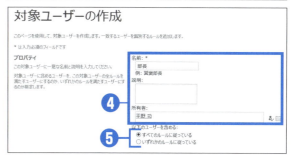

❽ [OK] をクリックする。

❾ 以上で基本設定は終わりだが、必要に応じて [ルールの追加] をクリックし、ルールを追加できる。

❿ ルールが作成できたら、すぐコンパイルするのであれば、[対象ユーザーのコンパイル] をクリックする。コンパイルした時点でプロファイルの中から条件に合致したメンバーが追加される。

⓫ コンパイルすると [コンパイル済み] が「はい」となり、ルールに合致したメンバーが [メンバーの数] に表示される。

⓬ [メンバーシップの表示] をクリックする。

⓭ ルールに合致したユーザーが表示される。

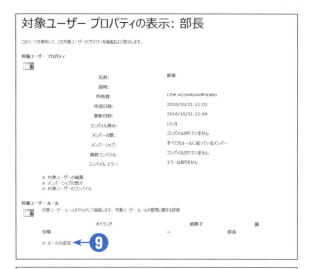

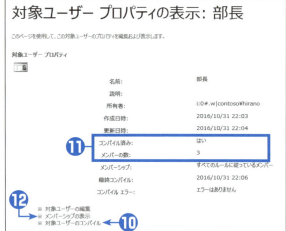

第31章　サービスアプリケーションとサーバーサービスを管理しよう

　対象ユーザーは定期的にコンパイルされるようになっています。既定では、毎週土曜日の1：00にコンパイルされます。

[対象ユーザーのコンパイルスケジュール] をクリックすると、スケジュールを確認および変更できる

　対象ユーザーが作成されるとナビゲーションやWebパーツの［対象ユーザー］設定で、作成したグローバル対象ユーザーが検索できるようになります。

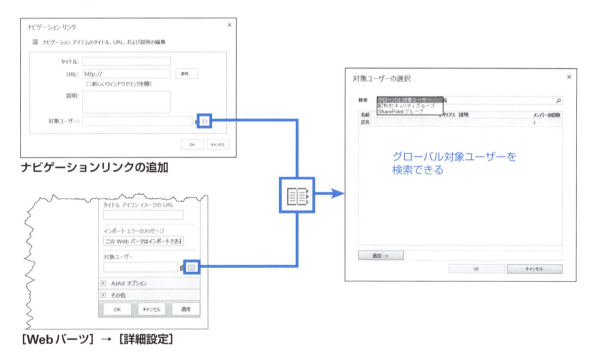

ナビゲーションリンクの追加

グローバル対象ユーザーを検索できる

［Webパーツ］→［詳細設定］

6 検索サービスを管理しよう

検索サービスの基本的な設定や管理方法について説明します。

検索管理ダッシュボードにアクセスしよう

検索に関する設定は、検索管理ダッシュボードページで行います。このページへのアクセス手順は次のとおりです。

❶ サーバーの全体管理サイトにアクセスする。

❷ サイドリンクバーから[アプリケーション構成の管理]をクリックする。

❸ [サービスアプリケーション]セクションにある[サービスアプリケーションの管理]をクリックする。

❹ サービスアプリケーション一覧から[Search Service Application]のタイトル部分のリンクをクリックする。

❺ 検索管理のダッシュボードページが表示される。

検索管理ダッシュボードページの画面は次のとおりです。

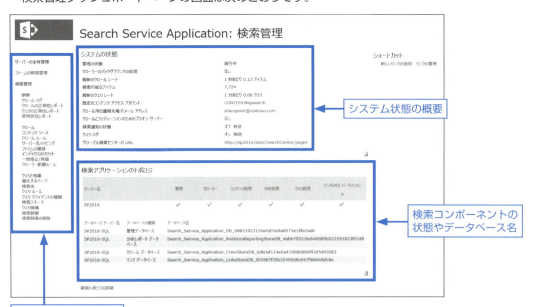

初期設定を行おう

検索管理ダッシュボードページでは、最初に次の初期設定を行います。

- 既定のコンテンツアクセスアカウント
- クロール用の連絡先電子メールアドレス
- グローバル検索センターのURL

既定のコンテンツアクセスアカウントは、クロール時に使用される専用アカウントです。専用アカウントを事前に用意し設定します（たとえば、contoso¥spsearchなどの名前でActive Directory側に専用アカウントとして準備したものを設定します。管理者アカウントは指定しないようにします）。また、**クロール用の連絡先電子メールアドレス**は、既定では"someone@example.com"となっているため、適切なメールアドレスに変更します。これらの設定変更は、ダッシュボードページのアカウント名のリンクから直接変更できます。

検索管理ダッシュボードページ

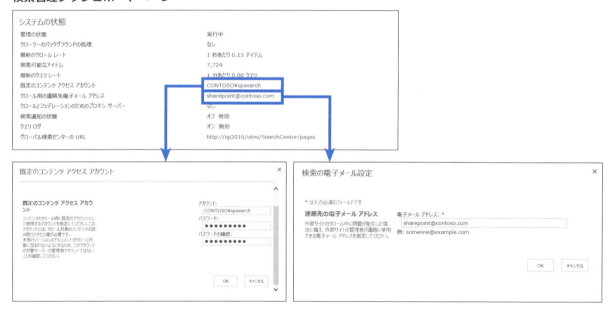

ヒント

既定のコンテンツアクセスアカウントを変更したときに確認すること

既定のコンテンツアクセスアカウントを変更したら、検索対象となるすべてのWebアプリケーションのユーザーポリシーを確認および設定する必要があります。サーバーの全体管理サイトにアクセスし、[アプリケーション構成の管理] → [Webアプリケーションの管理] の順にクリックし、目的のWebアプリケーションを選択します。リボンメニューから [ユーザーポリシー] をクリックします。既定のコンテンツアクセスアカウントに"すべて読み取り"権限が付与されていない場合は、[ユーザーの追加] をクリックし、この権限を割り当てます。これにより、既定のコンテンツアクセスアカウントがSharePointサイトに対して個別にアクセス権限を持っていなくても、クロールできるようになります。

Webアプリケーションの管理ページ

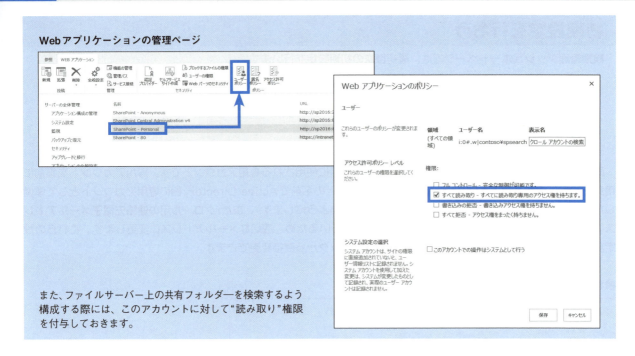

また、ファイルサーバー上の共有フォルダーを検索するよう構成する際には、このアカウントに対して"読み取り"権限を付与しておきます。

　グローバル検索センターのURL指定では、全社的に利用する「エンタープライズ検索センター」サイトのURLを指定します。このサイトは、基本的には単独のサイトコレクションのトップレベルサイトとしてファーム管理者があらかじめ作成しておく必要があり、全ユーザーがアクセスできるよう権限を付与しておきます。

検索管理ダッシュボードページ

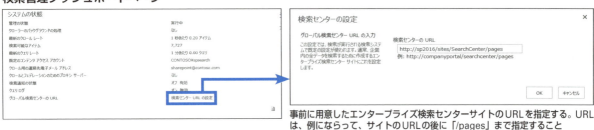

事前に用意したエンタープライズ検索センターサイトのURLを指定する。URLは、例にならって、サイトのURLの後に「/pages」まで指定すること

ヒント

SharePoint Onlineでの管理は？

SharePoint Onlineを利用している場合は、エンタープライズ検索センターサイトは自動作成されており、グローバル検索センターサイトのURL設定も自動設定されています。オンプレミス環境のみ追加設定が必要です。

コンテンツソースを管理しよう

　コンテンツを検索するためには、クロールを行う必要があります。クロールを定期的に行うことでインデックスが生成され、この情報を基にユーザーは検索できるようになります。既定では、ローカルファーム内のSharePointサイトがクロール対象になっています。必要に応じてファイルサーバー上の共有フォルダーなどを検索先として指定できます。

クロールには、フルクロール、増分クロール、継続的クロールの3種類があります。継続的クロールはSharePoint Server 2013から導入されたものです。フルクロールは非常にCPUの負荷などの高い処理です。そのため、初回クロールや大幅な検索の設定変更を行った場合など、特定のケースでのみフルクロールを実施します。基本的には、増分クロールまたは継続的なクロールを行います。増分クロールは下位互換のために用意されていますが、そもそも継続的クロールは増分クロールの問題点を克服するための導入された機能であるため、できる限り継続的なクロールを利用することをお勧めします。継続的クロールは既定で15分間隔で実行されます。

❶ 検索管理ダッシュボードページにアクセスする。

❷ サイトリングバーから [コンテンツソース] をクリックする。

❸ [ローカルのSharePointサイト] のドロップダウンメニューから [編集] をクリックする。

❹ [コンテンツソースの編集] ページが表示される。ここでは、クロール対象のWebアプリケーションのURLなどが確認できる（sps3で始まるのはプロファイルをクロールするためのURL）。必要があれば追加する。

❺ 画面を下の方にスクロールすると、クロール関連の設定項目が表示される。既定では [増分クロールを有効にする] が選択されている。ここでは [継続的クロールを有効にする] を選択する。

❻ [OK] をクリックする。

❼ 状態が「クロール継続中」となり、クロールが開始される。

ヒント

SharePoint Onlineでのクロール管理は？

SharePoint Onlineではクロールは管理できません。ただし、オンプレミスと同様に原則的には15分間隔で増分クロールが実行されているようです。

クロールの結果は、検索管理ダッシュボードページのサイドリンクバーにある［クロールログ］をクリックして確認します。

詳細情報を表示するには各リンクをクリックする

なお、ファイルサーバー上の任意のUNCパスを検索対象にする場合は次のように指定します。

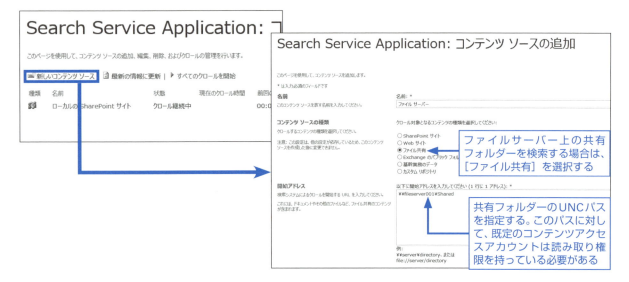

ファイルサーバー上の共有フォルダーを検索する場合は、［ファイル共有］を選択する

共有フォルダーのUNCパスを指定する。このパスに対して、既定のコンテンツアクセスアカウントは読み取り権限を持っている必要がある

> **ヒント**
>
> **継続的クロールと共に実行される増分クロール**
>
> 継続的クロールを設定すると、既定では15分間隔でクロールが実行されますが、これとは別に必ず増分クロールが4時間おきに実行されます。プロファイルの情報は増分クロールでしか最新にならないためです。そのため、プロファイルを変更しても最大4時間は新しい情報での検索ができないので注意してください。

クロールを強制的に開始しよう

検証目的などで即時クロールを実行する場合は、目的のコンテンツソースのドロップダウンメニューからフルクロールまたは増分クロールのいずれかのクロールを実行します。

7 Managed Metadata Serviceを管理しよう

Managed Metadata Serviceの基本的な管理方法について説明します。

用語ストアを管理しよう

Managed Metadata Serviceの管理で最も重要なのが用語ストアの管理です。［用語ストアの管理ツール］ページにアクセスする手順は次のとおりです。

❶ サーバーの全体管理サイトにアクセスする。

❷ サイドリンクバーから［アプリケーション構成の管理］をクリックする。

❸ ［サービスアプリケーション］セクションにある［サービスアプリケーションの管理］をクリックする。

❹ サービスアプリケーション一覧から［Managed Metadata Service］のタイトル部分のリンクをクリックする。

❺ ［用語ストアの管理ツール］ページが表示される。

用語ストアには最初管理者が指定されていないため、必要に応じて管理者を追加します。

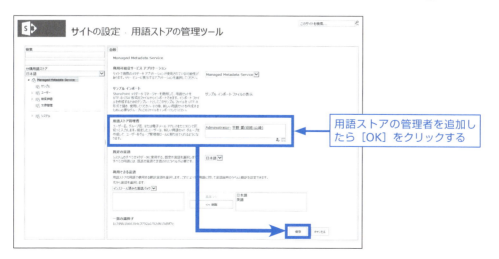

用語ストアの管理者を追加したら［OK］をクリックする

用語ストアの管理者は、グローバル用語セットを作成できます。

用語ストアの管理者はグローバル用語セットを作成できる。最初に新しいグループを作成し、この中に用語セットを作成するとグローバル用語セットになる

また、プロファイルなどで指定されているソーシャルタグを削除したり、既存の用語セットに移動させて体系立てることも可能です。

ソーシャルタグは、システムグループのキーワードという用語セット内に格納される。ここから既存のキーワードの削除や移動が可能

コンテンツタイプハブを構成しよう

　本来コンテンツタイプはサイトコレクション単位で管理されるものです。しかし特定のサイトコレクションをコンテンツタイプハブとして構成すると、複数のサイトコレクションに対して共通のコンテンツタイプを共有できるようになります。コンテンツタイプハブを利用することでサイトの自動削除を行う"サイトポリシー"も複数のサイトコレクションに配布できるようになります。

コンテンツタイプハブの利用イメージ

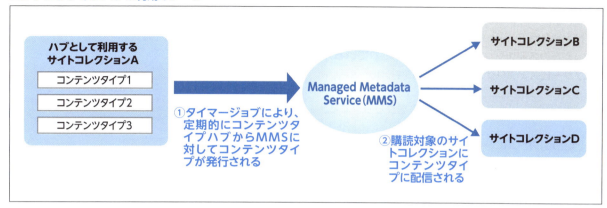

　コンテンツタイプハブを構成するには、まず事前にコンテンツタイプハブとして使用したいサイトコレクションが必要です。このサイトコレクションでは、サイトコレクションのフィーチャーの1つである「コンテンツタイプシンジケートハブ」をアクティブ化しておく必要があります。準備が整ったら、次の手順でコンテンツタイプハブを構成します。

❶ サーバーの全体管理サイトにアクセスする。

❷ サイドリンクバーから［アプリケーション構成の管理］をクリックする。

❸ ［サービスアプリケーション］セクションにある［サービスアプリケーションの管理］をクリックする。

❹ サービスアプリケーション一覧から［Managed Metadata Service］を見つける。サービスを選択するために名前のリンク部分ではなく、右隣りの空白部分あたりをクリックする（リンクをクリックすると用語セットの管理ページに遷移してしまうため）。

❺ リボンメニューの［プロパティ］をクリックする。

❻ ［新しいManaged Metadata Serviceの作成］ダイアログが表示されたら、下の方までスクロールし、［コンテンツタイプハブ］にコンテンツタイプハブとして使用するサイトコレクションのURLを指定する。

❼ ［OK］をクリックする。

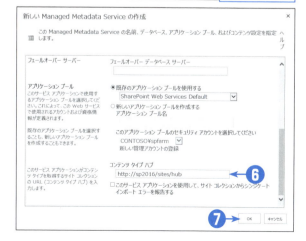

❽ サービスアプリケーション一覧の中から［Managed Metadata Service］を見つけ出し、字下げされている方の名前をクリックする（字下げされている方がサービスアプリケーションのプロキシ）。

❾ リボンメニューから［プロパティ］をクリックする。

❿ ［＜指定したURL＞のコンテンツタイプギャラリーからコンテンツタイプを使用する］チェックボックスをオンにする。

⓫ ［OK］をクリックする。

ヒント

コンテンツタイプハブのURLの変更

コンテンツタイプハブを設定すると、サーバーの全体管理サイトからはURLを変更できなくなります。変更する場合は、Windows PowerShellを使います。基本構文は次のとおりです。

```
Set-SPMetadataServiceApplication -Identity ＜サービスアプリケーション＞ -HubURI ＜コンテンツタイプハブのURL＞
```

ヒント

SharePoint Online上でも利用できる？

SharePoint Onlineには、設定済みのコンテンツタイプハブがあります。このサイトコレクションのURLは次のとおりです。

https://＜テナント名＞.sharepoint.com/sites/contenttypehub

8 SharePointのワークフロー機能について概要を把握しよう

SharePointはワークフロー機能を持っています。この機能を使い何らかの処理を自動化したり、稟議承認を行ったりできます。SharePoint標準のワークフローを利用する場合は、2種類のプラットフォームがあることを把握しておく必要があります。

・2010ワークフロープラットフォーム
・2013ワークフロープラットフォーム

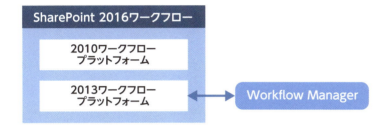

2010ワークフロープラットフォームは、SharePoint 2010から引き継ぐワークフローエンジンを利用するものであり、このエンジンはSharePoint 2016内にビルトインされています。そのため、ファーム管理者として追加設定などは基本的には不要です。もう1つの2013ワークフロープラットフォームは、SharePoint 2013から導入された新しいワークフローエンジンを利用するものであり、SharePointとは別にWorkflow Managerのインストールと構成が必要です。Workflow Managerのインストール手順は、次の資料などが参考になります。

「SharePoint 2016 Workflow Manager installation step by step guide」
https://gallery.technet.microsoft.com/office/SharePoint-2016-Workflow-acd5ba2a

ノンコーディングでのワークフロー開発には、SharePoint 2013と同様にSharePoint Designer 2013を利用できます。高度な開発となるとVisual Studioが必要になることもあります。また、サードパーティのSharePoint対応ワークフロー製品を導入するケースもあります。こうしたワークフローの基盤管理も、ファーム管理者が対応する必要があります。

> **ヒント**
>
> **Microsoft FlowとSharePoint 2016**
>
> SharePoint Onlineでは、新たなデータフロー開発ツールとしてMicrosoft Flowが利用できるようになっています。このツールは、オンプレミスのデータゲートウェイを利用することでオンプレミス上のSharePointデータと連携できます。このゲートウェイの管理も、ファーム管理者の範疇です。関連情報は次のとおりです。
>
> 「Understand on-premises data gateways for Microsoft Flow」
> https://flow.microsoft.com/en-us/documentation/gateway-reference/
>
> 「Microsoft FlowのSharePointテンプレート」
> https://flow.microsoft.com/en-us/services/shared_sharepointonline/sharepoint/

メール送信を構成しよう

第32章

1 送信メール設定を構成しよう

この章では、メールの送信設定について説明します。

1 送信メール設定を構成しよう

　SharePoint 2016では、サイトを共有したとき、リストやライブラリの通知設定をしたとき、SharePointのワークフローを使用し承認依頼のメールを送信するときなど多くの場面で、SharePointからユーザーに対して電子メールを送信できるようになっています。このために必要な設定が送信メールの設定です。

送信先として指定できるサーバーを確認しよう

　メールの送信先として、Exchange Serverやその他の任意のSMTPサーバーを指定できます。この設定は、ファーム内のすべてのWebアプリケーションに対して一括設定できますが、必要に応じて個々のWebアプリケーション単位で設定できます。この設定を行うと、SharePointは指定したSMTPサーバーに対して必ず匿名アクセスを行うため、利用するSMTPサーバーは、あらかじめ「匿名アクセス」での受信を許可していなければなりません。

送信メールの簡易イメージ

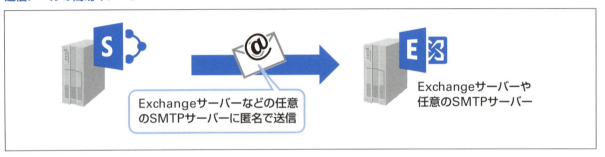

　SharePointサーバーのいずれか1台以上に**SMTPサービスの機能**を追加インストールし、このサーバーを経由して電子メールを転送できるように構成することも可能です（Windows ServerはSMTPサービス機能を標準搭載しています）。追加したSMTPサービスであれば、管理ツールを使って匿名アクセス以外の認証も指定できます。
　ところで、SharePoint Server 2013でも送信メール設定は行えましたが、SharePoint 2016から新たに加わったのが次の2つです。

・既定のSMTPポート（TCP 25番ポート）以外も利用できる
・メッセージを暗号化できる（TLS 1.2をサポート）

設定方法を確認しよう

　送信メールの設定は、サーバーの全体管理サイトまたはWindows PowerShellで行えます。また、ファームレベルで一括設定できる以外に、特定のWebアプリケーションごとに設定することも可能です。
　サーバーの全体管理サイトからサーバーファームレベルで設定する手順は次のとおりです。

① サーバーの全体管理サイトにアクセスする。

② サイドリンクバーから［システム設定］をクリックする。

③ ［電子メールとテキストメッセージ（MMS）］セクションにある［送信メール設定の構成］をクリックする。

④ 送信メールサーバー名をFQDN（完全修飾ドメイン名）で指定する。

⑤ 差出人、返信先の電子メールアドレスを指定する。

⑥ TLS接続の暗号化を使用する場合は［はい］を選択する。

⑦ SMTPサーバーのポートを指定する。既定は「25」だが、任意のポートを指定できる。

⑧ 必要に応じて文字セットを変更する。既定値は［65001（Unicode UTF-8）］である。

⑨ ［OK］をクリックする。

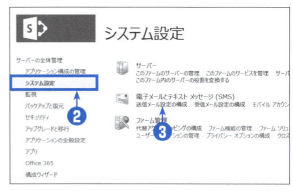

　Webアプリケーション単位での設定は次の手順で行います。この設定は、エクストラネット向けにSharePointサイトが公開されている場合などに役立ちます。たとえば、特定のWebアプリケーションのみ、内部ネットワークではなくDMZ内に配置されたSMTPサーバーを指定できます。また、クラウド上に展開されているSMTPのホスティングサービスを指定することも可能です。

① サーバーの全体管理サイトにアクセスする。

② サイドリンクバーから［アプリケーション構成の管理］をクリックする。

③ ［Webアプリケーション］セクションにある［Webアプリケーションの管理］をクリックする。

❹ 目的のWebアプリケーションを選択する。選択すると行の色が水色に変わる。

❺ リボンメニューの［WEBアプリケーション］タブから［全般設定］をクリックし、［送信電子メール］をクリックする。

❻ 送信メールサーバー名をFQDN（完全修飾ドメイン名）で指定する。

❼ 差出人、返信先の電子メールアドレスを指定する。

❽ TLS接続の暗号化を使用する場合は［はい］を選択する。

❾ SMTPサーバーのポートを指定する。既定は「25」であるが、任意のポートを指定できる。

❿ 必要に応じて文字セットを変更する。既定値は［65001（Unicode UTF-8）］である。

⓫ ［OK］をクリックする。

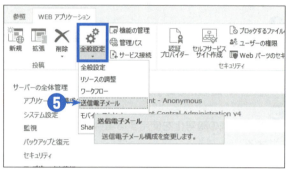

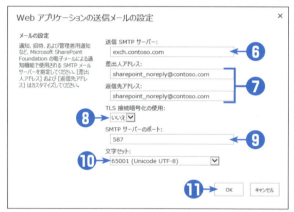

その他にも、Windows PowerShellを使った送信メール構成等に関しては次の資料を参照するとよいでしょう。

「SharePoint 2016 Outgoing Email Configuration settings」
http://social.technct.microsoft.com/wiki/contents/articles/34167.sharepoint-2016-outgoing-email-configuration-settings.aspx

Webアプリケーションを管理しよう

第33章

1 Webアプリケーションを新規に作成しよう
2 Webアプリケーションの全般設定を確認しよう
3 ブロックするファイルの種類を確認しよう
4 コンテンツデータベースを管理しよう
5 Webアプリケーションを削除しよう

この章では、SharePoint Webアプリケーションの作成方法やその他の設定などについて説明します。

1 Webアプリケーションを新規に作成しよう

　Webアプリケーションの新規作成は頻繁に行われるタスクではありません。基本的には初期構成で作成するだけです。初期構成では、サーバーの全体管理サイトでファーム構成ウィザードを使用すると、既定でWebアプリケーションが作成されます。しかし、個人用サイトをホストするWebアプリケーションは分離することが推奨されています。このような場合に、サーバーの管理者はWebアプリケーションを新規に作成することになるため、基本的な手順は把握しておくことが大切です。

　Webアプリケーションを新規に作成するには次の情報が必要です。

項目	説明
IIS Webサイト	新規に作成する場合はIIS Webサイトの名前、ポート、ホストヘッダー、ルートの仮想ディレクトリのパスなどを指定する
セキュリティ構成	匿名アクセスの許可、SSLの使用などを指定する
クレーム認証の種類	Windows認証、フォームベース認証、信頼できるIDプロバイダー（SAMLトークンベース認証）など指定する。Webアプリケーション内では、少なくとも1つの領域に対してWindows認証を選択する必要がある。これを行わないと、このWebアプリケーションに対してクロールが無効になる
サインインのページ	通常は既定のサインインページを使用するが、必要に応じて独自に作成したサインインページにリダイレクトするよう指定できる
パブリックURL	既定で使用するURLを指定する
アプリケーションプール	新規に作成する場合は、IISサイトで使用するアプリケーションプールを構成する。アプリケーションプールのセキュリティアカウントはあらかじめ専用に用意した管理アカウントを指定する
データベース名と認証	新規に作成するコンテンツデータベースの作成先データーベースサーバー名、コンテンツデータベース名と認証方法を指定する。推奨はWindows認証である。また、コンテンツデータベース名は"WSS_Content_GUID"が自動的に設定されるが、GUID部分をわかりやすい名前に変更することをお勧めする
フェールオーバーサーバー	データベースミラーリングを行っている場合に、フェールオーバー先となるデータベースサーバーを指定する。
サービスアプリケーションの接続	新規に作成するWebアプリケーション上で利用するサービスアプリケーションを選択する

　ごく基本的なWebアプリケーションの作成手順は次のとおりです。

❶ サーバーの全体管理サイトにアクセスする。

❷ サイドリンクバーから［アプリケーション構成の管理］をクリックする。

❸ ［Webアプリケーション］セクションにある［Webアプリケーションの管理］をクリックする。

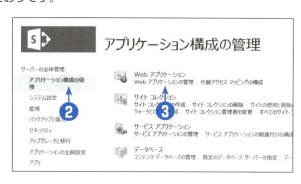

第33章　Webアプリケーションを管理しよう

❹ リボンメニューの［WEBアプリケーション］タブから［新規］をクリックする。

❺ ［新しいWebアプリケーションの作成］ウィンドウが表示されるので、必要な情報を入力する。

❻ ［OK］をクリックする。

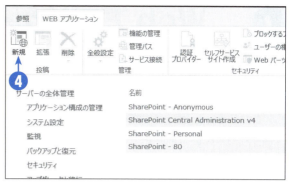

ヒント

フェールオーバーサーバーの指定とは？

SharePoint 2016は、データベースの高可用性を実現するため、主に次のSQL Serverの高可用性ソリューションを利用できます。

- AlwaysOn フェールオーバークラスターインスタンス（FCI）
- AlwaysOn 可用性グループ
- SQL Server高可用性データベースミラーリング

このようなソリューションを利用する場合に、フェールオーバーサーバーを指定します。Windows PowerShellを使って設定することもできます。詳細については次の記事を参照してください。

「SharePoint Server 2016の高可用性のアーキテクチャと戦略を作成する」
https://technet.microsoft.com/ja-jp/library/cc748824(v=office.16).aspx

「サポートされているSharePointデータベース用の高可用性と障害復旧のオプション（SharePoint Server 2016）」
https://technet.microsoft.com/ja-jp/library/jj841106(v=office.16).aspx

2 Webアプリケーションの全般設定を確認しよう

　Webアプリケーション作成後は、各種設定を確認および設定します。各設定は［アプリケーション構成の管理］からアクセスできる［Webアプリケーションの管理］ページから行えます。［Webアプリケーションの管理］ページ上で目的のWebアプリケーションを選択したうえで、リボンメニューにある［全般設定］をクリックすると、各種設定メニューが表示されます。

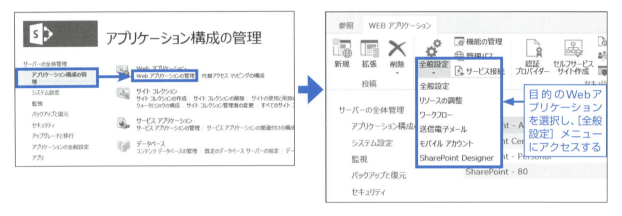

　ここでは、［全般設定］メニューのうちモバイルアカウント、送信電子メールを除く設定についてそれぞれ説明します。

全般設定を確認しよう

Webアプリケーションの全般設定では、次のような設定を行います。

項目	説明
既定のタイムゾーン	Webアプリケーション内のサイトで使用する既定のタイムゾーンを指定する
ユーザー設定のプロバイダー	このWebアプリケーションで作成するサイトに対する"ユーザー設定のプロバイダー"を選択する。既定では［ユーザープロファイルのユーザー設定プロバイダー］になっているため、言語と地域の設定はログインユーザーのプロファイル設定に基づく。基本的には既定値のままでよい。仮に空の設定を選択すると、ユーザーのサインイン名のドロップダウンメニューに［個人用言語と地域］メニューが表示される このメニューをクリックすると、次の図のように［ユーザー情報］の［言語と地域］の設定ページ（サイトコレクションのURL：/_layouts/15/regionalsetng.aspx?type=user）が表示され、サイトコレクションごとに個別に言語と地域の設定を指定することになる
既定のクォータテンプレート	Webアプリケーション内に新規にサイトコレクションを作成する際の既定のクォータテンプレートを指定する
個人情報アクションとプレゼンスの設定	Skype for Businessクライアントが利用できる場合に、SharePointサイトにプレゼンスを表示するかどうかを指定する。既定は［はい］である
通知	Webアプリケーション内のサイトでユーザーが通知機能を利用できるかどうかを指定する。また、作成できる通知の最大数も指定できる。既定では通知は［オン］であり、ユーザーが作成できる通知の最大数は「500」となっている
RSS設定	Webアプリケーション内のサイトでRSSフィードを利用できるかどうかを指定する。既定値は［はい］である
ブログAPIの設定	このWebアプリケーションでMetaWeblog APIを有効にするかどうかを指定する。既定では［ブログAPIを有効にする］は［はい］である。［APIからのユーザー名とパスワードを認証する］が［いいえ］になっている場合は、現在構成されている認証方法が使用される
ブラウザーでのファイル処理	Webブラウザーに表示するドキュメントに、セキュリティヘッダーを追加するかどうかを指定する。既定は［制限する］となっており、このヘッダーが追加される。特定の種類のファイル（.htmlなど）をクリックすると、ファイルをダウンロードするようになる。［制限しない］を選択すると、直接Webブラウザー上でファイルが表示されページ内のコードが実行される。セキュリティを向上させるには既定値のままにしておく
Webページのセキュリティ検証	既定ではセキュリティ検証機能が有効になっており、30分間経過すると再びユーザー名とパスワードを要求するようになっている。ただし、Internet Explorer等のWebブラウザー側で自動サインインするように設定している場合は、ユーザーはこれに気づかないことも多い
電子メールでのユーザー名とパスワードの送信	既定値は［はい］。この設定はSharePoint Foundation 2010でActive Directory Account Creation Modeを有効にしていた場合の名残であり、現在は実質機能していないため既定値のままでよい
アプリケーション_layoutsのページのマスターページ設定	既定値は［はい］。［_Layouts］フォルダー内のページ（アプリケーションページとも呼ばれる）からサイトマスターページを参照できるようにするかどうかを選択する。Webデザイナーや開発者が意識する内容であり、特殊な要件がない限り既定値でよい
ごみ箱	削除したコンテンツがごみ箱内に保持される期間を指定する。既定ではごみ箱が利用できる状態となっており、ごみ箱内のアイテムの保存期間は30日となっている
アップロードの最大サイズ	一度にアップロードできる最大サイズを指定する。既定では2047MBとなっている。最大で10GBまで指定できる
カスタマーエクスペリエンス向上プログラム	このWebアプリケーションのWebページに関するWebサイト分析の結果をインターネット経由でマイクロソフトが収集できるよう指定する。既定値は［いいえ］
利用状況Cookie	Webアプリケーションを匿名ユーザーがアクセスできるよう構成している場合に、利用状況Cookieを設定するかどうかを選ぶ。インターネット上に公開するWebサイトをホストする場合に指定する。既定値は［オフ］

リソース調整設定を確認しよう

サーバーのリソース調整設定では、次のような項目を設定できます。

項目	説明
リストビューのしきい値	一度に取得できるリストアイテム数を設定する（ライブラリも含まれる）。設定された以上の数のアイテムを取得しようとする場合は、表示数が制限される。既定値は5,000
オブジェクトモデルの上書き	オブジェクトモデルの上書きを許可している場合は、十分な権限を持つユーザーが、特定のクエリについてリストビューのしきい値をプログラムで上書きできる
監査者と管理者に対するリストビューのしきい値	監査者または管理者が一度に取得できるリストアイテム数を設定する（ライブラリも含まれる）。設定された以上の数のアイテムを取得しようとする場合は、表示数が制限される。既定値は20,000
リストビュー参照のしきい値	1つのリストやライブラリに追加できる参照列およびユーザーとグループ列の数の上限値。既定値は12
大きいクエリの実行時間帯	しきい値を超えてアイテムが格納されているリストやライブラリに対して、通常であれば制限される操作を一時的に許可する時間帯を指定する。必要に応じて許可し、業務に影響の少ない時間を選ぶ
リスト固有のアクセス許可のしきい値	リスト内に含めることができる固有のアクセス許可の最大値。SharePointではアイテム単位で固有のアクセス権限を設定できるが、それによるパフォーマンス低下を防ぐためにしきい値が設けられている。既定値は50,000
下位互換性のあるイベントハンドラー	このWebアプリケーションで、下位互換性のあるイベントハンドラーを有効または無効にする。既定は［オフ］
HTTP要求の監視と調整	サーバーに高い負荷がかかっている場合に重要度の低い処理を停止し、パフォーマンスを維持できるようにする。既定値は［オフ］
変更ログ	変更ログのエントリ保持期間を指定する。既定では120日となっている。変更ログとは、SharePointが内部的に保持しているログであり、通知メールを送信する際などに利用されるデータベース内の情報である。このログを直接操作するインターフェイスは用意されていないため、SharePoint APIを通じて安全にアクセスすることになる。開発者よりの内容であり、詳細については下記の資料を参照するとよい。既定値は変わっているが、この概念は以前のバージョンから変わっていない 「変更ログの概要」 https://msdn.microsoft.com/ja-jp/library/office/bb417456(v=office.14).aspx

上記のうち、[HTTP要求の監視と調整]は、SharePointのパフォーマンスを維持するために場合によっては有効な設定です。この機能を有効にした場合は、SharePointは次の4つのリソースを監視します。

・CPU、メモリ、キューイングされたリクエスト、リクエストの待機時間

各リソースの値を5秒ごとに更新し、監視します。サーバーが高負荷になり監視項目の値がしきい値を超えた場合、SharePointはHTTP要求の調整モード（制限モード）に入ります。新規のHTTP GET要求を受け取ると503（Service Unavailable）エラーをユーザーに返し、新規のタイマージョブを開始しません。

SharePoint Designerの設定を確認しよう

SharePoint Designerの利用をどの程度までユーザーに開放するかは、サイトコレクションの管理者が設定します。Webアプリケーション単位で設定するのは、Webアプリケーション内に作成するサイトコレクションの既定値です。したがって最終的にユーザーにSharePoint Designerの利用を許可するかどうかの決定権を握るのはサイトコレクションの管理者です。

3 ブロックするファイルの種類を確認しよう

　SharePoint上ではセキュリティを強化する目的で、アップロードできるファイルの種類を拡張子で制限しています。ブロックするファイルの種類は、Webアプリケーション単位で編集できます。なお、ブロック時にSharePointはあくまでも拡張子を見ているだけであり、ファイルの中身までは確認しません。SharePoint 2013まではブロックされる拡張子の種類は約100個ありましたが、現在は6つまでに緩和されています。

❶ サーバーの全体管理サイトにアクセスする。

❷ サイドリンクバーから［アプリケーション構成の管理］をクリックする。

❸ ［Webアプリケーション］セクションにある［Webアプリケーションの管理］をクリックする。

❹ 目的のWebアプリケーションを選択する。

❺ リボンメニューの［WEBアプリケーション］タブから［ブロックするファイルの種類］をクリックする。

❻ ブロックするファイルの拡張子を追加または削除する。

❼ ［OK］をクリックする。

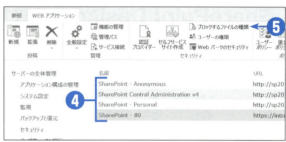

ヒント

SharePoint Onlineでは拡張子の制限どうなっている？

SharePoint Onlineでも、初期の頃はオンプレミスと同様にアップロードできる拡張子の制限がありましたが、現在では制限はなくなっています。

4 コンテンツデータベースを管理しよう

　コンテンツデータベースは、Webアプリケーションごとに作成します。新規にWebアプリケーションを作成すると、既定ではコンテンツデータベースも1つだけ作成されますが複数追加することもできます。パフォーマンスの観点から、コンテンツデータベースの最大サイズは200GBを目安にするようにしましょう。サイトコレクションは、必ずいずれかの1つのコンテンツデータベースに格納されます。複数のコンテンツデータベースにサイトコレクション内の情報が分散することは決してありません。新規にサイトコレクションを作成する際に、新たに追加したコンテンツデータベースに作成されるように設定することも可能です。

> **ヒント**
> **サイトコレクションを別のコンテンツデータベースに移動させるには**
> 既存のサイトコレクションを別のコンテンツデータベースに移動できます。これには、Windows PowerShellのMove-SPSiteコマンドレットを実行します。

コンテンツデータベースを追加しよう

　コンテンツデータベースの追加は、サーバーの全体管理またはWindows PowerShellで行えます。ここでは、サーバーの全体管理サイトを使う手順を説明します。

❶ サーバーの全体管理サイトにアクセスする。

❷ サイドリンクバーから［アプリケーション構成の管理］をクリックする。

❸ ［データベース］セクションにある［コンテンツデータベースの管理］をクリックする。

❹ Webアプリケーションごとのコンテンツデータベースが表示される。

❺ 新たにコンテンツデータベースを追加する場合は［コンテンツデータベースの追加］をクリックする。

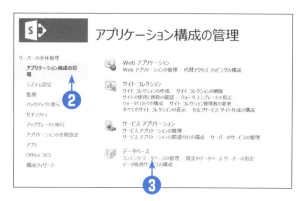

❻ Webアプリケーションを指定する。

❼ [データベース名と認証]を設定する。データベース名は既定では「WSS_Content_＜GUID＞」となるため、GUIDの部分を任意の名前に変更するとよい。

❽ [データベース容量の設定]で作成を許可するサイトコレクションの最大数などを指定する。
※「サイト」と記載があるものはサイトコレクションのことである。

❾ [OK]をクリックする。

サイトコレクションの作成先となるコンテンツデータベースについて理解しよう

　サイトコレクションを作成するとき、サーバーの全体管理サイトから作成すると、原則的には作成できるサイトコレクション数から現在のサイトコレクションの数を差し引いた数に余裕のあるコンテンツデータベースが任意に選ばれ、そこにサイトコレクションが作成されます。Windows PowerShellを使う場合は、作成先となるコンテンツデータベースを明示的に指定できます。

　ところで、データベースの状態は既定では「準備完了」となっています。この状態の場合は、サイトコレクションを新規に作成できます。「オフライン」に変更すると、既存のサイトコレクションは引き続き利用できますが、新たにサイトコレクションを追加することはできません。コンテンツデータベースが利用できなくなるという意味ではないので注意しましょう。たとえば、新規に作成するサイトコレクションを特定のコンテンツデータベース上にしか追加しないようにしたい場合はオフラインにします。設定手順は次のとおりです。

❶ サーバーの全体管理サイトにアクセスする。

❷ サイドリンクバーから[アプリケーション構成の管理]をクリックする。

❸ [データベース]セクションにある[コンテンツデータベースの管理]をクリックする。

❹ Webアプリケーションごとのコンテンツデータベースが表示される。データベースの状態を確認する。

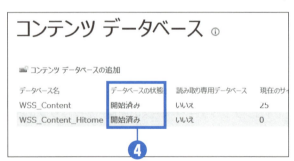

第33章 Webアプリケーションを管理しよう

❺ オフラインにしたいコンテンツデータベース名のリンク部分をクリックする。

❻ データベースの状態を［準備完了］から［オフライン］に変更する。

❼ ［OK］をクリックする。

ヒント
データベースを読み取り専用にするには

データベース管理者は、SQL Server Management Studio を使って、コンテンツデータベースを丸ごと読み取り専用にすることができます。この読み取り専用データベースは、障害復旧ファームなどのコールドスタンバイが必要な高可用性ファーム構成でよく利用されます。読み取り専用に設定すると、ユーザーはこのコンテンツデータベースに格納されているすべてのサイトコレクションに対して読み取りしかできません。コンテンツの追加や編集は一切できません。

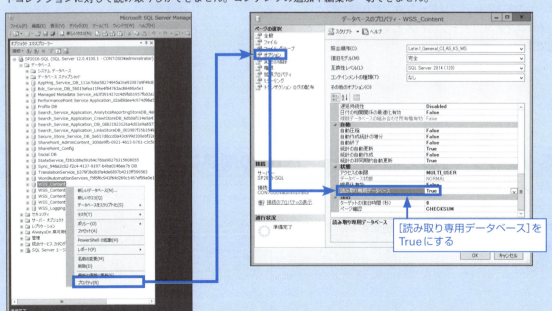

Webアプリケーションを削除しよう

　Webアプリケーションの削除は、サーバーの全体管理サイトの［アプリケーション構成の管理］カテゴリの［Webアプリケーションの管理］から行います。目的のWebアプリケーションを選択し、リボンメニューから［削除］をクリックします。このとき、次の2つのオプションのいずれかを指定できます。

・Webアプリケーションの削除
・IIS WebサイトからのSharePointの削除

Webアプリケーションの削除

Webアプリケーションの削除について把握しよう

　IIS Webサイトとコンテンツデータベースをそれぞれ削除するのか、保持するのかを指定できます。コンテンツデータベースを残し、IIS Webサイトだけ削除することもできます。コンテンツデータベースのみを残しておけば、新たにWebアプリケーションを作成したときに、既存のコンテンツデータベースをマウントすることも可能です。

IIS WebサイトからのSharePointの削除について把握しよう

　コンテンツデータベースを残し、特定の領域として利用されているIIS Webサイトのみを切り離すことができます。切り離すIIS Webサイトは、削除するか保持するか選べます。

サイトコレクションを管理しよう

第**34**章

1 サイトコレクションを新規に作成しよう
2 サイトコレクションを削除しよう
3 サイトコレクションのクォータを管理しよう

この章では、サイトコレクションの新規作成やクォータ設定などについて説明します。

1 サイトコレクションを新規に作成しよう

　サイトコレクションの作成は、サーバーの全体管理サイトまたはWindows PowerShellを使います。サイトコレクションには管理上、次の2種類があります。

・パスベースのサイトコレクション
・ホスト名付きサイトコレクション

　パスベースのサイトコレクションは従来のSharePointからある概念ですが、ホスト名付きサイトコレクションはSharePoint 2013以降で利用できるようになった概念です。

管理パスについて把握しよう

　サイトコレクションを作成するときにURLを指定します。WebアプリケーションのURLと同じURL直下にサイトコレクションを作成する場合に、そのサイトコレクションは**ルートのサイトコレクション**と呼びます。これ以外に**管理パス**を使って複数のサイトコレクションを作成することも可能です。管理パスはSharePoint特有のしくみです。管理パスには種類が2つあります。

・**明示的な管理対象パス**：パスの直下には単一のサイトコレクションのみ作成できる
・**ワイルドカードを使用した管理対象パス**：パスの配下には複数のサイトコレクションを作成できる

　SharePointには、既定で"sites"という管理パスが用意されています。これは、ワイルドカードを使用した管理対象パスです。この配下には"http://sp2016/sites/sales"や"http://sp2016/sites/marketing"といったURLを持つ複数のサイトコレクションを作成できます。管理パスは、Webアプリケーションごとに複数作成できます。仮にワールドワイドの企業だとして管理パスを"japan"、"us"などと設定します。日本のサイトコレクションは"japan"パスの配下に作成し（例："http://sp2016/japan/Sales"）、米国の場合は"us"のパスの配下に作成する（例："http://sp2016/us/Sales"）ようにすれば、サイトコレクションのトップレベルサイトのURLが重複しても区別しやすくなります。個人用サイトをホストする場合は、"personal"という管理パスを設定したりします。

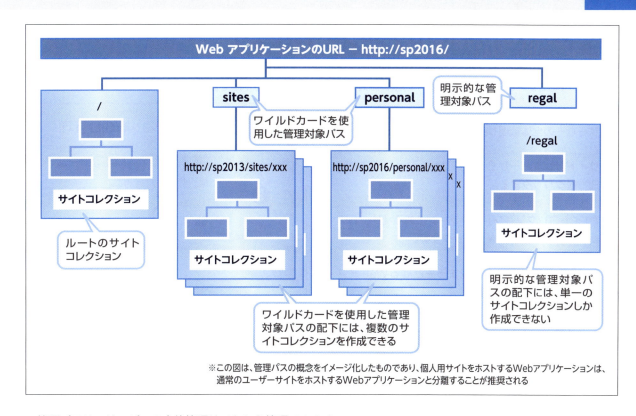

管理パスは、サーバーの全体管理サイトから管理できます。

Webアプリケーションの管理ページ

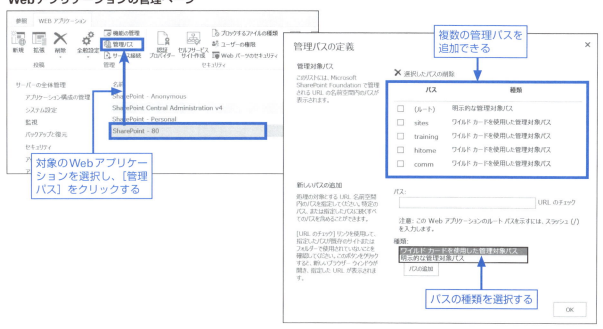

　管理パスは目的に応じて複数作成できますが、パフォーマンスを考慮し、Webアプリケーションあたり20個以下にした運用が推奨されます。

パスベースのサイトコレクションを作成しよう

　パスベースのサイトコレクションは、サーバーの全体管理サイトから作成できます。Windows PowerShellを使うことも可能です。ここでは、サーバーの全体管理サイトから作成する手順を説明します。

❶ サーバーの全体管理サイトにアクセスする。

❷ サイドリンクバーから[アプリケーション構成の管理]をクリックする。

❸ [サイトコレクション]セクションにある[サイトコレクションの作成]をクリックする。

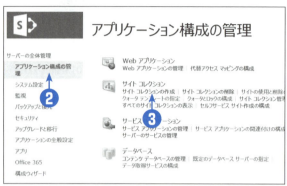

❹ サイトコレクションを作成する先となるWebアプリケーションを選択する。

❺ トップレベルサイトのタイトルを入力する。また必要に応じてサイトの説明も入力する。

❻ Webサイトのアドレスを指定する。なお、ここで指定したアドレスは、サイトコレクション作成後はWindows PowerShellを使わないと変更できない。

❼ 言語パックが適用されている場合はトップレベルサイトの既定の言語が選択できる。

❽ 任意のサイトテンプレートを指定する。

❾ サイトコレクションの管理者を最大2名まで指定する。指定できるのはユーザーのみでありグループは指定できない。ここで指定するのはあくまでも初期設定であり、サイトコレクション作成後はサイトコレクションの管理者がサイトコレクションの管理者を追加できるようになるため、2名以上指定することも可能である。

❿ 任意のクォータテンプレートを指定する。クォータなしも指定可能であり、サイトコレクション作成後に指定することもできる。

⓫ [OK]をクリックする。

ホスト名付きサイトコレクションを作成しよう

　ホスト名付きサイトコレクション（Host-named site collection）では、一意なDNS名をサイトコレクションに対して割り当てられます。同一Webアプリケーション内であっても、たとえば次のようなURLを利用できます（もちろん、名前解決できるようDNSサーバーに対してホスト名のレコードを事前に登録しておく必要があります）。

https://corporateportal.contoso.com/
https://projectportal.contoso.com/

　パスベースのサイトコレクションとホスト名付きサイトコレクションの主な違いを次の表に示します。

項目	ホスト名付き	パスベース
サイトコレクションの作成	Windows PowerShell	サーバーの全体管理サイト、Windows PowerShell
URL	サイトコレクションごとに一意なDNS名を割り当てる。最大5つのゾーンごとにURLを割り当てられる	Webアプリケーション内のサイトコレクションは同一のDNS名を共有する。Webアプリケーションを拡張することで、ゾーンごとに異なるホスト名を作成できる。しかし、ゾーンに適用されたホスト名はそのWebアプリケーション内の全サイトコレクションに適用される
URLのマッピング	Windows PowerShellを使ってURLを管理する	代替アクセスマッピングを使ってURLを管理する
セルフサービスサイト作成	利用できない	利用できる
管理パス	ホスト名付きサイトコレクション用の管理パスはファームレベルで適用される。Windows PowerShellで管理する必要がある	Webアプリケーションレベルで管理パスを適用できる。サーバーの全体管理サイトまたはWindows PowerShellで管理する

　ホスト名付きサイトコレクションは、表に記載したようにWindows PowerShellからしか作成できません。基本的な作成手順は次のとおりです。

1. ルートのサイトコレクションを作成する。
ルートのサイトコレクションは必ずパスベースになるためサーバーの全体管理サイトからも作成できる。検索サービスでコンテンツソース管理をする際に、ルートのサイトコレクションのみが表示される。他のホスト名付きサイトコレクションはコンテンツソースには表示されないが、既定で自動的にクロールされるようになる。Windows PowerShellからサイトコレクションを作成する場合は、次のようなコマンドを実行する。

```
New-SPSite 'https://hnsc.contoso.com' -Name '<ルートサイトコレクション>' `
-Description '<ホスト名付きサイトコレクション用のルートサイトコレクション>' `
-OwnerAlias 'contoso\administrator' -language 1041 -Template 'STS#0'
```

2. ホスト名付きサイトコレクションを作成する。
　通常のサイトコレクション作成と同様に、New-SPSiteコマンドレットを使うが、-HostHeaderWebApplicationを指定しているところが異なる。

```
New-SPSite 'https://corporateplanning.contoso.com' `
-HostHeaderWebApplication 'https://hnsc.contoso.com'`
-Name '経営企画' -Description '経営企画に関する情報共有サイトです' `
-OwnerAlias 'contoso¥administrator' -language 1041`
-Template 'STS#0'
```

　なお、負荷分散装置でSSLオフロードを行う際には、負荷分散装置側に追加設定が必要です。詳細については次のURLを参照してください（SharePoint 2013と変わりません）。

「ホスト名付きサイトコレクションのアーキテクチャと展開（SharePoint 2013）」
http://technet.microsoft.com/ja-jp/library/cc424952.aspx

ヒント

代替アクセスマッピング（AAM）とは

代替アクセスマッピング（Alternate Access Mappings）は、単一のパブリックURLに対して複数の内部URLを関連付けられるようにする設定です。複数のフロントエンドがあり、かつパスベースのサイトコレクションを利用する際に指定します。ホスト名付きサイトコレクションでは指定はできませんし、この設定は不要です。

パブリックURLとは、ユーザーが直接アクセスする公開URLのことです。パブリックURLはSharePointサイトの各リンクに表示されます。一方、内部URLとは、実際にSharePointサーバーによって受け付けられるURLのことです。負荷分散装置などを利用する際に設定します。この設定が必要な理由は前述した管理パスにあります。管理パスは、SharePoint特有の論理的なパスであり、負荷分散装置などはサーバー名までは内部サーバーとパブリックサーバー間で変換できますが、SharePointの場合は管理パスまで含めて変換しなければ目的のサイトコレクションにユーザーはアクセスできません。そのため、代替アクセスマッピングを使用しない場合は、ルートのサイトコレクションにしかユーザーがアクセスできなくなってしまいます。管理パスまで含めてURLを変換できるように機能を補う設定が、代替アクセスマッピングです。

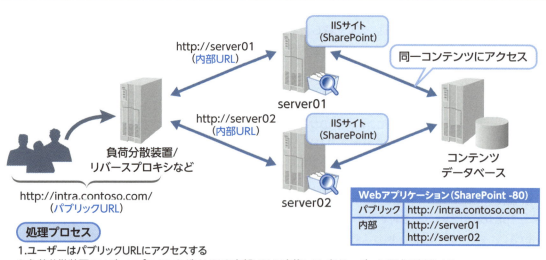

すばやくサイトコレクションを作成しよう

　SharePoint 2016から新しく**Fast Site Collection Creation**機能が利用できるようになっています。この機能を使うことで、チームサイトテンプレートなどをベースとしたサイトコレクション作成を従来よりすばやく行えるようになります。ただし、この機能はWindows PowerShellからしか利用できません。

　サイトコレクションを作成する際の処理オーバーヘッドの1つが、フィーチャーのアクティブ化です。Fast Site Collection Creationを利用すると、サイトコレクション作成時にフィーチャーをアクティブ化しないため、すばやく作成できます。手順としては、まず特定のコンテンツデータベース内にひな型として使うサイトコレクションをSite Masterとして作成しておきます。Fast Site Collection Creation機能を使ってサイトコレクションを作成するときに、このSite Masterがコンテンツデータベースレベルで内部的にコピーされます。

　ちなみに個人用サイトは既定で用意されているSite Masterから作成されるようになっています。Site Masterとなるサイトコレクションは一覧から確認でき、URLがsitemasterで始まるように名前付け規則があります。

　Fast Site Collection Creationを利用する場合の一連の処理の流れは次のとおりです。

1. 特定のサイトテンプレートを**Site Master**として利用できるようにする。たとえばチームサイトの場合は次のようになる。

```
Enable-SPWebTemplateForSiteMaster -Template STS#0 -CompatibilityLevel 15
```

2. 特定のコンテンツデータベースにチームサイトをベースとした**Site Master**を作成する。

```
New-SPSiteMaster -ContentDatabase WSS_Content_Hitome -Template STS#0
```

3. **Fast Site Collection Creation**機能を使ってサイトコレクションを新規に作成する。たとえば次のようなスクリプトを実行する。

```
New-SPSite http://sp2016/hitome/FSCC -Template STS#0 `
 -ContentDatabase WSS_Content_Hitome -CompatibilityLevel 15 `
 -CreateFromSiteMaster -OwnerAlias contoso\hirano
```

Fast Site Collection Creation機能の概要は、次のTechNetの記事を参照してください。

「**Fast Site Collection Creation in SharePoint Server 2016 IT Preview**」
https://blogs.technet.microsoft.com/wbaer/2015/08/26/fast-site-collection-creation-in-sharepoint-server-2016-it-preview/

その他のコマンドレットについては、次のページを参照してください。

「**SharePoint 2016 Fast Site Creation via PowerShell（Real world example）**」
http://social.technet.microsoft.com/wiki/contents/articles/34359.sharepoint-2016-fast-site-creation-via-powershell-real-world-example.aspx

2 サイトコレクションを削除しよう

サーバーの全体管理サイトからサイトコレクションを削除する手順は次のとおりです。

❶ サーバーの全体管理サイトにアクセスする。

❷ サイドリンクバーから［アプリケーション構成の管理］をクリックする。

❸ ［サイトコレクション］セクションにある［サイトコレクションの削除］をクリックする。

❹ 削除対象のサイトコレクションを選択するために［選択されていません］をクリックし、［サイトコレクションの変更］をクリックする。

❺ ［サイトコレクションの選択］ダイアログが表示されたら、目的のサイトコレクションのURLを選択する。

❻ ［OK］をクリックする。

❼ ［削除］をクリックする。

❽ 右図のようなメッセージが表示されたら［OK］をクリックする。

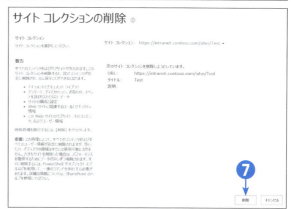

> **ヒント**
>
> **削除したサイトコレクションの復元**
>
> サーバーの全体管理サイトからサイトコレクションを削除する場合は、原則としていきなり完全削除するのではなく、段階的な削除になります。そのため、削除後30日以内であればWindows PowerShellのRestore-SPDeletedSiteコマンドレットを使って復元できます。とはいえ、削除前に念のためバックアップを取っておくことは大切です。ちなみに、Windows PowerShellからサイトコレクションを削除する場合は、Remove-SPSiteコマンドを使用しますが、-GradualDeleteオプションを付けて実行することで段階的な削除になります。このオプションを指定しない場合は、即座にサイトコレクションが削除されます。サイズの大きいサイトコレクションの場合は、即座に削除するとサーバーに負荷がかかるため注意してください。

3 サイトコレクションのクォータを管理しよう

サイトコレクションにクォータを設定することで、ユーザーが利用できる最大容量を制御できます。クォータとは、ユーザーが利用できる最大容量を制限するための設定です。この設定はサイトコレクションごとに行います（サイト単位では構成できません）。サイトコレクションに対してクォータを適用する場合には、最初にクォータテンプレートを作成しておくと、同じ設定を複数のサイトコレクションにすばやく適用できます。

クォータテンプレートを作成しよう

クォータテンプレートの作成手順は次のとおりです。

❶ サーバーの全体管理サイトにアクセスする。

❷ サイドリンクバーから［アプリケーション構成の管理］をクリックする。

❸ ［サイトコレクション］セクションにある［クォータテンプレートの指定］をクリックする。

❹ 既存のテンプレートを編集するか、新しくテンプレートを作成する場合は、作成元のテンプレートを選択し、新しいテンプレート名を入力する。

❺ 記憶域の制限値として［サイト記憶域の最大サイズを次の値に制限する］チェックボックスをオンにし、許可する最大容量を入力する。

❻ 必要に応じて［サイトコレクションの記憶域が次の値に達したら電子メールを送信する］チェックボックスをオンにし、値を入力する。

❼ サンドボックスソリューションベースのカスタムアプリケーションやInfoPath Form Servicesなどを使用している場合は、［コードを含むセキュリティで保護されたソリューションの制限］を設定する。

❽ ［OK］をクリックする。

> **ヒント**
>
> **サンドボックスソリューションの廃止**
>
> SharePoint 2013まではサンドボックスソリューションを利用できましたが、廃止予定であり、基本的には使わないよう公式にアナウンスされていました。2016年8月より、SharePoint Onlineではサンドボックスソリューションは完全に廃止され利用できなくなっています。そのため、SharePoint 2016においても原則的には利用しないようにした方がよいでしょう。関連情報については次の記事を参照してください。
>
> 「**SharePoint Online サンドボックスソリューションに関する告知について**」
> https://blogs.technet.microsoft.com/sharepoint_support/2016/08/04/news-about-sandbox-solution-sharepoint-online/

サイトコレクションのロック状態を把握しよう

クォータテンプレートを適用するとき、現在のサイトコレクションのロック状態を指定できます。これには次の4つのオプションがあります。

ロックの状態	説明	
ロックなし	既定値。クォータ上限値に達するまで、コンテンツの追加や削除など自由に利用できる。ただし、制限値に達するとコンテンツは追加できなくなり、画面上部に次のようなメッセージが表示されるようになる	
コンテンツの追加不可	新たにコンテンツを追加することはでないが、既存コンテンツの削除や変更は可能である	
読み取り専用 (追加、削除、更新不可)	コンテンツの追加、削除、変更はできないが、閲覧のみを許可する	
	・[サイトコレクションの管理者によって制御されている読み取り専用ロック]をオンにすると、サイトコレクションにアクセスするユーザーには画面上部に次のように表示される	
	・[ファーム管理者によって制御される読み取り専用ロック]をオンにすると、サイトコレクションにアクセスするユーザーには画面上部に次のように表示される	
アクセスなし	ユーザーはサイトコレクションにアクセスしようとするとアクセス拒否される	

サイトコレクションにクォータを適用したりロックを構成しよう

既存のサイトコレクションにクォータを適用する手順は次のとおりです。

❶ サーバーの全体管理サイトにアクセスする。

❷ サイドリンクバーから［アプリケーション構成の管理］をクリックする。

❸ ［サイトコレクション］セクションにある［クォータとロックの構成］をクリックする。

❹ 目的のサイトコレクションを選択する。

❺ 必要に応じて、このサイトのロック状態を指定する。

❻ ［現在のクォータテンプレート］を目的のテンプレートに変更する。サイトコレクション固有の設定を行う場合は、［現在のクォータテンプレート］で［個々のクォータ］を選択し、各設定を個別に指定する。

❼ ［OK］をクリックする。

サーバーの監視機能を把握しよう

第35章

1 タイマージョブを確認しよう
2 Health Analyzer 機能を把握しよう
3 診断ログを確認しよう
4 開発者ダッシュボード機能を把握しよう

この章では、SharePointに標準搭載されている監視機能について説明します。

1 タイマージョブを確認しよう

　タイマージョブは、SharePoint内部で定期的に実行しているバッチ処理のことです。既定で複数のタイマージョブが用意されており、実行のタイミングがスケジューリングされています（タイマージョブは、SharePointのソリューション開発者がVisual Studioを使い独自のジョブを作成して展開することもできるようになっています）。たとえば、期限切れになっているドキュメントやサイトを一括削除する処理や、タスクを個人用サイトに集約する処理などもタイマージョブが利用されています。

　ジョブごとに、ファーム全体、サービス単位、Webアプリケーション単位、サーバー単位で実行されます。また、実行タイミングは分単位、時間単位、日単位、週単位、月単位で実行できるようになっています。各ジョブには実行スケジュールが設定されていますが、ほとんどは既定値のままで十分です。サービスによっては設定を変更すべきではないサービスもあります。ビルトインのタイマージョブに関する詳細は次のページを参照してください。

「SharePoint Server 2016のタイマージョブリファレンス」
https://technet.microsoft.com/ja-jp/library/cc678870(v=office.16).aspx

> **ヒント**
> **タイマージョブの実行サービス**
> タイマージョブは、SharePointインストール時にWindowsのサービスとして追加されるSharePoint Timer Service（SPTimerV4）が実行します。したがって、このサービスが停止してしまうと一切のジョブが実行されなくなります。

ジョブの定義を確認または変更しよう

　タイマージョブは、ジョブの定義に従って定期的に実行されます。ジョブ定義の確認手順は次のとおりです。

❶ サーバーの全体管理サイトにアクセスする。

❷ サイドリンクバーから［監視］をクリックする。

❸ ［タイマージョブ］セクションにある［ジョブ定義の確認］をクリックする。

❹ ジョブ定義の一覧が表示される。このページには次の3つのビューが用意されている。
- すべて
- サービス
- Webアプリケーション

❺ ジョブ定義名のリンクをクリックする。

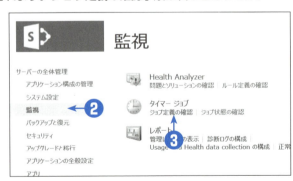

❻ 詳細情報が表示される。必要に応じて、スケジューリング設定を変更したり、すぐにジョブを実行したり、ジョブを無効化したりできる。

※［今すぐ実行］をクリックすると、即座にジョブが実行される。サーバーの負荷が高い処理の場合は、ユーザーレスポンスに影響することもあるため注意する必要がある。

❼ 確認が終わったら、［OK］をクリックする。

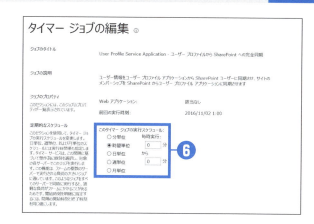

実行状態を確認しよう

タイマージョブが開始され、正常に実行されているかを監視します。

❶ サーバーの全体管理サイトにアクセスする。

❷ サイドリンクバーから［監視］をクリックする。

❸ ［タイマージョブ］セクションにある［ジョブ状態の確認］をクリックする。

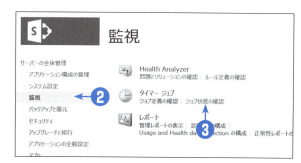

❹ タイマージョブの状態が表示される。このページには、次の5つのビューが用意されている。

- すべて
- サービス
- Webアプリケーション
- サーバー
- ジョブの定義

また、このページの一番上にある［スケジュール済］セクションには、これから実行予定のジョブが表示される。次の［実行中］セクションには、現在処理中のジョブの進捗状況を表示される。［履歴］セクションには、実行済みのジョブの結果が表示される。

2 Health Analyzer機能を把握しよう

　Health Analyzerは、SharePointの健康診断をしてくれる機能であり、SharePointの設定や動作に関して潜在的な問題や危険性があることを知らせてくれます。この健康診断の処理は、「正常性解析ジョブ」という名前が付いている一連のタイマージョブが行います。

　Health Analyzerには、健康診断のチェック項目として「ルール定義」が用意されています。ルール定義では、チェックの実施タイミングなどが設定されています。また、診断結果を表示するために「問題とソリューションの確認」という名前のリストが用意されています。

ルール定義を確認および編集しよう

　既定で用意されているルール定義を確認し、必要に応じて設定を変更する手順は次のとおりです。なお、ルールによってはサーバー管理者の意図と合致しないものもあります。その場合はルール定義を変更し、定期的な検出対象から除外するようにします。

❶ サーバーの全体管理サイトにアクセスする。

❷ サイドリンクバーから［監視］をクリックする。

❸ ［Health Analyzer］セクションにある［ルール定義の確認］をクリックする。

❹ Health Analyzerルール定義の一覧が表示される。

❺ 設定を確認または変更する場合は、目的のルール定義名のリンクをクリックする。

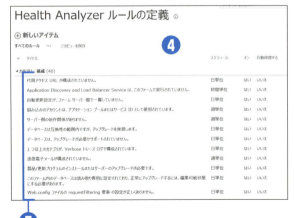

❻
ルールアイテムが表示される。チェックされるスケジュールなどが確認できる。また[オン]が「はい」になっている場合は、このルールが定期的にチェックされるように構成されていることになる。

❼
このルールを使ってすぐにチェックしたい場合は、リボンメニューの[表示]タブから[今すぐ実行]をクリックする。

❽
このルールを変更する場合は、リボンメニューの[表示]タブから[アイテムの編集]をクリックする。

❾
アイテムの編集画面が表示されたら、スケジュールなどを変更できるようになる。たとえば、定期的なチェックプロセスからこのルールを除外するのであれば、[オン]チェックボックスをオフにする。これにより、このルールは無効になる。

❿
[保存]をクリックする。

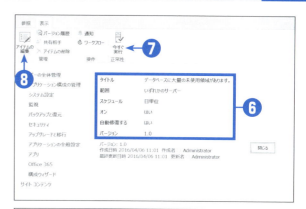

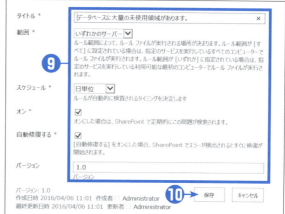

問題とソリューションを確認しよう

問題とソリューションの確認リストには、ルール定義に従って処理された結果が表示されます。

❶
サーバーの全体管理サイトにアクセスする。

❷
サイドリンクバーから[監視]をクリックする。

❸
[Health Analyzer]セクションにある[問題とソリューションの確認]をクリックする。

❹
問題となっている情報がアイテムとして追加されている。タイトル部分をクリックすると詳細が確認できる。

❺ 問題の詳細が表示されたら、内容を確認する。
※ ルールによっては自動修復が可能なものがあるため、必要に応じてリボンメニューの［自動修復］をクリックして問題を解決する。

　実際には、タイマージョブの処理によってこのリストに結果がアイテムとして追加されます。このリストには重要度列が用意されており、次の5つの選択肢が用意されています。

- 1 - エラー
- 2 - 警告
- 3 - 情報
- 4 - 成功
- 5 - ルール実行エラー

　リストの既定のビュー設定で、「4 - 成功」となっているアイテムは表示しないようにフィルターが構成されています。このリストに「1 - エラー」または「2 - 警告」が登録されると、サーバーの全体管理サイトのトップページのステータスバーに赤色または黄色の帯でメッセージが表示されます。この帯に表示される［問題の表示］リンクをクリックすると、「問題とソリューションの確認」リストに画面遷移します。

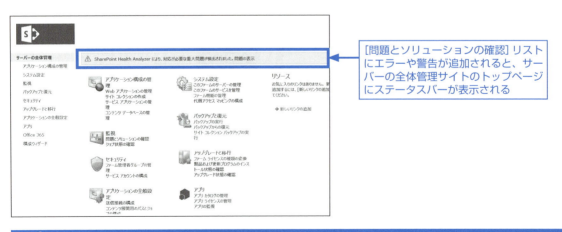

［問題とソリューションの確認］リストにエラーや警告が追加されると、サーバーの全体管理サイトのトップページにステータスバーが表示される

> **ヒント**
> **Health Analyzerによって検出される警告の詳細**
> Health Analyzerによって警告が表示されたときのトラブルシューティング方法については、次のページを参照してください。
>
> 「SharePoint Health Analyzerルールリファレンス（SharePoint Server 2016）」
> https://technet.microsoft.com/ja-jp/library/ff686816(v=office.16).aspx

3 診断ログを確認しよう

　SharePoint 上で問題が発生した場合の解決の手がかかりとなるのが診断ログであり、これには Windows イベントログとトレースログがあります。トレースログは、SharePoint サービスアプリーションの動作記録などのサービスに関する情報が記録されるログであり、**ULS（Unified Logging Service）ログ**とも呼ばれます。既定では、SharePoint ルートディレクトリ（既定では ［%ProgramFiles%¥Common Files¥Microsoft Shared¥web server extensions¥16］）の ［LOGS］ フォルダーに書き込まれます（*.log）。

　診断ログの設定は、次の手順で確認および設定変更できます。

❶ サーバーの全体管理サイトにアクセスする。

❷ サイドリンクバーから ［監視］ をクリックする。

❸ ［レポート］ セクションにある ［診断ログの構成］ をクリックする。

❹ 必要に応じて、ログを取得したいサービスを選択する。複数のサービスを選択できる。

❺ 必要に応じて、［イベントログの記録対象となる重要度の最も低いイベント］ と ［トレースログの記録対象となる重要度の最も低いイベント］ を選択する。

❻ ［イベントログのオーバーフロー防止機能を有効にする］ チェックボックスがオンになっていることを確認する。この設定をすることで、何らかの理由で同じイベントが繰り返し大量に記録される場合に、ログが増えすぎないよう調整される。

❼ トレースログの保存場所を指定する。併せてログファイルの保持日数やトレースログのディスク容量の上限を指定する。

❽ ［OK］ をクリックする。

> **ヒント**
>
> **診断ログ設定のベストプラクティス**
>
> 診断ログの詳細や設定のベストプラクティスについては、次の記事を参照してください。
>
> 「SharePoint 2016 で診断ログを構成する」
> https://technet.microsoft.com/ja-jp/library/ee748656(v=office.16).aspx

USLログを参照しよう

　ULSログファイルはテキストベースのログであり、メモ帳などのアプリケーションで内容を表示できます（ファイル名は"サーバー名-年月日-時刻.log"となっており、30分おきに生成されます）。しかし、もともとはマイクロソフトのサポートエンジニアが解析する目的で生成されているため、情報量が多く非常に見づらいものです。

ULSログの例

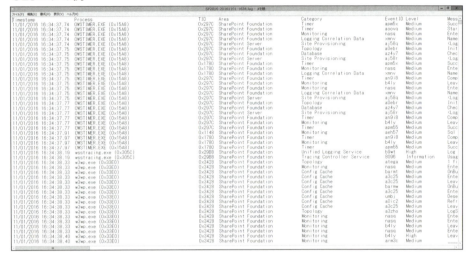

　ログを効率よく確認するために、マイクロソフトのオープンソースのコミュニティサイトであるCodePlexからさまざまなViewerツールをダウンロードできます。

「CodePlex」
https://www.codeplex.com/

SharePoint上で何らかの操作をしている際にエラーが発生すると、原因となるメッセージが表示されます。ただし、場合によってはメッセージの内容からは原因が追究しにくいこともあります。このとき、エラー画面に表示される"関連付けID"情報が重要です。ULSログに、このIDがCorrelationとして各イベントに記載されるためです。問題発生時間と"関連付けID"を手がかりにULSログをたどってみると、問題解決の糸口が見つかることもあります。

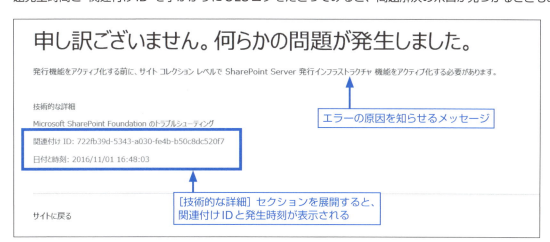

4 開発者ダッシュボード機能を把握しよう

SharePointのソリューション開発向けに用意されているのが**開発者ダッシュボード**ページです。このページには、Webページの表示パフォーマンス分析に役立つ情報が表示されます。ページの読み込みが遅い、Webパーツが正常に動作しない、ページ上のデータベースクエリが正常に動作しない場合などに原因を探るために役立ちます。

開発者ダッシュボードは、既定では有効になっていませんが、Windows PowerShellを使って有効にできます（ファームレベルでの設定であるため、サイトコレクションごとの個別指定はできません）。ここでは、SharePoint管理シェルを使って開発者ダッシュボードをオンする方法を説明します。次のようなコマンドを実行します。

```
$contentService= [Microsoft.SharePoint.Administration.SPWebService] ::ContentService
$dash = $contentService.DeveloperDashboardSettings
$dash.DisplayLevel = 'On'
$dash.Update ()
```

上記のDisplayLavelに指定できるオプションは次の2つです。

オプション	説明
On	サイトコレクションの管理者およびサイトの管理者（フルコントロール）には画面右上に開発者ダッシュボードを起動するアイコンを表示する
Off	開発者ダッシュボードをオフにする

上記のコマンドでは"On"を指定したため、開発者ダッシュボードが有効になり画面右上にアイコンが表示されるようになります。必要に応じてこのアイコンをクリックすると、開発者ダッシュボードが別ウィンドウで表示されます。開発者ダッシュボードが表示されたら、SharePointサイトにアクセスするとログが表示されるようになります。

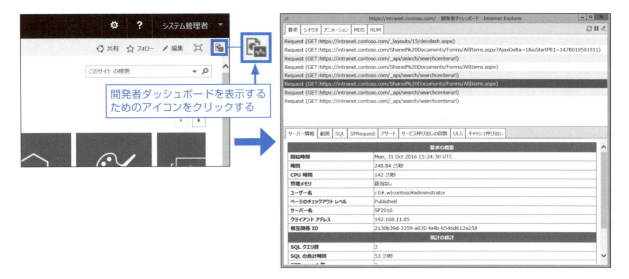

開発者ダッシュボードの有効化は、たとえば開発用のSharePointファームで必要なときに設定します。不要になったらオフにします。

バックアップと復元方法の基本を把握しよう

第36章

1 バックアップと復元の概要を把握しよう
2 ファーム全体をバックアップしよう
3 段階的なバックアップを行おう
4 ファーム全体バックアップから復元しよう
5 段階的なバックアップから復元しよう

この章では、SharePointの標準機能を使った基本的なバックアップと復元方法について説明します。

1 バックアップと復元の概要を把握しよう

SharePointで利用できる主なバックアップツールは次のとおりです。それぞれ特徴があるため、組織の運用に適したツールを選定する必要があります。

ツール	説明
サーバーの全体管理サイト	GUIベースであるため操作が簡単である。その反面、スケジューリング実行はできない。また、バックアップデータの世代管理はできない。また、データベースのトランザクションログの切り捨ては指定できない
	完全バックアップ、差分バックアップが可能である。ファーム全体、ファーム構成、Webアプリケーション、サービスアプリケーション、サイトコレクション、サイト、リストやライブラリレベルでのバックアップと復元が可能である。ファーム構成のみのバックアップができるのは、SharePoint標準ツールのみである
	パフォーマンスを考慮すると、サイトコレクションのサイズが100GBまでの場合に適している。これを超える場合はSQL Server付属の管理ツールやサードパーティ製品を利用した方がよい
Windows PowerShell	バックアップデータの世代管理機能は標準では持っていない。スケジューリング実行する場合は、バックアップスクリプトを作成しておき、タスクスケジューラーに登録して利用する。また、データベースのトランザクションログの切り捨ては指定できない
	完全バックアップ、差分バックアップが可能である。ファーム全体、ファーム構成、Webアプリケーション、サービスアプリケーション、サイトコレクション、サイト、リストやライブラリレベルでのバックアップと復元が可能である。ファーム構成のみのバックアップができるのはSharePoint標準ツールのみである
	パフォーマンスを考慮すると、サイトコレクションのサイズが100GBまでの場合に適している。これを超える場合はSQL Server付属の管理ツールやサードパーティ製品を利用した方がよい
SQL Server付属の管理ツール	データベース単位でのバックアップと復元ができる。バックアップタスクはスケジュール化できる。SQL Serverのデータベースに特化した管理機能により高速にバックアップができる。トランザクションログの切り捨てなども可能である。ただし、Webアプリケーション単位でのバックアップやサービスアプリケーション単位でのバックアップはできない（各データベースはバックアップできるが、関連する構成情報のみを選択した復元はできない）
サードパーティ製品	サードパーティが提供するSharePointに対応したバックアップ製品を使う。製品ごとに特色は異なる。別途製品を購入する必要がある

SharePoint標準のバックアップツールでは、ファームの構成情報やサイト内のコンテンツ（データベースを含む）をバックアップできます。しかし、次の情報はバックアップできません。

- IISサーバー上で直接行った設定（SSLの設定など）は、IISのバックアップとして別途行う
- TCP/IPの設定は、Windows Serverのバックアップを行うか、ドキュメント化しておく
- SSLで使用する証明書は、Windows Serverのバックアップで保存しておく
- 独自に開発したソリューション関連ファイルは別途バックアップしておく。GAC（グローバルアセンブリキャッシュ）への配置を行っている場合も、必要なファイルは別途バックアップする
- SharePointルートディレクトリ内のコンテンツは、Windows Serverのバックアップを行い保存しておく

ここに挙げたのは、バックアップと復元に関するごく基本的な情報です。バックアップと復元は事前に十分な計画を立てておく必要があります。詳細については、次のページを参照してください。

「SharePoint Server 2016でのバックアップと復元を計画する」
https://technet.microsoft.com/ja-jp/library/cc261687(v=office.16).aspx

　本書では、サーバーの全体管理サイトおよびWindows PowerShellを使った基本的なバックアップと復元の手順を説明します。

2 ファーム全体をバックアップしよう

サーバーの全体管理を使って、ファーム全体をバックアップしてみましょう。

事前準備しよう

バックアップファイルを格納する先となる共有フォルダーを事前に作成しておく必要があります。このフォルダーは、SQL Serverのサービスアカウントに対して読み取りおよび書き込み権限が必要です。また、SharePoint Timer Serviceサービスアカウント、SQL Serverサービスアカウント、SharePointサーバーの全体管理サイトのアプリケーションプールIDのアカウントに対して、ファイル共有とNTFSアクセス許可の両方にフルコントロール権限が必要です。

> **ヒント**
>
> **サーバーの全体管理サイトのアプリケーションプールIDの確認方法**
>
> サーバーの全体管理サイトのアプリケーションプールIDを確認するには、インターネットインフォメーションサービス（IIS）マネージャー管理ツールを起動し、[アプリケーションプール] ノードをクリックします。アプリケーションプール一覧のうち、「SharePoint Central Administration v4」のID列に表示されているアカウントが、目的のアプリケーションプールIDです。

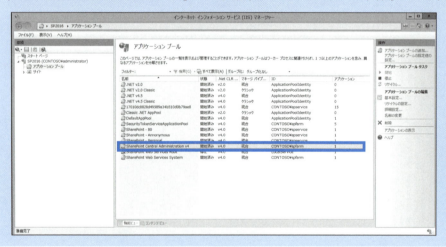

バックアップを実行しよう

① サーバーの全体管理サイトにアクセスする。

② サイドリンクバーから［バックアップと復元］をクリックする。

③ ［ファームのバックアップと復元］セクションにある［バックアップの実行］をクリックする。

④ バックアップするコンポーネントを選択する。ファーム全体をバックアップする場合は［ファーム］を選択する。個々のWebアプリケーション、サービスアプリケーションや構成データベースなどを指定してバックアップすることも可能である。

⑤ ［次へ］をクリックする。

⑥ バックアップするコンポーネントを確認する。

⑦ バックアップの種類を選択する。

⑧ バックアップするデータを指定する。

⑨ バックアップの場所として、事前に作成したバックアップ用のフォルダーを指定する。UNCパスで指定する必要がある。

⑩ ［バックアップの開始］をクリックする。

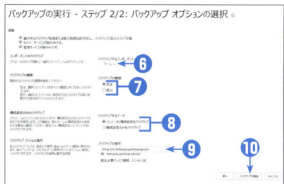

⑪ バックアップと復元のジョブ状態が表示される。しばらく待つと、画面が自動的に更新される。現在の状況は［フェーズ］を確認する。

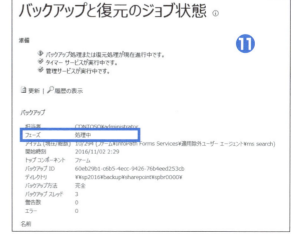

⑫ バックアップ処理が終了すると、[フェーズ]が「完了」となる。

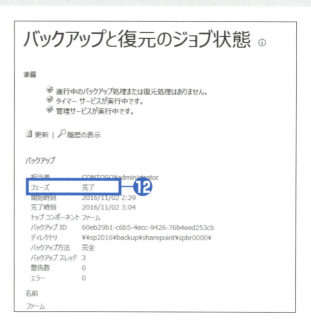

バックアップに関する考慮事項を確認しよう

　バックアップを行う際に、バックアップの種類として[完全]または[差分]を選択しますが、必ず1回は完全バックアップを取得する必要があります。完全バックアップを取得した後、前回の完全バックアップからの変更分を「差分」バックアップとして取得できるようになります。サーバーの管理者が選択したコンポーネントのみをバックアップすることも可能ですが、最低一度はファーム全体を完全バックアップするようにしましょう。サービスアプリケーションの一部はファーム全体のバックアップを取得しないと復元できないものもあるためです。バックアップ作業には多くのリソースを必要とします。特にCPUとメモリの使用率が高くなるため、パフォーマンスに影響を与えます。バックアップ作業はユーザーが使用していない時間帯を利用するようにします。

3 段階的なバックアップを行おう

段階的なバックアップとは、サイト内の特定の範囲をバックアップおよび復元することです。次のバックアップの種類があり、ファームレベルのバックアップよりも細かい粒度でのバックアップと復元が可能です。

・サイトコレクション単位のバックアップ
・サイトおよびリストのエクスポート

原則としてはファーム全体の定期的なバックアップが推奨されますが、サイトコレクション単位のバックアップも利用できます。特定のサイト、リストやライブラリのみを別のサイトコレクションやサイトに移動させる場合は、エクスポートを行えます。

サイトコレクション単位のバックアップを行おう

サイトコレクションのバックアップは次の手順で行います。復元はWindows PowerShellから行います。当該サイトコレクションのロック状態が［ロックなし］または［コンテンツの追加不可］に設定されている場合は、バックアップ中は一時的に読み取り専用になります。バックアップ完了後に通常の状態に戻ります。

❶ サーバーの全体管理サイトにアクセスする。

❷ サイドリンクバーから［バックアップと復元］をクリックする。

❸ ［段階的なバックアップと復元］セクションにある［サイトコレクションバックアップの実行］をクリックする。

❹ バックアップ対象のサイトコレクションを選択する。

❺ バックアップファイルの作成先を指定する（UNCパスでファイル名まで指定する）。

❻ ［バックアップの開始］をクリックする。

サイトまたはリスト（ライブラリを含む）のエクスポートを行おう

❶ サーバーの全体管理サイトにアクセスする。

❷ サイドリンクバーから［バックアップと復元］をクリックする。

❸ ［段階的なバックアップと復元］セクションにある［サイトまたはリストのエクスポート］をクリックする。

❹ バックアップ対象のサイトコレクションを指定し、サイトまたはサイト内のリストを指定する。

❺ バックアップ先を指定する（ファイル名まで指定する）。

❻ 作成者、編集者、ユーザーとグループ列の情報などのセキュリティ情報をエクスポートする場合は、［完全なセキュリティのエクスポート］をオンにする。

❼ エクスポートしたいバージョンを指定する。

❽ ［エクスポートを開始する］をクリックする。

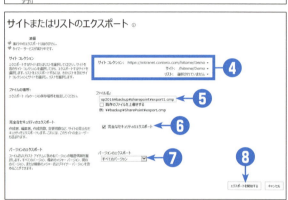

4 ファーム全体バックアップから復元しよう

ファーム全体のバックアップから復元する手順は次のとおりです。

❶ サーバーの全体管理サイトにアクセスする。

❷ サイドリンクバーから［バックアップと復元］をクリックする。

❸ ［ファームのバックアップと復元］セクションにある［バックアップからの復元］をクリックする。

❹ ［バックアップディレクトリの場所］を確認する。

❺ バックアップの履歴一覧から復元したいバックアップを選択する。

❻ ［次へ］をクリックする。

❼ 復元するコンポーネントを選択する。

❽ ［次へ］をクリックする。

❾ 復元対象のコンポーネントを確認する。

❿ 復元するオプションなどを確認する。

⓫ ［復元の開始］をクリックする。

⓬ 復元が開始されるとバックアップと復元のジョブ状態が表示される。復元が完了すると、［フェーズ］が「完了」となる。

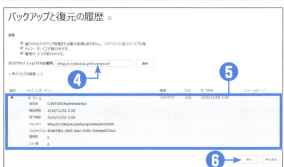

段階的なバックアップから復元しよう

段階的に取得したバックアップから復元する手順を説明します。

サイトコレクション単位のバックアップから復元しよう

　サイトコレクション単位で取得したバックアップから復元する場合は、Windows PowerShellのRestore-SPSiteコマンドレットを使って復元します。Restore-SPSiteコマンドレットの詳細は、次のページを参照してください。

「Restore-SPSite」
http://technet.microsoft.com/ja-jp/library/ff607788.aspx

　なお、同一コンテンツデータベース上に復元予定のサイトコレクションが既に存在しているとエラーとなります。このような場合は、既存のサイトコレクションを完全に削除するか、もしくはWebアプリケーションに新しいコンテンツデータベースを追加し、そのデータベースに復元するようにします。特定のコンテンツデータベースに復元するには-DatabaseNameパラメーターを指定します。

エクスポートしたサイトやリストをインポートしよう

　エクスポートしたサイトやリスト、ライブラリをインポートする場合は、Windows PowerShellのImport-SPWebコマンドレットを使って復元します。Import-SPWebコマンドレットの詳細は、次のページを参照してください。ちなみに、セキュリティ情報も含めてエクスポートしたものをインポートする場合は、-IncludeUserSecurityパラメーターの指定を忘れないようにしましょう。

「Import-SPWeb」
http://technet.microsoft.com/ja-jp/library/ff607613.aspx

　サイトコレクションの復元とは異なり、エクスポートしたサイトを復元する際には、復元先のサイトを事前に作成しておく必要があります。リストやライブラリの場合は事前作成は必ずしも必要ありません。既存のリストがある場合は、復元したアイテムが追加されます。ドキュメントライブラリでバージョン管理を設定している場合は、-UpdateVersionsパラメーターで同一ファイルの復元時の挙動を制御できます。このパラメーターで指定できる値は次の3つです。

- **Add**：既存のファイルがある場合は、新しいバージョンとしてインポートしたファイルを追加する。したがってバージョンが上がる（既定）。
- **Overwrite**：既存のファイルはいったん削除してから復元される。新しいバージョンは作成されない。
- **Ignore**：既存のファイルがある場合はそのファイルは復元しない。

更新プログラムの適用方法を確認しよう

第**37**章

1 更新プログラムの概要を確認しよう

2 製品および更新プログラムのインストール状態を確認しよう

この章では更新プログラムの適用方法について説明します。

1 更新プログラムの概要を確認しよう

SharePointの更新プログラムには、次の3種類があります。

- **CU（サーバーパッケージ）**：更新プログラムがリリースされたコンポーネントすべてに対する累積修正プログラムを含む。ユーザーは必要に応じて適用する。
- **CU（サーバーパッケージでない）**：修正が必要になったコンポーネントについては累積した更新プログラム。その月の対象でないコンポーネントは含まれない。ユーザーは必要に応じて適用する。
- **PU**：基本スタンスとしてはサーバーパッケージでないCUと同様であり、修正プログラムの提供は特定のコンポーネントとなるが、こちらは全ユーザーに適用を推奨している。

　SharePointの累積更新プログラム（CU）は原則、毎月リリースされています。ところで、何が"累積"されるのでしょうか？累積とは、これまで発行されている修正プログラムが含まれているという意味です。ただし、SharePointの場合には複数のコンポーネントで成り立っているため、コンポーネントごとに累積していくという意味であることに注意しなくてはいけません。

　更新プログラムには、「**サーバーパッケージ**」（"Uber" Packageとも呼びます）と呼ばれるものがあり、これはその月の対象コンポーネントのCUのみでなく、これまで提供された他のコンポーネントも含む更新プログラムを丸ごと含んでいるものです。

　SharePoint 2016は、リリースされてそれほど時間がたっておらず、執筆時点（2016年11月）まではサーバーパッケージしかリリースされていません。しかし、サーバーパッケージでないCUがリリースされる可能性はあります。たとえば、いち早く更新プログラムを提供しなくてはいけないような場合です。

　PUは、セキュリティ修正とSharePointを利用しているユーザー全員に適用した方がよい更新プログラムを含んでおり、CUのサブセットという位置付けになっています。これもサーバーパッケージとは異なり、修正が必要なコンポーネントのみ対応しています。PUも必要に応じて毎月でもリリースされますが、CUに比べると頻度は比較的少ないようです。ちなみに、どの更新プログラムもコンポーネント単位で見れば必ず累積されているということを覚えておきましょう。なお最初のSharePointのFeature Packは2016年11月のPUとしてリリースされました。

　ところで現在提供されている更新プログラムはマルチ言語対応になっているため、CUにはすべての言語が含まれています。言語パックごとの適用は不要です。

更新プログラムのインストール方法を確認しよう

　更新プログラムのインストールは、サーバー台数が多いほど複雑です。詳細な手順については下記の記事を参照してください。

「ソフトウェア更新プログラムをインストールする（SharePoint Server 2016）」
https://technet.microsoft.com/ja-jp/library/ff806338(v=office.16).aspx

　更新プログラムを適用する際には、運用環境に適用する前に検証環境で十分なテストを実施しておくようにしましょう。

ゼロダウンタイム更新プログラム適用について知っておこう

　SharePoint 2016から、ダウンタイムなく更新プログラムを適用できるようになっています。これをゼロダウンタイム更新プログラムの適用（Zero downtime patching）と呼びます。

　そもそもSharePointでは、更新プログラム適用時に、まずバイナリをインストールし、次にSharePoint構成ウィザードを実行する（データベースの更新）という2つのステップがあります。バイナリのインストールでは、SharePointに関係するWindowsサービスやIIS Webサイトの停止と再開が必要となるため、ダウンタイムが発生します。SharePoint 2013までは、このバイナリも非常にサイズが大きくギガバイト級であったため、場合によっては数時間かかっていました。しかし、一斉にすべてのSharePointサーバーに適用する必要はないため、従来のバージョンのSharePointでも、サーバーファームではサーバーを冗長化しておくことでゼロダウンタイムを達成できるようにしてきたわけです。

　ところで、すべてのSharePointサーバーにバイナリがインストールできたら、すべてのSharePointサーバー上でSharePoint構成ウィザードを実行していかなくてはなりません。SharePoint 2013以前では、この部分が避けられないダウンタイムになっていました。このウィザードを実行する際に、全サーバーで共有しているデータベースに対して更新プログラムを適用します。SharePointで使用するストアドプロシージャ、ビュー、トリガー、制約などが対象です。更新プログラムによっては、これらをいったん削除し作り直すこともあります。このため、データベースのアップグレード中はSharePointコンテンツへのアクセスはサポートされていなければ、動作テストもされていないということです。

　SharePoint 2016では、更新プログラムのMSPファイル数もかなり削減され、パッチ適用時間が短縮できるようになりました（たとえばSharePoint Server 2016の4月の更新プログラムファイルは200MB未満で、以前に比べるとかなり小さくなっています）。

　また、データベースのアップグレードに関する部分が大幅に改善されています。たとえば、ストアドプロシージャが更新前の古いバージョンとの下位互換性を保てるようになっていたり、ストアドプロシージャを削除せずに更新したりできるようになっています。つまりは、製品構成ウィザードの実行中にSharePointコンテンツにアクセスできなくなるという状況がなくなるわけです。しかし、誤解してはならないのは、製品構成ウィザードを実行するサーバーへのIIS等のアクセスはできなくなるので、冗長構成が前提です。利用規模や予算の都合上、SharePointは1台のみしかないというケースもありますが、この場合、ダウンタイムは必ず発生します。

　以上を整理すると、**冗長構成**を前提とする場合はSharePoint 2013と比較すると次のように変わります。

更新プログラムの適用フェーズ	SharePoint 2013以前での ファーム全体としてのゼロダウンタイムの達成	SharePoint 2016における ファーム全体としてのゼロダウンタイムの達成
更新プログラムのインストール	○	○
アップグレード（DB）	×	○

　ゼロダウンタイム更新プログラムの適用手順は、ビデオで公開されています。

「ゼロダウンタイム修正プログラム適用のビデオデモ（SharePoint Server 2016）」
https://technet.microsoft.com/ja-jp/library/mt767550(v=office.16).aspx

2 製品および更新プログラムの インストール状態を確認しよう

SharePoint上で稼働している各サービスとサーバーコンポーネントのバージョンを確認できます。

❶ サーバーの全体管理サイトにアクセスする。

❷ サイドリンクバーから［アップグレードと移行］をクリックする。

❸ ［アップグレードと更新プログラムの管理］セクションにある［製品および更新プログラムのインストール状態の確認］をクリックする。

❹ 現在インストールされているコンポーネントが一覧表示される。確認コンポーネントのバージョン情報も確認できる。

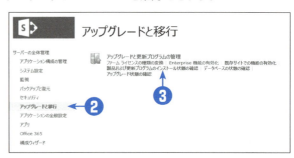

SharePoint 2016の最新更新プログラムのダウンロードなどの情報は、下記のサイトを参照してください。

「SharePoint更新プログラム」
https://technet.microsoft.com/library/4b32dfba-1af6-4077-9a92-7cec8f220f20#BKMK_2016

　また、マイクロソフトのStefan Gosner氏の下記のブログではSharePointに関する最新のCU情報などが定期的に公開されているため、こちらも参考になります。

「TechNet：Stefan Goßner」
https://blogs.technet.microsoft.com/stefan_gossner/

Office 365とのハイブリッド構成の概要を把握しよう

第38章

1 Office 365とのハイブリッド構成の概要を把握しよう

この章では、Office 365とのハイブリッド構成の概要について説明します。

1 Office 365とのハイブリッド構成の概要を把握しよう

　オンプレミスのSharePoint 2016は、Office 365とのハイブリッド構成にできます。このような構成にすることで、ユーザーはオンプレミスとOffice 365の両方のメリットを享受しつつ、実際にコンテンツがある場所は意識する必要がなくなります。

　ハイブリッド構成にすることで具体的にどのような機能が利用できるようになるのかを把握しましょう。ハイブリッド構成にするための詳細な手順は、いくつか手順書がインターネット上に公開されているため本書では取り上げません。

主なハイブリッドソリューションを把握しよう

提供されている主要なハイブリッドソリューションは次のとおりです。

・ハイブリッドOneDrive for Business
・ハイブリッドサイト/プロファイル
・ハイブリッド検索

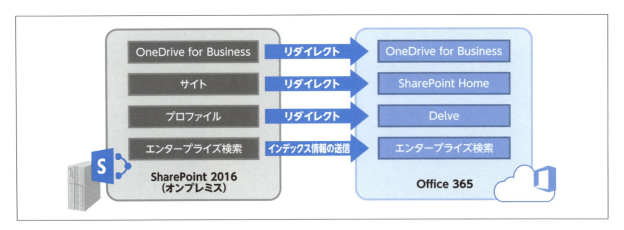

　ハイブリッド構成にすることで、オンプレミスのアプリ起動メニューに新たにDelveやVideoのタイルが表示されるようになります。

ハイブリッド構成にすることで、新たにアプリ起動メニューに [Delve] や [Video] が表示される。また、[OneDrive] から [Video] までのリンクをそれぞれクリックすると、Office 365へとリダイレクトされる

OneDriveへのリンクをクリックすると、Office 365へとリダイレクトされます。Office 365のOneDrive for Businessは最大1TBまで容量を使えるため、ユーザーは手軽に大容量のストレージを手に入れられます。また、OneDrive for Businessに導入された最新機能なども利用できます。

SharePoint 2016（オンプレミス）

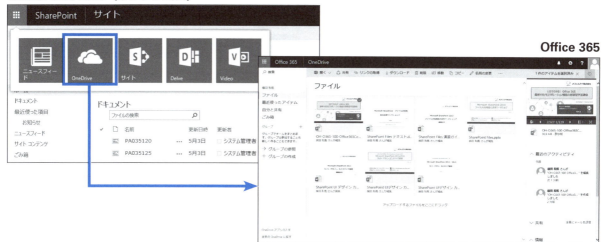

また、オンプレミスの［サイト］はOffice 365の［サイト］へとリダイレクトされます。Office 365とオンプレミスの区別なく、フォローしたサイトとお勧めのサイトが表示されます。

SharePoint 2016（オンプレミス）

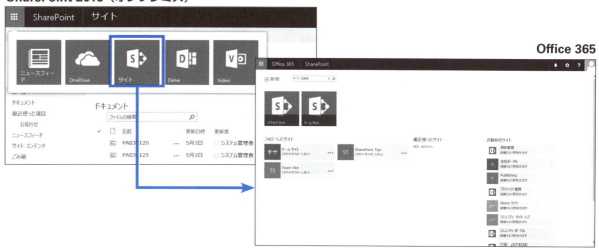

ユーザーのプロファイルページについても、「第16章　Office 365とSharePoint Onlineの最新動向」で説明したDelveへとリダイレクトされるようになります。ユーザーは、次の図のように、ログインユーザー名の下にある［自分について］をクリックしたり、アプリ起動メニューから直接［Delve］タイルをクリックするだけです。

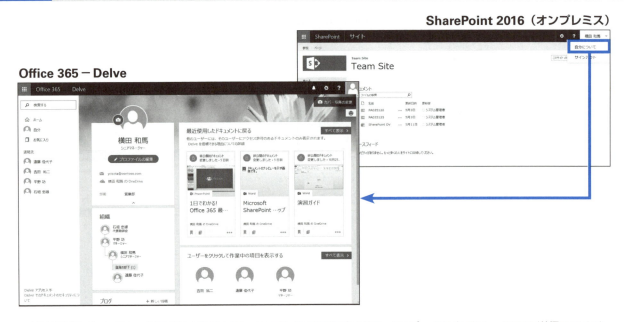

検索機能もハイブリッド構成にすることで、オンプレミスで作成されたインデックスをOffice 365に送信できます。

ハイブリッド検索のイメージ

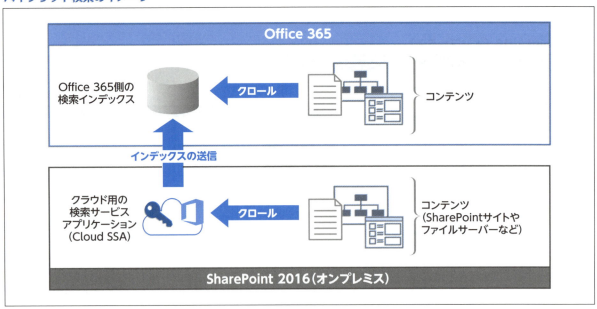

　これにより、エンタープライズ検索センターサイトでの"すべて"の検索結果はOffice 365上のコンテンツとオンプレミスのコンテンツとが統合された形で表示されます。たとえばオンプレミスのSharePointサーバー上でファイルサーバーの検索ができるよう設定している場合、Office 365側のエンタープライズ検索センターサイトからこうしたファイルも検索できます。

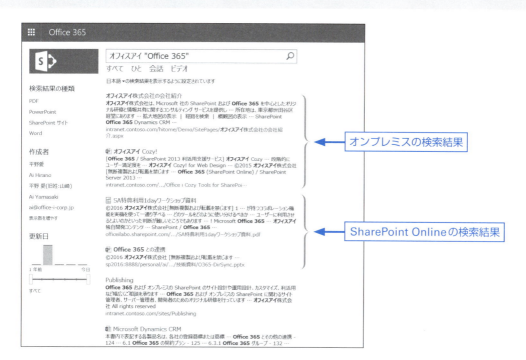

オンプレミスの情報であるかどうか判断したい場合は、検索キーワードに"isExternalContent:1"を指定すれば区別できます。

関連資料を参照しよう

　SharePoint Server 2016とOffice 365のハイブリッド構成を行うための日本語のガイドブックが、マイクロソフトのダウンロードサイトで公開されています。

「SharePoint Server 2016ハイブリッド構成ガイド」
https://www.microsoft.com/ja-jp/download/details.aspx?id=53320

　英語の情報としては、次のフリーブックが公開されています。

「Free ebook：Configuring Microsoft SharePoint Hybrid Capabilities」
https://blogs.msdn.microsoft.com/microsoft_press/2016/07/06/free-ebook-configuring-microsoft-sharepoint-hybrid-capabilities/

索引

記号/数字
- .NET Framework ... 574
- 2010 ワークフロープラットフォーム ... 611
- 2013 ワークフロープラットフォーム ... 611
- 2段階のごみ箱 ... 483
- 3段階の状態管理ワークフロー ... 531

A
- Access Services ... 583
- Access Services 2010 ... 583
- Access アプリ ... 531
- Active Directory ... 293, 388
  - インポート ... 595
  - 同期されるプロパティ ... 595
- ActiveX ... 234
- Add-PSSnapin コマンドレット ... 571
- Add-SPShellAdmin コマンドレット ... 572
- AlwaysOn ... 619
- AND ... 314
- Application with Search ... 553
- App Management Service ... 583
- ASP.NET ... 177, 179, 228
- Author ... 315

B
- BICenter データ接続機能 ... 531
- Business Connectivity Services (BCS) ... 595
- Business Data Connectivity Service ... 583

C
- CAL ... 556
- Chrome ... 15
- Content Management Interoperability Services (CMIS) プロデューサー ... 531
- ContentType ... 315
- Created ... 315
- CSS ... 177, 182
- CU (累積更新プログラム) ... 662

D
- Delegeted Administrators グループ ... 570
- Delve ... 360, 666
- DLP テンプレート ... 517
- Document ID Service ... 462, 531
  - アクティブ化 ... 462
- Document ID プロバイダー ... 464

E
- Edge ... 15
- Enable-SPWebTemplateForSiteMaster コマンドレット ... 635
- Enterprise CAL ... 556
- Excel ... 63, 234, 275
- Excel Online ... 63, 275, 554
- Excel Services ... 554, 584
- Excel Web App 更新用の Project Web App の権限 ... 531

F
- Fast Site Collection Creation ... 635
- Feature Pack ... 17, 553, 662
- Filename ... 315
- FileType ... 315
- Firefox ... 15
- Forefront Identity Manager (FIM) ... 595
- Front-end with Distributed Cache ... 553

G
- Get-SPContentDatabase コマンドレット ... 579
- Get-SPTimerJob コマンドレット ... 525, 528
- Get-SPWebApplication コマンドレット ... 579

H
- Health Analyzer ... 644
- HTML ... 177, 182
- HTML5 ... 195
- [HTML フィールドのセキュリティ] ページ ... 492

I
- ID 列 ... 252
- iframe の埋め込み ... 492
- Import-SPWeb コマンドレット ... 660
- InfoPath ... 369
- Internet Explorer ... 15, 34, 234, 279
- Internet Information Sevices (IIS) ... 574
- IsDocument ... 315

J
- JavaScript ... 10, 177, 228
- JobTitle ... 315
- jQuery ... 228
- JSLink ... 228, 369

L
- LastModifiedTime ... 315
- LinkedIn ... 290

M
- Managed Metadata Service ... 422, 607
- Microsoft Flow ... 369, 611
- Microsoft Identity Manager (MIM) ... 595
- Microsoft Planner ... 367
- Microsoft PowerApps ... 369
- Microsoft SharePoint Foundation Web Application サービス ... 574
- Microsoft Stream ... 195
- MinRole ... 550, 552, 561, 565, 574, 578
- Move-SPSite コマンドレット ... 625

N
- New-SPSiteMaster コマンドレット ... 635
- New-SPSite コマンドレット ... 633, 634, 635
- NOT ... 314
- NTFS ... 556

O
- Office 365 ... 17, 666
  - 監査 ... 516
  - 最新動向 ... 358
- Office 365 監査ログレポート ... 516
- Office 365 グループ ... 365, 368
- Office 365 ビデオ ... 195, 666
- Office Online ... 554
- Office Online Server 2016 ... 63, 201, 554
- Office アップロードセンター ... 69
- Office ドキュメント
  - SharePoint サーバーとの同期 ... 69
  - Web ブラウザーで表示 ... 63
  - Web ブラウザーで表示させない ... 64
  - デスクトップアプリで編集 ... 70
  - プレビュー ... 64
- OneDrive ... 198

索引

OneDrive for Business 46, 197, 361, 362, 594, 666
　アクセス 197
　オンプレミス版とクラウド版 199
　同期ツール 200
　ファイルやフォルダーの共有 198
OneNote 51, 201, 275
OneNote Online 201, 275
OR 314
Oslo パターン 40, 177, 231
Outlook
　RSSフィードの購読 243
　RSSフィードの削除 244

P

Path 315
PCI データセキュリティ標準 517
PerformancePoint Service 583
PerformancePoint Services サイト機能 531
PerformancePoint Services サイトコレクション機能 531
PowerPoint 63, 275
PowerPoint Online 63, 275
PowerPoint変換サービス (PowerPoint Conversion Service) ... 583
Project 101
Project Server 2016 .... 101, 530
Project Server Service 583
Project Server承認コンテンツタイプ 531
Project Web App接続 531
Project Web Appで作業を開始 531
Project Web Appの設定 531
Project Web Appのリボン 531
PSConfig.exe 552
PU 662

R

ReFS 556
Remove-SPSite コマンドレット 637
Restore-SPDeleteSite コマンドレット 637
Restore-SPSite コマンドレット 660
RSSフィード 243

S

Safari 15
Search ServerのWebパーツおよびテンプレート 531
Seattle パターン 40, 177, 231
Secure Store Service 583
Set-SPMetadataServiceApplication コマンドレット ... 610
Set-SPServer コマンドレット 580
SharePoint 574
　アカウント 585
　固有のプロパティ 595
　利用イメージ 6
SharePoint 2007のワークフロー 531
SharePoint 2016管理シェル 571
SharePoint Designer 2013 .... 6, 177, 182, 369, 611
　設定 491, 623
SharePoint Foundation 2013 16
SharePoint Framework 370
SharePoint Online 17
　監査 516
　最新動向 358
SharePoint Server 2016
　2013との画面構成の違い 40
　エディション 15
　主な変更点 18
　利用できなくなった機能 564

SharePoint Server 2016 Enterprise Edition 15
SharePoint Server 2016 Standard Edition 15
SharePoint Server Enterprise サイト機能 531
SharePoint Server Enterprise サイトコレクション機能 531
SharePoint Server Standard サイト機能 532
SharePoint Server Standard サイトコレクション機能 531
SharePoint Server発行インフラストラクチャ ... 214, 531, 542
SharePoint Server発行機能 532
SharePoint Timer Service 642
SharePointアドイン 25, 26
SharePointアプリ 26
SharePointグループ 388, 394
　既定のグループとして指定 405
　権限の確認 406
　削除 406
　作成 404
　所有者 404
　表示 403
　編集 406
　メンバーの管理 406
SharePointサイト 5, 7, 22
　機能を組み合わせて利活用 102
　構築 27
　信頼済みサイトへの追加 34
　ユーザーの役割 35
SharePointストア 26
Silverlight 195
Site Master 635
SiteTitle 315
Skills 315
Skype for Business 59, 279
SMTPサーバー 578, 614
SMTPサービス 614
SNS 5, 290
　社内利用 290
　用語 300
SQL Server 138, 548, 555, 619, 652
　キャパシティプランニング 555
　ビジネスインテリジェンス (BI) 556
　レポーティング 556
SQL Server 2016 Analysis Services (SSAS) 556
SQL Server 2016 Reporting Services (SSRS) 556
SSL 563
Standard CAL 556
Start-SPTimerJob コマンドレット 525, 528
State Service 583
STSADM.exs 572
Sysprep.exe 560

T

Title 315

U

ULSログ 647
Upgrade-SPContentDatabase コマンドレット 579
Usage and Health data collection 583

V

Visio Graphics Service 583
Visio プロセスリポジトリ 30

W

Web Analyticsデータの表示権限 393
WebDAV 69
Webアプリケーション 574

Webサイトからの SharePointの削除	628
削除	628
作成	618
設定の確認	620
Webサイトの管理権限	393
Webパーツ	50, 53, 204
アプリパーツとの違い	205
移動	54
オプション設定の変更	207
強制削除	211
削除	56, 210
追加	56, 205
ツールバーの非表示	91
独自開発	204
表示・非表示の切り替え	211
ビルトイン	204
Webパーツページ	182, 204
[Webパーツページの管理] ページ	211
Webブラウザー	15
Wiki	177, 189
Wikiページ	177, 204
HTMLの編集	182
Wikiページ間のリンクの追加	189
外部サイトへのリンクの挿入	188
格納場所	191
画像の挿入	185
作成	181
タイトルの変更	192
地図の埋め込み	182
トップページの変更	193
ファイルへのリンクの挿入	187
編集履歴の確認	191
レイアウト	178
Wikiページのホームページ	532
Wikiページライブラリ	172, 177
サイトのページライブラリとの違い	194
追加	193
Windows PowerShell	552, 568, 652
管理	571
利用できるユーザー	572
Windows Server	556
Windows認証	388
Windowsユーザーアカウント	388
Word	63, 275
Word Automation Service	583
Word Online	63, 275
WORDS	314
Workflow Manager	611
Workflow Service Application	583
Work Management Service	584

Y

Yammer	290, 341

あ

アイテム	138, 164
移動	452
権限の管理	418
公開承認の設定	443
追加	155
通知	241
ファイルの添付	160
アイテムの削除権限	392
アイテムの承認権限	392
アイテムの追加権限	392

アイテムの表示権限	392
アイテムの編集権限	392
アイテムを開く権限	392
アカウント	585
アクセス許可レベル	35, 391
既存の〜をコピーして作成	409
削除	411
作成	408
種類	391
変更	410
アクセス権限	
管理	388
継承	390
アクティビティ	300, 348
アップグレード	564
アプリ起動ツール	45
アプリケーション	552
アプリケーションサーバー	551
アプリケーションプール	590
IDの確認	654
アプリケーションプロキシ	582
アプリケーションページの表示権限	392
アプリパーツ	205
アンケート	122, 148
回答	125
回答者名の非表示	128
結果のExcelへのエクスポート	126
結果の表示	126
作成	122
条件分岐するアンケートの作成	129
複数回回答可能にする	127
案件管理リスト	148
いいね！	300, 348
アクセス許可レベル	245
有効化	245
移行	564
一意な列	250
イベントログ	647
インターネットに公開するWebサイト	13
インデックス	312
インプレースホールドポリシーセンター	29
インプレースレコード管理	505, 531
埋め込みコード	492
運用体制	19
エクスプローラー	68
閲覧アクセス許可レベル	35, 392
閲覧者	35
閲覧のみアクセス許可レベル	35, 392
エンタープライズWiki	30
エンタープライズキーワード	422, 423, 424
設定	431
エンタープライズ検索	304
エンタープライズ検索サイト	668
エンタープライズ検索センター	29, 307, 604
アクセス	309
大きなライブラリ	449
大きなリスト	449
お知らせリスト	148
お知らせの一括削除	90
お知らせの確認	87
お知らせの削除	89
お知らせの追加	87
お知らせの編集	88
お知らせの有効期限	87
追加	86

か

項目	ページ
トップページへの配置	90
階層の管理アクセス許可レベル	392
開発	10
開発者	19, 20
開発者ダッシュボード	650
開発者向けサイト	29
外部システムのイベント	532
外部リストのオフライン同期	532
隠しフィールド	262
カスタムヘルプ	49
カスタムリスト	148
Excelワークシートから作成	234
追加	150
画像	54, 195
アップロード	76
共有	76
サムネイルなしで一覧表示	78
スライド表示	79
プロパティの確認	77
編集	77
画像ライブラリ	76, 172
画面構成	39
監査	502
Office 365/SharePoint Online	516
設定	513, 514
監査ログ	514
完全バックアップ	656
管理アカウント	590
管理されたメタデータ	422, 426
管理ツール	568
管理ナビゲーション	221
管理パス	630, 634
管理	631
管理プロパティ	314
管理メタデータサービス（Managed Metadata Service）	583
簡略化されたトポロジー	551
関連付けID	648
記憶域メトリックス	485
機械翻訳	386
機械翻訳サービス（Machine Translation Service）	583
既定でクライアントアプリケーションでドキュメントを開く	531
既定の言語	28, 231, 383
既定のコンテンツアクセスアカウント	585, 603
既定のビュー	156
基本検索センター	30
機密コンテンツの検索	518
機密情報へのアクセスのブロック	526
行	138
業務ポータル	7, 8
共有アクションメニュー	44
クイック編集	139
無効化	264, 460
クォータ	28, 169
管理	638
上限を超えた場合	171
適用	640
テンプレートの作成	638
クライアント統合機能の使用権限	393
クラウド	17
クラシックUI	363
クラスのWebの種類	532
クラスの個人用サイトホストのコンテンツ	532
グループ管理者	424
グループの作成権限	393
クレジットカード番号	517
グローバル対象ユーザー	599
グローバルナビゲーション	41
サブサイトの表示	222
グローバル用語セット	426
クロール	604
実行	606
クロスサイトコレクションの発行	531
継承されたコンテンツタイプ	440
継続的クロール	605, 606
権限	391
個人	393
サイト	393
ライブラリ	392
リスト	392
権限の一覧権限	393
権限の管理権限	393
言語	296
言語パック	28, 384, 560
検索	9, 169, 304, 552
演算子	314
会話	307, 310
カスタマイズ	316
機密コンテンツ	518
共有フォルダー	311
検索対象	305
このサイト	307
サイト	307
絞り込みのコツ	312
すべて	307, 310
設定	602
単語	312
ドキュメントセット	480
ビデオ	311
ひと	298, 307, 310
ファイルサイズの制限	316
フォルダー	308
フレーズ	313
プロパティ制限	314
メンバー	57
ライブラリ	308
ランク評価	305
リスト	308
リストの添付ファイル	306
検索エンジンサイトマップ	531
検索管理ダッシュボード	602
検索構成データのコンテンツタイプ	532
検索構成データのサイト列	532
検索構成テンプレート機能	532
検索サービス（Search Service）	583
検索辞書	424
検索ボックス	41, 307
検索リストインスタンス機能	532
検索レポート	494
検証	258
公式なグループ	5
更新プログラム	662
インストール	662
ゼロダウンタイム〜の適用	663
構成データベース	549, 550, 561, 578
構造ナビゲーション	221
購読	243
コードネーム	565
個人の権限	393

個人のユーザー情報の編集権限	393
個人ブログ	319
個人用Webパーツの更新権限	393
個人用Webパーツの追加/削除権限	393
個人用サイト	197
個人用サイトのホスト	29, 594
個人用ビューの管理権限	393
このライブラリの使用方法	179
ごみ箱	51, 74, 176
管理	482
保持期限の確認	75
保存期間	482
コミュニティ活動ポータル	7
コミュニティサイト	29, 340
アクティビティ	348
いいね！	348
閲覧者	343
カテゴリの設定	346
コミュニティ情報の変更	349
作成	344
参加	350
参加依頼の送信先の設定	348
参加申請の承認	352
参加の終了	354
自動作成されるSharePointグループ	345
所有者	343
設定	346
達成レベル	348
ディスカッション掲示板との違い	340
バッジ	355
評価の設定	348
メンバー	343
メンバーシップの確認	354
モデレーター	343
問題の報告	346, 353
ユーザーの役割	343
コミュニティサイト機能	532
コミュニティポータル	29, 341
説明の変更	356
コンテンツエディターWebパーツ	177, 204
コンテンツオーガナイザー	465, 505, 532
設定	466
独自の［送信］メニューの追加	470
有効化	465
利用	469
ルールの追加	467
コンテンツ管理者	35
コンテンツ共有	388
コンテンツソース	604
コンテンツタイプ	432
削除	440
作成	435
作成方法	433
追加	437
派生	433
他のサイトコレクションでの使用	434
コンテンツタイプシンジケート	434
コンテンツタイプシンジケートハブ	531, 609
コンテンツタイプハブ	487
構成	608
コンテンツタイプポリシー	503
コンテンツデータベース	549, 574, 576
サイトコレクションの移動	625
状態	626
追加	625
読み取り専用	627
コンテンツ展開ソース機能	531
コンテンツのフォロー	532
コンプライアンス	517
コンプライアンス管理者	518
コンプライアンスポリシーセンター	29, 517, 520

さ

サーバーサービス	550
サーバー情報	577
サーバートポロジー	548
サーバーの全体管理	561, 562, 568, 652
ホストするサーバーの管理	568
利用できるユーザー	569
サーバーの役割	552
変更	580
サーバーパッケージ	662
サーバーファーム	549
サービス	586
確認	588
管理	589
サービスアカウント	585, 590
サービスアプリケーション	582, 586
SharePoint 2016で利用できなくなった〜	584
作成	584
種類	583
最近使った項目	76
最小限の複数サーバーMinRoleファーム	552
最小の高可用性MinRoleファーム	553
在席状況（プレゼンス）	59
サイト	45, 46, 389
URL	181
アクセス要求	413
アクセス要求の設定	414
インポート	660
運用サイクル	375
エクスポート	657, 658
オープン	486
稼働日	382
カレンダー	382
既定の言語	231, 383
グループの追加	398
クローズ	486, 489
権限	393
権限の継承	402
権限の継承状況の確認	397
権限の継承の中止	401
検索	307
サイトポリシーの適用	488
削除	540
時刻の形式	382
自動削除	486
詳細な権限の設定	399
使用容量の確認	170
設計	374
説明の設定	228, 232
第2言語の設定	383
タイトルの設定	228, 232
タイムゾーン	382
地域設定	381
テーマの設定	228, 229
テンプレート化	542
並べ替え順序	382
フォロー	301
復元	484

見た目のカスタマイズ 228
　　メンバーの確認 58
　　メンバーの追加 57
　　ユーザーの追加 398
　　レポート 496
　　ロケール 382
　　ロゴの設定 228, 232
サイト管理者 19, 20
サイトごとのコンテンツ管理者 378
サイトコレクション 23, 28, 576
　　監査の設定 514
　　クォータの適用 640
　　構造 24
　　ごみ箱 482
　　削除 637
　　使用容量の確認 170, 485
　　すばやく作成 635
　　ドキュメント削除ポリシーの適用 524
　　パスベース 630, 632
　　バックアップ 657
　　復元 637, 660
　　ホスト名付き 630, 633
　　レポート 494
　　ロック状態 639, 640
サイトコレクションの管理者 24, 28, 35, 377
　　確認 36
サイトコレクションのごみ箱 483
サイトコレクションポリシー 503
　　インポート/エクスポート 511
　　作成 510
　　適用 512
サイトコンテンツタイプ 432, 440
　　削除 440
　　作成 435
　　保持期限の設定 508
［サイトコンテンツ］ページ 51, 52, 135
サイトでの作業の開始Webパーツ 50
サイトテンプレート 28, 542
　　アップロード 543
　　種類 29
　　ダウンロード 543
サイトの管理者 35, 377
［サイトの設定］ページ 380
サイトのノートブック 532
サイトのフィード 532
サイトのページライブラリ 179, 194
サイトのリソースライブラリ 185, 202
サイトフィード 50, 80
サイトポリシー 486, 531
　　作成 486
　　適用 488
　　複数のサイトコレクションに展開 487
サイトマスター 635
サイトメールボックス 532
サイドリンクバー 41, 51, 214
　　編集 136
　　見出しの構成 224
　　見出しの削除 220
　　見出しの追加 217, 225
　　見出しの表示順の変更 219
　　見出しの編集 220
　　リンクの構成 224
　　リンクの削除 220
　　リンクの追加 218, 225
　　リンクの表示順の変更 219

　　リンクの編集 220
サイト列 432, 434
サインインユーザー 45, 49
作業の開始 532
サブサイト
　　グローバルナビゲーションの表示 223
　　削除 540
　　作成 538
サブサイトの管理者 377
サブサイトの作成権限 393
差分バックアップ 656
参照列 253
　　リレーションシップ 257
サンドボックスソリューション 639
サンプル提案 531
システムアカウント 561
システムイメージ 560
システム列 146
事前準備ツール 558, 574
視線誘導 41
自動仕分けライブラリ 465
集計値列 259
　　裏技 261
　　数式 260
従来のトポロジー 551
小規模な高可用性のないMinRoleファーム 553
承認 388
承認アクセス許可レベル 392
情報管理ポリシー 432, 502, 526
　　Officeアプリでの表示 512
情報共有 4
新規作成フォーム 142
シングルサーバーファーム 552
申請ポータル 7
診断ログ 647
スイートバー 39, 45, 48
スクリプトエディターWebパーツ 177, 204
スタイシートの適用権限 393
スタンドアロン 548
スナップイン 571
スプレッドシートのインポート 148, 234
すべてのユーザーセキュリティグループ 396
制限付きアクセスアクセス許可レベル 392
制限付きアクセスのユーザーのアクセス許可ロックダウンモード ... 531
制限付き読み取りアクセス許可レベル 392
製品および更新プログラムのインストール状態 664
製品カタログ 30
製品構成ウィザード 552, 578
　　実行 560
セキュリティグループ 388, 394
セキュリティ/コンプライアンスセンター 517
［設定］メニュー 45, 48
セットアップ 557
　　完了後の管理タスク 563
　　実行 559
セルフサービスサイト作成の使用権限 393
ゼロダウンタイム更新プログラムの適用 663
全社ポータル 7, 11
全文検索 305
送信メールの設定 614
増分クロール 605, 606
ソフトウェア要件 555
ソリューションギャラリー 542

た

項目	ページ
第2言語	383
大規模な高可用性MinRoleファーム	552
対象ユーザー	225
作成	599
代替アクセスマッピング（AAM）	634
タイトル	41
タイトル列	154, 270
タイマージョブ	464, 490, 505, 598, 642
実行	525, 528
実行状態の確認	643
ジョブの変更	642
タイムライン	105
ダウンロードの最小化戦略	532
タクソノミー	422
多言語UI（MUI）	383, 386, 560
多言語対応	28, 386
タスク	367
タスクリスト	101, 148
ガントチャート形式で表示	105
サブタスクの割り当て	103
タイムラインへのタスクの追加	105
タスクの移動	104
タスクの完了	107
タスクのレベル変更	104
タスクの割り当て	102
タスクの割り当て時にメールで通知	108
タスクへの時間設定の有効化	109
追加	102
ビュー	107
単一サーバーファーム	552
複数サーバーファームへの変更	561
段階的なバックアップ	657
単語検索	312
地域設定	296
チーム	5
チームサイト	29
構造	50
チームのグループ作業リスト	532
中規模な高可用性MinRoleファーム、検索に最適化	553
中規模な高可用性MinRoleファーム、ユーザーに最適化	553
注目アプリ	148
注目リンクリスト	148
追加	113
トップページへの配置	116
リンクの追加	113
リンクへの画像の配置	114
追加できるアプリ	148
通知	238, 444
アクセス許可レベル	238
一括削除	242
オプション設定の変更	242
削除	242
設定	238
送付先の制約	241
通知の管理権限	393
通知の作成権限	392
ツリービュー	66, 215
ディスカッション掲示板	148
いいね！の有効化	98
お勧めのディスカッションの設定	97
検索	310
コミュニティサイトとの違い	340
質問の設定	94
追加	93
通知	241
ディスカッションの削除	95
ディスカッションの追加	93
ディスカッションの編集	94
ディスカッションへの返信	95
フラット表示とスレッド表示	98
ベストリプライの設定	96
ディレクトリの参照権限	393
データシートビュー形式のカスタムリスト	148
データ接続ライブラリ	172
データ損失防止（DLP）	517, 526
データ損失防止（DLP）クエリ	517, 518
データ損失防止（DLP）ポリシー	
作成	526
適用	526
データベースアクセスアカウント	561
データベースサーバー	551
データベースの状態確認	578
データベースミラーリング	619
テーマと枠線の適用権限	393
デザインアクセス許可レベル	391
電子情報開示	517
電子情報開示センター	29, 517, 518
動画	195
投稿アクセス許可レベル	35, 392
投稿者	35, 424
ドキュメント	51
ドキュメントID	462
設定	463
ドキュメントIDによる検索Webパーツ	464
ドキュメントWebパーツ	50
ドキュメント削除ポリシー	520, 526
作成	522
適用	524
ドキュメントセット	306, 473, 531
検索	480
利用	479
ドキュメントセットコンテンツタイプ	474
ドキュメントセンター	29
ドキュメントテンプレート	432
ドキュメントライブラリ	51, 172
匿名アクセス	614
トップページ	40, 53, 180
変更	193
トップリンクバー	41, 214
サブサイトの表示	222
見出しの構成	224
見出しの追加	225
リンクの構成	224
リンクの削除	216
リンクの追加	216, 225
リンクの表示順の変更	217
リンクの編集	216
トップレベルサイト	28
カスタム作成したテンプレートを使用して作成	544
自動作成されるSharePointグループ	394
トップレベルサイトの管理者	377
トポロジー	565
トレースログ	647

な

項目	ページ
内部URL	634
ナビゲーション	214
設定のパターン	214
変更	216, 221

ナビゲーションメニュー	41	ファーム	
ニュースフィード	46, 80, 292, 300, 594	バックアップ	654
記事の削除	82	復元	659
記事の投稿	82	ファームアカウント	561
記事のメールでの通知	85	ファーム間でのサイト権限	531
記事へのいいね！	84	ファーム管理者	19, 20, 26, 549
記事への画像の挿入	84	ファーム管理者グループ	569
記事への共有リンクの挿入	82	ファーム構成	549
記事へのハッシュタグの挿入	85	ファーム構成ウィザード	575, 583, 584, 586
記事への返信	84	ファイル	164
個人	300	QRコードの取得	71
サイト	300	アップロード	61, 62
ニュースフィードWebパーツ	50	移動	452
認可	388	管理	174
認証	388	共同編集	275
ネットワークドライブ	66, 69	権限の管理	418
ノートブック	51, 201	削除	74
		自動仕分け	465
は		承認	283
バーコード生成	502	仕分け	266
バージョン管理	280, 333	仕分ける際の考慮事項	270
Wordとの組み合わせ利用	288	ダウンロード	66, 68
バージョンの削除権限	392	チェックアウト	272, 278
バージョンの表示権限	392	チェックアウトしたユーザーの確認	279
バーティカル検索	310	チェックイン	269, 272, 278
ハードウェア要件	555	チェックインされていない〜の確認	272
廃棄承認のワークフロー	531	通知	241
配布グループ	394	ドキュメントID有効時のURL	464
ハイブリッドOneDrive for Business	666	名前付け規則	65
ハイブリッド検索	666, 668	名前の変更	72
ハイブリッドサイト/プロファイル	666	バージョン管理	280
ハイブリッド構成	18, 199, 666, 670	バージョンの確認	282
パスベースのサイトコレクション	630, 632	バージョン履歴の確認	286
パスワード管理	592	必須のプロパティ	271
バックアップ	652	フォルダーを使った分類	174
サイトコレクション	657	フォロー	301
段階的	657	古いバージョンに戻す	286
ファーム全体	654	ブロックする種類	624
バックアップツール	652	プロパティを使った分類	174
発行承認のワークフロー	531	見つけやすくするための工夫	60
発行ポータル	30	メジャバージョン発行	283
バッジ	355	リンクの取得	71
ハッシュタグ	85, 300, 302, 422, 423, 424	レポート	499
フォロー	301	ファイル共有	5, 8, 60, 166
バッチ処理サーバー	551	フィーチャー（機能）	214, 530
パブリックURL	634	SharePoint 2016で利用できなくなった〜	531, 532
バリエーション	386	アクティブ化	536
非Windowsユーザーアカウント	388	主なサイトコレクションの〜	533
非公式な人とのつながり	5	主なサイトの〜	534
ビジネスインテリジェンスセンター	29	サイトコレクションの〜の種類	530, 531
ビジュアルメタデータ抽出	311	サイトコレクションの〜へのアクセス	535
ビデオとリッチメディア	531	サイトの〜へのアクセス	535
ビュー	145, 156	適用範囲	530
既存のビューから作成	158	非アクティブ化	536
既定	156	フェールオーバーサーバー	619
切り替え	158	フォークソノミー	422
グループ化表示	145, 157	フォーム	142
削除	162	URL	144
種類	156	列の表示順の変更	162
フィルター	145, 159, 454	フォルダー	266
変更	160	階層の移動	66
表	54	権限の管理	418
表示フォーム	142	作成	65
開く権限	393	名前付け規則	65
		フィルター	455

レポート	499
フォロー	45, 46, 300
復元	652
サイトコレクション	660
段階的なバックアップ	660
ファーム全体	659
部門ポータル	7
フルクロール	605
フルコントロールアクセス許可レベル	35, 391
フレーズ検索	313
ブログ	7, 11, 29, 318, 320
Wordから記事を投稿	328
閲覧メンバーの管理	323
画像の追加	325
記事のカテゴリの変更	331
記事の削除	328
記事の下書き保存	333
記事の承認	335
記事の投稿	327
記事のレイアウトの変更	332
記事へのコメントの許可	336
記事へのコメントの投稿	337
個人～の作成	319
作成	320
説明の変更	325
投稿メンバーの削除	323
投稿メンバーの追加	322
プロジェクト機能	532
プロジェクトサイト	29
プロジェクト提案ワークフロー	532
プロジェクトポータル	7, 12
プロパティ	9, 266, 422
プロパティ演算子	314
プロパティ制限検索	314
プロファイル	49, 422, 423, 424, 594
同期	595, 596, 598
変更	293
他のユーザーの～を閲覧	298
フロントエンド（WFE）サーバー	551, 552, 574
分散キャッシュ	552
分析処理コンポーネント	494
ページ	
表の挿入	54
画像の挿入	54
編集	53
保存	55
ページの追加とカスタマイズ権限	393
ページの表示権限	393
ヘルプ	45, 49
ヘルプデスク	19, 20
編集アクセス許可レベル	35, 392
編集フォーム	142
編集モード	53
ホーム	51, 179
ホームページ	40
保持	532
保持期限	169, 502, 526
設定	505, 508
設定内容	504
ホスト名付きサイトコレクション	630
作成	633
本体のレイアウト	39, 40
本文	41

ま

マイクロブログ	290, 300
マイナーバージョン	280
マスターページ	177, 228
明示的な管理対象パス	630
メジャバージョン	280
メタデータ	60, 266, 422
メタデータナビゲーション	66, 273
構成	274
メタデータナビゲーションとフィルター処理	273, 532
メッセージ	300
メディアプレーヤー	195
メディアライブラリ	172
基本操作	196
追加	195
メンション	300
モダンUI	363
モデレーター	97
モバイルブラウザービュー	532

や

ユーザー	19, 20
フォロー	301
プロファイルの閲覧	298
役割の確認	37
ユーザー辞書	313
ユーザー情報の閲覧権限	393
ユーザー設定	552
ユーザー設定のサイトコレクションヘルプ	531
ユーザープロファイルサービス（User Profile Service）	583, 584, 587
構成	593
ユーザープロファイルサービス用のアカウント	585
優先言語	385
用語ストア	423
管理	425, 607
用語ストアの管理者	423
用語セット	221, 422, 423, 424
CSVファイルからインポート	430
管理	429
グループ	424
グローバル	426
作成	427
用語の階層化	426
列の値を選択	428
ローカル	426
予定表リスト	148
Outlookへの予定の取り込み	119
追加	117
表示の切り替え	119
予定の移動	118
予定の追加	118
予定をICS形式でエクスポート	121

ら

ライブラリ	8, 25, 60
Excelワークシートにエクスポート	236
URL	173
URLの変更	175
アップロード可能なファイルのサイズ	169
アップロード可能なファイルの種類	169
アップロード可能なファイルの種類の変更	624
エクスプローラーを使った操作	68
カスタマイズ	369
監査の設定	513

権限	392	リストビューWebパーツ	204
権限の管理	416	リボンメニュー	39, 44
検索	308	リモートインターフェイスの使用権限	393
コンテンツタイプの追加	437	利用状況レポート	494
サイトコレクションポリシーの適用	512	種類	495
削除	135, 176	表示	494
種類	172	リンクリスト	110, 148
使用容量の確認	170	トップページへの配置	111
追加	173	リンクの追加	110
テンプレート化	445	ルートのサイトコレクション	630
名前の変更	79, 175, 442	レコード管理	472, 504
バージョン管理	280	レコードセンター	29
バージョン管理の設定	282	レコードセンターWebサービス送信者アクセス許可レベル	465
ファイル共有	166	レスポンシブWebデザイン	228, 363
ファイルサーバーとの使い分け	167	列	138, 422
復元	176	一意	250
保持期限の設定	505	インデックス	454, 456, 457
リストとの相違点	164	隠しフィールド	262
列の追加	266	既定値	154, 458
レポート	498	作成時に非表示	459
ライブラリおよびフォルダーベースの保持	531	システム	146
ラベル生成	502	種類	140
リスト	6, 25	追加	151
Excelとの相違点	142	追加できる上限	141
Excelワークシートにエクスポート	236	内部名	155
URL	150	名前付け	155
URLの変更	175	必須項目	154
アイテムの公開承認の設定	443	表示順の変更	162
アイテムの追加	155	表示名	155
アイテムへのファイルの添付	160	編集時に非表示	262, 459
一意な列の追加	250	用語セットから値を選択	428
インポート	660	レポート	494, 498, 531
エクスポート	657, 658	レポートとデータの検索サポート	531
カスタマイズ	369	レポートライブラリ	172
監査の設定	513	連絡先リスト	148
権限	392	Outlookへの連絡先の取り込み	134
権限の管理	416	追加	132
検索	308	連絡先のエクスポート	133
検証の設定	258	連絡先の追加	132
構造	138	ローカルナビゲーション	41
サイトコレクションポリシーの適用	512	ローカル用語セット	426
削除	135	再利用	430
作成者のみアイテムを操作可能	419	ロール	388
参照列の追加	254	ロゴ	41
集計値列の追加	259		
使用容量の確認	170	**わ**	
テンプレート	147	ワークフロー	6, 101, 432, 531, 611
テンプレート化	445, 446	ワークフロータスクのコンテンツタイプ	532
名前の変更	442	ワークフローでアプリの権限を使える	532
バージョン管理	280	ワイルドカード	312
ビューの作成	156	ワイルドカードを使用した管理対象パス	630
フォルダー作成の有効化	451		
保持期限の設定	505		
基にしたテンプレート	149		
ライブラリとの相違点	164		
列の追加	151		
リストコンテンツタイプ	440		
リストテンプレート	445		
アップロード	448		
削除	447		
ダウンロード	448		
編集	447		
リストテンプレートギャラリー	445		
リストの管理権限	392		
リストの動作を無視権限	392		

■著者紹介

平野 愛（ひらの あい）
オフィスアイ株式会社　代表取締役・トレーナー・コンサルタント
早稲田大学第一文学部卒業

　旧姓、山崎 愛。2004年にSharePoint分野ではMicrosoft MVPとして国内で初の受賞後、現在まで13年間連続受賞している。

　2008年に独立し、オフィスアイ株式会社（http://www.office-i-corp.jp）を設立。Microsoft社のSharePointおよびOffice 365を中心にした利活用のコンサルティングや技術支援を行っている。またSharePointのサイト管理者、サーバー管理者、開発者向けに各オリジナル研修コンテンツを開発し、定期的に研修を実施している。SharePointおよびOffice 365に関する研修コースのコースラインナップ数は非常に豊富であり、国内でもトップレベルである。また講師としても「説明が非常に分かりやすい」と定評があり、受講者のリピート率も非常に高い。

　前々職ではマイクロソフト認定トレーナーとしてActive Directoryを中心としたWindowsベースのシステム管理から.NET Frameworkをベースとしたアプリケーション開発に至るまでITエンジニア育成のための教育カリキュラムの立案、開発、実施を担当していたこともある。

　本書の「ひと目でわかる」のSharePointシリーズは最初の「Microsoft Office SharePoint Server 2007」から継続して執筆してきており、本書で4冊目となっている（前作までは旧姓で執筆）。

- 本書は著作権法上の保護を受けています。
  本書の一部あるいは全部について（ソフトウェアおよびプログラムを含む）、日経BPから文書による許諾を得ずに、いかなる方法においても無断で複写、複製することを禁じます。購入者以外の第三者による電子データ化および電子書籍化は、私的使用を含め一切認められておりません。
  無断複製、転載は損害賠償、著作権法の罰則の対象になることがあります。

- 本書についての最新情報、訂正、重要なお知らせについては下記Webページを開き、書名もしくはISBNで検索してください。

  https://project.nikkeibp.co.jp/bnt/

- 本書に掲載した内容についてのお問い合わせは、下記Webページのお問い合わせフォームからお送りください。電話およびファクシミリによるご質問には一切応じておりません。なお、本書の範囲を超えるご質問にはお答えできませんので、あらかじめご了承ください。ご質問の内容によっては、回答に日数を要する場合があります。

  https://nkbp.jp/booksQA

ひと目でわかる SharePoint Server 2016

2016年12月27日　初版第1刷発行
2022年 2月 1日　初版第6刷発行

著　　者　オフィスアイ株式会社 平野 愛
発行者　　村上 広樹
編　　集　柳沢 周治
発　　行　日経BP社
　　　　　東京都港区虎ノ門4-3-12　〒105-8308
発　　売　日経BPマーケティング
　　　　　東京都港区虎ノ門4-3-12　〒105-8308
装　　丁　コミュニケーションアーツ株式会社
DTP制作　日野 絵美
印刷・製本　図書印刷株式会社

・本書に記載している会社名および製品名は、各社の商標または登録商標です。なお、本文中に™、®マークは明記しておりません。

・本書の例題または画面で使用している会社名、氏名、他のデータは、一部を除いてすべて架空のものです。

Ⓒ 2016 Ai Hirano
ISBN978-4-8222-9880-7　Printed in Japan